세계화와 사회복지실천

Lena Dominelli 저 한인영 · 김성천 공역

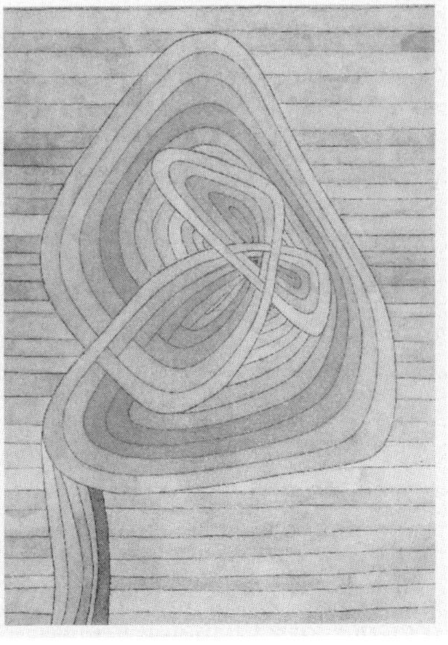

학지사

Social Work:
Theory and Practice for a Changing Profession
by Lena Dominelli

역자 서문

21세기에 들어서면서 우리는 더욱 복잡하고 불확실한 세상에서 살아가고 있으며, 사회복지사 또한 실천현장에서 좀 더 복잡한 문제를 해결해 가야 한다. 특히 현재의 세계화 시대에서는 사회복지사가 신자유주의의 이데올로기 속에서 사회적으로 취약한 소수계층을 보호하고 사회에서 불이익을 받는 개인의 삶의 처지를 개선해야 하는 역할 속에서 고민하는 모습을 많이 볼 수 있었다. 이러한 풍토에서 기존의 실천방법으로는 변화하는 현대사회의 요구를 채우는 데 한계가 있음을 인식하면서 고민을 하던 중 저자의 책을 통해 새로운 사회복지실천 양식을 접하면서 갈증을 해소할 수 있었다. 특히 역사적, 사회경제적 그리고 정치적 정황 속에서 사회복지에 대한 이해를 돕고 클라이언트의 인권과 사회정의를 고려할 수 있는 시각을 제공했다는 점이 이 책의 특징이라고 볼 수 있다.

이 책은 총 8장으로 구성되어 있다. 제1장은 이 책 전반에 관한 설명이 제시되어 있고, 제2장은 변화하는 상황에서의 사회복지 전문직의 위기와 함께 실천이 이루어지는 정황을 검토한다. 제3장은 사회복지의 가치와 윤리적 판단에서 연속성과 불연속성, 사회복지의 가치, 정체성, 사회통합과의 관련성을 살펴본다. 제4, 5, 6장은 특정 클라이언트 집단인 아동과 가족, 노인, 범죄자에 대한 개입 시 사회복지사와 클라이언트 간의 상충되는 관계, 시장규제의 영향에 따른 사회복지 실천의 변화, 범죄자에 대한 개입 시 지역사회를 고려하면서 모든 사람의 권리와 책임 간의 균형 등에 대해 논의한다. 제7장은 세계화의 맥락 속에서 구조적 불평등이 초래한 문제를 지역사회가 어떻게 해결해 갈 수 있는가에 대해 그 가능성을 고찰한다. 제8장은 사회복지의 새로운 방향, 즉 사회복지사가 사람들의 인권을 증진시켜 시민으로서의 권리와 의무를 유지하면서도 자신들의 필요에 맞는 복지서비스를 받을 수 있도록 상호 의존, 상호 호혜, 시민권, 사회정의에 대해 강조하고 있다.

이 책이 사회복지실천 시 미시적 접근의 한계를 고민하는 사회복지사와 앞으로 사회복지 현장에서 일하게 될 사회복지를 공부하는 학생에게 미약하나마 도움이 되고 우리나라 사회복지 실천현장을 더욱 성장시키는 기폭제가 되기를 바란다.

끝으로 이 책의 출간을 맡아 주신 학지사 김진환 사장님과 편집과정에서 수고해 준 편집진에게 감사의 마음을 전한다.

2007년 8월

역자 일동

저자 서문

책을 쓰는 일은 다른 사람과 함께 떠나는 진기한 모험과도 같다. 집필과정에서 사람을 만나게 되고 그의 생각, 의견, 행동이 책의 내용을 전달하려는 저자의 사고과정에 영향을 미치기 때문이다. 또한 책을 통해 독자도 만나게 되는데, 책 속에 담긴 내용에 대한 독자의 해석과 부여되는 가치는 새로운 담론을 형성하거나 기존의 담론을 확인하고자 한 노력의 성패를 가름한다. 이 책의 집필에 도움을 주신 분이 너무도 많아 일일이 다 열거할 수 없음이 아쉽다. 인터뷰를 허락해 주신 여러 클라이언트, 사회복지사, 정책담당자에게 감사드린다. 필자의 생각을 구체화하고 삶에 대한 시각을 성장시킬 수 있도록 필자 스스로를 계속 되돌아보게 해 주신 모든 분께, 그분들의 통찰력과 아낌없는 관용에 감사드린다. 이름을 다 열거하기에는 너무도 많은 분이 도움을 주셨다. 사우스햄프턴 대학 사회복지학과, 빅토리아 대학 사회복지, 국제사회복지대학교육협의회(IASSW)의 동료, 언제나 나와 성심성의껏 자문을 해 준 분께도 감사드린다. 특히 끊임없는 배려와 도움을 아끼지 않은 마리아(Maria), 리타(Rita), 니콜라(Nicola)에게 고마움을 전하고 싶다. 끝없는 지혜의 샘으로 나를 인도해 주신 부모님께도 '가슴 깊이' 감사드린다. 이 책에 반영된 가치관을 독자들이 찾게 되기를 바란다. 내가 절망의 늪에서 헤맬 때도 항상 곁에 있어 준 나의 가족, 니컬러스(Nicholas)와 데이비드(David)에게도 아직 다 갚지 못한 사랑의 마음을 전한다.

저자 Lena Dominelli

차 례

제1장 개 론

1. 들어가며
2. 사회복지에 대한 재고: 불확실하고 난해한 풍토에서의 통합실천
3. 박애주의적 시각: 잔여적 복지서비스에 대한 특권부여
4. 실천의 연속성과 불연속성
5. 사회복지실천의 통합과 세분화
6. 책의 구성

1. 들어가며

사회복지는 문제를 일으키기도 하고 문제화되기도 하는 직업이다. 바야흐로 21세기 전문직업의 세계에서 사회복지의 역할과 위치는 뜨거운 논쟁거리다. 사회의 여러 영역에서 사회복지의 조직 구조, 목적에 의문을 제기한 정책 입안자는 사회복지가 사회의 상식에서 벗어나 일탈을 저지르는 인구집단을 통제하고 인간적 필요에 적절히 대응하는 데 실패하였다고 비판한다. 보건의료 분야 등에 종사하는 다른 전문가는 사회복지의 역할이 모호하며 사람을 원조하려는 태도가 자신들의 입장과 상반된다고 생각한다. 그뿐 아니라 '클라이언트' 는 사회복지의 강압적이고 위압적인 측면에 대해 불평을 토로한다. 또한 관리자는 사회복지의 직업적인 자율을 억제하고자 한다. 사회복지 실천가는 불충분한 자원기반, 직원의 높은 이직율과 과도한 업무량으로 인해 점점 악화되는 비협조적인 상황에서 적절한 서비스를 제공하고자 노력한다. 그리고 사회복지 교육자는 다양한 변화를 요구하는 세계화 환경 속에서 사회복지의 위상을 이론화하고 새로운 양식의 사회복지 발전에 기여하고자 노력한다. 이렇듯 사회복지 분야에 관련된 사람은 각자 자신만의 시각과 관심사를 가진다. 따라서 직업의 경계를 흔드는 이러한 도전 및 기존의 노동, 지식 기반의 방식에 의문을 제기하고 있는 강한 변화의 힘에 의해 사회복지가 해체되지 않으려면 이와 관련된 필수과제를 반드시 해결해야만 한다.

우리가 지역적, 국가적, 국제적으로 사회복지의 틀을 재구성하고 있는 변화의 본질을 이해하는 것은 사회복지가 인류의 복지에 바람직한 기여를 하면서 학문과 실천의 한 분야로서 살아남기 위해서 매우 중요하다. 이러한 변화에 대응하면서 사회복지 교육자와 사회복지 실천가는 하나의 큰 도전에 직면하게 된다. 즉, 기존의 직업적인 강점 중 특히 실천을 통해 인권과 사회정의를 증진하고자 하는 사회복지의 가치에 따라 자신의 역량을 발휘할 수 있는 이론과 실천 양식을 개발해야 하며, 이를 위해 자신의 접근방식을 재고해 보아야 한다. 사회복지실천과 관련된 주요한 정황은 바로 사회복지의 세계화다. 민족국가의 고정된 범위 안에서 지역적인 문제를 다루는 학문의 한 분야로서 사회복지를 국한시켜 온 것이 힘을 잃어 가고 있다. 전 지구적 힘이 지역의 양상을 형성하고 지역 내에서, 지역을 통해 그 틀이 재구성되고 있기 때문이다. 국가 경계 안팎으로 증가하고 있는 사회적 상호작용 또한 기술 발전과 함께 사람이 상호 의존적인 세계 속에 살고 있다는 메시지를 강하게 전달하고 있다. 즉, 한 지역의 사건이 다른 지역에서 발생한 문제와도 관련이 있고 다른 지역 주민에게도 부수적인 영향을 미치게 된다. 사회복지실천을 재정의하기 위해 다른 여러 부문과 연계를 맺는 작업은 지역적, 국가적, 국제적 수준에서의 맥락화가 필요하다.

이 책을 통해 독자는 긴밀하게 상호작용하는 복잡다단한 사회복지의 맥락 속으로 탐사여행을 시작하게 될 것이다. 그리하여 사회복지의 전문적인 깊이를 파헤치고 특정한 접근법을 뒷받침하는 역학관계를 검토하며, 해당 접근법의 강점과 약점을 찾아낼 것이다. 이렇게 함으로써 필자는 이 책을 읽는 사회복지 실천가가 자신의 업무에서 최고가 되도록 고무되어 결과적으로 클라이언트의 역량강화에 기여하기를 희망한다. 이는 사회복지사가 동시대의 요구에 부응하고 평등과 인권에 기반한 체제 내에서 제 역할을 다하여 클라이언트의 복리을 증진시키기 위한 것으로 이러한 목표에 도달하기 위해 필자는 사회복지에 대해 개인 성장과 사회적 지지 및 개발을 연결하기 위한 사회연대, 상호호혜성의 원칙에 입각한 파트너십을 적용하였다. 개인은 타인과의 상호작용을 통해 하나의 인격체가 되며, 자신의 인간성과 주체는 이러한 상호작용을 통해 (재)확인된다. 인간의 복지에 대한 여러 반응과 의견은 서로 조정되고 이러한 상호작용을 통해 복지 욕구는 충족될 수 있다.

실천에 대한 비판적이고 분석적인 접근은 실천가들이 특수한 클라이언트 집단과 상황에 따른 업무에서 얻게 되는 양도 가능한 지식과 기술을 강조한다. 이는 혁신과 이슈에 대한 폭넓은 이해를 촉진하고, 문제를 다루는 방법을 돕는 실천의 특정한 방식의 한계를 넘어서 이론적, 개념적 사고를 재강조하는 것을 돕는다. 실천의 복잡미묘한 역동에 대한 폭넓은 이해를 통해 정체성과 차별의 포스트모던적 비평에 대한 반응의 중요성이 제시된다. 그것은 이러한 속성이 개인과 기관의 의식에 너무 깊이 뿌리박혀 있기 때문이 아니라 사회복지의 기초가 되는 가치가 사회정의와 인간의 복지를 증진시키는 것이기 때문이다. 이는 또한 실천가가 비판적 시각을 발달시킬 수 있도록 돕고, 억압, 고통의 제거 및 이를 효과적으로 처리하는 능력에 대한 자신감을 떨어뜨리는 것의 해결책을 요구하는 각각의 사회적 영역 간의 혼돈 속에서 스스로를 무력화하지 않을 수 있는 새로운 관점을 개발하도록 한다. 이를 통해 획득한 통찰은 사회복지 실천가가 자신의 클라이언트 집단이나 상황에 상관없이 언제라도 자신의 실천을 향상시킬 수 있도록 도움을 줄 것이다. 사회복지 실천가는 이러한 통찰력을 자신의 것으로 만들고 추가적인 반성과 행동을 통해 자신이 처한 상황의 특수성에 맞게 응용해야 한다.

2. 사회복지에 대한 재고: 불확실하고 난해한 풍토에서의 통합실천

사회복지는 정책 입안자, 사회복지 실천가, 클라이언트, 학계, 일반 대중의 계속적인 공격에 부딪히면서 신뢰의 위기를 겪고 있다. 그들은 사회복지가 전문적인 직업으로서의 완전한 실체가 있는지에 대해 의문을 제기한다. 또한 사회복지가 사회적 약자를 보호하고, 사회적 상식을 벗어나 일탈을 저지르는 인구집단을 통제하며, 사회에서 가장 불이익을 받는 개인의 삶의 처지를 개선한다는 당초의 약속을 제대로 지키지 못하였다고 비판한다. 현재의 세계화 시대에서 국가는 전 지구적 자본의 이익과 신자유주의 이데올로기를 증진하기 위해 재구성되고 있다. 이러한 상황에서 사회복지 실천가는 '신관리주의'의 지배를 받는 동시에, 개인과 집단 모두의 측면에서 인간의 삶의 질을 향상시켜야 할 명백한 의무를 지닌 전문가로서의 존재를 정당화해야 하는 상반된 입장을 지닌 모순적 위치에 처해 있다(Clarke and Newman, 1997). 한편으로는 사회복지 서비스에 대한 수요가 극적으로 증가함에 따라 채택한 개입을 좀 더 효율적이고 효과적으로 실행하여 적은 비용으로 더 많은 효과를 산출할 것을 요구받고 있다(Teeple, 1995; Ralph, Regimbald and St-Amand, 1997). 이와 같은 상황은 사회복지 실천가가 사회복지의 실천과 방법에 대한 생각을 재구성함과 동시에 인간의 욕구에 대처해야만 하는 매우 불확실하고 난해한 풍토를 야기한다.

사회복지 실천가는 특히 아동복지 분야에서 자신의 본분을 다하지 못하였다고 공공연하게 비판을 받고 있지만, 한편으로는 사회복지와 다른 영역을 구분하는 경계가 변하고 있는 것도 사실이다. 기타 전문직종, 특히 의료, 정신의학, 심리학 분야의 종사자는 본래 사회복지에 속하던 실천 영역의 많은 부분을 관장하고 있으며, 각기 다른 직업 간의 구분이 점점 더 모호해지고 있다. 더욱이 다수의 클라이언트가 이용 가능한 서비스의 유형에 대해 더 많이 요구하고 서비스의 이용과 운영에 대해 더 많이 통제하기를 원하기 시작하면서 자신의 욕구를 충족시키기 위한 자조집단을 선택하고 있다. 동시에 클라이언트의 목소리가 높아지고 자신의 의견에 대한 수용을 요구함에 따라, 클라이언트는 전문가의 지식에 내포된 결정적인 지식의 타당성에도 도전하기 시작하였다. 즉, 클라이언트의 문제가 무엇이고 어떠한 의미가 있는지를 그들 스스로 정의할 뿐만 아니라 문제를 해결할 수 있는 대안의 타당성에도 의문을 제기하는 것이다. 정부 또한 정부의 역할을 추진할 수 있는 새로운 활동의 장을 개척하면서 사회복지의 영역을 침범하는 사회정책, 입법을 통해 이러한 상황을 부추기고 있다. 한 예로 영국에서는 취업센터에서 일하는 개별 상담원과 빈곤층 아동복지 프로그램인 슈어스타트 및 기타 지역사회 재건계획과 연관된 지역 인력이 사회복지 업무를 함께 수행하고 있다. 이런 방식으로 사회복지의 영역을 구분하는 경계가 점점 확장되고 있으며, 직업적 경계 역시 과거보다 점점 더 유연해지고 불분명해지고 있다.

사회복지와 같이 지역을 기반으로 한 현장 중심의 직업이 으레 그러하듯이, 사회복지 실천가에 대한 일종의 환상에서 깨어나는 각성도 나라마다 다른 양상을 보인다. 환경에 진정한 변화를 일으킬 수 있는 가능성은 저소득 국가에서 더 높은 것처럼 보인다. 저소득 국가에서 사회복지 실천가는 지역사회에 기반한 활동을 통해 지역주민을 동원하여, 클라이언트의 편에서서 사회구조적 불평등을 해소할 수 있기 때문이다(Kaseke, 1994; Healy, 2001). 영국에서는 정치적인 담화에서 '사회복지' 라는 용어 대신에 '사회적 돌봄' 이라는 용어의 사용을 장려함에 따라 '사회복지' 라는 용어 자체가 공공의 영역에서 사라질 위기에 처해 있다. 이러한 용어의 교체는 의미상의 변화 그 이상의 의미를 가진다. 이는 그동안 공공정책, 입법 결정을 통해 교묘하게 사회복지 실천가에게 받아들이도록 강요되었던 능력에 기반한 실천이라는 개념을 통해 사회복지의 복잡성에 포드주의의 단순화를 적용하여 사회복지의 실천을 비전문화하는 것이다. 즉, 포드주의 원칙을 주장하려는 시도는 경험론적 지식의 중요성을 (재)확인하는 셈이다. 이러한 움직임은 증거를 취득하고 검증하는 데는 한 가지 방법밖에 없다는 견해를 무비판적으로 수용하는 증거기반 실천을 많은 사람이 따르는 상황을 보면 가장 잘 알 수 있다(Sheldon, 2000; Trinder, 2000). 이는 근본적으로 실증주의적 접근법에 해당한다. 실증주의적 접근법은 개입전략의 주요 도구로서 위기사정의 우월성에 잘 반영된다(Cowburn and Dominelli, 2001). 증거기반 실천에 관한 경험론적 접근법은 경험적 증거를 무시함으로써 인간 당사자 간의 힘의 작용을 통해 발생하는 인간적 상호작용과 대화의 기능이 가지는 풍부함과 복잡성을 평가절하한다. '증거'는 종종 '진실'을 지나치게 단순화해서 나타낼 소지가 있다.

경험적 증거에 초점을 맞추다 보면 논쟁이 되는 지식의 본질이 드러나게 되고(Belenky, 1997), 우리가 깊이 생각해 보아야 할 지식을 창출하는 이야기가 많다는 사실도 알게 된다. 이러한 접근법은 우리가 경험적 증거라고 그냥 넘겨 버린 것이 사실은 일화와 같은 이야기의 체계적인 취합에 불과하다는 현실을 드러낸다. 일화와 같은 이야기란 연구능력을 지닌 학자가 축적된 자료를 특정한 시각을 통해 분석함으로써 하나의 일관된 이야기를 창작한 결과로 데이터처럼 취급된다. 이러한 경험적 증거는 하나의 진실로 받아들여진다. 즉, 그러한 연구에 참여했든 안 했든 다른 사람이 해당 증거를 신뢰할 만하다고 인정하는 한 지속되는 대표성을 띤 진실로서 받아들여지는 것이다.

무엇을 증거로 간주할 것인가의 문제는 매우 주관적인 측면이 있다. 이러한 주관성은 개인과 집단, 외부 세계와의 관계를 (재)정의하는 데 핵심이 되며 개인이 증거를 의식하는 데 영향을 미친다. 의식의 부족이 잘못된 의식을 의미하지는 않는다. 단지 특정한 담론에 기반하여 자신의 삶을 구성하는 개인은 자신의 일상적인 경험이 그러한 세계관과 부조화를 이룰 때 상황을 구성하는 다른 대안적인 방법을 생각할 수 없다는 것이다. 이러한 재구성은 개인이 여러 다른 유형의 경험에 참여함으로써 다른 담론을 개발하거나 다른 누군가에 의해 자신의 세계를 이해하고 행동할 수 있는 다른 방식을 추구하게 될 때, 파올로 프레이리(Paolo Freire, 1972)가 주창한 의식 고양을 도모하는 노력을 통해 일어날 수 있다.

사회복지란 사람과 함께 어우러져 인간복지와 관련된 특정한 문제에 대해 사람이 자신의 이야기를 쉽게 말할 수 있도록 돕는 연습과도 같다. 즉, 사람에게 무슨 일이 왜 일어났는지를 분명하게 말하게 하는 것이다. 이러한 상호작용적 토대는 사회복지를 '관계적 전문직'이 되게 한다. 다시 말해서 사회복지 실천가와 클라이언트가 새로운 행동 가능성이 열리는 기타 담론을 창출하는 공동의 참여자가 된다는 것이다(Hall, 1997; Cedersund, 1999). '새로운' 담론은 사회복지 실천가와 클라이언트 각자가 추구하는 세계관 사이의 상호작용을 통해 형성되며, 이들은 새로운 가능성의 영역을 만들어 가게 된다.

사회복지란 일상생활에서 도움을 필요로 하는 개인의 삶에 개입하는 실천이다. 가장 좋은 시기에도 사회복지는 도움이 필요한 개인과 사회에서 도움이 필요하거나 그렇지 않을 수도 있는 다른 사람 사이의 관계를 조정해야 하기 때문에 많은 어려움을 가지는 영역이다. 행복의 자원을 충분히 보유한 혜택받은 사람은 다른 사람에게도 그의 자원을 나누어 주어야 한다는 가치를 이해해야 한다. 이렇게 혜택받은 사람은 서비스를 받을 권리에 대한 의문을 던지기도 하고, 힘든 환경 속에서도 그의 자원을 나누어 줄 책임을 가지기도 한다. 신자유주의는 정당한 욕구를 충족시키는 데에서의 서비스 제공과 국가 책임 사이의 직접적인 관련성을 분리하였다. 이러한 분리는 국가를 대리하는 사회복지 실천가와 클라이언트 간의 관계를 더욱 복잡하게 만들었다. 충족되지 못한 욕구를 충족시키는 것에 반하여 그들 간의 장벽을 높여 버렸기 때문이다. 사회적 약자의 욕구에 대처하기 위해서는 시민권을 뒷받침하는 인권, 서비스 제공자와 사용자 간의 상호 이익을 통해 명확해지는 사회연대, 자원과 서비스의 접근성을 통해 표현될 수 있는 서비스에 대한 시민 사이의 평등이 전제되어야 한다. 또한 사회복지 실천가는 여러 불확실성 속에서도 마치 사회복지의 확실성이 있는 것처럼 행동해야 하기 때문에 더욱 어려움을 겪고 있다.

3. 박애주의적 시각: 잔여적 복지서비스에 대한 특권부여

대인사회복지 서비스는 다수의 제공자—국가, 자발적 부문, 영리, 가계 부문—에 의해 제공될 수 있다. 전문적인 사회복지는 특정한 사회적 맥락에서 발생하며, 해당 지역에서의 입법, 사회정책, 문화적 실천, '실천지혜' 라고 불리는 축적된 전문지식에 의해 좌우되고 영향을 받는다. 이들 모두는 지속적으로 논의되고 변화한다. 중요한 지식이나 담론을 가진 사람은 실천 의제를 정할 때 중요한 위치를 점하게 된다. 사회복지는 모든 연령대의 사람을 대상으로 하고 계급과 성, 인종, 능력에 상관없이 모든 사람을 포함하지만, 현 시대의 복지국가를 통해 이용할 수 있는 혜택은 대부분 가난한 사람(Jones, 1998), 복지혜택을 받지 않을 경우 사회적으로 불리한 처지에 놓이거나 자원을 적게 보유한 사람에게 돌아가고 있다. 많은 사회복지 실천가는 클라이언트의 낮은 지위를 높이기 위해 힘쓰며 어려움에 처한 이를 위해 노력하고 있다.

전통적으로 사회복지실천은 사회적으로 소외된 빈곤한 개인, 가족, 집단, 지역사회를 대상으로 한 잔여적 복지 제공과 연관되었을 경우 더욱 복잡해진다. 공공자금의 지원을 받는 대인사회복지 서비스의 이용은 자선과 베풂의 행위로 표현되며, 복지혜택의 자격 박탈, 잔여적 사회복지 개념을 강화하는 전문가에 의해 결정된다. 필자는 이를 '박애주의적 시각' 이라 표현한다. 이 용어에 따르면 혜택의 수혜자는 '도움을 받을 자격이 있는 유자격자' 구성원의 집단과 '도움을 받을 자격이 없는 무자격자' 구성원의 집단으로 규정된다. 유자격자는 궁핍한 상황에서 자신의 욕구 일부를 충족시킬 수 있는 반면, 무자격자는 스스로 보유한 자원 또는 합법적이거나 합법적이지 않은 활동에 의존한다. 자원할당을 목적으로 클라이언트를 유자격자와 무자격자로 분류하는 작업은 규제과정의 일부다. 푸코(Foucault,

1991)는 이 규제의 과정을 통제체제에서 비롯되는 '통치성의 기술' 이라 칭하였다.

전문적인 통제제도는 중요한 '통치성의 기술' 로서 사회복지에서 상시적으로 사용된다. 이 통제제도는 각각의 이해관계자가 복지 의제 형성을 시도함에 따라 계속해서 (재)구성된다. 국가는 특정한 방법으로 사회관계를 체계화하여 사회의 약자를 돌봐야 할 책임이 있다. 사회적으로 허용된 규제체제를 구현하기 위해 전문지식을 활용하는 사회복지 실천가를 통해 해당 개인에게 관여하는 방식으로 국가는 이러한 책임의 부담을 덜게 된다. 사회복지의 현대적 통제기능은 복지에 대한 신자유주의적 담론에 기반한다.

박애주의적 시각은 복지국가의 혜택을 받는 사람에게만 국한되는 것은 아니다. 복지혜택의 수혜자가 유자격과 무자격 대상으로 나누어진 경우에도 이 박애주의적 시선을 실천할 수 있다(Whitton, 1931). 자비로운 베풂으로 표현되는 박애주의적 시선은 시민권을 침해한다. 구조적으로 허용된 규칙과 규제는 자발적인 부문에도 개입하도록 이끄는데, 이는 복지국가의 사회복지 실천가가 실행하는 규칙과 규제보다 통제력 면에서 약하지 않다. 박애주의적 시각에서 도움을 요청하는 일은 실패를 인정하는 것과 다름없다. 이렇듯 도움을 요청하는 일이 부정적으로 받아들여질 경우, 클라이언트가 잔여적인 복지혜택에 의존하면서 스스로의 본분을 다하지 못하였다는 인식이 더욱 강화된다. 수혜자가 스스로를 실패자라고 규정하는 현상은 컬핏(Culpitt, 1992)의 신자유주의 복지제도의 분석에서도 확인할 수 있다.

사회복지 실천가가 담당하는 급여제도는 시민의 처분에 따라 보편적으로 이용할 수 있는 것이 아니라 자격이 있는 자에게 자비롭게 베푸는 잔여적인 개념이다. 박애주의적 시각의 원칙에 따라 활동할 경우, 사회복지 실천가는 급여수혜에서 제외된 사람에게 부정적인 영향을 미치는 규제관행의 주요 설계자가 되는 것이다. 잔여성은 클라이언트를 복지급여을 받으려고 타인에게 의존하는 수동적인 존재로 간주하게 하며, 결국 적극적인 시민권을 부정하고 개인의 인권과 집단의 인권에 대한 확신도 부정하게 한다. 따라서 사회복지 서비스는 서비스를 필요로 하는 사람에 의해 인권의 기본 틀 내에서 설계되는 것이 아니라 '받든지 말든지 맘대로 해라.' 는 식으로 제공되는 것이다(Dominelli and Khan, 2000).

수혜자의 시민권을 침해함으로써 잔여성은 사회복지 서비스 수혜자격을 부여받을 권리에 기반한 개념이 아니라 자선의 개념에 힘을 실어 준다. 사회복지 실천가는 무엇이 최선인지를 알아야 한다. 클라이언트는 스스로의 삶을 계획할 의욕이 없고 사회복지 실천가가 실패자에게 내리는 절대적인 명령에 따라 행동하는 개인으로 간주된다. 사회복지 실천가 역시 국가의 도움에 의존하고 시민의 호의에 따라 움직이는 불확실한 현실에서 실천을 수행함으로써 전문가로서의 자율성이 결여되는 어려움을 겪게 된다.

공적인 제공은 다수의 서비스 제공자로 이루어진 다층적 맥락에서 빈곤한 이를 대상으로 한다. 이는 대인사회복지서비스를 요구하는 부유한 사람이 시장 시스템을 통해 비난받지 않고 전문가의 도움을 구할 수 있고, 잔여성을 통해 손해를 보거나 박애주의적 시선에 처하게 되는 것을 피할 수 있음을 의미한다. 시장에 기반한 서비스를 통해 부유한 사람은 불리한 상황에서 적절히 빠져 나오는 전략을 가지며 자신의 구매력을 이용하여 의견을 피력할 수 있다. 그렇게 함으로써 그들은 공공부문의 전문가에게 의존하는 빈곤한 사람은 배제하는 방식으로 자신에게 권한을 부여해 줄 수 있는 유리한 제도를 지지할 수 있다.

사회복지 실천가는 사회복지 서비스의 시장화를 추진하는 국가정책을 통해 창출되는 고용 기회의 회전문 현상을 이용하여 하나의 제공자에서 다른 제공자로 옮겨 갈 수 있다(Dominelli and Hoogvelt, 1996b). 사회복지 실천가와 클라이언트의 관계는 전문가 개개인의 능력뿐만 아니라 서비스 제공 가능성을 실천하기 위해 기술을 발휘하는 정황에 의해서도 결정된다. 공공부문에서 사회복지 실천가와 클라이언트는 특히 자신이 처분할 수 있는 자원, 직접 다룰 수 있는 구조적 불평등의 범위와 관련하여, 엄격한 변수 내에서 실천을 위한 자유로운 기본 틀을 세우려고 노력한다. 사회복지는 만성적인 자금 부족으로 인해 점점 더 힘들고 어려운 직업이 되어 가고 있고, 사회복지 실천가와 클라이언트의 역량은 더욱 우발적이고 상황에 의존하게 되었다. 그러나 그들이 현실에 의해 구성되고 또 현실을 구성하는 일에 관여함에 따라, 이러한 상호작용을 통해 자신의 입장에 좀 더 도전할 수도 있다. 광범위하고 다양한 통제가 가해지는 상황에서 사회복지실천은 가능성의 예술이 되었다.

이 책에서 필자는 경험적 연구, 경험적 지식, 실천지혜를 이용하여 사회복지를 가능성의 예술이자 더 나은 미래 창조의 과학으로서 연구하였다. 이렇게 함으로써 지역, 국가, 국제적인 수준에서 우리의 세계를 둘러싼 사회문제에 대해 좀 더 적절하고 신속하게 대응할 수 있는 방법을 고찰하게 되기를 바란다. 탈근대주의의 기본 틀 내에서 이러한 계획을 시도하는 일은 '근대주의자' 라는 오명과 현실에서 벗어난다는 비난을 받게 된다. 이러한 비난에 대해서 필자는 영국 사회와 기타 국가에서 나타나는 수많은 불공평함의 양상을 살펴보아야 한다고 대응하고 싶다. 그리하여 현재의 역사적 국면에서 볼 때 근대성의 혜택을 당연하게 받아들일 수 있는 특권은 단지 소수에게만 돌아간다는 점을 깨달아야 한다고 본다. 필자는 자신이 가진 힘과 재능에 대해 말하기보다는 사회적인 혜택을 받지 못해 자신의 처지를 개선해야 할 목표를 미처 깨닫지 못한 사람의 뜻에 따르고자 한다. 해방주의적 지침에 따라 사회복지를 개념화하는 것은 사회정의를 지역, 국가, 국제적 영역에서 실현하고자 하는 도덕적 담론과 맥을 함께한다.

4. 실천의 연속성과 불연속성

제2차 세계대전 이후로 영국의 사회복지는 대부분 국가영역 내에서 이루어지게 되었고, 주로 빈곤하거나 취약하여 사회에서 소외된 사람을 대상으로 하였다. 복지국가에서 사회복지의 위치는 19세기에 주로 민족국가와 간접적으로 관련된 자발적인 활동에서 비롯되면서 일련의 변화를 반영한다(Walton, 1975). 사회복지와 국가 간의 균형은 지속적으로 변화하였다. 20세기 후반과 21세기 초에 이 균형은 여러 가지 다양한 법적, 상업적, 자발적, 자국의 서비스 제공 양상에 따라 또다시 변화하였다. 변화의 과정은 21세기가 진화함에 따라 실천의 혁신을 더욱더 부추길 것이다.

미국 등지에서는 사회복지의 많은 부분이 법적 부문으로 포함되지 않는다. 자원 없이 사회적으로 소외된 사람과 가족을 대상으로 하는 공적 서비스의 특성상 사회복지 서비스를 이용하는 사람에게는 일종의 낙인이 찍히게 된다. 공적 서비스는 엄격히 통제된 조건하에서만 이용할 수 있는 열악한 것으로 치부되고 있는데(Alinsky, 1968; Teeple, 1995), 이는 클라이언트를 가치 없고 능력 없는 개인으로 바라보는 대중적 인식을 더욱 강화하는 제도에 불과하다(Zucchino, 1997). 이러한 계층화로 인해 부유한 사람은 체면을 잃지 않고 영리 부문에서 양질의 대인사회복지서비스를 구매할 수 있게 된다.

이러한 상황은 저소득 국가에서 또 다른 양상을 보인다. 남아프리카에서 사회복지 실천가는 대부분 지리적으로 한정된 지역사회에서 사람의 역량을 개발하는 데 역점을 두고 있다. 이것은 사회와 지역사회의 발전을 촉진하고(Kaseke, 2001) 초기 백인 정착민의 욕구를 충족시키기 위해 시작되면서 발생했던 사회복지 역할의 편향성을 해소하려는 것이다(Kaseke, 1994; Simpson, 2002). 저소득 국가에서 사회복지는 비록 개인의 발전을 중시하지만, 개인의 발전보다는 구조적 불평등의 해결을 기본으로 하는 의제를 쫓아가는 데 더 큰 관심을 보인다. 짐바브웨에서 사회복지사는 사회문제에 대하여 구조적 대응을 추진하는 데 주요한 역할을 하는(Kaseke, 1994) 반면, 인종차별 정책 이후의 남아프리카에서는 흑인 다수당의 정부가 재건 및 개발 계획을 통해 사회개발을 위한 접근을 추진하는 데 직접적인 역할을 맡고 있다(Simpson, 2002). 결과적으로 식민통치의 인종차별 정책이 횡행하던 시대에 주로 백인 인구집단을 돕기 위한 사회복지에 대한 담론은 1994년 이후 사회발전, 지역사회 행동을 추진하는 사람에게 그 세력이 넘어간 것이다(Simpkin, 2001; Simpson, 2002).

영국에서 구조적 불평등과 지역사회의 동원을 강조한 것은 19세기 말의 인보관운동의 시도(Walton, 1975)와 영국 정부가 1960년대 말부터 1970년대 중반까지 추진한 지역사회 발전계획(Loney, 1983; Dominelli, 1990)과 그 맥을 같이한다. 사회복지의 개별화와 구조적 담론을 사이에 두고 우리의 관심이 이동하면서 사회복지실천의 연속성과 불연속성을 부각시키게 되었다. 즉, 각기 다른 사회복지 관계자가 사회복지의 의제에 대한 통제권을 갖게 되고 사회복지실천을 자신의 관념으로 (재)생성하려고 하기 때문이다. 이러한 움직임은 후원자, 사회복지 실천가, 교육자, 정책 입안자, 때로는 사회복지 대상자를 포함하며, 특정 담론이 서로 다른 시대에 특정 지역의 기타 담론을 지배하고자 노력한다(Kendall, 2000, 2002).

사회복지사는 사회의 취약집단의 인권을 수호해야 하는 의무를 가진다(Ife, 2001). 인권이 무엇이며 무엇을 포함하는가에 대한 논쟁은 뜨겁게 진행되고 있으며 사회복지의 역사에 걸쳐 끝없이 변화하고 있다. 인권의 방향은 사회복지 실천가가 일상생활 속에서 시민권 행사의 기회를 박탈당한 사람이 자신의 시민권을 더 잘 표출할 수 있도록 도우리라는 기대의 확장으로 이어진다. 사회에서 소외된 사람의 인권을 긍정함으로써 사회복지는 정치성을 띤 직업으로 표현된다. 이러한 실천적 측면 때문에 사회복지 실천가는 고용주, 정치인, 정책 입안자, 일반 대중과 충돌할 수 있는 입장에 처해질 수도 있다.

지배적인 사회규범을 위반하는 사람을 이롭게 하는 개입은 비록 그 사람이 실제로는 불이익을 당하거나 억압받는 사람이라 할지라도 인기를 얻을 수 없다. 결과적으로 사회복지 실천가가 하는 일은 그것이 단기적으로 클라이언트에게, 장기적으로는 우리 사회에 최고의 이익을 보장해 준다 할지라도 모든 일에 대해 좋은 평가를 받지는 못한다. 여기서 우리는 영국에서 대중의 신뢰를 얻지 못한 사회복지의 실례를 살펴볼 수 있다. 영국의 사회복지사는 가난한 젊은 범죄자가 다시 범죄의 늪에 빠지지 않도록 하기 위해 그를 해외로 보내어 자신의 행동에 대한 책임감을 심어 주고자 하였다(Burchard, Burchard and Farrington, 1989; Barry and Mclvor, 2000; Russell and Phillips-Miller, 2002). 또한 사회복지실천을 이용하여 사회의 전반적인 억압이 클라이언트에게 미치는 악영향을 완화시키고(Mishna anc Mushat, 2001), 자신과 타인에 대한 존경심을 높여 주며, 목표달성을 위해 협력하면서 대인관계의 기술을 습득하도록 하였다(Phillips, 1993, 1994 참고).

인권을 침해당하고 있는 사람을 지원하는 활동은 사회복지사와 지배세력의 관계를 악화시킬 수 있다. 심지어 어떤 상황에서 사회복지 실천가는 약자를 도와준 대가로 수감되거나 목숨을 잃기도 한다(Fariman Fariman, 1996; Ife, 2001). 인권을 증진하는 과정에서 사회복지사는 마치 수렁 위로 팽팽한 밧줄을 타고 가는 듯하다. 이 수렁을 무사히 건너려면 상당한 지식과 기술이 필요하다. 인권을 지지하기 위해 행동을 취하는 일은 매우 위험하며 협상의 결과가 반드시 보장되는 것도 아니다. 사회복지사는 때로 클라이언트와, 때로는 자기 자신과 관련된 위기를 끊임없이 협상하며 극복해 가고 있다.

5. 사회복지실천의 통합과 세분화

사회복지실천은 광범위한 범위의 클라이언트 집단, 활동, 상황을 두루 포함한다. 사회복지실천의 범위는 사회관계망이 거의 없는 고립된 개인을 대상으로 하는 활동에서부터 많은 하위체계와 연계된 복잡한 사회체계를 대상으로 하는 활동에 이르기까지 매우 다양하다. 사회복지는 변화하는 상황과 요구에 대응하여 진화하면서 지속적으로 정의와 재정의의 과정을 경험하고 있다. 사회복지실천의 기반은 사회복지의 핵심 가치와 전반적인 목적에 대한 통합을 유지하는 전제하에 세분화와 재편성을 통해 계속해서 변화하고 있다. 사회복지의 광범위한 범위와 타 학문과의 연계성은 사회복지 영역의 경계를 명확히 하고자 하는 사회복지 실천가나 교육가의 의견과 상충되기도 한다. 비록 그들의 노력이 명확히 분리된 교육 프로그램과 전문적인 자격증 체제를 정립하려는 전략적 목적을 위한 것일지라도 말이다. 사회복지사는 이렇게 복잡하고 상충되는 일련의 요구와 기대 역시 처리해야 한다.

전세계적으로 인정된 사회복지의 범위를 지키면서 실천의 다양성을 포괄하려는 요구에 의하여 국제사회복지대학교육협의회(International Association of Schools of Social Work: IASSW)와 국제사회복지사연맹(International Federation of Social Workers: IFSW)은 무엇이 사회복지를 구성하는가의 정의에 대해 다음과 같이 합의하기에 이르렀다.

> 사회복지라는 직업은 사회변화, 인간관계의 문제해결, 역량강화, 인간 해방을 촉진함으로써 인류의 복지를 증진한다. 인간 행동, 사회체계 이론을 활용하여 사회복지(사)는 사람이 그의 환경과 상호작용하는 지점에서 개입을 한다. 인권과 사회정의의 원칙은 사회복지의 기본이 된다(IASSW and IFSW, 2001).

이러한 정의는 포괄적이며 사회복지사가 전 세계적으로 담당하는 역할과 기능의 다양성을 나타낸다. 일대일의 개입부터 집단, 지역사회 활동에 이르는 폭넓은 활동범위를 볼 때, 우리는 사회복지사가 상담자, 치료사, 임상실천가, 보호관찰 담당공무원, 사회복지사, 청소년 지도사, 기획자, 지역사회복지사의 역할을 할 수 있음을 알 수 있다. 이렇듯 사회복지실천의 영역이 매우 광범위하기 때문에 사회복지사라는 직업을 둘러싼 명확한 경계를 정하기가 매우 어렵다. 또한 사회복지사는 다른 분야와 연합하여 활동할 때 기타 전문직과의 경계 논쟁에 휩싸이고 만다. 특히 지역사회에서 보건의료/사회복지 서비스, 치료심리학, 재활정신치료에 종사하는 사람과 직업적 경계를 지어야 할 때 더욱 그러하다. 이러한 문제는 또한 수많은 다른 업무에 종사하는 사회복지사에게도 마찬가지다. 예를 들어 개인 행동에서의 변화를 추구하며, 직접적인 서비스를 제공하고, 타인에 의한 서비스 제공을 조정하며, 사회구조 내에서 변화를 지지하고, 정부 입법을 개혁하며, 사회정책을 재구성하려는 활동 등이 이에 해당된다.

이러한 사회복지실천의 다양성은 전 세계적으로 존재하는 광범위한 교육훈련 제도에도 나타난다(Garber, 2000). 이는 사회복지 교육자가 사회복지 실천가로 하여금 각기 다른 다양한 입법제도, 문화적 전통, 클라이언트 집단을 가진 광범위한 상황에서 다양한 실천방법론을 활용하여 활동할 수 있도록 만반의 준비를 해야 하기 때문이다. 국제사회복지대학교육협의회와 국제사회복지사연맹은 이렇듯 광범위한 다양성 내에서 사회복지의 국제적 입지를 향상시키고 통일성을 창출하고자 노력하고 있다. 이들은 또한 공동의 노력을 통해 직업으로서의 자격 증명을 위한 전 세계적인 자격기준(Sewpaul, 2002 참고)을 개발함으로써 사회복지의 복잡성이 내포하는 의미를 다루려고 노력하고 있다.

특정한 이해관계가 국가의 경계를 넘어 사회복지라는 직업의 통일성을 증진시키는 힘으로 작용하는 반면, 사회복지사라는 직업을 비전문화와 분열로 이끄는 역방향의 힘도 존재한다. 사회복지의 비전문화는 뉴질랜드, 호주, 영국과 같은 특정한 국가에서 볼 수 있듯이 서비스의 제공과 수행에 포드주의적 생산관계를 적용하려는 관리주의적 요구를 따른 결과다. 때로는 테일러주의라고도 일컬어지는 포드주의적 생산의 긴박성은 능력기반 사회복지라는 명칭으로 체계화되었다(Dominelli and Hoogvelt, 1996a).

능력기반 사회복지는 사회복지 서비스에 제조 부문에서 개발된 대량생산이라는 포드주의적 방법을 적용하고 있다. 이러한 시도는 전문직 노동의 무산계급화로 해석할 수도 있다. 왜냐하면 포드주의 체제의 주요 목표는 복잡한 작업을 누구나 수행할 수 있는 반복되는 활동으로 단순화하는 것이기 때문이다. 포드주의는 노동자를 더 쉽게 통제하고 노동의 유연성을 확보하려는 경영진에 의해 지지되고 육성되었다(Dominelli and Hoogvelt, 1996a; Clarke and Newman, 1997). 그러나 대인서비스 분야에 산업 생산 공정을 적용하고자 하는 시도는 보편적인 인정을 받지 못하였다(Black Assessors, 1994; Dominelli, 1996). 포드주의에 입각한 사회복지실천과 이에 수반되는 압력은 오히려 관료주의적 책임에 대한 요구, 협동조합 문화의 부흥을 불러일으켰다. 협동조합 문화는 타인을 위해 도덕적 활동을 실천하는 사회복지사의 희생을 대가로 사회복지 서비스의 이행을 통해 이윤을 확보하는 데 열을 올리고 있다.

능력을 중요시함에 따라 막대한 사회복지 노동력이 교육훈련의 장으로 보내지고 있다. 이는 현재의 많은 사회복지사가 적절한 자격을 갖추고 있지 않음을 감안할 때 매우 필요한 개선이라 할 수 있다. 필자는 영국에서 사회복지사를 위한 교육훈련이 주로 국가 직업자격증(National Vocational Qualification) 2급이라는 낮은 수준으로 실행되고 있는 점, 또 직업상의 위계가 전혀 없고 일선 직원의 저임금 문제를 해결하지 못하는 점이 실로 우려된다. 저임금과 경력을 쌓을 기회가 부족한 현실은 사회복지를 단지 '여성의 일' 로만 귀속시킴으로써 전문직으로서의 위치를 약화시켰다(Wilson,

1977; Toynbee, 2003). 이러한 결점을 감안할 때, 필자는 사회복지의 지위를 향상시키기 위한 능력기반 접근법에 대해서는 회의적이다(Dominelli, 1996, 1997).

능력기반 접근법은 기능분석, 위기사정과 위기관리의 과정을 통해 용납할 수 없는 행동에 대한 경계를 긋고 타인에 대한 '위험성'을 감소시키며 자해행동을 방지하고자 한다. 위기사정은 특정한 개인이 위험한 행동을 할 가능성을 예측함으로써 불확실한 상황에 대한 확신을 심어 주고자 한다(Quinsey, 1995). 성범죄자와 학대받는 아동의 가족은 종종 잠재적 위기를 감소시키기 위해 사회복지 실천가가 수행하는 위기 사정 및 관리 과정을 받게 된다. 현재 수행되는 위기사정은 통치성의 기술(Foucault, 1991)인 (자기) 규제의 메커니즘이 되었다. 이러한 메커니즘을 통해 전문가는 사람이 접하게 될 위기를 통제하고 그의 삶을 파괴할 수도 있는 잠재된 위기요소를 제한할 수 있도록 돕는다. 그러나 안타깝게도 위기사정은 과학적 기반에도 불구하고 신뢰할 만한 결과를 낳지 못하였다(Quinsey, 1995). 개인의 통제를 강조함으로써 결국 위기사정은 국가의 대행자로서 모두를 위한 보다 나은 삶의 환경을 보장해야 할 책임을 지닌 사회복지 실천가가 그 책임을 회피할 수 있도록 하였다. 국가는 모든 시민을 대표하여 그러한 풍토를 조성할 책임이 있다. 국가가 이러한 책임을 위반하는 상황은 인간복지를 증진시킬 의무를 지닌 사회복지사의 직접적인 관심사다.

자기 규제는 주로 개인의 노력을 통해 이루어진다. 자격이 있는 클라이언트와 그렇지 않은 클라이언트에 대한 분류는 매우 적절한데, 이는 규제가 자격이 있는 자에게 국가의 희소한 자원을 할당함으로써 이루어지기 때문이다. 이러한 경향은 제한된 가족지원 서비스를 받는 아동학대에 해당하는 자격 있는 클라이언트나 성범죄자를 대상으로 하는 특별 프로그램 혜택을 받는 클라이언트를 보면 알 수 있다. 이들의 불확실하고도 위험한 여건에도 불구하고 위의 프로그램에서 제외된 사람은 문제 상황을 혼자 힘으로

꾸려 나가야만 한다. 위기사정은 실질적인 위기(Quinsey, 1995)를 줄이기 보다는 어려운 상황에서 질서를 강요하는 느낌을 주지만 완전히 무관심한 것보다는 잠재된 위기를 확인하고 진단할 수 있는 능력이 있다는 점에서 의의를 가진다.

'신관리주의' (Clarke and Newman, 1997)의 능력기반 접근법, 위기 사정 및 관리는 직업적인 역학관계를 뒤바꿀 만한 기회와 자원이 거의 없는 개인의 삶에 사회복지 실천가가 임의로 개입하여 실천하던 직업적인 자율과 전통적으로 관계의 문제로 간주되던 사회복지라는 직업의 영역에서 상당한 변화를 이끌었다. 사회복지 실천가에게 강요된 여타 양식의 관료주의적 발전과 마찬가지로, 그러한 접근법은 긍정적이기도 하고 부정적이기도 한 양면적인 결과를 낳았다. 긍정적인 측면에서 신관리주의는 직업적인 자율성의 특권을 축소하였고, 사회복지 실천가가 희소한 자원을 활용하는 데 대해 더 큰 책임을 요구하였으며, 서비스에 대한 소비자로서 서비스 이용자의 선택권을 향상시키도록 하였다. 그리고 과거 적절한 교육훈련 없이 개인적 돌봄으로 사회적 돌봄을 실천하였던 많은 사회복지사에게 실천과 자격의 기준을 높이게 하였다.

그러나 부정적인 측면에서 신관리주의는 궁핍한 개인, 가족, 집단, 지역사회에게 필요한 자원과 서비스를 제대로 이끌어 내지 못했다. 또한 클라이언트나 사회복지사에게 힘을 실어 주지 못했고, 혁신적인 실천 양식의 창출을 방해하는 과중한 업무부담을 덜어 주지 못하였다. 클라이언트 중심의 방법론을 발전시키지 못했을 뿐 아니라 실천의 안정성을 고무시키지도 못하였다. 게다가 불가능한 상황에서 클라이언트의 욕구를 충족시키려고 노력하는 헌신적인 실천가의 발전을 도모하지도 못하였다(Dominelli and Khan, 2000; Dominelli, 2001).

사회복지는 이와 같은 압력으로 힘들지만 창조적인 긴장감을 유지하게 된다. 그러나 이러한 긴장감은 사회복지 실천가가 대거 자신의 직업을 포기하게 될 경우 오히려 역효과를 초래할 수 있다. 영국에서의 직원 이직률은 런던과 같은 도시지역에서 특히 높다. 직원의 결원은 상당 기간 공석으로 남고 외국인 고용을 자극하게 된다. 자치도시에 따라 런던에서의 직원 결원은 12%에서 56%까지 다양하다. 그토록 많은 힘의 세력이 사람에게 봉사하려는 뚜렷한 목적을 가진 직업으로서의 정당한 입지를 침해하는 상황에서 사회복지는 이러한 도전에 어떻게 대응해야 할 것인가?

이 책에서 필자는 사회복지사란 계속해서 존재할 가치가 있는 직업이라고 주장함으로써 위의 질문에 답하고자 한다. 사회복지는 '사회' 를 중재할 책임이 있는 직업으로서 고유한 영역을 갖는다. 즉, 사회복지란 사회적으로 허용되든 그렇지 않든 간에 자신의 의제에 따라 스스로의 삶을 영위하기 위한 개인의 행동과 결정을 지배하는 사회적 관습, 구조적 불평등이 개인의 삶에 초래하는 문제 사이에서 작용하는 것이다. 사회복지사는 클라이언트가 자신의 행동에 책임을 지도록 돕고, 사회복지사가 처한 사회적 구성의 결함을 해결할 임무를 가진다. 이러한 사회복지사의 임무는 한동안 사회복지라는 직업의 특징이 되었으며, '사회적 상황 속의 개인' 이라는 개념을 구성한다(Younghusband, 1978; Kendall, 1991; Dominelli, 1997).

사회복지는 지역 주도적 직업으로서 클라이언트의 욕구와 사회복지 실천가의 직업적인 요청, 고용주와 정책 입안자의 요구에 의해 설정된 각각의 상충되는 의제에 대처하고자 노력한다. 사회복지사의 중재 역할은 사회복지라는 직업의 영역 외부에서 민족국가의 경계선 외부에서 오는 힘에 의해 더욱 복잡해진다. 특히 국가의 경제적, 정치적 지침을 (재)구성하는 전지구적 세력에 의해 더욱 복잡해진다. 사회복지 실천가는 심지어 개별 클라이언트에 대해 개입할 때에도 거시, 미시, 중범위적 수준에서의 개입을 처리해야 한다(Dominelli, 2002a). 사회복지사는 다양성 속에서도 통일성을 창출하고자 하며, 다양한 지역, 국가, 국제적인 요소에서 불거지는 도전에 대응할 수 있는 새로운 균형을 찾고자 노력한다. 이러한 도전을 해결하기 위해 사회복지사는 일반적이며 전문적인 지식과 기술 모두를 갖추어야 한다.

필자는 이 책에서 새로운 천 년의 시대에 사회복지의 역할이 존재함을 주장하기 위해 일반적 지식과 기술에 초점을 맞추고 있다. 전문가에게 적절한 대응력과 더 큰 효율성, 더 많은 책임성을 요구하고 있는 사회에서 사회복지의 입지를 공고히 하기 위해서, 사회복지사는 사회복지라는 직업을 재정의하고 재이론화하며 실천의 새로운 패러다임을 개발해야 한다. 그리하여 사회복지사는 사회적 포용을 추진하려는 공무원 사회의 요구와 자신의 삶의 의사결정에서 더 많은 역할을 하고 싶어 하는 개인의 열망 사이에 균형을 맞추어야 한다. 많은 의무감과 충돌 속에서 불확실성과 모순, 상충되는 여러 요구를 처리하는 일은 현 시대의 사회복지실천이 보여 주는 일반적인 특징이다. 사회복지사는 또한 미래를 위한 새로운 실천 이론과 방법을 창출하는 데 관심을 가지는 일련의 사람, 즉 클라이언트, 고용주 같은 직업의 동료, 정책 입안자와 협력하여야 한다.

필수적 혁신을 이루기 위해서 사회복지사는 기존의 강력한 이론, 실천 기반에 의존할 수 있다. 연구를 통해 얻은 통찰력이 실천을 위한 새로운 이론적 틀과 모델을 개발하는 데 없어서는 안 되기 때문에 질적, 양적 연구를 통해 이를 보완할 수 있다. 연구는 경험적인 지식이 사람이 세계를 인식하고 그 속에서 행동하는 방식에 영향을 준다는 사실을 받아들이면서 현실을 바라보는 서로 다른 다양한 방법에 초점을 맞출 것이다(Belenky et al., 1997). 이러한 목표를 달성하기 위해서 사회복지 교육자와 실천가는 자신이 지금껏 해 왔고 앞으로도 할 연구의 공헌에 대해 인정해 줄 것을 요구해야 하고, 사회복지 연구와 실천을 통해 획득한 고유한 지식이 인정되어야 하며, 사회복지 연구를 위한 기금도 다른 학문과 동등한 수준으로 확보되어야 한다. 영국에서 사회복지 교육자는 과거에 그래 왔던 것보다 연구에 더 높은 우선순위를 부여해야 할 것이다. 미국과 같은 국가에서는 질적인 주요 이론연구에 더 많은 관심을 기울여야 한다. 저임금 국가와 억압받는 인구집단의 경우에는 지역 주도의 적절한 이론과 실천을 위한 지침을 제시하는 연구에 중점을 둘 수 있다.

6. 책의 구성

새로운 실천 양식에 기여하는 사회복지 실천가가 미래의 도전에 대응할 수 있도록 돕고 싶은 필자의 바람이 이 책을 집필하게 된 원동력이었다. 이러한 바람을 어떻게 이룰 것인가에 대한 논의는 특정한 역사적, 사회경제적, 정치적 정황 내에서 이루어져야 한다. 그러나 이 책에서 그 모든 내용을 다룬다는 것은 불가능하다. 따라서 이 책에서는 일부 내용만을 선별하였다. 이러한 선택은 여러 세팅에서 각기 다른 클라이언트 집단에 개입해야 하는 다양한 상황에 대해 적용 가능하고 전수 가능한 기술의 탐색을 고무시키는 중요한 재귀적 실천을 수행할 수 있도록 돕는 자료를 제공함으로써 사회복지 실천가를 안내해 나갈 것이다.

필자의 선택은 실천현실에 기반하고 있으며, 대부분은 국제적 영향력을 가진 영국의 상황을 통해 정보를 얻은 것이다. 따라서 이 책에서는 사회복지가 발생하는 지역, 국가, 국제적인 맥락을 고찰하고, 개인과 지역사회에서 사회복지실천이 갖는 여러 함축된 의미를 고찰하고자 한다. 이를 탐험하면서 사회복지의 주요 두 클라이언트 집단인 아동과 성인에 대해 초점을 맞추고자 한다. 이 책에서는 발생 시 개인과 집단의 경험을 구별하는 사회적 분화를 고려한다. 환경은 전체적이고 구체적인 차원에서 개인, 집단, 지역사회에 영향을 미치지만 여기에는 공통된 역학관계가 존재한다. 이러한 이유로 이 책에서는 모든 사회적 분화와 억압의 양식을 다루지는 않는다. 이런 논쟁을 좀 더 정교히 하기 위해 독자는 『반억압적인 사회복지 이론,

실천(*Anti-Oppressive Social Work Theory and Practice*)』을 참고하기 바란다(Dominelli, 2002a).

또한 이 책에서는 국가 안팎의 다양성을 설명하기 위해 사회복지의 정치적 맥락을 고려하고자 한다. 이러한 예는 잉글랜드, 웨일스, 미국에서는 점점 더 사회복지 서비스가 아닌 범죄자의 교정으로 정의되고 있는 범죄자에 대한 실천에서 강하게 드러난다. 필자는 범죄자가 자신이 살고 있는 지역사회의 일부며 지역사회의 삶으로 되돌아가게 하기 위해서는 그들의 재활을 주요한 요소로서 실천해야 한다고 주장함으로써 이러한 시각에 도전한다. 이러한 주장은 바우만(Bauman, 2001)이 주장한 감금의 존재 이유인 인간 창고의 원칙에 반대되며, 푸코(Foucault, 1977)가 강조한 노동자에 대한 규율을 대체한다. 지역사회는 실천이 이루어지는 장(locale)을 형성하기 때문에 이 책에서는 실천의 장을 해체하고 재건하는 장(chapter)을 포함하였다.

사회복지사는 구조적 불평등과 억압을 행하는 이를 포함하여 기존의 구조적 불평등과 억압에 반대해야 한다. 사회복지의 개입을 다루는 이론과 양식의 새로운 방향은 지금까지 그래 왔던 것보다는 좀 더 전체적이고 유연한 방식으로 실천의 복잡성을 해결해야 한다. 사회복지사는 클라이언트가 살고 있는 불확실하고 난해한 세계를 다루고, 사회적으로 소외된 사람의 일상생활 속에서 사회정의의 목표를 추구하기 위해 필요한 자원을 제공하는 이의 요구를 충족시키는 데 관여해야 한다. 이는 우리에게 인권과 사회정의의 기본 틀 내에서 실천을 위한 적극적인 시민권의 기초를 제공한다. 이와 관련하여 제2장에서 실천이 이루어지는 정황을 검토한다.

필자는 실천의 변화하는 정황을 분석하여 세계화, 국가정책에서의 신자유주의 흐름, 신관리주의에 대응함에 따라 이러한 정황이 사회복지 실천가에게 미치는 영향을 고찰하고자 한다. 보통 간과하기 쉽지만, 이러한 거시적, 중범위적 수준의 정황은 미시적 실천의 중요한 부분이다. 제3장에서 필자는 사회복지의 가치와 윤리적 판단에서의 연속성과 불연속성에 대해 숙고하고 사회복지의 가치, 정체성, 사회통합 사이의 관련성을 살펴볼 것이다.

제4장에서는 특정 클라이언트 집단으로서 아동을 대상으로 한 실천에 초점을 맞추고, 그 (재)생산에 가족과 사회복지사가 개입할 때 상충되는 관계를 고찰한다. 또한 아동을 인권을 가진 인간으로 바라보는 배경하에서 아동복지를 증진시키는 아동보호 위주의 개입, 예방책 간의 균형을 검토할 것이다. 제5장에서는 클라이언트의 대부분을 차지하는 성인상, 특히 보호가 필요한 노인에 대한 사회복지를 고찰한다. 또한 시장규제의 영향으로 사회복지실천의 변화하는 본질을 세밀히 조사하고, 사회복지 실천가와 클라이언트가 효과적인 관계를 형성할 수 있도록 사회복지가 갖는 의미를 탐색한다. 사회복지실천에서 점점 증가하는 계약적인 본질과 그에 따른 실천의 한계 및 기회를 강조한다.

제6장에서는 범죄자에 대한 실천이 사회복지실천의 부분이 되는지와 그러한 실천이 유지되어야 하는 이유를 알아본다. 이 장에서는 안전한 지역사회에서 살고 범죄 없는 터전에 거주해야 할 시민, 피해자의 권리와 범죄자의 재활권리를 상반되는 것으로 간주하는 것이 도움이 되지 않음을 밝히고 있다. 각 집단은 좀 더 넓은 의미에서 볼 때 동일한 지역사회에 속한다. 지역사회를 살 만한 곳으로 만들기 위해 그들의 이해관계를 조정하는 일에는 범죄집단과 시민집단 사이의 대화가 필요하다. 그리하여 범죄의 원인을 해결하고, 범죄자가 지역사회와 주민을 자기만족을 위한 범행 대상으로 삼지 않도록 해야 하며, 나아가 범죄자가 지역사회에 가치 있는 기여를 하도록 도와야 한다. 이러한 목표를 달성하기 위해서 사회복지 실천가는 관계되는 모든 사람의 권리와 책임 사이에서 균형을 찾아야 한다.

제7장에서는 세계화의 맥락에서 구조적 불평등이 초래한 문제를 지역사회가 해결할 수 있는지 그 가능성에 대해 고찰한다. 제8장에서는 실천의

새로운 방향을 모색하기 위한 토대를 살펴본다. 여기에서 다루는 기관, 권력분담, 상호 의존성, 상호 호혜성, 시민권, 사회정의의 개념은 새로운 형식의 실천을 개발하는 데 도움이 될 것이다. 이런 개념은 모두 인권을 사회복지사가 실천하는 의제의 중심에 두게 한다. 일상적인 실천 속에서 인권을 실현함으로써 우리는 사회복지사가 좀 더 혁신적이고 대담하게 사회정의의 목표를 추구하도록 촉진할 수 있다. 이러한 시각을 현실의 실천 속에서 구체화하기 위해 사회복지 실천가는 개인과 집단의 맥락에서 인권을 적절하게 재개념화해야 한다.

제9장에서는 사회복지 실천가가 사람의 인권을 증진시켜 자신이 시민으로서의 권리와 의무를 유지하면서도 자신의 필요에 맞는 복지서비스를 받을 수 있도록 해야 한다고 결론을 맺는다. 개인적으로든 집단적으로든 시민으로서의 권리를 주장하는 일은 타인의 권리를 배려할 책임과 자신의 행복 못지않게 타인의 복리을 증진시켜야 할 필요성을 수반한다. 인권의 보증인으로서의 국가는 인권을 구현하는 데 필요한 기구와 자원이 항상 제자리에 있을 수 있도록 보장하는 책임을 져야만 한다. 이렇듯 추상적인 권리를 구현하기 위해 정부는 공공, 상업, 자발적인 복지서비스 제공자를 포함한 모든 이해관계자의 활동에 대한 지지자가 되어야 한다.

인권문제를 자유방임주의적 시장 이데올로기에 맡김으로써 국가는 사회에서 가장 취약한 시민의 권리를 수호할 책임을 포기한다. 규제 국가는 시장의 과도한 월권을 통제하고 권리에 의해 가능한 실존을 위한 사람의 요구에 응대해야 한다. 간단히 말해서 사회문제에 대한 일시적인 해결책 이상을 찾고자 한다면, 국가는 사회복지 실천가와 정책 입안자를 통해 모든 시민과의 대화를 시도하여 불평등한 사회관계를 변화시키는 데 총력을 기울여야 한다. 우리는 행동해야만 한다. 행동하지 않는 것은 정치가가 국가의 힘을 결국 기존의 사회적 배타성과 불평등을 확고히 하는 데 사용하게 만들기 때문이다.

사회복지사에게 인권 주도적 실천은 사람이 어디에 살든 간에 완전한 시민으로서 인정된 사람의 존엄을 중시하고 구조적 불평등을 해소하는 데에 근간을 두어야 한다. 이러한 접근법을 따르기 위해서 사회복지사는 대인사회복지서비스를 이용하고 이러한 서비스의 형성과 이행에 개입하는 일이 지위, 특성, 거주지에 상관없이 모든 개인의 권리라고 주장할 수 있어야 한다. 한마디로 사람은 잔여성과는 분리된 서비스를 받을 자격이 있다. 이러한 서비스 제공을 위해 도움을 요청하는 사람의 서로 다른 출발점과 욕구에 대해 다루어야 한다. 한 가지 유형의 서비스 제공만으로 모두의 욕구를 충족시킬 수 없다. 시봄(Seebohm)의 말을 바꾸어 말하면, 한 상점에서 다양한 쇼핑이 가능하게 하기 위해서는 그 쇼핑센터가 많은 매장을 보유하고 있어야 함을 의미한다. 자원을 나누어 주고 진보를 향한 구조적 장애물을 제거할 수 있는 정책 입안자와 직접적인 대화를 하며 다양한 개별성에 반응함으로써, 사회복지 교육자와 실천가는 실천으로부터 이론, 정책, 연구가 분리되는 것을 종식시키기 위한 도전을 할 수 있다.

제2장 변화하는 상황에서의 전문직

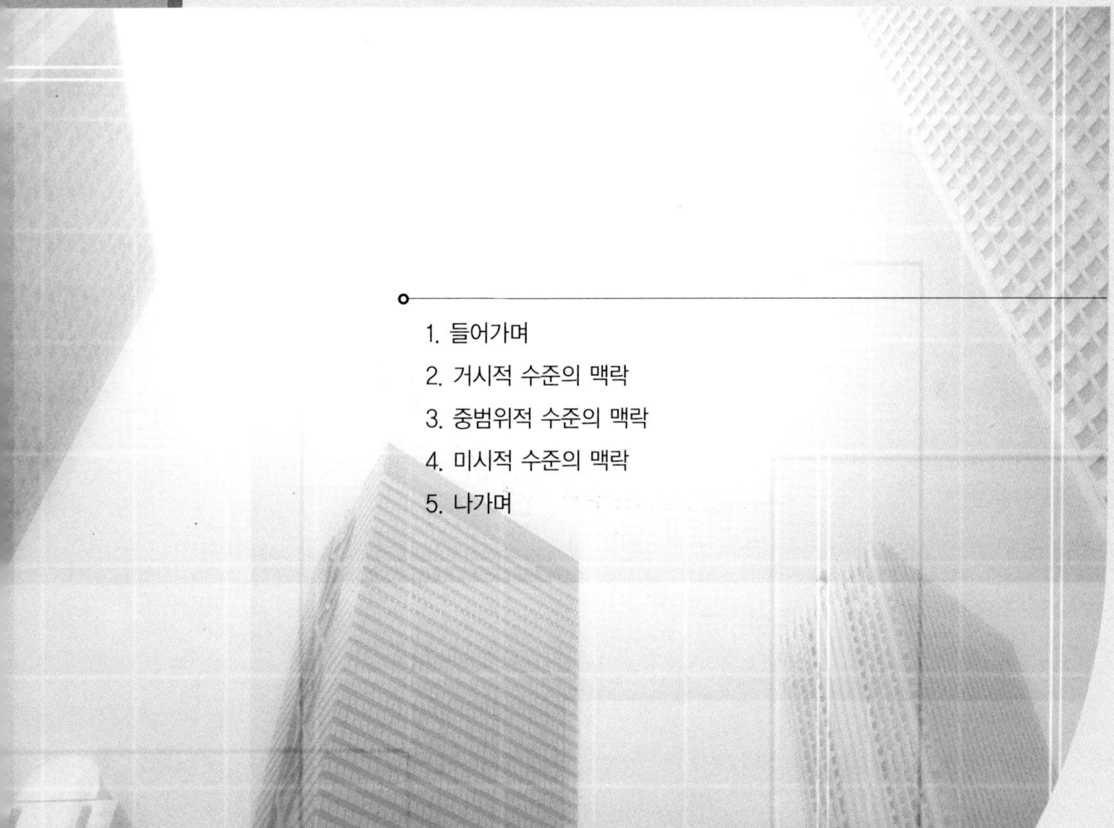

1. 들어가며

사회복지 실천가는 변화하는 상황에서 일관되게 종사하여 왔고 전문직의 기틀을 만드는 데 중요한 역할을 수행해 왔다. 사회복지 실천가는 미시적 수준에서는 개인 간의 상호관계, 중범위적 수준에서는 지역사회단체, 법, 정책 그리고 거시적 수준에서는 세계화 등의 요인과 관련되어 실천에 임하고 있다. 그러나 사회복지사는 특정 수준에서 더욱 많은 영향을 줄 수 있는데, 예를 들어 개인과 가족과 관계된 미시적 수준의 영역에서 전문적인 지침에 따라 일하는 것이 좀 더 수월하였고, 중범위적 수준과 거시적 수준의 영역에 개입하여 변화를 도모하는 일에서는 어려움이 따랐다. 왜냐하면 현 상황에서 차별을 감소시키려고 노력하는 사회복지의 압력에 대해 정책입안자가 호의적이지 않았기 때문이다.

영국 신노동당의 사회문제에 대한 관심과 기본 입장이 분명히 사회복지적인 관점을 추구한다는 점을 감안하면 중범위적 수준에 대해 사회복지사가 적절하게 개입하지 못했다는 주장은 모순된다. 다만 대부분의 정책 입안자는 사회복지라는 용어를 과감하게 사용하지 못하고 상대적으로 논쟁의 여지가 적은 '사회보호'라는 용어를 선호한다. 그럼에도 불구하고 사회적 고립을 없애고 빈곤을 타파하며(특히 영국의 아동과 외국인에게 초점), 사회적 결속력을 증진하는 것을 목적으로 하는 현대화된 전문적 지침은 사회복지실천의 핵심이 되고 있다.

현대화 의제는 사회복지 정책과 교육, 실천에 주요한 영향을 미치고 있다. 현대화 계획은 계속적으로 변화하고 있으며, 영국에서 사회복지가 태동하고 수행되는 방법에 큰 영향을 미치고 있다. 현대화는 사회복지 전문직에 영향을 미치는 수많은 정책환경 중의 하나다. 다른 요인으로는 현대화와 관련되지 않은 입법과 세계화와 같은 국제적인 세력, 복지국가의 민영화, 유럽의 단일화 등을 들 수 있다. 빈민을 위해서 시행되는 블레어(Blair)의 '뉴딜'과 지역사회 재건안 같은 프로그램에서 수행되는 현대화는 불안한 상황에서 보장을 제공하는 것을 목표로 하고 있다.

다소 차이가 있지만 신노동당 정부의 현대화 계획은 일차적으로 노동시장에서의 배제와 관련된 좁은 관점의 사회적 배제에 집중되고 있다(Jordan, 2000). 뉴딜 프로그램의 사회통합 정책은 실업자를 임금노동자로 고용함으로써 통합을 이루고자 했다. 영국의 사회정책은 오랫동안 빈곤층을 고용하는 데 초점을 맞추어 시행해 왔다. 실업급여를 받기 위해서는 구직활동을 해야 하는 것이 전제 조건이고, 이는 전쟁 후 사회적으로 주요하게 합의된 특징이다(Kaim-Caudle, 1973; Kincaid, 1973, Dominelli, 1991b). 과거와의 중요한 차이점은 현 정부가 이러한 이데올로기를 시행하는 데 앞장서고 있다는 점이다. 또 다른 차이점은 급여를 받으면서 '일하기 싫어하는' 사람에 대해 언론매체가 많은 관심을 보이고 있다는 점이다.

현대화에서는 시민권보다 임금노동이 복지혜택을 확실하게 받을 수 있는 주요 통로가 되고 있다. 이러한 접근은 여러 이유로 인해 일할 수 없는 이를 고려하지 않았고(Levitas, 1986), 빈민이 불안한 상황을 극복하기 위해 정부가 주는 한 가지 혜택에만 의존하지 않고 여러 방법을 활용한다는 점을 간과하였다. 클라이언트는 마지막 단계에서 국가의 도움을 요청한다(Morris, 1995; Zucchino, 1997). 필자와 필자의 동료가 인터뷰한 한 젊은 어머니의 말을 인용하여 보자.

> 내가 복지혜택을 선택한 것이 아니었습니다. 내가 좋은 직업을 얻을 수 있었다면 언제라도 복지혜택보다는 그 직업을 선택했을 것입니다. 그러나 재정적으로 도움을 주는 사람은 물론이고, 어떤 때엔 사회복지사조차도 우리가 이런 생

> 활을 선택했다고 생각합니다. 내가 선택한 것은 아무 것도 없습니다. 어쩌면 선택을 하는 사람이 있을지도 모르죠. 하지만 이건 정말 편견입니다. …… 그는 복지혜택을 받는 한부모가 전형적인 복지 수급자의 사례라고 생각해요. 우리가 할 수 있는 것이라고는 복지혜택을 믿고 아이나 더 낳는 거라고요. 글쎄요, 모든 사람이 그렇지는 않습니다. 나는 복지 수혜자의 입장에서 벗어나려고 노력합니다(Dominelli et al., 출판예정).

지역의 결정을 존중하는 정치적 권한 이양은 현대화 계획에서 필수적인 부분이다. 그러나 서비스 전달에서 이루어지는 계약문화는 지역사회로의 정치적 이양과는 반대 방향으로 진행되고 있다. 규제 철폐라는 이름 아래 '계약정부'는 지방정부와 시민의 일상생활에 대한 중앙정부의 더 많은 간섭을 초래하였다. 공적 부문뿐 아니라 시민 개인의 일상생활에도 중앙정부는 다양한 규제를 시행해 왔다(Dominelli and Hoogvelt, 1996a). 그러나 한편으로 재정적 규제 철폐 덕에 민간 기업가는 그가 선호하는 방법으로 사업을 조직화할 수 있었다. 이러한 '규제지침'을 강화하면서 국가는 이전에 국가가 제공하던 서비스나 직접적인 개입의 책임에서 벗어났다. 이런 움직임으로 국가는 민간과 이윤을 추구하는 기관에 서비스를 하청으로 주는 일에 주력하게 되었고, 또 구매자와 제공자 간의 관계를 분리시키는 데 중요한 역할을 하게 되었다.

서비스 전달에서 서비스의 종류와 질을 관리하기 위해서 이런 규제적 과정은 절차적 수단이자 관료적 수단인 계약에 의존한다. 이러한 상황에서 신뢰는 궁극적으로 질을 보장할 수 없는 관리기술 중의 하나인 관계적인 방법이 아니라 전문 기술자에게 경제와 정부, 사회 조직의 운용을 맡기는 기술 지배적인 방법을 통해 얻을 수 있게 되었다. 이러한 발달은 통제기술 설계자가 어떻게 목적과 수단에 관계된 신뢰를 잃게 되는지를 보여 준다. 관료화된 신뢰는 일이 잘못되었을 때 관리자가 잘못된 것에 대해 책임을 지지 않고 이리저리 그 책임을 전가하며, 책임을 지는 사람은 나타나지 않는 상황을 야기하게 된다. 더욱이 이런 과정으로 인하여 사람은 조직이 약속을 지키지 못할 것이라는 믿음을 갖게 되고 냉소주의가 팽배해진다. 영국 철도의 민영화는 이런 과정의 고전적인 사례다. 기대에 못 미치는 결과를 내고 있다는 사회복지에 대한 평가도 유사한 위험이 도사리고 있음이 분명하다.

빈곤층의 삶에서 불안은 빠질 수 없는 특징이 되어 왔다. 빈민은 하루를 연명하는 데 급급하고 피폐한 삶에서 생존하기 위해 다양한 자원을 매우 열심히 찾게 된다. 그가 필요로 하는 것은 자신이 기초 생활수준에서 벗어나도록 도울 수 있는 정책과 자원이다. 여기서 기초 생활수준이라는 것은 자신에게 닥치는 일을 자신이 알아서 해결할 수 있는 생활을 말한다. 빈곤에서 벗어나려면 일정 수준의 사회자본이 필요한데 그에게는 이것이 부족하다. 필자가 연구하던 단일재건예산(Single Regeneration Budget)의 지역 프로젝트 운영위원회의 한 위원은 이에 대해 다음과 같이 언급했다.

> 그(빈곤층)는 약간의 일을 제공받고 장기적으로 견딜 수 있도록 하는 끝이 보이지 않는 프로젝트에서 빠져 나갈 수 있는 자원이 필요하다.

현대화 프로그램에서 단기간 동안만 고용되는 기회를 가진 사람은 장기적으로는 가난에서 벗어날 수 없다. 이것이 '뉴딜' 복지모델이 실패한 주요 원인으로서 이를 주시해야 한다. 유급고용을 강조하는 상황에서 현대화 정책은 개인 간의 상호작용 관계를 통해 작용하는 구조적 배제의 영역을 설명할 수 없었고, 특히 충분한 임금을 받는 직업, 주택, 건강 증진의 기회, 교육, 대인적 사회서비스 등이 부족하여 생기는 불안의 문제를 다룰 수 없었다. 이러한 불안이 야기하는 복잡한 상황적 맥락은 변화하는 전문직에서 훌륭한 실천이란 무엇인가라는 화두를 던져 준다(Pattison, 2002; Dominelli,

2002c 참고).

오늘날 불안의 문제는 더 이상 가난한 자의 문제만은 아니다. 전문직업이 더 이상 성인기와 은퇴 후까지의 삶을 보장해 줄 수 없다는 면에서 중산층 역시 불안의 문제를 갖게 되었다. 고용불안이 증가하고, 연금방안이 계획된 수입과 기본 자산을 도출하는 데 실패하고 있으며, 양도저당이 주택대출에 관한 재지불을 보장할 수 없음에 따라 미래는 밝지 않게 인식되었다. 많은 중산층은 이러한 불안의 문제를 야기하는 공포로 인해 마비되어 가고 있다. 빈자와 마찬가지로 그는 자신의 궁핍을 원망할 희생양을 찾아왔다. 이러한 반응은 기존의 불안문제에 대한 대응전략의 한계를 극복하고자 하는 그의 능력을 방해할 뿐만 아니라 걱정을 더하게 하였다. 이런 물질적 조건의 결과로 다양한 억압의 형태, 특히 인종주의와 같은 '주의'에 깊이 뿌리박혀 있는 억압은 비록 그러한 주의에 대한 반대가 이념적으로 존재한다고 하더라도 매일의 상호작용 속에서 발생하고 있다.

이 장에서 필자는 사회복지가 처해 있는 여러 가지 상황적 맥락을 점검하고자 한다. 또한 이러한 맥락이 계속적으로 변화하고 있기는 하지만, 그 맥락의 요소가 실천에 영향을 미치는 범주에 관해 논의할 것이다. 이러한 사회적 맥락이 제공하는 제한점과 기회는 사회복지의 가치기반과 실천가의 판단이나 클라이언트의 열망 등과 조화를 잘 이룰 수도 있고 그렇지 않을 수도 있다. 사회복지사는 불확실성, 모호성, 모순적인 기대감으로 팽배한 사회에서 확실성을 가지고 행동해야 하는 주된 문제에 직면한다. 그는 이상적인 실천을 선호하기보다 극단적으로 어려운 상황에서 최선을 다해야 할 것이다. 이러한 복잡한 요구는 사회복지가 경쟁적 정치활동이 될 것을 요구한다. 이와 같은 맥락에서 사회복지에 대해 '이것이 바로 전문가가 해야 하는 것이다.' 라고 단순하게 말하는 것은 사치가 된다.

2. 거시적 수준의 맥락

복지제도에 대한 세계화의 영향

실천에서 세계화는 중요한 현대적 맥락으로 작용한다. 거시적 수준의 많은 제도는 공적이고 사적인 삶의 모든 면에 영향을 주고, 사회복지사가 클라이언트를 보호하는 대가로 감시하는 기술을 사용하게 한다. 세계화의 세력은 복지의 신자유주의화와 사회문제의 국제화를 통해 지역의 실천을 국제적 영역으로 이끌어 낸다. 이러한 발전은 미시적, 중범위적, 거시적 수준의 정치와 실천에서 세계화가 중요한 역할을 하게 만들었다. 필자는 어디선가 사회복지에서의 세계화를 다음과 같이 정의했다.

> 생산과 재생산을 관장하는 자본이 삶의 모든 영역에 주요하게 영향을 주는 사회에서 조직은 지금까지 시장의 법칙을 신성불가침한 것으로 여겼다. 세계화는 자본주의 사회관계의 국제적 확산과 사회적, 정치적, 문화적, 경제적, 개인적 등 모든 영역의 사회관계를 재구성하는 삶의 모든 면을 통합하고자 한다. 이것은 공적 서비스를 사적 공급자에게 개방하고, '투자 효율성' 를 제공하고, '돌봄을 담당하는 전문직' 에 대한 관료주의적 통제를 거듭 주장하며, 개인과 국가의 관계를 변화시키고자 한다(Dominelli, 2001, p. 261).

세계화는 이윤 추구적인 착취를 위해 새로운 분야를 발견하려는 정부와 제휴하고 있는 자본주의 기업가가 변화를 모색한 결과로 생겨났다. 그들은 세계화가 그것에 관계되는 사람의 삶에 영향을 미친다는 사실을 거의 고려하지 않았고, 세계화 밖의 삶을 사는 것의 장점도 간과했다. 그들은 대인관계의 상품화, 소비자중심주의를 통한 사생활의 규제, 사적 제공자에 대한 공적 서비스의 개방, '투자 효율성' 의 강조, 보호를 담당하는 전문직에 대한 관료주의적 감독의 강조, 새로운 형태의 거버넌스의 도입 등의 변화를 향상시키고자 하였다. 이러한 변화는 대인관계, 직장에서의 관계, 시민과 국가의 관계를 과거와는 상이하게 변화시켰다. 그러한 관계는 공적-사적인 것으로 분리되었으며, 개별 시민에 대한 국가의 복지 책임을 감소시켰으며, 전 세계적으로 문화를 미국화하는 과오를 범해 왔다(Reitzer, 2000).

영국과 외국에서 빈곤을 철폐하려는 신노동당의 목표는 세계화의 역동성에 의해 방해되어 왔다. 비록 나쁜 의도가 없었더라도 세계화는 인간의 생활을 승자와 패자로 양산하는 자본주의적 관계로 조직되었다. 세계화에는 다음의 다섯 가지 상호작용적 특징이 포함된다.

- 국가의 의사결정과 국내 경제활동을 규제하고 국가를 세계화 경제관계로 통합하는 세계시장 원리
- 국내와 세계적으로 변화된 노동의 분화
- 자본시장의 규제 완화와 자유화
- 유연한 축적에 적합한 조건
- 사적 영역에 대한 규제의 증가(Dominelli and Hoogvelt, 1996a; Dominell, 2001, 2002a, 2002b).

이런 다섯 가지 요인의 상호작용적 역동성은 많은 모순적인 결과를 낳게 된다. 투자 목적을 위해 연합한 엘리트가 수익성 높은 조건을 생산하는 구조적으로 자유롭고 규제가 완화된 시장의 원리에 부합하는 권력과 의사결정에 치중함으로써 자본이 없는 개인이 이윤을 추구할 수 있기 위해 선택할 수 있는 영역을 제한한다.

세계화는 사회적 관계의 본질을 변화시켜 왔고 지방정부에 직접적인 영향을 미쳤다. 그 과정은 국내 경제가 세계시장(Dominelli and Hoogvelt, 1996a)의 명령에 적응하도록 하는 데 국민국가가 도구가 되는 국가의 국제

화와(Cox, 1981) '계약정부' 를 출현시켰다. 연합한 엘리트는 생산능력을 상품으로 전환하고 세계적으로 가장 값싼 제품을 생산하기 위하여 국내 경제를 더욱 경쟁적으로 만들고 국가의 노동력을 더욱 유연화시킴으로써 국가를 세계적인 자본주의 네트워크에 편입시켜 왔다(Jaikumar and Upton, 1993). 사회서비스 제공은 이익이 축적되고 그 권리가 시장에 맡겨지는 영역으로 편입되었다(Dominelli and Hoogvelt, 1996b).

영국에서 계약정부는 변화를 관리하는 몇 개의 성공적으로 계획된 단계에 기반하여 발전하였다. 즉, 1982년의 재정관리혁신안(Financial Management Initiative), 1988년에 발족한 미래혁신안(Next Steps Initiative), 존 메이저(John Major) 보수당 정부의 말기에 시작되어 블레어(Blair)의 신노동당 정부에 의해 계승된 사적 재정혁신안(Private Financial Initiative)이 바로 그것이다.

흥미롭게도 시장의 변덕스러움과 국가의 규제체제 사이의 연계는 규제국가에 대한 푸코(Foucault)의 분석에서 계속적으로 간과했던 부분이었다(Foucault, 1977; Chambon, Irving and Epstein 1999 참고). 이러한 것은 자본과 사회관계의 맥락을 나타낸다. 이 연결고리가 개인과 제도적인 수준의 통제문화의 (재)형성과 개인의 사회적 삶에 엄청난 의미를 함축하고 있기 때문에 이러한 함의는 명백하게 밝혀져야 한다.

계약정부를 위한 문화적 패러다임에는 다음의 것이 포함된다. 그 안에 포함되어 있는 전반적이고 전략적인 목적과 사실상 수행을 위한 목표의 정체성에 대한 규정, 실행 대상에 대한 조작화, '투자 효율성' 에 대한 비판적인 정밀조사, 즉 투입물과 산출물을 측정하고 값을 매기는 분명하고 자세한 내역, 관계된 모든 요인에 대한 적절한 기여와 책임에 대한 구체적인 내역, 그리고 보고하고 감독하는 도구의 체계화다(Dominelli and Hoogvelt, 1996a). 계약정부는 공공 부문 내에서 관계의 상품화를 심화시키고, 계약문화를 수반하는 조합주의자와 관리주의자 문화의 발전을 재촉하였다. 이것은 또한 사회서비스 분야에 영향을 미치고 있다.

재정관리혁신안의 시기 동안 공급자 단체는 대부분 공공 부문 내에서 운영되었다. 미래혁신안 아래에서 국가는 반관반민의 행정기관을 만들었는데, 이 기관은 정부와 거리를 두고 다른 민간 기관이나 기업과 특정 과업을 계약하는 식으로 운영되었다. 의무경쟁입찰제도(Compulsory Competitive Tendering) 입법은 1988년에 미래혁신안 계획의 한 부분으로 소개되었고, 공공 부문의 다른 부서와 함께 사회서비스국에 적용되었다. 의무경쟁입찰제도는 현재 양질과 질적 보호 혁신안으로 대체되었다. 사적 재정혁신안은 주로 공공 부문의 활동에 사적 자금을 활용하기 위해 공공기관과 민간 부문 사이의 파트너십을 창출하는 것을 목표로 한다. 또한 사적 재정혁신안은 정부가 보건과 교육 서비스를 담당하는 공공 부문에 자금을 조달하는 책임에서 벗어나도록 하고 있다. 사적 재정혁신안의 조정을 통해서 서비스 구매자는 서비스 제공자와 불평등해지고 더욱 멀어졌다. 그 결과 사회복지서비스 이용자는 서비스 구매자로서의 역할을 할 수 없게 되었고 정치적 과정을 통해서만 서비스를 받을 수 있게 되었다. 이러한 발전은 특히 기반시설인 교육시설과 철도와 항공을 포함하는 교통에 적용되었을 때 논란이 되었다.

이러한 혁신안은 기존의 공공자원 제공자를 상업적이고 자발적인 공급자로 전환시키는 새로운 경제논리를 부과하는데, 그들의 행동은 계약상의 의미를 통해 정의되고 책임질 수 있는 것에 의해 통제된다. 구매자-공급자 체제로 알려진 이러한 발전은 경제적 관계를 규제하고 통치하는 정부와 관계되어 있다. 이 같은 상황 속에서 정부는 산출물에 대한 통제가 강하게 규정된 조건하에서 특정 상품과 서비스를 주문한다. 이러한 계약은 구매하는 자와 공급하는 자, 서비스를 제공받는 자 간의 사회적 관계를 형성하였다. 이와 같은 것은 이미 존재하고 있고 새롭게 나타나고 있는 사회적 관계에 의해서 형성되었다.

품질보증 품질보증(Quality assurance)과 발전과정 인증시스템은 계약정부하에서 중요한 규제로 발달되었고 새로운 관료통제주의로 통합되었다. 공공 부문 서비스가 전통적으로 상거래 이외의 영역으로 규정되어 왔는데도 현재 사적 부문 사업과 공공 부문 서비스에서 이러한 경향이 모두 발견된다. 사회복지에서 규제적인 지침은 국제적 수준의 BS 5750이나 ISO 9000, ISO 9001과 같은 총체적인 품질관리 시스템(Total Quality Management system)을 따른다(Adams, 1998 참고). 이러한 과정은 사회복지사-클라이언트가 밀접하게 접촉하는 것을 통제하는 관료주의 관리체제를 강화했다.

품질보증은 품질보증의 메커니즘과 과정이 과업을 수행하는 데 요구되는 상세내역을 충족시키는 것을 보증하도록 관료화된 통제를 하게 되었다. 근로자에 대한 감독은 전문직도 포함되는 근로자를 통제하는 데 필수적인 관리도구가 되어 왔다. 과학기술의 발전은 성과를 정량화하여 상황을 쉽게 감시할 수 있는 관리도구를 강화해 왔고, 서비스 부문에서 발전하게 되었다. 그러나 이것이 클라이언트에게 최고의 서비스를 제공하는지의 여부는 논의해 보아야 할 문제다. 계약 불이행, 소송, 서비스 이용자의 불만 등이 고조되는 것을 보면 관료주의적 통제장치를 신뢰하는 것이 좋은 질적 수준을 보장하지는 않는다는 점을 시사한다.

예를 들어, 학대에서 아동을 보호하기 위한 위기사정 도구가 그 목적을 달성하는 데 실패하는 것은 전문적 실천이 관료화되는 것이 아동이 폭력 없는 주거환경에서 살 수 있는 권리를 보장하는 데 필수적이지는 않다는 점을 보여 준다. 파튼(Parton, 1998)이 지적한 바와 같이, 지방정부의 보호를 받는 아동(지금은 완곡하게 '후견 아동'이라 불리는)의 죽음에 대한 첫 번째 질문은 '무엇이 잘못되었는가'가 아니라 '절차를 따랐는가'다. 절차를 강조하는 것은 사회복지사가 그 잘못을 나누어 갖게 하고 구조적 요인의 책임을 회피하게 한다.

사회복지사와 클라이언트가 과제를 수행할 수 없도록 하는 제도적인 불평등과 자원의 부족에 대해 논의하지 않는 것은 사회 전체가 아동복지를 책임지는 방향으로 재구조화하는 데 필요한 사회적 변화를 인식하지 못하게 한다. 또한 이것은 공적 재정지원을 받는 아동보호시설이나 훌륭한 위탁가정, 단순히 최저임금을 제공하는 것이 아니라 부모에게 생계를 유지할 수 있을 정도의 임금을 제공하여 부모의 아동양육 부담을 경감시켜야 한다는 것에 대한 고려를 무시하게 한다. 그러나 이러한 것의 책임을 회피하고 무시한 결과, 그 책임은 가족과 아동의 복지를 다루는 사회복지사에게 돌아가게 된다. 더욱이 그 과정에 초점을 두는 것은 실제로 누가 아동을 죽였는지에 대한 책임을 파악하는 것을 회피하게 하고, 개인적 요인과 구조적 요인 간의 관련성을 은폐하게 한다.

현대화 프로그램의 중요한 특징이었음에도 불구하고 경제와 효율성, 효과성을 강조하는 것은 정부가 약속했던 공공서비스의 발전을 이끌어 내지 못했다. 대신에 신관리주의는 서비스 수혜자의 자격 기준을 엄격히 하고 선택권을 제한하며 서비스의 계획과 제공 및 전달과 관련된 의사결정 과정에 이용자가 관여하는 것을 감소시켜, 이용자 주도의 서비스가 아닌 예산 주도의 서비스를 조장하였다. 이러한 하향식 접근방식은 현장실천가가 관리주의자의 통치체제 아래 있다는 사실에 대해 환멸을 느끼도록 하였다. 필자가 파비스 칸(Parves Khan)과 공동으로 했던 연구(Dominelli and Khan, 2000)에서 한 사회복지사는 많은 사람의 의견을 다음과 같이 피력하였다.

> 나는 관리주의와 복지혼합경제 체제하에서 시장의 힘이 사회복지실천을 파괴하고 있다고 느낀다. 점차적으로 그 조직은 효율성과 효과성을 강조하며 자원 주도의 정책을 전달하는 것을 스스로 자랑스러워하는 고비용의 냉담한 관료제를 만들어 내고 있다. 그 조직은 전문적인 업무를 단순작업화할 뿐만 아니라 사

회복지에 대한 의무와 책임에서 효과적으로 거리를 두고 있다. …… 이것은 실제 업무현장에 막대한 부담을 주고 불안문화를 지속시킨다.

도미넬리와 칸의 연구는 관리자보다 사회복지사가 신관리주의에 의한 변화를 더 부정적인 시각으로 본다고 밝히고 있다. 한 사회복지 관리자는 좀 더 긍정적인 견해를 다음과 같이 표현했다.

사람이 "나는 더 이상 사회복지를 하지 않을 거야."라고 말할 때마다 나는 "그렇지 않을 걸. 너는 항상 사정을 해 왔고, 항상 보호계획을 수립했어야 했어. 지금은 더욱 명백해졌어. 관리화되었지. 80년 동안이나 그렇게 해 왔는걸."이라고 말했다.

이 같은 진술은 사회복지사의 전문적인 자율성이 관료화된 과정에서 손실된다는 사실을 간과하고 있다. 사회복지사에 대한 감독, 지나치게 절차를 중시하는 업무관행, 분산된 예산관리 등의 관료주의적 통제로 인해 전문직의 자율성은 제한되어 왔다. 예를 들어, 노인을 위해 일하는 사회복지사는 제한된 예산만으로 서비스를 구매해야 한다. 실천가의 행동반경도 자원 조달에 사용할 수 있는 예산에 의해 영향받는다. 자금지원이 부진할 경우 비용이 드는 시설이 필요한 클라이언트가 적절한 서비스를 이용할 가능성은 더 적어진다. 재정적 책임은 많은 서류 작성을 요구한다. 직업적 재량권과 자율권이 현명하게 사용되려면 먼저 사회복지사에게 분명한 책임의식을 부여해야 하며 관료주의 제도하에서 좀 더 공정한 파트너십을 구현하여 클라이언트의 역량을 강화하는 방식으로 실천되어야 한다.

계약정부에서 사회복지는 공적 서비스의 민영화 과정과 매각을 통해 공공 영역에서 민간 영역으로 이전하게 된다. 물론 초기에는 노인시설이나 아동 거주시설처럼 쉽게 처분될 수 있는 유형자산이 주로 매각되었지만 사회복지부도 이 같은 흐름에서 예외가 되지는 않았다. 공적 부문의 매각으로 이 분야에 대한 공공부담이 상당히 줄어들기 시작했다. 이로 인해 노인 개인의 복지 관련 정부 분담금은 줄어든 반면에 서비스에 대한 단가 비용이 늘어나면서 약 10억 파운드에 달하는 차액이 발생했고, 이로 인해 유례없이 많은 숫자의 민간시설이 문을 닫게 되었다. 이에 따라 많은 노인이 거주지를 잃었으며 이 과정에서 강제철거를 당한 102세의 노인 로즈 코틀(Rose Cottle)이 다우닝가에서 시위를 벌이는 사건까지 발생했다. 이는 그가 살던 이스트 서섹스 관청에서 2001년에 40개 노인 거주시설을 폐쇄한 결과였다(Steele, 2002).

계약정부로의 전환은 개개인이 먼저 공공기관에 채용되었다가 후에 더 적은 임금에 불안한 고용 안정성을 감수하면서까지 민간 부문으로 옮겨 가야 하는 일종의 '회전문' 을 탄생시켰다(Dominelli and Hoogvelt, 1996a). 이는 탄력적 생산의 수요와 축적 과정에 따라 인적, 물적 자원을 효율적으로 이동시킬 수 있는 고용주의 능력을 크게 강화하였다. 담론과 실천의 양자의 영역에서 유연성의 필요성은 점차 명백해졌다. 일례로 쉽게 이직할 수 있는 기술을 접목한 포괄적 실습이 사회복지사 훈련과정의 핵심으로 대두하고 있다는 사실은 이러한 흐름을 잘 반영한다.

관료주의적 통제 경향은 각종 신기술, 특히 컴퓨터 기반 신기술을 통해 더 신속하고 철저하게 퍼져 나가 일상생활에 영향을 미치며 그 일부로 자리 잡아 갔고 사회복지에도 영향을 미쳐 급기야 다음의 관계를 재규명하기에 이르렀다.

- 국가와 국가의 시민
- 국가와 복지서비스 제공자
- 국가와 사회복지 전문가
- 국가와 사회복지 클라이언트

- 서비스 제공자와 사회복지 전문가
- 사회문제의 국제화로 인한 지역과 세계의 관계(Dominelli, 1998a; Kahn and Dominelli, 2000).

자유시장 이념과 자신의 복지 욕구를 스스로 해결하려는 시민의 책임이 사회적 연대이념과 복지위기에 대한 공동관리를 대체함으로써 자급자족이라는 개념이 현재 사회복지사와 클라이언트, 클라이언트와 국가, 사회복지사와 국가 간의 관계에서 공통적인 기반을 이루고 있다. 이로써 공공자금으로 지원되는 복지서비스가 약화되었는데, 이는 사회 전반에 상당한 영향을 미쳤다(Zucchino, 1997).

국가와 국민 간의 복지관계에 대해 살펴보면, 국가가 필요로 하는 모든 사람에게 서비스를 제공했던(적어도 이론상으로는) 서비스 제공자로서의 역할을 접음에 따라, 국민은 공공복지 제도를 통해 공급되는 것과 민간복지 제도를 통해 소비하는 것 사이의 간격을 개인적으로 메울 수밖에 없게 되었다. 이로 인한 곤란은 국가의 지원이 필요한 사람에게 가장 극명하게 드러나는데, 그들은 공공지원을 요구한다는 이유로 사회 부적격자로 규정된다(Culpitt, 1992). 이와 같은 전환으로 인해 국가와 국민 간의 관계는 자국 국민의 욕구에 관심을 갖고 이를 충족시키려는 온정적인 권리기반의 관계에서 자국 국민과 거리를 둠으로써 국민이 스스로 자신의 복지문제를 해결하도록 하는 무관심한 관계로 변모했다. 공공복지 서비스의 규모가 지속적으로 삭감되고, 제공되는 서비스조차도 서비스 이용자가 그 비용을 지급하게 함으로써 이전에 비해 서비스를 이용하기가 어려워졌는데도 국가의 지출은 증가하고 있다. 이러한 국가 지출 증가의 원인은 국가 수입 중 상당한 금액이 지원금이나 보조금, 세금 면제, 인프라 지원의 형태로 민간 기업에게 제공되기 때문이다(Canadian Business, 1997; Barlett and Steele, 1998).

이와 같은 경향은 클라이언트에게 제공되는 서비스가 상품화됨에 따라 더 악화되었다. 서비스의 상품화는 클라이언트를 서비스의 선택이 가능한 잠재적 소비자로 만들었다. 서비스 사용자와 이용 가능한 시설 간의 관계에 대한 규정에는 클라이언트 자신이 원하는 것을 구입할 금전적 능력이 없는 경우에는 선택권이 없다는 점이 고려되지 않고 있다. 결국 소비자는 다른 사람이 제시해 주는 것밖에 선택하지 못하게 되었다. 서비스를 설계하고 실행할 때 이용자의 의견을 직접적으로 반영한다고 하지만 극소수의 경우에 국한된다. 따라서 소비자는 자신이 선택할 수 있는 것이 완전히 부적절하고 형편없다고 느끼게 되며, 공급자가 제시한 서비스 중에서 선택하거나 아예 아무것도 선택할 수 없다는 사실을 발견하게 된다. 칸과 필자의 연구에서 인용된 한 사회복지사의 말을 빌리면 다음과 같다.

> 컨설팅 이용자들은 립서비스를 제공받고 그들의 말을 경청한다. 종종 그는 서비스가 특정한 방식으로만 제공될 수 있다는 말을 듣게 된다. 이론적으로는 서비스의 선택 기회가 주어지나 실제적으로는 선택권이 없다(Dominelli and Kahn, 2000).

클라이언트는 공공선택 이론에서 주장하는 방식에 입각하여 시장에 진입하지 못하거나 빠져나오지 못한다. 선택을 할 때 자신의 주장을 할 수 있는 자율적이고 강력한 소비자라는 개념은 사회복지 서비스 이용자에게 해당되지 않는다. 오히려 서비스를 제공함으로써 서비스를 받을 가능성이 아예 없는 사람의 소외의식을 더 한층 강화시키고 심화시킬 뿐이다.

더욱이 서비스의 상품화로 다수의 서비스 제공자가 클라이언트의 눈길을 사로잡기 위해 경쟁에 나섬에 따라 그들에게 제공되는 서비스는 분절화되고 있다. 서비스 제공자 간의 경쟁은 구매자와 기관이 꼭 제공해야 하는 서비스가 충분하지 못한 재정적 여건으로 인해 제약되는 계약 조건으로 융통성이 없어지고 획일화되게 된다. 혁신적 관행에 대한 통제와 효율적 개입의 한계에 관한 내용은 반스와 메이플(Barnes and Maple, 1992)을 비롯한 몇몇 학자에 의해 소개된 바 있다.

서비스 제공의 상품화와 전문적 실천의 관료주의화로 인해 전문가의 자율권한과 의사결정권이 제약되고 있다. 이러한 흐름은 관료적 전문가(bureau-professional)(Parry, Rustin and Satymurti, 1979)를 '관료적 기술관료(bureau-technocrat)' 로 변화시켰다. 실천가의 업무를 일일이 절차화시킨 각종 지시서와 신규 회람이 물밀듯이 쏟아지면서 시장조사 보고서도 사라지게 되었다. 이로 인해 아동보호와 같은 어려운 사회복지 업무를 담당했던 직원은 자신이 생각한 최선책과 함께 일하는 사람의 의견을 받아들여 결정한 최선책을 선택할 수 있는 자율권이 대폭 줄어들었다. 폭력사범을 담당하던 사회복지사에게도 동일한 어려움이 분명하게 드러났다. 국가의 기준이 이들의 업무방식을 강제로 규정하기 시작한 것이다. 물론 분명한 절차와 과정은 중요하지만 지나치게 관료화된 관행은 규정된 틀에서 벗어난 자유로운 사고를 방해한다. 이는 관료적 기술관료로 일하는 실천가가 겪게 되는 어려움이다.

전문가적 판단을 관리적 측면에서 통제하는 관행은 '위기사회' (Beck, 1992)의 대두와 아동보호, 폭력사범 처리 등 복잡한 실천 영역에서의 '위기사정' 이 시행되면서 한층 더 강화되었다. '위기사회' 에서 개인은 복지사회에 의지하지 않고 스스로 위기를 관리해야 한다. 위기관리에 실패하면 그로 인한 책임은 개인이 진다. 위기관리는 개인이 현재 결정하는 것이 미래에 미치는 여파를 스스로 측정할 수 있게 함으로써 자신의 현재와 미래를 수동적으로 관리하는 기술이다(Rose, 1996). 이로 인해 위기의 사정과 관리가 전문적 실천을 통해 확인할 수 있는 통치의 중요 기술이 되었다. 이제 사회복지사는 구조적 불평등을 변화시키고 해소할 능력이 있는 객체로 클라이언트를 대하며 관계를 형성하는 것이 아니라 관료주의 주도 형태의 실천을 통해 개인적 위기관리를 지원하게 된다.

사회문제의 국제화

세계화는 사회문제의 국제화를 촉발시켰다. 이러한 경향은 빈곤의 국내 및 국가 간 확산(Wichterich, 2000), 아동 성매매 같은 지역 사회문제의 타 지역에의 유출, 해외 입양이나 망명 또는 난민 등 사람의 국가 간 이동에 따른 영향 등의 특성을 야기했다. 이 같은 흐름으로 인해 지역기반의 사회복지 관행이 새로운 도전을 받게 되었고 사회복지 실천가는 업무의 국제적 범주를 좀 더 체계화되고 정리된 방식으로 생각해 보기에 이르렀다. 칸과 함께했던 연구(Dominell and Kahn, 2000)에서 사회복지사는 위에 명시한 요건을 충족시켜 줄 수 있는 훈련이 필요하다고 제시하였다.

사회문제의 국제화에는 지역의 세계화와 세계의 지역화라는 양면성이 공존한다. 국제화로 인해 그동안 사회복지를 규정 짓던 국경의 구분이 파괴되었다. 이를 지역적 관점에서 조망하면, 세계화의 추세로 사회복지사는 국제사회와 지역 내 문제의 상호 의존적 특성을 인식하게 되었다. 이러한 사회문제를 해결하기 위해서는 국경을 초월하여 국내적, 국제적 차원에서 사회복지사가 정치적 영역에 참여하여 이끌어 낼 해결책이 필요했다.

사회복지 환경의 이러한 변화는 곧 권력의 재배치를 의미한다. 신자유주의 사회제도에서는 고용주와 국가의 이해관계가 사회복지사와 클라이언트의 이해관계보다 우선시된다. 이러한 변화에 대한 개별적, 단체적 대응에는 수용, 순응, 저항이 있어 왔다(Dominelli, 2002a). 그러나 행동의 요인, 사건, 관련 인물이 어떻게 조합되느냐에 따라 대응방식이 달라지기도 하므로 이러한 대응방식 간의 차이는 종종 희석되기 마련이다. 먼저 상황을 '수용' 하는 사람은 스스로 기존 체제에 의문을 던지기보다 현 상황을 받아들이는 경향이 있다. 어려운 상황을 '조정' '순응' 하는 사람은 앞의 유형보다는 더 유연하고 반사적인 반응을 보이므로 특정 상황에서는 '저항' 으로 이어질 수도 있다.

'저항' 하는 사람은 자신이 처한 위치가 변화될 것을 요구한다. 그는 좀 더 대안적인 방법을 개발하고 현 상황에 순응하는 사람이 사전에 제시했던 상황과는 다르게 자신의 처지를 규명하는 방법을 모색한다. 현재 세계화에 대한 반발은 기득권 기업이 제공하는 비인간적이고 관료주의적인 방안에 맞서 지역성에 기반을 둔 인본주의적 반응에 뿌리를 두고 있다(Gilbert and Russell, 2002). 푸코의 분석에서 언급되었듯이 이러한 반응에서 복잡하게 나타나는 역동성은 저항이 권력의 본질적인 부분이 아니라는 점을 보여 준다(Foucault, 1980). 즉, 저항은 목표 지향적으로 이루어지며 이를 통해 존재하게 된다.

3. 중범위적 수준의 맥락

국가정책 틀: 사회적 포함과 배제

사회복지는 실천의 맥락을 형성하는 정책 틀과 밀접한 관련을 갖고 있다. 이러한 사회복지실천의 맥락은 선거정치, 정치적 충성, 법적 기록, 사회정책의 영향을 받아 끊임없이 변화하고 있다. 현대화라는 의제 안에서 주요 틀은 사회적 통합과 주류사회에서 배제된 집단의 포함이라는 이슈를 다루고 있다. 사회적 포함이라는 의제는 실천이 포함되는 국가정책의 한 부분이다. 이는 국제적인 세계화에 의해 형성되고, 세계화에 대한 정부의 반응을 통하여 국가 단위로 수행된다.

사회적 배제는 인간 삶의 사적 · 공적 영역, 개인적 · 구조적 부문 등의 모든 측면을 포함하기 때문에 설명하기 어려운 개념이다. 삶과 노동의 질 향상을 위한 유럽기구(The European Foundation for the Improvement of Living and Working Conditions, 1995, p. 4)는 사회적 배제를 '개인, 집단이 그가 살아가는 사회에 충분히 참여하는 것으로부터 전적으로, 부분적으로 배제되는 과정'으로 정의한다. 한편 더피(Duffy, 1995, p. 1)는 사회적 배제를 "경제적, 사회적, 정치적, 문화적 삶에 효과적으로 참여할 수 없는 무능력과 소외, 주류사회로부터 떨어져 있는 거리와 같은 일부 특징"으로 정의한다. 드 한과 맥스웰(De Haan and Maxwell, 1998, p. 2)은 사회적 배제를 "정치적, 사회적 활동에 참여하지 못하는 무능력, 실패"라고 초점을 좁혀 규정하였다.

신노동당의 의견을 대표하는 피터 맨델슨(Peter Mandelson, 1997)은 사회적 배제란 "경제력과 직접적인 관련없이 일상의 삶에 참여하는 것을 막는 것"이라 주장하면서 사회적 배제를 광범위한 측면으로 제시한다. 대신에 그는 사회적 배제를 이미 결함이 있어 배제된 개념으로 '최하층'이라는 신우파의 개념에 연결시킨다(Murray, 1990, 1994). 최하층이라는 용어는 가난한 사람을 병리적인 관점에서 보고, 빈곤의 원인이 그에게 있다고 보면서 그를 비난하며, 일자리가 많아도 일하기를 꺼려 하는 사람이라는 맥락에서 그를 조망한다. 이러한 담론은 빈곤을 개인의 문제로 재규정하고, 구조적인 문제에 대한 개인적인 대응을 요구한다. 결과적으로 영국과 미국에서는 '최하층'에게 일자리를 제공하려는 정책을 시행하고 있다. 그런데 이 정책은 저소득층의 능력을 고려하지 않고 있으며, 제공된 직업은 저임금 직종에 국한되어 있으며, 이를 통하여 저소득층이 결코 빈곤에서 벗어날 수 없는 정책을 시행하고 있는 것이다(Morris, 1995; Wichterich, 2000).

영국이 미국에서 도입하여 적용한 이 개념은 논쟁의 여지가 있다. '최하층'이라는 개념은 다분히 인종적 개념으로, 미국 상황의 복지 수혜자와는 다른 인구학적 구성을 가진 영국적 상황에서 이 개념을 사용하는 데는 의문의 여지가 있다. 영국의 많은 흑인은 복지 수혜 대상이 아니다. 2001년의 인구조사에 따르면, 흑인은 주로 연령이 활동 노동인력에 위치하고 있음을 보여 주고 있다. 그들은 저임금 노동을 하고 있어도 복지제도에 의존하지 않았다. 이러한 복잡성은 사회적 배제가 발생하는 다양한 과정을 보여 준다. 또한 세계화된 자본주의 사회에서 개인, 집단의 실패를 가져온 개인과 구조적 요인 양쪽을 설명할 수 없는 빈약한 설명력을 두드러지게 한다.

다양한 정의에도 불구하고 사회적 배제의 정의에는 공통적인 요소가 있다. 그것은 사회적 배제의 개인적 본질을 강조하는 것이다. 그렇게 함으로써 배제의 결과로 생겨난 권력관계와 구조적 불평등의 중요성이 드러나지 않게 한다. 1993년 이탈리아 벨라리아 회의에서 사회적 배제를 세계화와 연계하여 발표한 자리에서 사회복지사에게 이러한 문제가 있음을 확인하였다. 대인서비스의 상품화와 시장화는 구조적으로 배제를 야기하게 되어 있다. 이미 저임금을 받음으로써 배제된 빈민이 서비스를 선택을 하는 데 주체적인 권리를 갖고 참여할 수 없기 때문이다. 또한 그들이 관련 제도를 디자인하고 그 제도를 평가하는 데 관여하는 것도 배제되고 있다. 그들의 역할은 자신에게 서비스가 주어졌을 때 개별 실천가에게 그 서비스에 대한 의견을 말하는 것으로만 제한된다.

신노동당의 정책과 대중매체의 노력은 세계화의 영향 속에서 복지에 관한 새로운 합의를 촉진하고 형성하는 데 중요한 역할을 해 왔다. 그들은 교육이 함께 제공되는 노동만이 빈곤에서 벗어나는 방법이라고 주장한다. 이러한 신념은 피터스(Peters, 1997)가 명명한 '규범적 합의'를 만들게 한다. 규범적 합의는 수사적으로 구조적 불평등은 무시하고 현 사회적 관계의 구조를 정당화해 왔다. '뉴딜'과 같은 사회정책은 시민으로서 권리를 누릴 수 있을 만큼의 충분한 급여를 주는 일자리를 잘 제공하지 못하고 있는데도 복지급여를 받는 사람에 대한(Craig, 2001) 노동강령과 노동윤리를 강화하려 하고 있다. 또한 이 정책은 노동자를 가치 있게 생각하고 전체 경제에 별 도움이 되지 않는다고 생각한다. 또한 새로운 합의는 탈세와 사업에 대한 국가 보조금으로 납세의무를 줄이는 부유층이 공식적이고 합법화된 계획에 따라 의심할 여지없이 혜택을 받게 되는 '국가에 빌붙는 행위' 를 무시한다(Barlett and Steele, 1998).

빈곤 노동자의 빈곤이 심화되는 것은 근로연계 노동복지, '취업 촉진 복지정책' 과 같은 정책이 미흡함을 반영하는 것이다(Craig, 2001). 이는 빈곤을 계속해서 개인 문제로 간주하여 비난하고 빈곤층을 국가 보조금에 지나치게 의존하는 사람으로 몰아넣는 신우파 정치인이 이러한 대책을 무시한 결과다. 그들은 이러한 서비스를 요청하는 사람을 가장 어려운 사람을 돕기 위한 제도를 남용하거나 만들어 낸 사람으로 간주하였다(Murray, 1990, 1994).

필자는 처벌적 복지주의라는 용어를 사용하는데, 이는 급여 청구자가 거짓으로 위장하여 공적 자금을 얻기 위해 공식적으로 조성된 급여체계를 남용한다는 추정에 근거한 정책입안자의 미봉책이라고 본다. 이는 현대 잔여주의의 중요한 요소로 시민권에 기초한 사회생활에서 빈민의 개입을 한층 주변화시킨다. 기존 연구에 따르면 대부분의 복지 수혜자가 일을 원하는 것으로 나타나는데(Morris, 1995; Roberts, 2002) 잔여적 복지에서 받는 낙인보다 노동의 신성함을 더 선호하기 때문이다. 머리(Murray, 1984, 1990, 1994)의 연구에 따르면 복지 수혜자의 대부분은 장기간의 복지혜택보다는(Morris, 1995) 단기간의 복지혜택을 받고 있다. 그럼에도 불구하고 복지 수혜자들은 복지혜택의 남용자로 일반화되어 취급되고 있다(Roberts, 2002).

저임금의 노동을 꺼려 하는 영국의 복지 수혜자에게서 급여를 철회하려는 시도는 처벌적 복지주의를 더욱 복잡하게 한다. 2000년 1월에 1만 9,344명의 급여가 철회되어 '엄청난 고난' 의 원인이 되었다(Roberts, 2002). 영국의 증대혁신안은 '남의 신세만 지는 사람' 의 수를 더욱 감소시키는 것을 목적으로 한다. 자녀를 통제하지 못하는 부모에게 아동수당을 철회하는 것을 강조하는 것 또한 처벌적 복지주의의 한 부분이다. 이것은 영국정부가 서명한 UN 아동권리협약에 인증된, 인적 · 물적 자원의 제공으로 아동이 성숙한 인간으로 성장하는 것을 돕기 위한 소득에 대한 아동 권리를 위반하는 것이다. 또한 아동 행동의 원인이 부모의 훈육과 거의 관계가 없는 경우에도 부모가 잘못되거나 부적절한 것으로 간주하고 비난하였다. 예를 들면, 학교제도가 너무 지루하고 학생의 흥미를 끌지 못하거나 욕구를 반영하지 못하는 경우다. 학교에 적응하지 못하는 일부 학생의 문제를 잘 다루지 못하는 교육제도에도 일부 잘 적응하는 학생이 있을 수 있다. 이 경우 교육제도에 적응하지 못하는 학생의 문제를 개인적인 문제로 인식해서는 안 된다. 학교제도의 구조적 부적절성을 지적한 학생이 극히 소수라면 학교에 비교적 잘 적응한 학생의 수행능력은 실제적으로 향상되었을 가능성이 매우 높다. 그러나 개인을 병리적으로 보는 관점을 갖고 일하는 실천가는 학교제도의 부적절성을 지적한 부모와 아동에게 문제가 있다고 보고, 그들이 자신을 잘 조정할 수 있도록 자기조절 기법을 제공한다.

이러한 새로운 접근은 아동과 부양자를 돌보는 여성의 무임금 가사돌봄 노동의 가치를 한층 격하하고 있다(Levitas, 1986). 신자유주의 시장 이데올로기에서 전문적 실천은 클라이언트의 취업을 강조한다. 사회복지사와 클라이언트의 관계에서 변화를 조장하는 것은 전문가가 원조가 필요한 사람에게 최상의 서비스를 제공하는 것을 더 어렵게 만들었다. 게다가 그러한 변화는 국가가 국민의 복지 욕구를 충족시켜야 하는 책임을 부인하게 할 수 있다.

이러한 전개는 공적 서비스를 빈약하게 만들었고, 돈 없는 사람은 이용하기 힘든 사적 급여를 등장시켰다. 반대 의견에도 불구하고 사적 출자자는 자신의 재정을 정부 보조금에 의존하고 있다(Barlett and Steele, 1998; Hencke, 2001). 사업을 추진하기 위해 충분한 재정적 자원을 마련하는 것은 기업가와 클라이언트에게 불확실한 상황을 만든다. 목표를 달성하기에 자원은 부족할 수 있다. 입찰과정은 목표를 달성하기 위한 재정을 줄이게 하고, '투자 효율성' 측면에서 볼 때 가장 저렴한 대안을 제공하는 사람에게 유리하게 된다. 서비스 부문에서 재정은 주로 인건비에 소요되기 때문에 급여수준, 사회복지사의 고용안정, 건강관리와 연금과 같은 재정적 지원을 포함하는 사회보험수가를 낮추려는 경향이 필연적으로 발생하게 된다. 공적 복지급여와 국가산업에 대한 재정을 감축하려는 정치적 우선순위는 구매자–공급자의 관계를 분리시키며 불안정하게 만든다.

이러한 제도 취약성의 한 예로 국가가 민간 기업가가 제공하는 수준으로 보조금을 지원할 수 없을 때 노인과 아동 시설이 문을 닫는 경우를 들 수 있다(Brindle, 2001). 이러한 역동은 시설에 적응한 사람을 퇴소하게 하여 노숙자 문제가 야기되며, 시설이 연속적으로 폐쇄(2000년 1만 8,800곳)되어 퇴소자가 갈 곳을 잃게 되는 사회적 배제현상이 촉진된다. 노인이 음악이 연주되는 동안 의자 주변을 돌다가 누군가 음악을 멈췄을 때 빈 공간에 서 있게 되는 것이다. 이런 과정에서 그들은 고유의 개별성과 안정적인 환경, 가정에 대한 권리, 그들의 삶을 통제할 수 있는 통제력을 잃게 된다.

사회복지사는 실천에 영향을 주는 정책을 통해 배제적인 담론을 재생하는 데 빠져들게 된다. 사회복지사는 클라이언트가 일상적으로 반복하여 사는 삶이 계속적으로 배제의 과정(심각한 빈곤이 분명한 증거가 되는) 속에 있다는 것을 보여 주는 증거에 근거하여 이러한 정책과 헤게모니 담론 가정에 반론을 제기할 수 있다. 클라이언트가 알고 있는 지식의 합법성을 정당화하면서 실천가는 다른 사람이 인식하는 상황에 대한 관점을 갖고 판단하게 된다. 사회복지사는 클라이언트가 그들 삶의 경험에 관한 지식을 나누게 함으로써 그의 주장이 들리게 하고, 그들이 공적 구조의 불충분한 문제를 알릴 수 있는 이야기가 전해지도록 돕는다. 반대 담론을 형성하도록 지지함으로써 사회복지사는 자신과 다른 영역에 있는 사람이 클라이언트의 관점에서 세상을 이해하도록 원조한다.

클라이언트의 일상생활에 관한 자료에 기초하여 대안적인 담론을 확립하는 데 중요한 역할을 수행하면서, 사회복지사는 그들을 알리기 위해 대중매체를 사용할 수 있다. 이러한 담론은 특히 폭력, 약물남용, 강도와 같은 위법행위처럼 다양한 반사회적 행동으로 인간 취급을 하지 않고 클라이언트를 '최하층'의 한 명으로 간주하는 일반적 시각에 도전할 수 있다. 형성된 새로운 담론은 클라이언트가 사회와 사회 내에서 발생하는 일에 이해관계가 있고 주체적인 실존인으로 이해되도록 보장한다. 부적절한 행동을 묵인하지 않으면서 사회복지사는 일탈적이라 판단되는 사람과 정상인이라 간주되는 사람을 연결할 수 있다. 그들을 연루시킨다 하더라도 사회복지사는 헤게모니 담론을 지원하지 않는다. 그들은 빈민에 대한 신화가 어떻게 형성되고 전개되는지에 도전할 수 있다. 약물남용을 예로 들어 보자. 부유층도 약물남용을 하지만 영국의 해리 왕자의 약물과 알코올 남용을 다룬 기사처럼 대중매체의 시각은 다르다. 해리 왕자는 법을 어긴 극악무도한 사람이라기보다 그가 살아가는 환경의 희생자로 그려진다.

만약 빈곤층에 대한 머리기사가 이와 유사하게 제시된다면 대중의 반응은 달라질 것이다. 신문에서 "빈곤과 열악한 주거환경이 제인과 조를 약물로 몰아넣다." "앤과 마크가 범죄가 만연한 지역에서의 소외에서 위안을 찾기 위해 술에 빠져든다."라고 기사화한다면 독자는 그들을 동정할 가능성이 매우 높다. 그들은 사회복지의 주된 개입을 사용하여 도움이 필요한 사람을 가치 없는 사람으로 '아무렇게나 쓴' 것에 도전한다(Jones, 1996). 대안적 접근은 빈민을 사회의 중요한 부분으로 포함하고 그들에 대한 담론에서 그들을 배제하는 것을 피하도록 애쓴다. 이 점은 루스 레비타스(Ruth Levitas, 1997, p. 19)에 의해 확인되는데, 그녀는 "'실제' 사회는 빈곤이 만연하여 전체 100%를 구성한다."라고 주장한다.

4. 미시적 수준의 맥락

권력과 권위

미시적 수준의 실천은 사회복지사와 클라이언트의 관계에 초점을 맞춘다. 권력관계는 이를 이해하는 데 중심이 된다. 권력관계와 정당성 및 권위의 근원은 사회복지 개입이 발생하는 맥락의 필수적인 측면이다. 이러한 측면에서 권력은 전통적으로 관계 내에서 다른 사람은 가지지 못했지만 한쪽에서는 전유된 부정적인 힘으로 개념화될 수 있다. 그래서 실천가는 전적으로 권력을 갖는 반면에 클라이언트는 무력하다. 이러한 형성은 한 사람, 집단이 개인, 집합적 수준에서(Parsons, 1957) 자신의 의지를 다른 사람에게 부여하는 것을 요구하는 제로섬의 권력역동을 가정하지만 부적합한 것이라고 볼 수 있다(Dominelli and Gollins, 1997).

의도성은 권력의 제로섬 개념의 주요 요소(Weber, 1978)로서 특정 권력자의 권위를 정당화한다. 베버(Weber, 1978)는 법적 명령, 인습과 카리스마적 호소를 권위의 기본으로 보았다. 그의 이해에 따라 사회복지의 권위는 법률, 국가 관료제(제도화된 인습), 개인적 전문성(카리스마)에서 나온 것으로 이해될 수 있다. 이는 일부 권력의 복잡성을 포괄하는 데 유용하다 할지라도 타인에 대한 권력을 넘어 행사되는 양적 도구로 개념화되는 문제가 남아 있다.

이러한 도식에서 권력관계는 개인과 집단을 착취하기 위한 강제적인 수단이 되고 있으며, 심지어 개인과 집단의 정당성을 넘어선 것까지 수용한다. 권력관계는 유한한 자원(권력)으로 정의되는 것을 획득하기 위해 사람끼리 경쟁할 때를 제외하고는 정적인 것으로 인식된다. 권력을 갖지 않은 사람들은 복종하거나 주변화된다. 이러한 삶의 정의를 받아들이는 사람은 자신의 상황에 대한 대안을 인식할 수 없다. 환경변화를 달성할 수 있는 가능성을 가시화할 수 없기 때문에 그들은 변화의 잠재성에 흥미를 갖기 어렵다. 권력의 제로섬 정의를 수용하지만 종속된 위치를 거부하는 사람은 오직 한 가지 선택을 한다. 즉, 그들 자신의 권력을 얻고 현재 권력자와 대체하기 위해 억압자에게 저항하는 것이다. 이러한 접근은 참여자가 음악이 끝나도 서 있지 않고 다른 종류의 의자 빼앗기를 만들게 된다.

푸코(Foucault, 1979b)는 권력을 억압적인 힘으로 개념화하는 것을 경계하면서, 도움이 되는 접근으로 권력을 다양한 제도와 문화적 관습으로 사회에 내면화된 생산적인 관계망으로 고려하는 것을 제안한다. 이러한 측면에서 주관성을 억압하기보다는 촉진하고 육성하고 힘을 부여한다(Miller, 1987). 육성되고 끊임없이 재창조됨에 따라 주체는 현상유지 상태에서 자신의 입장을 획득한다. 이를 허용하는 것은 개인 행동의 규제가 되어 행동의 안정성에 기여한다. 그 이유는 외적으로 강압적인 통제보다 내적으로 부여된 규제가 더 믿을 만하기 때문이다.

후기 구조주의자의 분석은 의미를 전달하고 기술하기 위해 언어를 사용하여 '담론적 실천'으로 권력을 형성하거나 재형성하는 데 초점을 둔다. 권력은 가능한 것과 가능하지 않은 것을 담론적으로 구성하는 데 언어를 사용하여 작동한다(Clegg, 1989). 따라서 권력의 실행을 위한 새로운 가능성을 열거나(Foucault, 1979b) 때로는 그것을 닫아 버린다.

푸코(1997)는 권력이 정당화되는 권력과 그렇지 않은 권력으로 구별하는 사람의 담론에 의해 협상되는 관계적 상호작용 내에서 발생하는 것이라고 본다. 루크스(Lukes, 1974)는 권력이 권력구조와 권력기관으로 나뉜다고 본다. 일반적으로 후기 구조주의자는 기관을 억압하거나 촉진하는 구조와 구조를 생산 및 재생산하는 기관 간의 연계를 강조한다(Giddens, 1993). 일부 후기 구조주의자는 권력을 기관과 그 실천에 관한 일련의 의미를 일시적으로 고정한 나머지로 이해한다(Laclau and Mouffe, 1985). 여기에서 강조점이 다르기는 하지만 사상가 사이에 서로 합의되는 부분이 있다.

시각의 차이는 있지만 이 사상가들은 권력을 '승자' 와 '패자' 라는 용어로 개념화하고 있다는 것이다. 그들은 대개 지배와 종속의 관계로 구성되는 권력 너머의 관계에 초점을 맞춘다(Dominelli and Gollins, 1985). 권력의 제로섬 시각과 대조적으로 페미니스트(French, 1985)와 포스트모던 사상가는 권력을 의미의 유동성과 예정된 형태의 부재와 연관시킨다. 결론적으로 권력은 복잡한 현상, 힘으로 사회행동가 간에 협상과 재협상을 통해 끊임없이 창조되는 것이다(Clegg, 1989; Giddens, 1990).

상호 협의된 힘으로서의 권력은 단순히 타인을 통제하는 문제가 아니라 승자와 패자를 생산하는 제로섬 개념으로서 제시된다. 그것은 '양측 모두에게 유리한' 결과가 될 수 있는 의사소통과 행동을 가능하게 하는 긍정적 에너지를 창조하는 힘이 될 수 있다(Brandwein, 1986). 사회적 상호작용을 통해 권력을 창조하거나 재창조하는 것은 아무도 완전히 권력적이거나 전적으로 무능력하지 않을 수 있다는 것을 의미한다(Dominelli, 1986). 협상적 현상으로서 권력은 사람이 서로 상호작용할 때 존재하는 유사점과 차이점을 통하거나 유사점과 차이점 안에서 형성된다. 그들의 유사점과 차이점은 협상되는 상호작용의 역동을 통해 (재)구성된다. 협상된 권력에 대한 사상을 역량강화 실천을 하는 실천현장에 적용하는 것을 이야기할 때, 실천가는 클라이언트가 그들의 공식적인 위치와 상관없이 타인과의 상호작용에서 좀 더 큰 주체감을 실행할 수 있는 공간을 만드는 데 전념하게 된다(Dominelli and Gollins, 1997). 이러한 실천가-클라이언트의 상호작용을 강화하고 논의하는 방법은 클라이언트 삶의 긍정적인 변화의 잠재력을 촉진할 수 있다.

통치성의 기술: '사회'는 클라이언트를 수급자격이 있는 자와 없는 자, 할당자원으로 나눈다

사회복지사는 개인의 가족과 지역사회부터 국가, 국제적 수준까지 연결한 더 큰 사회까지 사회체계와 연결망 내 개인의 관계망으로 그들의 실천의 범위를 구성하고 개념화한다. 사회복지사는 '사회'의 틈새나 개인이 일상적인 삶을 영위하는 공간을 현장으로 활동한다. 실천가가 이러한 공간에서 협상을 한다면 그곳에는 클라이언트가 있다. 그들은 타인에 의해 자연스럽게 구성되었고 구성한 것처럼 다른 사람과 상호작용하면서 양쪽 모두를 실행하는 주체다. 이러한 역동은 사용되는 개입이나 방법, 개입이 발생하는 장소에 관계없이 진화한다. 협상 주체는 사회복지실천에서 주요 역동을 형성하고 관계적 실천의 중심이 된다. 협상적 이해와 숙련된 실제는 실천가와 클라이언트가 함께 하는 일에 기초를 제공하고 클라이언트의 상호작용을 통해 형성되는 사회적인 것을 구성한다. 사회적인 것은 변화하거나 유지하는 파노라마를 제공하는 실천 내에서 개념화되고 협상되는 공간이다.

이러한 '사회적인 것'의 선입관은 전문적 사회복지의 뚜렷한 특징이고, 실천가가 활동하는 데 중요한 개념적 환경을 제공한다. 왜냐하면 사회라는 맥락은 현장에서 일하면서 담론에 참여할 수 있다고 느끼는 유급의 전문가이건 아니건, 삶의 기본적인 서비스인 누구를 돌보는 것과 관련되어 있기 때문이다. 누구라도 사회라는 영역이 어떻게 형성되고 연속적으로 규제되는지 이야기할 수 있게 되면서, 그것은 유동적이고 다차원적이며 모순적이고 모호하며 불확실한 영역으로 만들어졌다. 사회의 지역성과 직접적인 체험에 기반하여 이러한 맥락은 과거, 현재, 미래 간의 연속성과 비연속성을 내포한다. 시간이 지남에 따라 '사회적인 것'은 전문직 영역 내뿐만 아니라 외부에 의한 힘에 의하여 형성되었다. '사회적인 것'은 많은 맥락의 계층과 그들 내부와 상호 간의 작용을 포함한다.

전문적 사회복지에 책임이 있는 특정 상황 내에서의 변화가 어떤 한 지역에서의 시간과 공간을 가로질러 변하는 반면, 이러한 변화 내에서 연속성을 제공하는 결정적 순간이 존재한다. 이 중 일부는 그들이 기원된 지역이 아닌 다른 지역으로 신중하게 이동되었다. 영국이나 미국과 같은 나라에서 사회복지의 역사는 늘 유익한 영향만을 준 것은 아니지만(Armitage, 1996 참고), 상호 간에 영향을 주고받는 정책입안자, 실천가와 연구자의 예로 가득하다(Kendall, 2000). 실천가와 사회복지 교육자는 상호작용을 통해 이러한 맥락을 이해하도록 노력하고 자신의 상황에 대한 지식을 공유하면서 다른 사람에게서 배우고 자신의 지역 내에서 모아진 통찰력을 이용하는 다양한 교환을 요구한다(Dominelle and Thomas Bernard, 2003). 이론과 실천의 상호작용은 교육자와 실천가가 처음에 중요하게 나타난 것 외에 혁신과 가능성의 범위를 개발하는 데 사용되곤 한다.

'사회적인 것' 은 원조관계와 통치성의 기법의 일부로서 동시에 사람을 통제한다. 이러한 관계가 발전됨에 따라 '사회적인 것' 은 존경할 만한 노동자 계층과 좀 더 위험한 구성원 간의 공간을 중재한다. 이로써 정치적 목소리를 낼 수 있는 개인과 배제된 사람 사이에 구분을 창출한다(Philp, 1979, 1985). 동시에 그들이 존재하는 내부의 윤곽을 형성하고 만든다. 주류사회와 그 지시에서 소외된 사람 사이에 '사회적인 것' 을 놓고 개념화하는 것은 부적절하다. 주류에서 배제된 사람 역시 그들의 일부분인데, 주류사회는 그들과 비교할 수 있는 외부집단이 있어야 존재하기 때문이다.

사회복지사는 모든 사람은 사회구성원으로서 번영하기 위하여 누군가를 도우려는 욕구인 선의를 가진다고 주장하며, 이는 다른 전문직 의견에 종종 반하는 것이지만 실천에서 포괄성으로 나타난다. 사회복지사의 철학은 '정상' 으로 간주되는 것을 강화하는 보수적 입장과 정상 밖의 사람을 포함한 '정상적인 사람' 에 의해 둘러싼 것에 도전하는 급진적인 입장이다. 그러한 실천에 전념함으로써 실천가는 '정상'의 한 부분인 '비정상'을 (재)구성(Philp, 1979, 1985)하는 동시에, 사람을 '정상' '비정상'의 상반되는 개념으로 범주화하는 '구분하는 실천'을 재생산한다. '정상'인은 도움을 받을 수 있는 '자격이 있는' 집단의 일부가 된다. 반면에 '비정상'인은 원조를 받을 수 없는 '자격이 없는' 집단이 된다.

푸코(1977)는 권력은 표현과 관련된다고 주장한다. 그러한 명명은 대표성의 권력과 포함(또는 배제)의 실행과 관련된다. 명명되지 않은 현상은 가시화되지 않고 주변적인 것으로 남는다. '자격이 있는' '자격이 없는' 것으로 범주화되는 사람은 명명된 권력의 좋은 예다. 명명의 엄청난 힘은 그를 단순히 '자격이 없는' 것으로 낙인찍는 것으로서 소외된 자의 욕구를 제거한다. 명명화를 통해서 사회복지사는 어떤 행동은 정상적인 것으로 간주하고 다른 것은 주변적인 것으로 간주한다.

클라이언트를 주체로서 구성하기 위하여 사회복지사는 클라이언트에게 그의 삶에 대하여 이야기하게 함으로써 그의 이야기를 확보하고, 그가 했던 일에 대해 이야기하고(고백) 미래에 어떻게 다르게 행동할 수 있는지에 대해 생각하게 한다. 실천가는 클라이언트의 명명, 표현과 (자기) 규제에 참여한다. 푸코(1991)는 클라이언트가 통치성 기법의 주체가 되어 타인으로부터 소외된 존재로 개별화되고 파편화되는 것처럼 개별적으로 스스로를 통제한다고 제안한다.

차별화된 포함을 통하여 사회복지사는 주체로서 '원조받을 자격이 있는' 사람을 (재)구성하는 것에 관여하게 된다. 사회복지사는 사람이 역량강화와 자기 결정에 대한 담론을 통해 스스로 주체로 행동할 수 있음을 확신한다(Rose, 2000). 기존의 사회질서에 부합하는 개별계획을 발달시키고 개인에 대한 투자를 발전시키며 주관성을 증진시킴으로써(Miller and Rose, 1988) 사회복지사는 '자격이 있는' 빈민이 제한된 유형의 시민권을 갖게 한다. 그러나 아직까지 포함은 사람을 '자격이 없는' 자로 낙인찍음으로써 제공된다.

다른 사람에 비하여 더욱 빈곤하고 도움을 받을 자격이 있는 개인이 실천에서 수급권자로 인정되고 있다. 클라이언트를 차별화하는 것은 현재까지 계속되는 사회복지의 권한에 필요한 부분이 되고 있다. 권리 요구자를 원조를 받을 자격이 있는 빈자와 없는 빈자로 나누는 것은 과학적으로 자원을 할당하는 데 유용하다. 비록 자원에 접근하는 것은 돕지만, 클라이언트를 차별화하는 통치성 이데올로기는 클라이언트와 사회복지사 사이에 격차를 만들어 낸다. 따라서 클라이언트는 자신이 도움이 필요할 때 원조해 주는 사람으로 실천가를 보는 것이 아니라 자신이 원하는 서비스를 얻기 위해 극복해야 하는 장애물로 실천가를 보게 된다(O' Connell, 1983).

사회복지사의 열망에 관계없이 일부 클라이언트의 개인 행동을 변화시키는 것은 훈련의 능력을 넘어서는 것이다. 개인을 변화시키는 데 따르는 어려움은 사회복지사가 현재의 사회적 규범을 수용하기 위한 행동을 할 수 없는 사람으로 일부 클라이언트를 보도록 한다. 이러한 것은 자본주의 사회에서 사회적 관계를 조직하는 특정한 방법의 한계와 구조적 불평등이 실패를 야기하는 것이 아니라 클라이언트의 개인의 병리가 실패를 야기하는 것으로 인식하게 한다.

실천에서 이론이 발전하고 이론에서 실천이 발전하는 것은 사회복지 학문과 전문적 실천의 변화과정에서 특히 역동적으로 이루어져 왔다. 그들 사이의 끊임없는 상호작용은 사회복지실천을 반영적 실천이라는 개념이 담긴 사고와 행동으로 개념화하는 것뿐 아니라, 사회복지 개입에서 발생하는 것을 잘 이해하기 위해 실천에서의 연구와 실천에 대한 연구로 보도록 하는 기반을 제공한다. 실천의 평가와 검토는 시작과 종결, 그 이후까지의 개입과정을 통해 이루어진다(Compton and Galaway, 1975).

실천가는 그들이 처한 상황에서 실현이 어렵더라도 주어진 상황에서 최고의 개입, 그들이 선호하는 개입을 해야 한다. 사회복지사는 비록 행동과 실천을 동일시하지만 그들의 실천에서 생각과 행동의 양자에 대해 책임을 갖는다. 반영적 실천은 실천적 개입의 과정에서 두 요소 간의 끊임없는 상호작용에 관심을 갖고 있다. 더욱이 반영적 실천은 과정에 초점을 맞추는데, 특히 클라이언트의 기능을 중시하고 실천에서 클라이언트를 완벽한 파트너로 본다. 그것은 클라이언트가 실천의 관계에서 단순히 얻기만 하는 것이 아니라 그것에 기여할 수 있음을 인정하는 것이다. 반영적 실천이 추구하는 것은 실천가가 권력을 공유하고자 시도하고 그들이 평등을 얻을 수 없을지라도 그것을 추구하고자 하는 것이다(Panet-Raymond, 1991). 이 접근에서 중시되는 것은 사회복지사가 클라이언트를 원조의 대상으로 다루기보다 사회복지사와 클라이언트 양자가 상호작용하는 주체로 행동해야 한다는 점이다(Dominelli, 2002a).

다학문인 전문직 간의 협동작업은 현재의 실천에서는 언급되지 않고 있는 새로운 사회복지사의 전문성을 요구한다(Dominelli and Khan, 2001). 반영적 비판에는 실천에 적용할 수 있는 기술과 함께 넓은 범위의 이론적 지식과 실천이 필요하다. 그것은 또한 개입에 실천적, 지식적, 정서적 요소를 통합하는 사회복지사의 생각, 감정, 일의 수행을 포함한다. 이러한 것을 학생에게 가르치는 것은 사회복지 교육자에게 중요한 도전이다.

사회복지와 진단: 실천을 위한 맥락의 변화

미시적 수준의 사회복지는 때로 전문적인 자격을 갖춘 유급 실천가에 의해 공식적으로 수행되기도 하고, 가족, 친구, 이웃에 의해서 비공식적으로 이루어지기도 했다. 후자의 무보수 노동은 자발적인 박애에 기반하여 수행되었다. 사회복지는 다양한 세팅에서 수행되어 왔는데 주요한 사적 가사제도로서의 가족과 상업적 경영, 종교기관, 지역사회의 다양한 자발적 조직과 공공기관 등이 그것이다. 이러한 곳은 실천을 위한 상황을 제공한다. 사회복지는 자선 기부자, 민간, 국가, 사적 영역의 고용주에 의해서 후원된다. 비록 국가, 민간, 기업과 가정의 기여금 간의 균형이 시대 혹은 다양한 지역에 따라 각기 다른 특성을 갖지만, 복잡하고 풍부한 네트워크를 갖고 광범위한 지역에 걸쳐 제공되고 있는 것은 사회복지사가 보호를 하면서 혼합경제에 참여하고 있음을 의미한다. 국가에서 대인서비스의 구매자와 공급자로서 국가의 통치력은 축소되어 왔다.

영국 사회복지사의 초기 관심은 비행, 가족해체, 공중위생과 의료, 생존 유지를 어렵게 하는 경제적 문제, 전통적 가치체계의 붕괴에 집중되었다(Mendelsohn, 1980). 최근에도 이러한 목록은 여전히 중시되고 있다. 실천가는 주로 백인 여성으로 원래는 중산층과 상류층의 사람인데 하류, 빈민층의 사람과 일하면서 그들에게 '구체적인 서비스'를 제공한다(Mendelsohn, 1980). 중산층의 백인 여성이 주도한 전문직이라는 그림은 오늘날 사회복지 클라이언트에게 친숙한 모습이다. 노동계급의 '실천가'는 부유한 자원봉사자와 연계되었지만, 낮은 신분의 기술자로서 형편없는 임금을 받는 위치는 유지되었다. 이러한 실천가가 오늘날의 사회복지사에 대한 모델을 제공한다(Lappin, 1965).

전문 사회복지 교육과 실천은 100여 년 이상 서구 사회에 존재하여 왔는데, 이는 19세기 말과 20세기 초 사이에 영국, 네덜란드, 미국에서 전문적인 훈련 프로그램으로 시작되었다(Kendall, 2000). 이러한 발전은 네 번의 결정적 시기로 나눌 수 있다. 사회복지의 주요 관심의 측면에서 사회복지의 발전 시기는 구분된다. 여기서 사회복지의 주요 관심이란 어느 누구도 만족스러운 해결책을 제시하지는 않았지만, 역사적으로 특정한 시점에서 그들의 활동에 대한 담론을 통하여 전달되는 것이다. 이는 연대기적 시간에 따라 순차적으로 나타나는 것은 아니다. 오히려 전문적 진화와 인식의 경로에 다양하게 겹쳐지는 변화의 연속이라고 볼 수 있다. 특정한 시기에 실천 맥락이 변화하는 것은 특정 담론이 다른 담론을 지배하는 것을 가능하게 한다. 필자는 이러한 시기를 다음과 같이 구분하고자 한다.

- 전문직의 초창기
- 전문성의 강화기
- 전후 복지국가에 대한 약한 합의
- 세계화의 영향으로 인한 사회복지의 (재)파편화와 (재)조직화

필자는 클라이언트에 대한 개입에 영향을 미치는 이러한 시기의 중요성을 이하에서 살펴볼 것이다. 필자는 이러한 움직임이 각 단계에서 단선적으로 작용하는 것으로 이해되는 것을 피하기 위해 '시기'라고 불렀다. 그 이유는 한 시기에 시작되고 지속되는 어떤 경향은 다른 시기에도 연계되고 영향을 미치기 때문이다. 이러한 개념화는 사회복지의 발전을 문제화하고 잘 정돈된 연대기적 영역으로 정리하는 것을 어렵게 한다.

새로운 전문직의 권리에 대한 요구: 사회복지의 초기 시작 단계 사회복지는 그 시대의 산물이다. 그것은 사회적, 정치적, 경제적, 문화적 역사를 갖고, 행위자는 그들의 이야기를 만들고 쓰며 읽고 해석하는 데 개입하였다. 19세기의 전문사회복지는 탈선한 개인을 수용 가능한 시민으로 바꾸는 목적을 지닌 국민국가의 하녀 역할을 담당하며 발전하였다(Lorenz, 1994). 영국에서 이러한 과업은 자선조직협회를 통하여 운영되었는데, 조직의 구성원은 국가의 근대화 계획의 중요한 요소로서 전문직을 형성하는 데 수단적인 역할을 담당하였다(Walton, 1975).

자선조직협회에 의해 발전된 개인에 초점을 둔 대인사회복지 방법은 빈곤에 대한 구조적 분석과 인보관운동을 선호하여 지역사회에 기반한 개입과 실천을 주장한 사람과 대립하였다. 구조적 맥락과 개인 행동 간의 연결을 회피하면서 이어져 내려온 개별사회복지 실천가는 클라이언트 개인의

속성에 대해 관심을 갖고 클라이언트의 문제에 대해 그 개인이 책임을 갖도록 조장하였다. 이로 인해서 사회에서 '적응하는 데' 실패한 그들을 병리화하는 것은 매우 쉬운 일이 되었다. 빈자가 자신의 문제에 책임이 있다는 시각은 현재까지 이어지고 있다.

자선조직협회의 관리자는 대부분 남자였다. 오직 한 명의 여성만이 초기 자선조직협회의 이사였는데(Dale and Foster, 1986) 이러한 관리 패턴이 현재까지(Grimwood and Popplestone, 1993)도 영향을 주고 있다. 비록 원조를 받을 가치가 있는 요구자만이 자선원조를 받을 수 있었음에도 불구하고, 자선조직협회는 수년간에 걸쳐 급증하는 활동을 전개하는 수많은 비자발적 기관과 같이 일하였다. 구빈원은 다른 성격을 지닌 이에게 원조를 제공하였다. 여기서 '적합하지 않은' 다른 이의 대부분은 미혼모를 의미하였다. 대조적으로 인보관운동은 사회복지사가 다루어야 할 주요 이슈로 빈곤과 열악한 주거환경에 초점을 두었다.

전문직으로서 사회복지가 확립되는 데에서(Lappin, 1965) 자선조직협회가 지역사회에 기반한 인보관운동보다 득세하게 된 것은 사회복지 본질에 대한 논쟁을 잠잠하게 만들었다. 자선조직협회의 승리와 개별화된 개별사회복지 개입방법의 채택으로 사회복지는 업무를 수행하면서 국가로부터 재정적인 지원과 정당성을 인정받게 되었다. 사회복지는 거버넌스라는 자율적인 구조가 부족하여 국가에 의존하는 전문직으로 자리를 잡게 되었다(Walton, 1975). 개인에 초점을 둔 개별사회복지와 구조적으로 개입하고 접근하는 지역사회복지 간에서 생기는 위와 유사한 긴장은 제인 애덤스(Jane Addams)가 영국의 개념을 차용하여 실천에 적용하려고 한 미국에서 발전하였다(Lappin, 1965; Kendall, 2000). 이 시기의 중요한 요소는 클라이언트의 목소리가 반영되지 않고 전문가가 만들어 놓은 영역과 지식이 득세하게 된 것이다.

사회복지는 대부분 자원봉사자로서 무급이자 자격이 갖추어지지 않은 백인의 중산층 여성이 사회복지에 고용되어 그 당시 권력을 갖고 있는 영국의 다른 전문직과는 다른 모습으로 출발하였다(Walton, 1975). 비록 클라이언트 대부분이 사회의 소외계층이었지만 잔여적인 패러다임 내에서 일하게 됨으로써 서비스를 제공하는 것에 대한 보수를 요구할 수 없었다. 더구나 부유한 사람은 가난한 사람에게 서비스를 제공하기 위해 더 많은 비용을 지불해야 했다. 더욱이 그들은 자신이 가진 자원보다 더 많은 도움을 필요로 하는 사람과 만나게 되었다. 이러한 특성은 사회복지사가 국가와 그들의 활동에 자금 조달을 할 수 있는 부유한 후원자에게 의존하게 만들었다(Walton, 1975). 따라서 사회복지는 끊임없이 기금이 부족하고, 도움을 필요로 하는 사람의 욕구를 충족시킬 수 없으며, 재정적으로 의존적인 전문직으로 자리를 잡게 되었다. 사회복지사는 그들의 뜻대로 부족한 자원을 배분하는 방법을 발견해야만 했다(Dominelli, 1997). 이러한 사안은 현 시대의 실천을 따라다녔으며 욕구와 자원이 맞지 않게 되므로 서비스의 효과적이고 효율적인 자원통제자로서의 실천가는 더 무능력하게 되었다.

공적 급여가 자신의 생활을 유지하는 데 유용하지 않아 그들 스스로 자신을 돌보아야 했던 사람이 최근 들어 법적 소송을 많이 하게 되었다. 영국 법원의 판결은 구매자의 자원할당이 특정 클라이언트에게 제공되어야 할 것을 결정할 수 있다는 것을 재확인하였다(Carvel, 2001). 사회복지실천에서 불충분한 자원으로 인해 발생하는 한계를 후원하는 과정에서 사정에 의해 입증된 확실한 욕구에 대해서도 지방정부가 서비스를 제공하지 못하고 있음이 확인되었다. 이러한 결정은 자원에 의한 실천을 (재)확인하였고 노인과 장애인을 위한 업무를 제한하였다(King's Fund, 2001).

사회복지사가 처한 이러한 상황의 복잡성 중에 중요한 것은 전문직에 관한 것으로 전문자격을 확립하기 위한 실천가의 투쟁에 있다. 그들의 전문성에 대한 초기 열망은 1915년 「플렉스너 보고서(Flexner Report)」에 의해 좌절되었다(Flexner, 1915). 플렉스너는 사회복지의 지식체계가 부족하고 훈련 프로그램이 미약하여 전문직을 유지하기가 어렵다고 보았다. 그들의 열망을 더욱 복잡하게 한 것은 유급의 전문직을 요구하는 여성이 이념적으로 수용되지 않았다는 점이다. 당시 주도적인 전문직과는 다른 담론을 통하여 스스로 규정한 전문직의 신뢰성을 확립하려는 사회복지사의 무능력이 이러한 요인을 위태롭게 하였다(Dominelli, 1997).

사회복지의 독특한 전문적인 기반인 훈련 프로그램과 유급 고용직은 그 후 어느 정도까지 실현되었지만 전문직의 위치는 여전히 모호하게 남아 있다. 사회복지의 실천 패러다임과 이론적 기반, 훈련 요건은 전문성이 이미 확립된 의학과 법률 전문직의 '정상적인' 요건과 부합되는 것은 아니다. 더욱이 사회복지사의 권리를 추구하려는 시도는 그들과 클라이언트에 대한 사회의 빈약한 공약으로 인해 방해받고 있다. 영국에서 제2차 세계대전 후 「베버리지 보고서(Beveridge Report)」에서 제안한 바와 같이, 대인복지서비스를 보편적인 서비스로 만드는 데 소극적이었던 국가의 태도는 사회복지사의 전문성에 대한 열망을 훼손하였다. 사회복지를 전문직으로 확립하기 위한 노력은 계속해서 엉망이 되었다.

항상 긍정적인 방향은 아니지만 '본국' 문제를 해결하기 위해 영국을 넘어 팽창하고 해외에 그 사명을 전파하기 위해 노력하는 영국의 식민지 권력의 유산은 사회복지 전문직의 입지에 영향을 미쳤다. 그러한 과정을 통해 영국의 사회복지 모델, 교육, 정책과 실천은 다른 나라에 전파되었다. 그 시대의 실천과 이데올로기에 영향을 받는 사회복지는 때때로 서비스를 받는 사람의 삶을 위기에 빠지게 하는 계획과 제국주의적 세계관의 확산에 연루되게 되었다. 현재의 평가에 따르면 그 시대의 통합적이고 동화주의자적인 운동은 중산층 백인 엘리트의 규범을 지지하는 권력과의 교환을 통해 사회복지에 영향을 주어, 사회복지실천은 성차별적이고 계급차별적이며 동성애를 혐오하고 장애를 차별하며 인종을 차별하는 경향을 갖게 되었다. 이러한 경향은 현재에도 개발도상국의 실천에 악영향을 미치고 있다(Simpson, 2002; Sewpaul, 2003).

영국의 사회복지사는 특히 민족국가 내에서의 사회적 안정성을 보장하는 것과 연합된 근대화의 문제를 다루고 국외의 제국주의적 이해를 촉진하는 데 관심을 갖게 되었다. 다른 곳으로 영국의 문제를 전파하는 데 관계된 사회복지사는 그곳 국민이 특히 새로운 영연방에서 행복한 삶을 누릴 수 있을 것이라는 관점을 믿는다. 이러한 행운은 '본국' 아동—노동자 계층의 고아—에게 제공되어 많은 경우 강제적으로 해외로 보내졌다. 이러한 정책은 돌봄의 서비스가 부족한 상황에서 빈곤한 가족을 통제하고 감시하는 체제에 머물게 하였다. 그들의 경험은 빈민의 원조 욕구에 대한 일련의 부적절한 사회복지적 반응을 나타낸다(Bagnell, 2001).

전문성 강화 전문직의 자격을 얻기 위한 사회복지사의 노력은 20세기 초기부터 분명해졌다. 지지적인 사회적 위임 내에서 전문성을 강화하기 위해 사회복지사는 그들의 활동에 대한 과학적 기초를 찾는 데 관심을 두었다. 프로이트(Freud)의 분석은 과학적 이론에 근거한 전문직의 기초를 발전시키는 기회를 제공하였다(Walton, 1975). 프로이트 이론은 사회복지 업무의 일부분으로 선호되었고, 정신의료사회복지와 임상사회복지로 명명되었다. 프로이트의 통찰은 과거 개인이 겪은 외상이 현재의 행동에 영향을 주는 것이기 때문에 실천가는 이에 입각하여 클라이언트를 도울 수 있게 됨에 따라 개인과 일하는 것이 다시 한 번 강조되었다. 이러한 성격의 정신역동적 개별사회복지는 사회복지 전문직이 발전하는 데 최상의 방법이 되었다. 개인의 삶에 대한 구조적 결합의 영향을 제기하려는 시도는 거의 없었다. 그 당시 사회구조와 개인의 행동을 연결하는 것은 비전문적 행위로 이루어졌을 것이다. 그러나 프로이트를 당혹하게 하는 모순은 그가 인간 행동을 혁신적으로 분석할 때 인간의 발달이 사회체계의 하나인 가족

관계에서 이루어진다고 본 것이다.

프로이트의 분석에서 선호된 가족은 비역사적이고 탈상황적인 핵가족이다. 프로이트의 이상적인 가족은 가족 내에 존재하는 불평등한 구조(Pahl, 1980), 문화적 다양성, 다양한 가족 형태, 전체 사회에서 가족에 대한 차별화된 가치(Ahmad, 1990)와 같은 요인을 고려하지 않는다. 이로 인한 실패는 두 명의 백인 중산층 이성 부모와 자녀라는 전형적인 모델에 부합하지 않는 다양한 가족 형태의 욕구를 충족하는 데 어려움을 갖는다(Callahan et al., 2000). 갈등과 혼란이 없는 보편적 형태로서 아버지, 어머니, 자녀라는 '정상' 가족을 가정하면서, 실천가는 이러한 이미지에 맞지 않는 사람을 비정상적, 역기능적이라고 낙인찍게 된다.

전문직의 지위를 강화하는 과정은 조화롭지도 않았고 일관성을 가지지도 못하였다. 현대화 프로젝트의 부분으로서 그러한 진보는 제2차 세계대전 이후 영국 복지국가의 형성에서 중요한 참여자로 사회복지사를 직접적으로 배치시켰다. 전문사회복지사였던 클레멘트 애틀리(Clement Attlee, 1920)는 수상이 되기도 하였다. 이러한 경향은 전문직의 신뢰성에 의존하는 전문 실천가의 실천 대신에 일반 사회복지실천의 우위를 불러일으킨 1970년「시봄 보고서(Seebohm Report)」의 재조직화에서 주요한 영향을 받았다(Jaques, 1975, 1977). 지방정부 내에서 작업하는 사회복지사의 주요한 목적은 한 지역에서 요람에서 무덤까지 사회적 보호서비스를 제공하는 것으로 막대한 관료주의적 사회서비스 내에서 하나의 작은 전문직 집단이 되었다. 그러나 소수였던 사회복지사의 목소리는 지방정부의 다른 근로자에 의해 위축되었다. 1970년대 후반까지 실천가는 지방정부의 관료주의 조직에서 신입사원으로 일하였고(Parry, Rustin and Satymurti, 1979) 국민국가의 관료적 합리주의에 빠져들게 되었다. 사회복지사는 전문직 발전이 후퇴하게 되는 데 영향을 미친 관청의 전문가, 일선의 관료주의자(Parry, Rustin and Satymurti, 1979)가 되었다.

대규모 지방정부 관료조직에서 자격을 갖춘 사회복지사의 수가 적은 것은 문제다. 그로 인해 그들의 목소리와 관심이 다른 정부 관리와의 경쟁에서 제한을 받게 되어 있다. 그러한 상황은 특히 사회복지사도 가입하여 있는 지방정부공무원전국협의회(National Association of Local Government Officers)의 사람에게 어려움이 된다. 사회복지사의 수는 그 선거구에서 소수이고, 1970년대 동안 사회복지사의 이슈에 대한 기록은 매우 빈약하다. 사회복지사는 '인종'과 성별에 관련된 특정 이슈를 다루는 지방정부공무원 전국협의회 내에 지역행동집단(Local Action Group)을 조직함으로써 그들의 영향력을 강화하고자 하였다. 지방정부공무원전국협의회는 이후 다른 공공 부문 노조와 연합하면서 현재 국가 내 거대한 서비스 부문의 하나인 UNISON이 되었다. 이 조직은 여성 노동자의 쟁점에 대한 자료와 질 높은 서비스를 지지하는 더욱 많은 자료를 가지고 있다. 사회복지사는 개입기간 동안 클라이언트가 유용하게 이용할 수 있는 서비스와 사회복지사의 근로환경을 개선하는 것을 목적으로 하는 파업행동에 참여하기도 했다(Carvel, 2001).

이러한 관료 합리적 맥락에서 사회복지사는 인간에게 도움도 되고 방해도 되는 사회환경에 적절하게 기능할 수 없는 개인에게 초점을 둔다. 그것은 전문가의 보편적인 이념과 윤리강령의 기초가 되었다. 이것은 복지에 관한 일반적인 합의 내에서 사회복지사와 클라이언트의 관계를 자리잡게 해 주고, 원조 전문직을 확대시키는 것을 촉진하는 틀을 제공한다. 그러나 사회복지사의 의존적 지위는 자율적인 전문직으로 발전하는 데 방해가 되었다. 왜냐하면 사회복지사를 고용하고 기금을 조성해 주고 클라이언트가 접근할 수 있는 서비스를 대량으로 제공해 주는 정책입안자와의 갈등 없이는 현존하는 사회적 관계의 구조적 불평등에 사회복지사가 도전할 수 없기 때문이다.

법적 소송에 휘말린 사례에서 나타난 갈등적 충성심은 영국 실천가를 그들의 고용주인 지방정부와 충돌하게 하였다. 사회복지사는 자신의 직업을 유지해야 하는가, 아니면 클라이언트를 지지해야 하는가의 양자택일을 해야만 할 때 때로 아무것도 할 수 없는 마비상태에 빠지게 되었다. 자신의 고용주와 지방 정치가를 책망하는 행동을 취한 사람은 문제 있는 실천가로 낙인찍히고, 설령 해고되지 않더라도 다른 관청에서 직업을 얻기가 어려웠다(Dominelli, 1990). 1980년대(Butler-Schloss, 1988)에 클리블랜드 어페어(Cleveland Affair)의 중심에서 근무하던 사회복지사 슈 리처드슨(Sue Richardson)은 소아과의사인 마리에타 힉스(Marietta Higgs)의 아동 성학대 진단을 지지한 것이 자신에게는 해가 되었다는 점을 알게 되었다. 그녀는 자신의 정당성을 입증하는 데 10년 이상의 시간이 걸렸다(Campbell, 1998a, 1998b). 그동안 그녀는 자신이 사랑하던 직업을 잃어버렸다. 그녀의 경험은 사회복지사가 기술적으로 탁월한 능력을 가졌다고 해서 실천의 정치학과 변화에서 자동적으로 보호받지 못한다는 점을 알려 주었다.

공적인 태도에 반대되는 것이지만 전문직의 신분을 높이는 작업은 집요하게 추구되었다. 공공의 부정적 시각은 실천가가 현장에서 만나는 클라이언트를 병리적으로 보게 하고 이에 대한 공적 지출은 우선순위에서 밀리게 하였다. 지속되는 담론은 빈민을 악마로 만들고(Jones, 1998), 일반인보다 더 자유롭고 관대하게 인식함으로써 실천가가 지지하는 사람과 의견의 불일치를 겪게 된다(Bagley and Young, 1982). 클라이언트에 대한 인식과 가치에서의 이러한 관점의 차이는 클라이언트를 역량강화하거나 자신에게 봉급을 지급하는 이가 부여하는 업무에 대한 요구사항을 만족시키고자 하는 사회복지사에게 갈등의 원천이 되었다. 영국의 지역사회 발전 프로젝트(Community Development Projects)가 없어진 것은 실천가와 국가 간의 일치되지 않는 담론의 고전적인 예다(제7장, pp. 204-205 참고). 이 경우에 실천가는 지역사회를 파괴하는 구조적 특성을 강조하였고, 반면에 정치가는 개인병리 모델을 지지하였다. 지역사회 발전 프로젝트는 공적 논쟁이 약화될 때 중단되었고 지역발전에 대한 사회복지사의 요구는 문제가 되었다(Loney, 1986; Dominelli, 1990). 미국의 빈곤전쟁에서 조성된 결단과 비슷한 상황이 만들어질 수 있다. 비록 초기에는 소비자가 프로그램의 정책 결정에 참여하는 것에 대해 낙관적인 견해가 있었으나, 프로그램이 종결될 때는 복지 수혜자가 정책 결정에 참여했던 경험에 대해 비관적인 결론이 주를 이루었다(Piven and Cloward, 1977, 1982).

복지국가에 대한 단기적 합의 제2차 세계대전 이후 영국의 복지국가 확립은 관료적이고 재정적인 수단을 통해 사회생활에서 거버넌스가 중심이 되는 시장 개입적 간섭국가 유형을 발생시켰다. 이것은 '복지주의' 로 알려진 것으로 로즈와 밀러(Rose and Miller, 1992, p. 192)는 복지주의를 "사회를 알며 프로그램화하고 변화시키고자 하는 열망을 갖고 풍부한 관계망을 연계함으로써 사회와 경제적 목표를" 보장하는 것으로 규정하였다. 이러한 프로젝트에서 사회복지는 중요한 역할을 하였다. 돈젤롯(Donzelot, 1980)에 따르면 관료적 합리성은 사회적 책임이라는 관념을 통해 국가복리를 촉진하는 목표를 갖는 복지주의에 의해 발생하는데, 국가복리는 사회적 위기의 상호관계를 완화시키며 사회문제가 해결될 수 있고 어려움이 있는 개인과 가족이 치료받거나 재활되어 사회로 복귀할 수 있을 것이라는 낙관적 신념과 사회적 연대에 기반한다.

이러한 목표를 실현하기 위하여 복지주의는 존 메이너드 케인스(John Maynard Keynes)의 경제철학과 윌리엄 베버리지(William Beveridge)의 사회정치학을 도입하였다. 이를 통하여 국가가 시장경제에서 공적 지출을 조작함으로써 경제적 수요를 관리하였고, 완전고용과 사회보험을 통하여 이러한 경제제도에서 나타날 수 있는 위기에 대비하였다. 사회보험은 보험회계사가 산정한 금액에 기초하여 국민이 급여에 기여해야 하는 것이다. 회계상의 규칙을 따름으로써 '결핍, 질병, 나태함, 무지, 불결함' 의 5대문제는 정복될 것이고, 동시에 개인은 제도 내의 연대와 상호 의존으로 함께 묶이게 될 것이라고 베버리지는 예측하였다. 그런데 이 제도는 임금에 기초하고 있었기 때문에 임금을 받지 못하는 자, 특히 가사에 종사하는 대부분의 여성인 부인 및 딸은 남성에게 의존하지 않는다면 급여를 받을 수 있는 자격에서 제외되었다(Pascall, 1986; Dominelli, 1991b). 급여를 직접적으로 받을 수 없기 때문에, 여성은 구조적으로 국가로부터 자신의 욕구와 관심이 배제되어 의존적인 위치에 놓이게 되었다.

한동안 이러한 관점은 정치적 입장과 정치가와 실천가의 구분에 상관없이 공유되었다. 그것은 조화롭고 안정된 사회를 만드는 것을 목표로 한 관용적인 시각에 기초한 것이었다. 이러한 제도하에서 국가와 사회복지사, 클라이언트의 관심은 수렴되도록 기대되었다. 전문가는 국가기관에서 사회서비스를 전달하는 일을 하였다. 사회적 요구를 충족시키고 사회정의를 도모하는 과정에서 정치가는 사회적 진보가 이루어지기를 기대하였다. 그러나 이러한 제도가 높은 수준의 배제와 차별을 야기했음이 조사를 통하여 발견되었다. 그 급여혜택을 받는 시민은 주로 유급 노동에 관여하는 백인 남성으로서 수동적인 수혜자로 밝혀졌다(Pascall, 1986; Williams, 1989; Dominelli, 1991b; Lister, 1997).

합의의 명확화 클라이언트 개인을 원조하는 데 무력감을 느끼고 학대받는 클라이언트에게 '자기 결정권'을 갖도록 원조해야 하는 역할을 가진 사회복지사가 클라이언트의 열망을 충족시키는 데 실패했다는 명백한 증거가 되는 것은 관료적-전문적 사회복지의 모순과 모호함이다. 정신역동적 개별사회복지(Towle, 1965)와 같이 사회복지의 전문화를 조장하는 개입은 클라이언트의 욕구를 충족시키지 못하고 사회적 배제를 영속시킨다는 이유로 안팎에서 비난을 받았다. 1960년대와 1970년대의 '새로운' 사회운동 시기에 정신역동적 접근과 같은 부적절한 개입에 대한 비판이 심화되었으나, 그 비판자는 자신이 규정한 욕구를 충족시키고자 한 대응적인 서비스를 마련하지 못함으로써 새로운 대안을 마련하고자 했던 그의 시도는 좌절되었다. 영국에서 이러한 것의 시작은 요구자의 운동을 이끌어 내었고, 사회복지사는 주요한 쟁점이 된 계급분화에 대응하는 데 실패하여 비난을 받게 되었다(Corrigan and Leonard, 1978; Simpkin, 1979). 부가적인 사회적 구분에 수반되는 것은 다음과 같다. 인종(Dominelli, 1988; Ahamad, 1990), 성별(Hanmer and Statham, 1988; Dominelli and Mcleod, 1989), 성적 지향(Hanscombe and Foster, 1982; Arnup, 1995), 장애(Oliver, 1990; Morris, 1991; Begum, 1992; Begum, Hill and Stevens, 1993)다.

'새로운' 사회운동은 사회복지실천의 억압적 특성과 클라이언트를 역량강화하지 못하는 기관의 무능력을 비판하였다. 그 운동은 또한 이전에 개인적인 관심으로 표현되던 것을 집합적으로 표현하는 데 성공하였고, 클라이언트에게 유일한 전문가가 사회복지 전문직이라는 정당성을 거부하였다. '새로운' 사회운동의 또 다른 목표는 잔여성의 역동성에 도전하는 것이었다. 새로운 사회운동은 인간의 요구를 충족시키고 그들의 통제하에 있는 비낙인적이면서 시민권에 기초한 서비스를 요구하는 집합적인 주장을 하였다(Dominelli, 2002b). 또한 클라이언트가 아닌 다른 사람과 협력하고 그들을 원조하여 자신의 요구를 추구하고자 하였다. 그러나 '새로운' 사회운동을 주장하는 사회복지사의 반응은 통일되지 않았다.

'새로운' 사회운동은 현 사회질서에 폭넓게 도전하였으며, 사회복지의 이론과 실천이 발전하는 데 강한 영향을 미쳤다. 특히 여성운동, 흑인운동, 장애인운동에 크게 영향을 미쳤다. 사회정의를 실현하려는 이 운동가는 소외되고 무기력한 집단에게 부적절한 서비스를 제공하고 자신의 입을 막는 사회복지사의 억압적인 권력을 집중적으로 비판하였다. 사회행동가는 이러한 운동과 연합하여 소외되고 무기력한 집단이 스스로 규정한 요구에 사회복지사가 반응할 것을 주장한다. 더욱이 최근에 그들의 정치적 신념은 빈곤한 노동계급의 지위 향상에 초점을 맞춰 산업화의 부작용과 환경적 오염, 세계적인 수준에서 나타나고 있는 이민운동에 대한 요구를 충족시키는 데 초점을 두고 있다(Wichterich, 2000).

이러한 비평은 전후 복지에 대한 합의 도모에 기여하였으며, 사회복지의 대안적 모델이 태동하는 데 기여하였다. 그것은 페미니스트 사회복지(Dominelle and McLeod, 1989; Dominelli, 2002b), 반인종차별 사회복지와 흑인 시각의 사회복지(Dominelli, 1988; Ahmad, 1990), 장애에 대한 사회적 모델(Oliver, 1990) 등이다. 비록 방대한 문헌이 개발되어 실천가의 통찰력이 실천에 통합되도록 도움을 주었지만, 주류 실천가는 이러한 새로운 움직임들을 자신들의 업무에 도입하지 않았다. 따라서 혁신적 주창자에 의해 전통적 실천을 비판하면서 나타난 대안은 클라이언트가 주도하는 제안에 따라 서비스를 개선하였지만 여전히 비주류의 위치를 차지하고 있다.

동시에 스스로 좌파로 정의한 학자와 실천가는 국가 활동에 기반한 사회복지의 착취적인 성격을 폭로하기 시작하였다(Corrigan and Leonard, 1978). 어떤 사람은 이러한 새로운 접근을 따르면서 특히 '새로운' 사회운동이 요구하는 것을 충족시키기 위해 실천가가 클라이언트의 요구와 소망에 더욱 반응적으로 개입하도록 실천을 개선시킬 수 있다는 이론을 재구성하였다. 동시에 신우파 정치인은 사회복지사가 아동을 안전하게 보호하고 청소년의 범법행동을 줄이고 전통적 가족집단을 지지하는 데 실패했다는 점에 분노하였다. 전후 복지국가에 대한 합의를 한층 약화시키는 공격을 하는 그들의 관심은 1980년대와 1990년대 사이에 정점을 이룬다.

신자유주의 시장 이데올로기의 지침에 의거한 새로운 합의 대처리즘하에서 관료적 복지주의에 대한 좌파의 비평은 신우파의 지지자에 의해 부분적으로 도용되었다. 우익 이데올로기는 보편적 복지정책을 공격하는 사상을 갖고 실패한 서비스에 대해 정당한 걱정을 하였고, 다루기 어려운 전문가를 규제하도록 시장에 기반하여 재정적 통제를 하였다(Gilder, 1982; Murray, 1984, 1990, 1994 참고). 우익 이데올로기의 관점은 통화주의와 연결되면서 자신이 내세우는 비판적 수사법을 심화시키고, 자유시장 이데올로기와 정책을 주장하기 위해 실천가와 클라이언트에게 반대하는 입장을 취하였다. 이 계획에서 대안으로서 클라이언트의 역량강화를 재정의하는 것은 중요하였다.

'새로운' 사회운동의 증가에 대한 신우파의 적대감(Gilder, 1981)과 국가의 보호에 안주하면서 새로운 사회운동의 논리에 반대하는 권력을 가진 전문가와 지적 엘리트는 시장경제에 찬성하는 사회혁명을 수행하고 그들의 '적'인 '공상적 사회개혁론자'의 감정을 상하게 하는 데 그들의 권력을 이용하였다(Brooks, 1996). 신우파는 클라이언트 중심의 실천에 관심을 갖고 있는 좌익 자유주의 사상의 많은 부분을 활용하여 원하는 사회변화를 수행하고자 하였고, 합법적 명령과 재정적 유인책을 통하여 전문가의 권력을 재구조화하였다. 또한 복지급여에 경영주의자의 규범을 부여하였고, 복지체제에 유사시장을 제도화하였다. 영국에서 신우파는 공공복지의 가치를 떨어뜨리는 명백한 이데올로기적 공격보다는 경제학을 이데올로기로 사용함으로써 그들의 목표를 성취하였다(Dominelli and Hoogvelt, 1996a).

시장 명령을 충족시킨다는 것은 복지국가 내에서 새로운 일련의 조건을 소개하고 국제적 영역에서 영국의 경쟁성을 증대하기 위한 목표를 지닌 다음과 같은 고려와 정책변화를 따르는 것이다. 즉, 이는 복지국가에 안주하였던 전문가 권력의 감소를 의미하고, 민간 부문이 사적화(상업화)되고 자발적 공급자가 서비스 전달에 몰두하는 동안 서비스의 구매자로 새로운 규칙을 획득한 국가로 복지 혼합경제의 발전을 촉진하는 것이다(Griffiths, 1988). 이 계획에서는 개인이 필요한 서비스와 공공으로 제공되거나 개별적으로 구입해야 하는 서비스 간에 발생하는 간극을 가족 부문이 보완한다. 지역사회 보호정책은 이러한 관점을 채택하고 있다. 지역사회 보호의 성공을 관리하는 주요 도구는 회계감사와 질적 보호(quality protect) 및 양질(best value)의 문서다.

사회복지 입법의 발달은 시장 지향적인 실천으로 인해 복잡해지면서 여러 층으로 이루어지게 되었다. 이러한 것은 후에 신노동당의 현대화 프로그램으로 합병되었다. 그러나 그들은 클라이언트를 권리를 가진 소비자로 변화시키는 유사시장의 성격을 지닌 생산을 촉진하는 중심으로서 출발하였다. 주요한 입법으로 1989년의 아동법(Child Act), 1990년의 국민의료서비스(National Health Service)와 지역사회보호법(Community Care Act), 그리고 1991년의 형사법(Criminal Justice Act)을 들 수 있다. 처음 두 법은 전문가에서 클라이언트로 권력의 균형을 이동시켰다. 세 번째 법은 사회복지에 새로운 관리주의를 도입시켰고 사회복지 조직을 통제하는 새로운 관리주의 문화를 도입시켰다. 이러한 발전은 그동안 전통적 사회복지에서는 고려하지 않은 자본주의와 사회관계를 증진하는 기업적 관리체제로 전문직을 통합하였다. 국가가 국제화되면서 사회복지는 세계적 체제로 편입되었고 일상적인 실천에 상당한 영향을 주기 시작하였다(Dominelli and Khan, 2000).

새로운 관리주의는 직장의 문화와 실천, 정책의 변화에 중요한 영향을 미쳤다. 시작부터 관료주의자의 명령은 사회복지 실천가만이 아니라 시민서비스, 의료와 교육에 포함되는 모든 지방당국과 공무원에게 영향을 주었다. 사회복지에서 제기되는 관료-전문가주의에 대한 공격은 궁극적으로 실천가와 교육자를 포함한다. 필자는 칸과 함께 수행한 연구에서 새로운 관리주의의 목표를 다음과 같이 분명하게 규정하였다.

> 사람에게 무엇을 해 주는 사회복지사에서 사람을 한층 역량 있는 이용자로 만들고, 사람을 가치 있게 여기며, 사람의 이야기를 들어 주는 사회복지사로의 변화(Dominelli and Khan, 2001).

이러한 변화는 지방정부가 보호하던 아동이 계속해서 사망함으로써 형성된 '도덕적 공황' 에 의하여 촉진되었다. 이런 현상은 1973년 마리아 콜웰(Maria Colwell)을 시작으로(Berridge and Brodie, 1996) 빅토리아 클링비에(Victoria Climbié)(Laming, 2003)에 이르기까지 10여 년간의 개입이 이루어졌다. 이 조사위원회의 결과보고서는 사회복지실천을 발전시키는 특별한 수단이 되었다(Parton, 1985). 계속되는 변화는 관료적 규제를 확장시켰고, 이전에 상당한 자율을 누렸던 실천가는 더 많은 감독을 받게 되었다.

감독은 관리주의적인 명령과 통제를 통해서 이루어질 뿐만 아니라 동료의 심사를 통해서도 이루어졌다. 사회복지사는 '클라이언트' 와 동료에게 자신이 제공한 서비스의 질을 사정받으며 이를 통하여 품질보장을 높이는 경험을 하고 있다. 관료제도에서 도입하였던 불만접수 절차는 동료가 운영하였다. 감독제도는 동료심사를 통한 조사서비스로 운영되었다. SCIE (Social Care Institute for Excellence)도 동료의 심사과정을 통해 이루어지는데, 이를 통해 최상의 실천이 확인되었고 알려졌다. 우수 프로그램에 대해 동의하지 않는 사람은 그 단점을 지적할 것이 요구되었다.

시장 이데올로기는 1990년 지역사회보호법에서 가장 득세하였다. 그것은 현재 사회복지에서 보편화된 유사시장 체제가 확립되는 데 중요하게 기여하였다. 사회복지사가 담당해야 한다고 생각된 업무를 다양한 배경을 지닌 실천가가 사례관리자로서 일할 수 있는 환경을 제공하였다. 이러한 움직임은 노인보호와 관련되어 시작되었으며, 그 방법론은 현재 아동을 포함한 다른 클라이언트 집단을 망라하여 실시되고 있다. 1989년 아동법은 아동복지 사례의 갈등 상황에서 부모의 역량을 강화하고 사회복지사의 독재적인 권력을 약화시키며 부모가 소비자의 권리를 갖게 하였다. 비록 이러한 권리가 늘 보장되는 것은 아니었지만 이 법은 아동이 그들의 문화에 권리를 가지고 있다는 생각을 지지하였다.

1991년 형사법은 수행 지표와 국가 기준을 통하여 범법자를 위해 일하는 보호관찰관의 업무상의 관리자적 통제와 감독의 역할을 강화하였다. 형사법은 보호관찰 실천에서 행해지는 성과 '인종' 에 관련된 불평등을 모니터할 것을 요구하였다. 또한 법관이 범법자의 범죄행동이 변화될 수 있다는 신념을 갖고 있다면 다양한 범주의 판결을 내릴 수 있게 하였다. 판사는 완악한 범죄자만 교도소에 보내는 판결을 내릴 것을 권장받았다. 정부는 또한 이 기간 동안에 일부 감옥서비스를 민영화하였고, 민간이 많이 참여하게 하였으며, 상업적 서비스도 제공하는 것을 허락하였다.

사회복지 의제의 재구성에 대한 세계화의 영향 일상의 삶에서 전 세계의 자본가 관계가 정상화되는 것을 통해 세계화는 일상의 삶에 침투하고 인간의 경험을 재구성하고 있다. 세계화의 역동성이 발산되는 거시적 수준의 힘이 실천계획을 재조직화하는 동안, 중범위적 수준과 미시적 수준의 실천을 수행하는 실천가에 의해 사회복지는 재구성되었다. 이들 간의 상호작용을 통하여 개인의 자아효능감, 시장 합리성, 계약정부와 설계를 통제하는 관료통제, 정책, 전달체계와 서비스의 질을 지지함으로써 사회적 계약에 대한 담론으로 신우파의 이론가와 정치인의 개입이 실천에 새롭게 도입되었다(Dominelli and Hoogvelt, 1996a). 그들의 보호와 통제를 받는 사회생활에서 복지주의 신조보다 시장에서 개인이 결정하는 선택이 더 중시되었다. 세계화와 신자유주의 사상은 사회복지사가 빈곤문제, 가족구조 해체, 증가하는 청소년 비행, 전통의식의 쇠퇴와 복지 요구를 충족시킬 수 있는 개인 책임의 실패를 다루는 데 실패함으로써 현대 문제의 일부분이 되었다고 재정의하였다(Gilder, 1981; Murray, 1990, 1994).

전 세계적 자본가 사상의 핵심은 세계화가 '하방침투 효과' 를 통하여 모든 사람의 선을 위해 작용한다는 것이다. 국민국가와 세계의 모든 인간에게 노동 집약적인 방법으로 생산재를 전달하는 '하방침투식' 사회가 실패한 징후로는 빈곤의 증가와 범죄, 소외 등의 문제를 들 수 있다. 영국의 신노동당이 사회적 포함을 증진시키려 하였으나 오히려 사회적 배제(Craig, 2001)와 비참한 생활이 증가하는 현상이 나타났다(Giddens, 1998b; Jordan, 2000). 국제연합에 의해 수집된 증거와 국가 간 그리고 국가 내부에서 눈에 띄게 증가하는 빈곤과 사회적 배제는 세계화가 '하방침투식' 효과를 통하여 생활 조건을 향상시킨다는 신우파의 주장을 반박한다(UNDP, 2000; Wichterich, 2000). 빈곤과 여러 형태의 배제는 실천의 중요한 맥락을 제공하는데, 이러한 맥락은 정책 결정가, 자본주의 기업가와 구조조정 프로그램을 통한 세계통화기금(IMF)과 세계은행 같은 국제 통합조직에 영향을 받아 왔다(Wichterich, 2000).

산업생산에 활용되는 방법을 전문적 노동에 도입함으로써 세계화는 전문적 실천의 노동과정을 변화시켰다. 전문적 노동의 프롤레타리아화는 테일러주의와 포드주의로 언급되어 왔다. 이는 다양한 상호작용 과정과 다양한 판단이 수반되는 복잡하고 질적인 관계적 업무가 어떻게 양적이고 측정가능하고 관찰 가능한 별개의 분리된 요소로 단순화될 수 있는지를 보여주었다. 사회복지에서 이것은 관례화된 체크리스트와 위기사정표—결과의 확실성이 보증될 수 없는 곳에서 복잡한 전문가적 판단에서 안전성을 제공하기 위해 고안된 틀—를 갖춘 역량기반 사회복지로 요약된다. 전문가는 특정 결과를 야기하는 모든 요인을 알지 못하고 개입과정의 모든 측면을 통제할 수 있는 신적인 존재가 아니다.

전문화된 노동을 강조하는 테일러주의는 사회복지에 기술주의자 접근을 심화시켰고, 체계화된 전문지식과 규칙에 기반한 행동에 개입하는 데에서 관계적인 측면을 약화시켰다(Currey, Wequin and Associates, 1993; Barnett, 1994). 그것을 통해 관료-전문가는 관료-기술관료로 대체되었다. 역량기반 사회복지는 노동과정에 어떤 요구를 부과할 수 있는 관리수단을 제공하였고, 새로운 관리주의로 알려진 규제제도를 강화한다.

이렇게 사회복지사와 클라이언트 간의 관계와 고용주로서의 국가와 전문적 피고용인으로서의 사회복지사 간의 관계는 신뢰와 역량강화보다는 관리적 통제와 감독으로 특징지어진다. 새로운 관리주의는 절대적인 통제를 가정한다. 그러나 실천에서는 유관적인 통제가 가능할 뿐이다. 그 이유는 클라이언트가 실천가에게 자신의 어떤 단면만을 노출하게 되고, 실천가는 그러한 단면이나 개입을 위해 자신이 조사한 것을 통해 알 수 있는 것으로 문제를 파악하게 되기 때문이다. 절대적 통제에 대한 가정은 실천학파에서 '무엇에 대해 일하는지' 에 의해 좌지우지된다. 그러나 절대적 통제의 사상이 전문적 실천의 근간이 된다는 것은 클라이언트와 실천가 모두에게 위험한 일이 된다.

세계화에서 노동과정의 분절화는 낮은 수준에서 실천의 전문화와 높은 수준에서 탈전문화를 촉진했다. 그것은 주로 오랜 기간 동안 사회적 보호 영역에서 대인적이고 물리적인 보호를 제공해 왔던 미숙련된 여성의 자격을 향상시키기 위한 움직임을 제공하였다. 이러한 여성은 현재 국가 직업 자격증을 받기 위하여 기본적인 훈련을 받는다. 비록 이전에 사회복지사가 수행하였던 의무를 그대로 수행하고 있지만, 국가 직업 자격증 취득자는 좀 더 높은 자격을 요구하는 직업에 상응하는 대우를 받지 못한다. 그래서 그들은 분절되고 낮은 지위에 저임금을 받는 여성이라는 고립집단에 갇히게 된다. 동시에 사회복지사에게는 3년간의 학위이수라는 기본 자격이 요구된다. 이는 이전의 2년 기준에 비해 중요한 발전이지만 아직까지 다른 주요 전문가인 의사, 심리학자, 법률가에 비해 그 요구 조건은 상당히 낮은 수준에 머물러 있음을 알 수 있다. 게다가 능력주의 사회복지 접근에서 요구되는 자격과 같이 높은 수준의 전문성을 획득할 수 있는 기회는 제한되어 있다. 반응적인 실천으로 극복되지 않는다면 이러한 경향은 사회복지사를 능력주의 전문관료자로 변화시킬 가능성이 높다.

5. 나가며

실천가는 개입과정에서 끊임없이 논의되는 권력관계를 갖는 미시적, 중범위적, 거시적 실천의 맥락을 무시하지 못한다. 사회복지사는 각 맥락의 복잡성과 다양성에 민감해야 하고 그에 따라 일하게 된다. 이를 설명하는 것은 상당한 에너지와 자원이 소모되는 일이기에 어렵고 복잡한 일이다. 사회복지사는 관련된 모든 수준에서 개입할 수 없기 때문에 우선순위를 두고 집중해야 할 일을 선택한다. 따라서 그들이 선택한 이유를 아는 것은 실천의 중요한 측면이다.

이윤축적과 유연화된 생산의 목적을 달성하기 위해 공공복지 자원을 활용하고 국가의 국제화를 지향하는 세계화는 사회복지사에게 그에 합당한 역할을 추가적으로 요구한다. 이는 클라이언트와 다른 전문가와 함께 실천가가 국내뿐 아니라 국제적으로 협력할 것을 요구하고 관리체계에 적응할 것을 요구한다. 이를 위해 사회복지사는 서비스 전달체계의 경제성, 효과성, 효율성이라는 세 가지를 인식해야 하며, 업무의 수행 지표를 모니터하고 성과 위주의 업무평가 등을 수행해야 한다. 이러한 요구는 클라이언트가 경험하게 되는 것과 유사한 감독과 규제를 실천가도 받게 된다는 것을 의미한다.

제3장 가치, 윤리, 역량강화

1. 들어가며

가치는 지식, 기술과 더불어 사회복지실천의 기반으로서 역할을 수행해 왔다(CCETSW, 1976). 영국의 경우에는 특히 반억압적 가치를 실천하려는 노력과 결부되면서 문제시되는 개인의 행동에 대처할 뿐만 아니라 최근 클라이언트의 삶의 질을 파괴하고 있는 구조적 불평등 및 다른 위해한 변화에서 클라이언트를 보호하는 보호망으로서 간주되어 왔다(CCETSW, 1989). 여기에는 경제의 세계화와 결부된 구조적 문제로 특히 노동계급에게 숙련직의 감소, 범죄율의 증가로 인한 지역사회의 황폐화, 대처리즘의 등장 이후 처벌적 복지주의를 강조해 온 비공감적 사회정책 등이 포함된다.

가치는 분열된 전문직의 통합에 필요한 기반을 창출하는 데 유용하게 이용될 수 있지만 그 자체가 구조적 불평등을 해소하는 데 필요한 변화를 가져오지는 못한다. 불평등의 해소는 좀 더 상위수준에서의 정치적 헌신과 행동을 요구하는 복잡한 문제다. 이러한 과정에서 적절한 가치를 보유하는 것은 사람들에게 사회문제로 인해 인간 잠재력이 낭비되는 것을 인식하게 하고 평등주의 담론을 조성하며 불평등을 제거하고자 하는 활동을 경주하게 하는 데 도움이 된다. 의사결정자와 자원 소유자에 의해 영속화되는 불평등한 권력관계는 평등주의적 가치가 입법화됨과 동시에 변화되어야 한다. 사회복지사는 이러한 쟁점을 부각시키는 데 중요한 역할을 수행한다.

이 장에서는 사회복지에서 전통적으로 받아들여지고 있는 가치와 이들이 현대에 와서 변화된 범주를 고찰한다. 더불어 변화의 대행자로서 가치의 한계를 각각 거시적, 중범위적, 미시적 실천수준에서 살펴본다. 이렇게 함으로써 개인의 (비)복지가 다른 모든 사람에게 영향을 미치는 상호 의존적인 세계에서 자신뿐만 아니라 타인의 복지에도 책임감을 느끼고 행동하도록 하는 평등한 사회질서를 구축하기 위해 사람들을 개별적 혹은 집합적으로 동원할 수 있는 가치의 잠재력을 살펴본다. 증가하는 빈곤, 범죄, 소외 등의 문제는 사회가 해방침투 효과(trickle-down)에 사로잡혀 전체 인류를 개별적, 세계적으로 포용할 수 있는 복지 재화를 제공하지 못한 결과다. 사회복지사는 이러한 형태의 사회조직으로 인해 발생한 희생자 문제를 다루어야 한다.

클라이언트의 역량을 강화하는 것은 보다 평등한 사회질서를 구축하기 위한 노력의 일환으로 인식되어 왔다(Gutierrez and Lewis, 1999). 예컨대 역량강화를 위한 실천이 중요하다 해도 이는 실천가와 클라이언트라는 미시적 수준의 실천에서 발생하는 문제만을 다룰 수 있으며 종식되어야 할 구조적 불평등에는 어떠한 영향도 미칠 수 없다. 그러한 변화를 유도하기 위해 사회복지사는 사회정의와 불평등한 사회관계의 변화에 직접적으로 관심을 갖는 다양한 범주의 기관이나 행동가와 연대해야 할 것이다. 그뿐 아니라 현실에 대한 사람들의 이해를 구조화하는 지식기반을 재구성하는 데도 관여해야 한다. 이러한 변화를 현실화시키기 위해서 실천가는 자신의 실천의 근거가 되는 인식론적 기반을 재고하여 지역적, 국가적, 세계적 수준에서 행동을 취해야 한다.

2. 사회복지 가치: 연속성과 비연속성의 재확립

가치란 전문적 행동에 대한 구체적 지침을 제공하는 원칙으로 특정 개입의 우선순위를 결정하는 데 유의미하게 받아들여지는 것을 강조한다. 가치의 목적은 전문적 문화를 창출하여 전문가의 실천을 향상시키는 데 있다. 이는 수용 가능한 행동과 그렇지 못한 행동 간의 경계를 구분하고자 하는 윤리강령을 통해 요약된다. 이렇게 윤리강령을 통해 구체화되는 가치는 통제기술로 종합되며, 이를 통해 전문가는 타인에 대한 통제력을 행사하면서도 자신 스스로를 규제하게 된다.

윤리강령으로 성문화된 가치는 전문가의 행동을 통제하며, 이러한 맥락에서 취약한 사람을 돌보는 사회복지사가 자신의 권력을 남용하지 않도록 한다(BASW, 1996). 이러한 윤리강령은 (실천가와 클라이언트 모두에게) 매우 개별화되어 있고 인간 중심적이다. 사라 뱅크스(Sarah Banks, 2001)의 주장에 따르면, 이는 사회복지의 가치가 계몽운동을 통해 구체화되고 서구 유럽에서 근대적 전문 사회복지의 출발점이 된 '인간존중' 이라는 칸트주의 원칙에 궁극적으로 근거해 있기 때문이다.

이러한 주장에는 다소 문제의 소지가 있다. 인간존중의 가치는 유럽 및 기독교 문화에 기반을 둔 사회복지실천에서 나타나는 것이 사실이지만, 반드시 이들에 국한된 것은 아니며 여러 다른 국가의 신념체계에서도 핵심 가치로 자리 잡고 있다. 서구사회에서 인간은 원자화되고 소유적인 성격을 갖는 개인으로 규정되지만, 이러한 국가와 신념체계 속에서 더욱 광범위한 사회적 관계망에 속해 있는 것으로 규정된다. 게다가 다른 문화는 자신만의 사회복지 형태를 가지고 있으며, 이 중에 다수는 자신만의 '계몽기' 를 경험하였다. 그들의 가치는 단순히 서구의 가치와 다르다. 따라서 신중한 접근을 취해야 한다. 왜냐하면 모든 '좋은' 가치는 유럽적인 것이며 '나쁜' 것은 비유럽적인 것이라고 너무 쉽게 주장할 수 있기 때문이다.

사회복지의 전통적 가치에 대해 전성기 시절의 비에스텍(Father Biesteck, 1961)은 개별화, 의도적 감정표현, 통제된 정서에 대한 관여, 수용, 비심판적 태도, 자기 결정, 비밀보장 등의 내용을 주장하였다. 그가 주창한 가치의 뿌리는 사회복지사에게 어려운 환경에 처한 사람을 원조하게 하고 생존의 어려움을 겪고 있는 사람을 원만히 원조하려는 사회의 일반적 노력을 수행하게 하는 보호윤리 속에 자리 잡고 있다. 전통적 가치는 사람들이 도움을 필요로 하는 것은 그들이 어려운 시기에 봉착했기 때문이지 그들의 생활 조건이 어렵기 때문이라고 가정하지는 않는다. 전통적 가치를 실천을 통해 실현하기 위해서 사회복지사는 감정이입을 하고(Egan, 1998) 다른 사람의 일에 개입하며, 자신만의 경험세계를 극복하거나 그들이 타당하다고 이해하고 받아들이는 행동유형의 한계를 초월해야 한다.

전통적 가치는 마치 무의 상태에서 발현한 것처럼 인식되어 왔다. 이러한 가치는 자신이 형성, 발전, 실천되는 사회적 환경에서 탈맥락화되어 있으며, 그렇기에 맥락의 강화에 필요한 인식론적 이해를 결여하고 있다. 사회환경적 맥락을 고려할 경우 세상은 일련의 조합으로 질서가 잡혀 있으며, 내부적으로 각 부분은 서로에게 상반되면서 한쪽은 우월하고 다른 한쪽은 열등한 것으로 규정되는 위계적 질서 속에 배열되어 있다. 실천이 행해지는 사회적 맥락을 간과할 경우 사회복지사는 미시적 수준의 관계에서 탐구될 수 있는 다양한 범주의 가능성을 형성하는 중범위 및 거시적 수준의 기회 및 제약을 이해할 수 없게 된다.

가치가 사회적 맥락을 고려하지 못한 채 제시될 때에는 추상적이어서 적용의 범위가 굉장히 광범위할 수 있다. 이러한 가치는 변화하는 경향이나 유행을 반영하지 못한 채 고착된 단일체로서 전문직의 담론을 지배할 수 있다(Biesteck, 1961). 하지만 가치가 실제로 실천될 때는 이러한 이론에서 기대되는 것보다 더 역동적이고 유연하며 더욱 모순적이고 논쟁적이었다. 가치가 구체화되는 사회적, 지식적 맥락이 그 이용에 영향을 미치기 때문에 가치의 실천은 보편적으로 타당하고 고정된 것으로 받아들여지기에는 부족한 부분이 있다.

전통적 가치의 지속과 변화

비에스텍(1961)이 40여 년 전에 주창한 가치는 사회복지실천에서 ‘계약

문화' 가 형성되고 탈전문화가 이루어지고 있음에도 불구하고 지속적인 영향력을 발휘해 왔다. 이들을 지칭하는 용어는 최근까지 업데이트되면서 내부적으로 나타나는 연속성과 비연속성을 강조하고 있다(Dominelli, 2002c). 이들이 지금까지 지속될 수 있었던 부분적인 이유는 추상적 형태를 띠고 있기 때문이다. 또 다른 이유로는 이들이 변화된 맥락과 다수의 경우에 적용 불가능하다는 비판을 수용하여 실천현장에서 수정 · 보완되었기 때문이다. 가치를 실천하면서 사회복지사는 이들이 사회적 상호작용을 통해 재규정될 수 있다는 유연성에 관심을 가져야 한다. 비에스텍(1961)이 주창한 가치는 구체적 맥락이 반영된 상황에서 실천되기 때문에 시간(역사성)과 공간(지역성)에 따라 지속성과 비지속성을 갖는다.

개별화의 중요한 측면은 개인과 함께 활동한다는 점이다. 비에스텍의 가치 중 개별화라는 요소는 오늘날까지 지속되고 있다. 사회복지사는 자신이 개인을 대상으로 하면서 그들에게 사회적 건강을 찾아주고자 한다는 점을 지속적으로 강조해 왔다(Younghusband, 1978). 그들은 전통적으로 개인이 겪는 어려움의 원인을 개인적인 병리 혹은 구조적 불평등이라는 이분법적 방법으로 구분하고 양자가 아닌 하나의 범주에만 집중하였다. 실천가는 초점을 개인에게만 맞춤으로써 한 사람이 속해 있는 사회적 혹은 집합적 맥락을 무시하고 있다는 사실을 인식한다. 개인의 행동에 영향을 미치는 구조적 문제들을 언급하는 데 실패함으로써 그들은 희생자를 비난하는 이데올로기와 결탁한 것이다(Mullaly, 1993). 그러나 최근 사회복지는 개인의 행동과 더불어 그러한 행동이 발생하는 구조적 맥락 양자를 다루는 것으로 이론화되고 있다(Dominelli, 2002a).

비에스텍이 제시한 '의도적 감정표현' 은 오늘날의 사회복지사에게는 낯설게 받아들여질 수 있는 원칙이다. 하지만 그들은 전문가로서 분리 혹은 거리두기의 가치를 수용한다. 자신과 클라이언트의 관계를 중립적인 것으로 바라보는 태도는 자신들의 행동에 관심을 갖고 사회적 부정의를 제거하는 데 열정을 보여야 한다고 주장하는 사회복지사에게 도전을 받고 있다(Mullaly, 1993). 하지만 심지어 이러한 전문가 집단도 사회복지사 자신의 가치를 클라이언트에게 강요하지 말라고 강조한다. 즉, 자신의 가치나 정치적 선호를 지나치게 많이 밝히지 말라고 주장한다(Dominelli, 2002b). 그들이 열정을 보여야 할 것은 동맹을 맺을 수 있는 대상과 자원을 분석하고 탐구하는 것이며, 클라이언트를 정치적 게임의 저당물로 취급해서는 안 된다는 것이다. 이는 사회복지실천 대상인 개인의 존엄과 가치를 유지하는 데의 핵심인 비에스텍의 '통제된 감정표현 혹은 정서적 개입'과 유사하게 들릴 수 있다.

사회복지사는 클라이언트를 인격체로서 수용하는 비심판적 태도를 견지해 왔다. 비심판적 태도라는 가치는 이 용어 자체가 제시하는 것보다 더 문제시될 수 있는데, 특히 사람들이 누구인가라는 정체성의 문제가 중요시되는 영역에서 그러하다. 사회복지사는 정체성의 개념을 규정할 때 전체적인 맥락을 이용한다. 그렇기 때문에 모든 사람을 동일하게 취급하게 되며, 각자의 차이를 인정하지 못한 채 '인종', 사회적 성, 계급, 연령, 장애, 성적 지향 및 기타 특성에 따라 억압적 관계를 재생산하게 된다. 한편으로 사회복지사는 비심판적 태도를 유지하기 위해 개인과 그의 행동을 구분해야 한다. 즉, 사회복지사는 개인에 대한 이해를 표명하면서도 그의 행동을 비난할 수 있다. 이러한 구분을 통한 접근이 필요한 대표적인 예로는 타인의 존엄성을 무시하는 범법자(예: 성폭력 가해자)와 함께 활동해야 하는 교정사회복지를 들 수 있다.

클라이언트의 자기 결정은 사회복지의 중요한 가치로서 영향을 미치고 있다. 실천가는 클라이언트가 스스로 결정을 내리고 그에 따라 자신의 생활과 결과를 통제할 수 있도록 끊임없이 노력하고 있다. 최근에는 자기 결정보다는 역량강화라는 용어로 변화되었다. 의도는 같지만 자기 결정은 특정 개입의 최종 결과에 보다 더 초점을 두는 반면, 역량강화의 담론은 클라이언트가 자신의 삶을 통제하는 과정에 더 많은 초점을 둔다.

이제 사회복지사는 역량강화의 과정을 통해 자신이 획득할 수 있는 것에 대해 보다 신중한 입장을 취한다. 그것은 '새로운' 사회운동의 참여자가 실천의 통제적 측면을 강조할 뿐만 아니라(Oliver, 1990), 사회복지 클라이언트에 대한 헌신의 정도가 극히 의심스러운 신우파의 사람들조차도 역량강화라는 수사를 사용하고 있다는 점을 깨달았기 때문이다. 그뿐 아니라 사회복지사는 이 원칙이 관료적 도구로 이용되어 클라이언트가 경험하는 권력관계를 변화시키지 못했다고 보고 있다(Dominelli, 2000). 따라서 역량강화는 소비자가 선택권을 갖고 있지만 이론상으로만 그럴 수 있다는 점을 부각시키기 위한 담론을 형성하는 데 이용되어 왔다. 필자가 칸과 공동으로 수행한 연구에서 한 사회복지사는 다음과 같이 지적하였다.

> 이용자가 자문하고 참여하는 실천방법은 자원의 부족한 할당과 이에 대한 정치인들의 오해로 인해 명목적인 실천이 되고 말았다(Dominelli and Khan, 2000).

비에스텍(1961)이 제시한 또 하나의 중요한 가치인 비밀보장은 개별사회복지실천에 관여하고 있는 사람에게 정보의 흐름을 차단한다는 측면에서 논쟁적인 쟁점으로 간주되었다. 그러나 비밀보장의 가치를 고수하는 것은 자기 결정권 등 다른 가치와 상충될 수 있다. 만약 이 가치가 환경적 맥락을 고려하지 못한 채 규정된다면, 실천가는 문제에 처해 있거나 취약한 사람에게 명백히 받아들여질 수 없는 조건에 동의해야 할 수도 있다. 이와 더불어 비밀보장의 원칙을 강조하는 것은 위험할 수 있다. 예를 들어, 한 사회복지사가 클라이언트나 동료에게 비윤리적 실천에 대해 침묵해 줄 것을 요청한다거나 실천가가 이해관계를 둘러싼 갈등을 밝히지 않는 경우다.

이제 실천가는 비밀보장이 여러 가지 가치의 실천을 둘러싸고 명확한 경계선을 설정하는 과정에서 발생하는 어려움과 더불어 가치가 절대적인 것으로 개념화될 때 나타나는 윤리적 딜레마의 전형적인 예를 보여 준다고 생각한다. 비밀보장의 원칙은 잔악한 억압적 행동을 은폐하는 수단으로서 이용될 수 있다. 취약한 아동과 성인이 보호자나 그들과 관계를 맺고 있는 사람에게서 다양한 성적, 신체적 학대를 당하고 있다는 사실을 사회복지사가 인식하게 됨에 따라 '맹목적인' 비밀보장의 원칙에 제한을 가해야 할 필요성이 점차 대두되고 있다(Pritchard, 2001a). 결국 실천가는 비밀보장의 원칙이 좀 더 조건적이고 부수적인 방법으로 이용되어야 한다고 주장한다.

학대받은 아동의 이야기를 들어보면 학대자와 피학대자 간의 관계에 은밀성이 지배함을 알 수 있다. 최근 성직자가 아동을 성적으로 학대했다고 주장한 사건에 대해 교회가 적절히 대처하지 못한 사건은 비밀보장의 원칙을 오용하여 성인 가해자를 보호하기 위해 피해아동을 희생시켰음을 나타낸다. 성인 중심적 권력관계는 비밀보장의 원칙을 성인의 이해관계에 부합되도록 재해석하는 데 이용될 수 있다. 몇몇 국가, 특히 캐나다나 미국에서 아동학대의 사건을 신고하는 것은 법적 의무다. 미국은 또한 가해자와 피해자 간의 권력 불균형 문제를 해결하기 위해 노인에 대한 학대도 신고하도록 의무화하고 있다. 영국에서는 지금까지 법적 신고의 의무를 사회복지사와 보호관찰관에게만 부여해 왔으며 아동이 학대를 받는 경우가 1차적인 대상이었다. 하지만 최근 들어 실천가는 법적 신고의 의무를 아동과 함께 노인학대의 경우까지 확대할 것을 논의하고 있다.

비밀보장의 가치는 이제 문화적 맥락 속에서 규정되는 것으로 인식되고 있다. 몇몇 나라, 예를 들어 구제라티(Gujerati) 이슬람 문화권에서 특정 사례에 대한 정보 공유권은 관련된 개인과 전문가에게만 국한되지 않고 주어진 상황에 이해를 갖거나 역할을 수행하는 가족 혹은 지역사회 원로까지 확대된다. 비슷한 전통이 마오리족의 문화에서도 발견되며, 가족공동체 회의접근에서 구체화되고 있다(Ruwhiu, 1998 참고). 이러한 유연성은 백인 사회복지사에게 불만의 원인이 될 수 있다. 왜냐하면 그들은 타인에게 정보가 흐르는 것을 통제할 수 없게 된 상황을 불안해하기 때문이다.

실천가는 주어진 문화를 공유하는 모든 사람이 특정 상황을 동일한 방식으로 인식할 것이라고 성급히 결론지어 해당 지역사회의 모든 사람에게 특정 사례의 구체적인 내용을 부적절하게 밝혀서는 안 된다. 실천가는 자신과 함께 활동하는 개인이 구체적으로 비밀보장에 관해 어떻게 이해하고 있는지를 파악하여 유의미한 개념 규정을 내려야 한다. 즉, 구체적인 맥락을 고려한 개념이 되어야 한다. 이와 더불어 영국의 사회복지사는 정보보호법(Data Protection Act)에서 부여된 법적 의무를 염두에 두어야 한다. 이 법은 정보를 개별화시켜 개인의 정보가 특정 목적을 위해 다른 사람과 공유되기 위해서는 서면동의가 필요함을 규정하고 있다. 이 규정은 클라이언트와 사회복지사 간의 관계에 중요한 영향을 미치며 사회복지의 관료적 측면을 증대시킬 수 있다.

비에스텍(1961)이 제시한 가치는 일차적으로 실천의 미시적 수준, 즉 실천가와 클라이언트의 관계에 대한 지침이다. 이러한 가치는 윤리적 방식으로 행동하는 데 필요한 모든 것이 이 관계에 의해 규정되고 이 관계 내에 포함된다고 가정한다. 여기에서 실천가는 막강한 권력을 가지고 있다고 상정한다. 비에스텍은 이러한 관계를 창출하는 데에서 클라이언트가 수행하는 역할을 인식하지 못했다. 권력관계란 미묘하고 복잡하며, 클라이언트는 사회복지 개입의 소극적 수혜자만은 아니다. 오히려 그들은 자신의 신념체계와 행동방식 그리고 해결하고자 하는 문제를 발생시킨 방식을 통해 관계를 형성하고 다양한 대안을 제시하는 데 영향을 미친다.

실천가의 권력은 막강하지 않다. 그들은 위아래에서 가해지는 압력에 노출되어 있기 때문에 클라이언트와의 상호작용을 통해 권력관계를 창출하고 중재해야 한다. 그들은 자신의 역할과 자원 활용에 필요한 지식 그리고 법적 권한을 통해 부여된 상황적 권력을 가질 수 있다. 하지만 개인 간의 대화상이 국가적인 혹은 국제적인 권력의 측면을 통제할 수는 없다. 대화상의 권력은 타인과의 상호작용 내에서, 그리고 그것을 통해 상대방의 행동에 반응함으로써 창출된다. 필자는 한 연구에서 합의된 권력관계의 개념을 무권력자가 권력을 갖고 권력자가 권력을 잃는 과정을 통해 구체화되는 것으로 규정하였다(Dominelli, 1986).

3. 신 뢰

가치가 표현되는 또 하나의 방법은 개념을 이용하는 것이다. 개념을 통해 실천가는 자신의 활동을 기술하고 자신 및 자신의 클라이언트에게 영향을 미치는 정체성에 대해 어떻게 생각하는지를 밝히게 된다. 이러한 개념 중 중요한 것이 바로 전문가와 클라이언트 사이의 관계에 핵심이 되는 신뢰다. 『콜린스 영어 사전(*Collins English Dictionary*)』에 따르면 신뢰란 "사람이나 사물에 대해 자신감을 갖거나 의존하는 것"이다. 신뢰의 유무는 사회관계의 핵심 측면이며 사회복지의 관계가 인식되고 경험되는 방식에 영향을 미친다. 하나의 관계 속에서 신뢰는 한 사람이 신뢰하는 사람을 역할모델로서 본받고자 할 때 나타나는 것이기 때문에 행동변화의 촉매제로서 기능할 수 있다. 신뢰는 그 자체로 바람직하게 인식되는 경향이 있지만, 성적 학대나 가족폭력이 발생하는 친밀하거나 가까운 관계에서는 남용될 수도 있다(Dominelli, 1989; Mullender and Morley, 1994; Hester, Pearson and Harwin, 2000 참고). 사람들은 자신이 신뢰하는 사람이 학대행위를 하더라도 지나치게 신뢰하여 이를 깨닫지 못할 때 바람직하지 못한 행위를 역할모델로 받아들일 수 있다.

사회복지사는 클라이언트와의 관계에서 개인 행동의 변화를 시도할 때 신뢰를 중요한 요소로 강조한다. 최근 사회복지사의 역할이 타인에게 서비스를 위탁받는 데 국한되는 구매자-공급자 실천모델이 등장하면서 신뢰관계를 이용할 수 있는 잠재력은 감소되었다. 하지만 이러한 모델에서조차 신뢰는 중요한 요소로 남아 있다. 사회복지사는 적절한 서비스를 전달하기 위해 계약 메커니즘과 관료적 절차로서 표현되는 신뢰에 의존하여야 한다. 필자는 이를 법률화된 신뢰로 부른다. 법률화된 신뢰는 신뢰의 관계적 측면을 무시하지 않는다. 법률적 접근에서 이러한 요소를 누락한다면 관계의 성격이나 상황에 대한 평가가 바뀔 때 사회복지사나 클라이언트가 이에 대처할 수 있는 적응능력은 현저히 축소될 수 있기 때문이다. 하나의 관계 속에서 사람들은 상호작용을 통해 이를 (재)설정하기 때문에 여기에 관계되는 인식은 유동적이고 역동적이며 끊임없이 (재)형성된다.

신뢰는 변화하는 환경 속에서 안정성 혹은 확실성을 제공하며, 사람들이 합의된 목표를 이루기 위해 그들의 자원을 공유함으로써 좀 더 많은 것을 성취할 수 있도록 한다. 신뢰관계를 통해 실천가와 클라이언트는 선의지를 더욱 효과적으로 이용하고 보호관계 내에서 제한된 자원의 범주를 확대할 수 있으며, 이러한 과정에서 착취당하고 있다는 느낌을 받지 않게 된다. 이렇게 하여 신뢰는 '계약관계 밖에서 보호'가 제공될 수 있는 기반을 마련해 준다. 보호자와 피보호자 간의 '신뢰'가 형성됨으로써 그들은 계약의 범주 밖에서 이루어지는 관계를 재협상하여 클라이언트가 법적으로 보장된 보호 이상의 것을 받을 수 있도록 하며, 관련 당사자는 상호 만족스러운 결과를 얻을 수 있게 된다.

4. 사회정의 실현을 위한 노력: 논란의 가치

오늘날 이루어지고 있는 가치에 대한 논의는 비에스텍이 살던 시대에는 나타나지 않았던 새로운 요소를 담고 있다. 그중에는 사회정의를 위한 노력, 구조적 불평등의 제거, 구조적 변화 등이 있는데, 이들이 포함되기까지 사회복지는 억압적 전문직이라는 여성이나 흑인, 장애인계의 비판이 있었다. 이러한 비판으로 인해 특히 실천이 이루어지는 맥락을 분석함으로써 거시적 수준 및 중범위적 수준에 위치하는 세력이 미시적 수준의 상호작용에 미치는 영향을 고려하게 되었다. 실천가와 학자들이 구조적 불평등을 강조하고 사회정의와 사회변화의 가치를 주창함에 따라 사회에서 사회복지사가 차지하는 역할에 대해 언론이나 정부, 학계 및 실천현장에서 뜨거운 논란의 대상이 되었다(Phillips, 1993, 1994 참고).

영국의 경우 가치를 둘러싼 논쟁은 사회정의를 중심으로 가장 첨예하게 표현되었으며, 1993년 여름 반인종차별주의적 실천의 문제를 둘러싸고 폭발했다. 당시 사회복지 교육 및 훈련 지침인 「문서 30(Paper 30)」은 모든 억압, 특히 인종차별 문제를 해결하는 데 주력하였다(CCETSW, 1989). 그러나 이 지침은 언론을 통해 정부관료, 언론인 및 주로 '현실유지' 학파와 연계된 사회복지 학계의 보수적 성향의 학자 등 여론 형성에 영향을 줄 수 있는 다수의 반대자에게서 도전을 받았다(Appleyard, 1993; Phillips, 1993, 1994; Pinker, 1993 참고). 그들의 격렬한 공격은 반인종차별주의 사회복지의 기본 특질이 어떠한가를 보여 주었을 뿐만 아니라 언론과 사회복지 전문직에 대한 그들의 장악력을 보여 줌으로써 그들의 목소리가 지배적임을 확인해 주었다. 이러한 체제하에서 교육을 받았던 1기 학생 중 졸업을 한 사람은 거의 없지만, 중앙사회복지 교육 및 훈련위원회(Central Council for Education and Training in Social Work)는 흑인조정위원회(Black Perspectives Committee)를 폐지하고 「문서 30」의 부록 5에 명시된 공격적 조항을 수정함으로써 입장을 조정하여야 했다.

이러한 압력에도 불구하고 현장에서 실천되고 있는 특히 성문화된 가치는 거의 변하지 않았다. 그 결과 사회복지는 상이하고 지속적인 방법을 통해 사회정의를 달성하고자 노력하고 있다. 그럼에도 불구하고 그러한 공격은 논쟁을 불러일으키는 가치의 특질을 보여 주었다. 게다가 제도구조와 문화규범을 통해 개인적 혹은 사회적 수준에서 구조적 억압이 발생하는데, 이를 해결하려는 전문직으로서 사회복지를 규정하는 것이 타당한가라는 의문을 증폭시켰다.

반인종차별주의 사회복지에 반대하는 사람들은 언론을 통해 자신의 견해를 표현할 수 있는 기회를 동등하게 제공받지 못하여 지금도 논의를 진행하고 있다. 하지만 반대자의 논리에는 치명적 약점이 보인다. 그들의 인식론적 세계관은 반대와 위계라는 이원적 세계에 뿌리를 둔다. 따라서 전문가를 전지전능한 개인으로 간주하고 클라이언트와의 관계에서 클라이언트를 전적으로 무시한 채 자신의 입장을 강요하면서도 자신의 행동에 책임을 지지 않는 사람으로 간주한다. 이러한 상황구축은 사회복지실천의 복잡한 맥락적 관계기반과 실천가와 실천 대상자 간의 상호관계에서 나타나는 협상적 본질을 왜곡하고 있다. 이러한 모순은 사회복지 교육의 정치적 본질과 더불어 사회복지 교육자가 사회정의를 주창할 때 직면할 수 있는 어려움을 나타낸다.

보호윤리의 재규정

예산에 의해 서비스가 결정되는 경향을 이해하기 위해서는 사회복지의 직업적 측면을 고찰하는 것이 중요하다. 사회복지라는 직업은 보호윤리에 뿌리를 두고 있지만(Sevenhuijsen,1998), 이러한 보호윤리는 불행하게도 정부가 강제하는 시장원칙과 함께 하고 있다. 시장원리는 사회복지의 관계기반 혹은 보호윤리에 기초한 사회복지실천에서 이루어지는 인간관계를 무시한다. 그러나 보호윤리는 일반적으로 훈련을 위해 선별된 전문가들이 추구하는 이타주의 가치에 근거를 둔다.

이타주의는 보호윤리의 필수 요소이자 타인을 이해하는 데 필요한 감정이입을 형성하는 데 핵심적인 역할을 한다. 사회복지사는 자신과 다른 측면을 가진 사람과 관계를 형성하기 위해서 감정이입을 이용하며(Egan, 1998), 타인과 의미 있는 관계를 맺기 위해서 자기 인식, 윤리, 가치 등에 의거한다. 비심판적이고 보호적이며 지지적인 자세를 가질 수 있는 능력은 전문가의 구체적인 기법을 (재)형성하는 데 핵심이 된다. 타인과 이러한 관계를 맺는 것은 도움을 요청하는 사람의 행동을 변화시키는 데 결정적인 요소가 된다. 지금까지의 연구를 살펴볼 때 클라이언트가 실천가와 상호작용하는 과정에서 깊은 감사를 느끼는 것이 감정이입적 요소다.

감정이입의 능력만으로는 욕구를 가진 사람들에게 충분히 반응할 수 없다. 클라이언트의 관점에서 볼 때, 전문가가 개인의 발전을 저해하는 구조적 문제를 처리할 능력이 없다면 사회복지 개입의 커다란 실패라고 할 수 있다. 대표적인 예가 대다수의 클라이언트가 경험하고 있는 빈곤의 문제를 실천가가 해결하지 못하는 경우다(Jones, 1998). 불행하게도 클라이언트의 환경 중 구조적 요소는 능력기반 사회복지의 구매자-공급자 관계체제에서 관심을 받지 못했다. 사회복지에서 능력기반 접근은 전통적 가치를 포용할 수 있다. 왜냐하면 사회복지실천의 맥락을 무시하고 개별사회복지 실천과 같이 개인의 행동에 1차적인 초점을 맞추기 때문이다. 능력기반의 틀 속에서 탈맥락화의 가치는 개인의 강점보다는 약점을 강조하는 전통적 접근과 일맥상통한다.

보호윤리는 제한된 자원 내에서 균형예산을 유지하려는 관리자에 의해 악용될 수 있다. 이를 위한 한 가지 방법은 클라이언트의 욕구와 서비스 기관의 역량 사이에서 발생하는 차이를 상쇄하기 위해 여성에게 개인적인 희생을 요구하는 것이다. 이러한 조치를 통해 기관의 자원은 절약될 수 있지만, 여성이나 다른 보호자가 자녀나 남편 그리고 다른 가족성원을 돌보기 위해 지불해야 되는 비용을 간과한 것이다. 어떤 보호자는 자유롭게 보호활동에 참여할 수 있다. 즉, 일부 사람은 서비스를 제공하는 것이 자신의 의무라고 생각하여 능력을 상실한 사람이 원하는 서비스를 받을 수 있도록 자기 자신의 이익은 제쳐 놓아야 한다고 생각한다. 이렇게 '사랑의 노동'으로서 제공되는 의무감의 노동(Graham, 1983)은 이타주의와 감정이입과는 다르다. 후자는 의무감에 사로잡혀 행하는 것보다 더 호혜적인 관계를 만들어 내기 때문이다.

보호 제공의 영역에서 욕구가 충족되지 못했는데도 사회서비스국과 보건국은 정부가 이를 위해 할당한 모든 재원을 소비하지 않았다. 이는 관리상 비윤리적인 행동으로 해석될 수 있다. 하지만 관리자는 특정 수준에서 적용되는 윤리 규정에 반드시 제약을 받는 것은 아니다. 사회복지과에 근무하는 관리자가 그들 휘하에 있는 실천가와 동일한 윤리규정이나 가치를 준수할 것이라는 가능성은 점차 낮아지고 있다. 점점 더 많은 관리자들이 사회복지실천에 대한 자격이나 경험 없이 전문직의 외부에서 임명되기 때문이다. 이것이 사회복지사가 내부 승진을 통해 관리자가 되었던 시절과는 다른 변화다(Walton, 1975).

5. 정체성의 요소로서 생애주기에 관한 재고

감성을 가진 인간에게 삶이란 출생에서 시작하여 사망으로 끝나는 일련의 끊임없는 전환의 과정이다. 사회복지사는 사람들이 인생의 한 부분과 다른 부분 사이에서 겪게 되는 이러한 전환과정을 이해해야 한다. 개인의 생애를 죽음을 향한 여정으로 재개념화할 수 있지만 이러한 축약된 설명은 적절하지 못하다. 왜냐하면 개인의 원자는 죽음의 상태에서도 신체 속에 내재된 에너지를 다른 다양한 것 속에 구체화된 분자의 상태로 변화시키기 때문이다. 그러나 사람들이 신체를 통해 얻은 생활의 경험은 자신의 삶을 특정한 방식으로 규정하는 데 이용된다.

개인의 수준에서 볼 때 생애주기는 출생과 사망 사이의 생존기간이며 여기에는 수많은 과도기적 변화가 수반된다. 이들 중 일부는 직선적인 발전과정을 밟지만 보다 분절적이고 우회적인 변화를 겪는 것도 있다. 전통적 담론에서 이러한 변화는 서로 연대기적 순서를 따르는 것으로 간주되었다. 따라서 생애주기란 유아기에서부터 청소년기를 거쳐 성인에 이르기까지 다양한 단계를 망라하며, 성숙의 정도도 노령에 이르기까지 다양한 단계를 거치는 것으로 기술하고 있다. 생애주기에 관한 초기 설명은 이를 서로 분리된 별개의 발달단계로 이론화하면서, 각 단계는 시작과 끝이 있으며 독특한 특질이 있고 순차적인 발달과정을 밟는다고 생각하였다. 에릭슨(Erickson, 1959)의 저술은 이와 같은 접근의 전형적인 예로서 전문적 담론에 중요한 영향을 미쳤다.

이러한 이해는 인간과 개인의 발달을 고정되고 객관적이며 인식 가능한 것으로 취급한다. 예정된 시기에 예정된 특질을 충족시키지 못한 개인은 발달상의 문제로 인해 반사회적 행위를 유발하는 성격장애를 일으킬 수 있다고 간주되었다. 발달에 관한 이러한 엄격한 견해는 비판이론에 의해 도전을 받아 왔다. 예를 들어 흑인과 백인 페미니스트 심리이론은 성인 여성을 미성숙하고 의존적인 존재로 바라보아 스스로 결정을 내리지 못하고 타인에게 의존해야 한다고 보는 견해를 비판해 왔다(Hooks, 1984; Hollway, 1989). 대신 이러한 이론은 여성이 자신을 위해 개별적, 집합적으로 행동할 수 있는 능력을 가진 행위자로 간주한다. 이들은 또한 여성 발달에 관한 연대기적 접근방법에 의문을 제기한다. 심층적인 조사를 통해 살펴본 결과, 인간의 성장은 개인의 인생 단계에 따라 상이한 개인 간에 다양성을 보여 주는 복잡하고 불규칙한 과정이다. 따라서 인간 발달은 성, 인종, 계급에 따라 다르게 나타나는 현상이기 때문에 이를 어떤 확신하에 고정된 것이라고 말하기는 어렵다.

불행하게도 인간 발달에 대한 이러한 대안적 지식이 실천과정에서 수용되는 속도는 극히 완만하며, 다수의 전문가는 인간의 성장과 발달에 관한 구시대적 이해에 지속적으로 의존해 왔다. 인간 발달에 대한 정적인 이해는 위기사정 계획과 심리발달의 상이한 수준들을 설명하기 위해 이용되는 다양한 지표가 개발되면서 새로운 전기를 맞게 되었다. 이러한 것은 보호자에게 학대받는 아동과 관련된 문제나 기소된 성폭행범의 발달을 분석하는 데 특히 유용하게 이용된다(Wyre, 1986 참고). 실천가가 인성발달에 관한 경직된 관점을 조장하는 공식적 담론에 의존하게 된다면 클라이언트와 실천가가 개인의 행동변화를 유발할 수 있는 관계에 참여할 수 있는 능력을 부정할 수 있다.

사회복지사가 위기사정 절차에 대한 권고들을 따르게 되면 클라이언트가 현재 처해 있는 상황에서 개입을 시작할 수 있는 역량은 감소된다. 사회복지사는 위기사정의 도구를 신중하게 이용해야 한다. 이러한 도구는 무언가 잘못되고 있는지의 여부를 결정하는 데 유용하게 이용될 수 있다. 하지만 사회복지사가 다루고 있는 상황이나 개인에 대해 철저히 조사하고 분석하는 작업을 대체할 수는 없다. 실천계획의 상호적 창출을 염두에 두고 있는 실천가는 위기사정 도구를 기계적으로 적용하는 것에 주의해야 하며, 특정 특징이 특정 시점에서 어떻게 그리고 왜 개인의 발달이나 행동을 지배하게 되었는지에 관심을 가져야 한다.

실천가는 사람들이 주위 사람의 상실과 죽음에 대처할 수 있도록 능력을 촉진하고 자신에게 닥쳐올 죽음과 그 의미에 대해서 준비할 수 있도록 원조해야 한다. 이를 위해 개인의 생애에 발생하는 특정 능력의 상실을 슬퍼하는 과정과 더불어 사랑하는 사람을 떠나보낸 유족이 처리해야 하는 복잡한 감정 및 관계를 이해해야 한다. 이러한 세계관에서 볼 때 실천이란 일련의 전환기를 거치면서 상호 의존하는 개인과 집단 및 지역사회가 상호작용을 통해 인간의 복지를 추구하려는 운동이라고 할 수 있다. 상호 의존성이라는 인간관계의 특성을 고려할 때, 실천가는 사람들이 이러한 관계를 떠났을 때 발생하게 될 것에 대한 두려움에도 관여해야 한다. 더불어 사람들이 활동할 때 자신의 물리적 환경에 의존한다는 사실도 고려되어야 한다. 왜냐하면 그들의 활동은 그들 자신뿐만 아니라 현재 그리고 앞으로 환경을 공유하게 될 사람에게도 의미를 주기 때문이다. 예를 들어, 환경을 제거하는 것은 생활의 상실을 야기할 수 있다.

6. 정체성

정체성에 대한 전통적인 견해는 앞서 기술한 바와 같이 한 개인의 생애주기를 놓고 볼 때 특정 시기에 특정 발달단계가 있음을 강조하는 인간 발달의 선형적 모델에 근거해 왔다(Erickson, 1959 참고). 정체성에 관한 이러한 정적인 관점은 정체성이 복잡하고 다면적이며 유동적이라고 주장하는 포스트모더니스트에게 도전을 받아 왔다(Hall, 1992; Dominelli, 2002a). 정체성의 특질은 오랜 시간에 걸쳐 환경적 맥락에 따라, 그리고 다른 것과의 상호작용을 통해 변화한다. 따라서 정체성이란 타협된 사회적 단일체다. 이런 점을 고려할 때 사람들은 자신의 상이한 특성을 부각시키며 특정 상황에서 주위 사람의 기대에 부응하기 위해 다른 사람보다 자신이 더 적합한 역할을 수행할 수 있음을 강조하게 된다. 그러나 개인이 이렇게 주위의 기대에 '부응' 해야 하는 관계에 처해 있다고 해서 자신의 특별한 정체감을 상실하는 것은 아니다. 왜냐하면 개인은 좀 더 호의적인 환경이 갖추어질 때까지 이러한 성격화에 저항하면서 자신의 정체성을 감출 수 있기 때문이다. 환언하면 개인을 피상적인 측면만으로 판단해서는 안 된다.

패트리샤 힐 콜린스(Patricia Hill Collins, 1991)는 이러한 점을 지적하기 위해 한 흑인 가정부를 예로 든다. 이 흑인 여성은 백인 여주인에 의해 정체성을 손상받더라도 자신의 존엄과 자아감을 유지하게 되는데, 즉 주인

앞에서는 자신의 본심을 감추지만 그 밖의 다른 장소에서 안전하다고 판단될 경우 자신에 대한 믿음과 존엄, 자기 가치 등을 표현한다. 개인이 적절한 시기에 자아감을 포기하거나 강조하는 행위는 전략적인 측면에서 볼 때 억압적 관계에서 살아남거나 구체적인 목표를 달성하는 데 중요할 수 있다.

'타자화' 과정

타자화 과정은 정체성 형성의 핵심적 측면이다. '자아' 가 존재하는 것은 한 사람이 자신을 비교할 수 있는 '타자' 가 있기 때문이다. 자아와 타자를 구분하는 이분법적 접근을 통해 자아는 '타자' 를 외현화할 수 있으며, 자아에 대한 적대적이고 위계적인 관계 속에서 '타자' 를 바라보게 된다. 이러한 이분법은 특정인이 다른 사람에 비해 우수하다고 평가하는 비교를 수반하기 때문에 정체성을 형성하는 데 불평등한 관계를 창출하며 인간의 가치를 서열화하게 된다. 이러한 이분법은 타자에 대한 부정적 평가를 강화시키는 억압적 관계의 기초가 되어 타자와의 상호작용 내에서 그리고 이를 통해 지배의 관계를 재생산하게 된다.

'타자화' 의 과정은 '타자' 로 규정된 '정상적인' 인구집단 외부에 위치한 사람들을 통제하기 위한 구별의 과정을 수반한다. 이는 사람들이 '바람직해서' (정상인) 사회관계 내에 포함될 수 있는 사람과 '바람직하지 못해서' (일탈자) 배제되거나 외부인으로 간주될 수 있는 사람을 구분함으로써 이루어진다. 특정 주장이나 실천을 정당화하는 것은 '타자' 로 규정된 집단을 규제하고 통제하는 데 필수적이다. 이러한 목표는 제반 담론의 핵심적 특징을 구성하며, 어떠한 행위가 '정상적' 행동에 부응하고(Faucault, 1977) 어떠한 행위가 그렇지 못한지를 규정함으로써 달성된다.

다른 전문직과 마찬가지로 사회복지사 역시 '타자화' 의 과정에 결부되어 있다. 이는 특히 사회복지사가 '타인' 을 일탈 혹은 사회의 보편적 규범

밖에 존재하는 것으로 해석할 때 명확하게 나타난다. '타자' 를 주류사회에 속하지 않는 것으로 외현화할 경우 클라이언트는 사회의 일부가 아닌 것으로 해석된다. 이렇게 함으로써 그들은 무언가가 행해져야 하는 사회적으로 배제된 개인이 된다. '타자화' 는 배제된 사람들을 포용된 사람들과 격리하는 장벽이 되는데, 이것이 바로 '원조 가치가 있는 사람' 과 '원조 가치가 없는 사람' 을 구분하는 분리의 과정이다.

'타자화' 는 '원조 가치가 있는' 클라이언트를 '원조 가치가 없는' 클라이언트와 다른 사람으로 규정하는 과정에서 중요한 역할을 한다. 일탈과 정상성의 개념은 사람들이 구성되는 독특한 방식을 규정하며, '정상적인' 개인을 '일탈적인' 개인과 구별하는 데 유용하게 이용된다. '일탈적인' 사람은 비록 타자로서 별개의 독특한 인간으로 취급되지만 '정상인' 과 마찬가지로 사회의 한 부분이다. 이 과정의 가장 긍정적인 측면은 현재의 구성체가 해체 혹은 변화될 수 있다는 점을 상기시켜 주는 데 있다. 결론적으로 사회복지사는 자신이 억압의 역동에 참여하고 있다고 인정하더라도 패배감을 느껴서는 안 된다. 왜냐하면 자신이 새롭게 얻은 이해력을 이용하여 삶을 더욱 증진시키는 방향으로 자신의 실천을 변화시킬 수 있기 때문이다.

사람들의 정체성에 가치를 부여하고 정체성에 기반하여 형성된 관계의 중요성을 인정하는 것은 비록 인정받지 못하고 있다고 할지라도 사회복지 가치체계의 중요한 부분을 차지한다. 정책 결정자든, 고용주든, 실천가든, 클라이언트든 간에 사람들이 자신에 대해 갖는 정체감은 자신들이 추구하는 가치와 대화관계를 갖고 있다. 결국 정체성은 사람들의 대인관계가 자신의 집단 내부에서 발생하건 다른 집단과 발생하건 이 관계에 실질적인 영향을 미친다. 정체성 형성은 대화적이다. 왜냐하면 이는 다른 사람과의 사회적 상호작용 내에서 그리고 이를 통해서 나타나기 때문이다. 이러한 상호작용 속에서 사람들은 이용 가능한 담론에 의거하여 자신이 원하거나 추구해야 하는 종류의 정체성을 형성하게 된다. 그렇기 때문에 정체성은 다면적이고 유동적이며, 사람들은 자신의 정체성 중 특정 상황에서 강조하고 싶은 부분을 선택하게 된다. 전문가가 친구와 공유하는 정체성의 측면은 클라이언트나 다른 동료 전문가에게 보여 주는 것과 다를 것이다. 마찬가지로 클라이언트 역시 상이한 맥락에 따라 상이한 정체성의 측면을 표출한다.

사회복지에서 정체성은 자신이 누구인가를 알고 있으며 자신의 클라이언트는 누구인가를 이해하는, 즉 클라이언트는 어떻게 스스로를 형성하며 특정 목적을 위해 어떻게 다른 사람들에 의해 형성되는가를 이해하는 실천가에 의존한다. 사회복지에서 정체성의 관계는 개별화되었으며 고정적이고 불변적인 용어로 표현되는 경향이 있었다. 그 결과 실천가들은 정체성을 개인이 태어나면서부터 죽을 때까지 변함없이 간직하는 것으로 생각하게 되었다. 즉, 동일한 범주에 속한 개인들은 동일한 특성을 갖는 것으로 간주되는 것이다. 정체성에 대한 이러한 제한적 개념화는 클라이언트뿐만 아니라 실천가 본인에게도 적용되고 있다. 실천가는 개인의 '상이한' 특성 중 일부가 사회 내 다양한 성원 사이에서 중복적으로 나타날 수 있음을 인정할 수 있다. 하지만 원칙적으로 정체성은 고정되어 있으며 상호작용적이기보다는 개별적인 것으로 간주된다.

사회복지사는 일단 주어진 문화를 구체적으로 알게 되면 자신과 다른 특성을 갖는 사람들과 활동하기에 충분할 만큼 문화적으로 민감할 수 있다고 믿고 있다. 이러한 접근을 통해 궁극적으로 '문화적으로 타당한 사회복지'를 실천할 수 있는 패러다임이 제공되었다(Lum, 2000). 그러나 문화적으로 타당한 접근은 이전의 인종차별주의나 문화적 차이에 대한 비인종차별적, 다문화적 접근처럼 정체성이 유동적이고 다면적인 현상으로서 사회적 상호작용 속에서 끊임없이 창출·재창출되는 대화과정을 통해 형성된다는 사실을 인식하지 못했다.

사회복지사는 개인을 '흑인' 으로 인식할 수 있지만 그러한 범주 내에 포함되는 사람들을 모두 동일한 사람으로 간주한다(Lum, 2000 참고). 비록 실천가는 모든 클라이언트를 백인 중산층인 것처럼 취급하는 규범적, 비인종차별적 접근을 극복하고 사회적으로 구축된 인종적 차이를 인정하지만, 이는 하나의 고정관념을 다른 것으로 대체했을 뿐이다. 실천가는 '흑인' 이라는 고정관념에 의존함으로써 개인의 독특성을 인정하지 못한 채 해당 집단 사이에서 발견되는 공통성에 대해 부당한 결론을 내리고 있다. 다양한 복잡성의 가치를 인정하지 않는 현상은 사회복지 실천가와 교육자 모두에게서 나타나고 있다. 문화적으로 타당한 사회복지적 접근에서 특정 문화집단을 동일한 특성을 갖는 것으로 취급하는 경향이 명백히 나타난다(Lum, 2000 참고).

정체성에 대한 일원론적 개념화는 사회복지에 깊은 뿌리를 내린 채 아주 강력한 영향력을 발휘하고 있다. 모든 여성과 흑인, 노인 등은 자신이 속한 범주의 모든 사람들과 동일하게 취급되며, 여기에서 개인은 동질성을 띤 전체의 하나가 되는 것을 의미한다. 사회복지사는 동일한 범주 내에서 발견되는 특이점에 주목할 때도 개별 요소들을 고정되고 다양성이 없는 것으로 취급한다. 따라서 사회복지사가 문화적 다양성을 발견함에 따라 각 문화의 특징에 대해 관심을 갖게 되며, 이를 통해 자신의 문화와 '타인' 의 문화 사이에 나타나는 차이점을 더욱 잘 이해할 수 있게 된다.

사회복지사가 정체성을 경직된 관점에서 바라봄으로써 특정 유형의 인격체를 형성하는 특징과 속성이 무엇인가라는 질문에 대해서도 쉽게 고정관념에 의존한다. 사회복지사가 정체성을 이렇게 규정하게 되면 클라이언트와 대화적 관계를 형성하는 과정에서 지속적인 어려움이 발생한다. 왜냐하면 클라이언트는 실천가의 자비와 경험의 수동적 수혜자로서 개념화되기 때문이다. 이러한 역동성은 주변화된 사람들이나 개인, 집단 혹은 지역사회 등 사회복지사가 '타인' 으로서 규정하는 사람들을 대상으로 하는 억압적 사회복지의 근간을 이루어 왔다.

사회복지사가 일원적이고 고정된 정체성 개념에 의존하게 되면 자신의 기대에 따라 행동하지 않는 클라이언트를 '교묘한' 사람 혹은 '장난치는' 사람으로 낙인찍어 그들의 가치를 평가절하하는 역동성이 강화된다. 젊은 어머니를 대상으로 한 연구에서 캘러한 등(Callahan et al., 2000)은 이러한 역동성을 '유망성이 있는 것'으로 지칭하고 있다. 한 실천가는 다음과 같이 설명하고 있다.

> …… 실제로 여러분(젊은 어머니)이 적극적이고 협력적이며 좋은 부모라면 나를 찾아오라고 권하고 싶다. 그렇게만 된다면 나는 내 상관을 찾아가 여러분의 요구를 적극적으로 지지하고 실현되도록 도울 것이다(Dominelli et al., 출간 예정).

이러한 역동성을 통해 실천가는 욕구충족이 (불)가능한 클라이언트를 만들어 내게 되며, 클라이언트는 자신을 전문적으로 규정된 사람으로서 이해하게 된다. 사회복지사가 원조 가치가 있는 클라이언트를 결정하는 과정에서 사회적 구분을 중시할 때, 클라이언트는 특정 클라이언트 집단에 속한 성원으로 행동하는 것이 절대적으로 필요할 수 있다. 예를 들어 지역사회의 도움을 필요로 하는 의존적 혹은 취약한 집단의 성원인 한 노인의 문제를 다루는 사회복지사는 그 노인이 조바심을 내는 이유가 자원을 원조받아 집에 머무를 수 있기 위함임을 알게 될 것이다. 마찬가지로 아동이 '위기에 처해 있기' 때문에 희소한 가족지원 서비스를 받을 수 있다고 주장하는 어머니도 이러한 종류의 행동을 보여 주고 있다. 이들의 상호작용 속에 나타나는 등장인물은 실천가가 다루어야 하는 타협된 현실의 '진실'과 관련되며, 그렇기에 타협된 현실의 진실을 밝혀 준다.

실천가는 클라이언트와의 협력을 통해 전문가주의를 창출하지만, 클라이언트는 스스로 자신 및 자신의 사회복지사를 창출한다. 전통적인 사회복지 교재들은 이러한 역학 속에 내재해 있는 위기, 즉 전문적 실천이 피할 수도 있는 의존성이 존재함을 인식해 왔다. 이러한 의존상태는 실천가가 클라이언트에게 실천가의 기술에 의존하게 하거나 실천가의 욕구를 충족시키도록 강요할 때 발생한다. 클라이언트의 능력을 실천가의 욕구에 종속시키는 것은 실천가가 삼가야 할 서투르고 비윤리적인 실천의 전형이다 (Butrym, 1976).

관계가 기본이 되는 사회복지실천에서 정체성을 사회적 상호작용 과정에서 타협을 통해 구축된 현상으로 이해하는 것은 중요하다. 왜냐하면 그렇게 함으로써 실천가와 클라이언트 양자는 그들의 관계에서 발생하는 것에 영향을 미칠 수 있는 사람으로서 서로를 자유롭게 인정하고 상호 교환할 수 있기 때문이다. 더불어 실천가는 이러한 인식을 통해 자신이 갖는 권한의 한계를 인식하기 때문에 개별 행동 혹은 구조적 조건의 변화를 가져오는 데에서의 자신의 능력범위도 인식하게 된다.

사회복지 관계에서 실천가는 클라이언트의 능력을 인정해야만 그를 수동적인 소비자로 바라보는 제한된 시각을 극복할 수 있다. 더구나 변화의 잠재력이 약화되는 또 다른 이유는 클라이언트를 1차적으로 전문가가 제공하는 전문서비스의 소비자로서 바라보는 능력기반 접근 때문이다. 클라이언트의 목소리를 무시하게 되면 전문적 권한도 축소된다. 이렇게 함으로써 실천가는 클라이언트를 통제하여 그들의 자율적 행동범위를 제한하는 억압적 실천을 강화시키기 때문이다. 이 과정에서 클라이언트의 역량은 강화되는 것이 아니라 '타자화' 되며, 필요한 서비스를 획득하지 못하는 악순환이 반복되게 된다.

정체성 형성에 관한 고정관념은 사회복지의 관료적 담론뿐만 아니라 사회에 대한 대안적 이해와 행동방식을 창출하려는 급진적 담론 속에서도 명확히 발견된다. 정체성 형성에 관한 정적이고 단선적인 이해는 흑인의식의 발달을 묘사하는 흑인 작가의 글에서 명확히 나타나는데, 앨드리지 클리버(Eldridge Cleaver, 1971)의 『흑표범(*The Black Panthers*)』, 말콤 엑스(Malcolm X, 1989; Lee, 1993)의 『이슬람국가(*The Nation of Islam*)』, 로버트 스테플스(Robert Staples, 1988)의 흑인 남성의 강인함에 관한 논의, 크로스(W. E. Cross, 1978)와 레나 로빈슨(Lena Robinson, 1995, 1998)의 흑인 심리에 관한 논의 등이 해당된다. 이들 작가는 정체성을 고정되고 시계열적으로 형성되는 현상으로 이해한다. 구체적인 발달단계를 거쳐 이루어지는 진보는 억압받는 집단으로서 흑인들의 자의식 정도, 자기 해방의 능력을 가진 집단으로서 스스로를 도전적으로 재규정할 수 있는 정도를 측정하는 데 이용된다. 크로스(Cross, 1978)의 흑색모델과 이에 근거한 로빈슨(Robinson, 1995, 1998)의 모델 등은 급진화 목적을 위해 흑인의 정체성 형성에 대한 고착된 모델이 이용되고 있음을 설명한다.

이러한 정체성 형성에 대한 일원론적 개념화는 백인에게도 적용된다(Frankenburg, 1997 참고). 일부 학자는 백인 여성의 사회적, 심리적 발달에 초점을 맞추고 있으며, 진 베이커 밀러(Jean Baker Millar, 1978)와 같은 다른 학자는 여성 간의 차별성을 무시한 채 모든 여성을 동일하게 취급한다. 캐롤 길리건(Carol Gilligan, 1982) 역시 남성과 여성의 도덕적 발달을 구분하면서 동일한 입장을 취하고 있다. 이러한 글은 흑인 및 백인 여성에게 사회와 그 사회 내에서 자신의 위치를 바라보는 대안적 방법을 제시함으로써 자신이 억압적 상황을 변화시킬 수 있다는 긍정적 생각을 갖게 하는 데 도움을 주었다. 하지만 이런 모델은 일상생활에서 억압받는 사람의 정체성이 형성되고 경험되는 비정형적 방법을 설명하지 못한다.

다른 사상가는 인간 발달을 상이하게 이론화하기 시작하면서 문화와 정체성에서 연속성 및 비연속성을 탐구해 왔으며, 이를 통해 정체성 형성과 의식의 급진화에 대해 좀 더 유연한 이해가 가능해졌다. 이러한 인식은 억압받는 사람이 수동적인 인성과 집단발달 모델에 고착되어 타인 권력의 숙

명론적 대상으로 종속되는 것을 거부할 능력이 있음을 인정한다. 사회복지의 경우 정체성과 지식 창출에 관한 존-밥티스테(John-Baptiste)의 아프리카계 중심 모델이나 그레이엄(Graham, 2002)의 아프리카계 중심 분석이 이러한 대안적 개념의 대표적인 예다.

존-밥티스테와 그레이엄은 연속성을 아프리카 출신자가 현실을 재규정하여 일상생활에서 발생하는 위급한 문제에 대처할 수 있는 능력과 함께 이국적 조건에서 성장할 수 있는 원천으로 재규정하고 있다. 이렇게 함으로써 그들은 아프리카계 사람의 경험적 지식에 의미를 부여하여, 이를 그들이 의식적으로 깨어 있는 개인과 집단으로서 발전할 수 있는 기초로 삼고 있다. 그들은 아프리카계 사람들이 억압적 구조를 극복하기 위해 일상생활에서 발원하는 동력을 행사하고 있다는 점을 보여 준다. 그들의 접근은 정체성 형성의 일원적 측면을 고수하고 있지만, 어떻게 일상생활의 경험이나 지식의 세대 간, 지역 간 이전이 저항의 바탕이 되는지를 밝혀 주는 장점이 있다. 푸코주의자처럼 정체성이 단순히 권력관계의 부산물이라고 가정하지는 않는 것이다(Foucault, 1983).

일상생활에서 경험하는 현실에 대한 사람들의 인식은 학문의 세계에서 가정하는 것보다 훨씬 복잡하고 편파적이다. 사람들은 자신의 삶 중 어떤 부분에서는 억압을 경험하지만 다른 부분에서는 그렇지 않다고 인식할 수 있다. 그들은 하나의 상황에서는 자기 정체성의 특정 측면을 강조하기 위해 특권을 행사하고 싶지만 다른 상황에서는 똑같은 성격을 감추고자 할 수 있다. 이는 다른 사람과의 구체적인 상호작용 과정에서 무엇을 얻고자 하는가에 달려 있다. 그들이 알거나 알 수 없는 것을 지지하기 위해 행동을 취할 수 있는 능력 또한 불확정적인 것이다. 많은 부분이 그들이 활동하는 환경적 맥락과 실질적 대안의 존재 정도 그리고 이러한 대안에 따라 행동할 수 있는 가능성에 대한 인식 여부에 달려 있다. 만약 자신의 구체적 현실에 근거하지 못한 추상적, 이론적 모델에 의존하기보다 자신의 상황을 변화시킬 수 있는 기회를 깨달을 수 있다면, 그들 삶의 경험은 교육적인 측면에서 훨씬 더 중요한 역할을 수행할 것이다. 실천가는 자신의 실천을 개선하기 위해 이러한 역동에 주목함과 동시에 변화의 기반으로서 일상의 경험적 지식을 이용할 수 있다. 사회적으로 구축되었다면 우리의 삶은 해체와 변화의 가능성을 가지고 있다.

7. 개입과정

개입은 변화가 발생할 수 있는 과정을 제공한다. 개입의 과정은 사회복지사가 어떻게 클라이언트에게 개입하는가에 초점을 맞추는 실천의 요소다. 실천가가 클라이언트와 활동하는 방법은 실천의 지침을 얻기 위해 그들이 보유하고 이용하는 가치에 의존한다. 그뿐 아니라 그 가치는 개입의 전 과정을 통하여 사회복지사의 활동을 뒷받침해 준다. 실천가는 클라이언트에게 개입함으로써 가치를 실천하는 과정에서 나타나는 갈등과 딜레마뿐만 아니라 이를 해결하기 위한 조치에 대해 인식하게 된다.

이러한 과정을 위계적 가치에 근거하여 예견한다면 실천가는 다른 행동방법을 생각할 수 있는 가능성을 원천적으로 배제당한 채 전문가의 권위에 기초한 고정된 견해만을 따르게 된다. 위계적 과정은 전문가의 목소리와 지식에 의존하여 클라이언트를 무시하고 그렇게 하여 그들의 지식과 기술을 평가절하하게 되는 개입 형태를 통해 나타난다. 이는 다른 행동방침이 시도될 수 있는 가능성을 조기에 차단하거나 문제에 대한 대안적 생각을 불가능하게 할 수 있다. 이렇게 되면 개입은 다른 방향으로 진전될 수 있는 가능성을 잃게 된다. 세상을 위계적 개념을 통해 바라보는 실천가는 자신이 들은 바대로 클라이언트가 행동해 주기를 기대하며, 병리적 관점에서 클라이언트의 재능이나 능력을 바라볼 가능성이 높다. 이렇게 되면 변화와 진전을 위한 귀중한 기회를 잃을 수 있다.

평등주의적 과정은 클라이언트의 지식을 높이 평가하고 실천가와 클라이언트 간에 비위계적 관계를 확립하는 데 목적이 있다. 실천가는 클라이언트의 강점에 더욱 많은 초점을 두며, 이를 통해 클라이언트의 생활환경에서 변화를 유도한다. 클라이언트와 좀 더 평등한 관계를 원하는 실천가는 여전히 위계적 형태의 실천을 조장할 수 있다. 이러한 현상은 특히 그들이 '허위평등의 덫'에 빠지게 될 때 명백히 나타난다(Barker, 1986; Dominelli, 2002b). 허위평등의 덫은 실천가가 자신이 추구하는 가치에도 불구하고 클라이언트가 '정상적인' 시민에게 이용 가능한 동일한 수준의 자원 및 기회에 대한 접근성을 갖는다는 가정하에 활동할 때 발생한다. 이러한 경우 인간은 탈맥락화되고 개별화되어서 구조적 불평등이 표현되는 채널인 계급이나 '인종', 성별, 장애 혹은 다른 사회적 구분 등과 관계없는 것처럼 이해된다. 한 사람이 차별화되지 못하는 것은 현재의 사회질서와 그 내부에서 형성되는 사회관계를 지탱하는 진부한 백인 남성 중산층의 이미지를 수용하는 인식론이 작동하기 때문이다. 이러한 현실 이해는 제반 규범을 확립시키며, 이를 수단으로 다른 사람을 측정하고 평가하게 된다(Pascall, 1986; Dominelli, 1991a). 사회복지실천에서 개입과정에는 다음과 같은 여러 단계가 관련된다.

- 의뢰
- 자료수집
- 문제사정
- 행동계획 수립 및 합의
- 행동계획 실행
- 행동계획 검토
- 행동과정의 평가

- 결과의 평가
- 클라이언트의 수행평가
- 실천가의 수행평가
- 향후 행동에 대한 숙고

이를 더욱 완전히 이해하기 위해 단계별로 구분하는 것도 유용한 방법이지만, 서로 분리되고 독립적인 것으로 이해해서는 안 된다. 각 단계는 서로에게 영향을 미치며 개입의 과정 동안 지속적으로 반복된다. 실천가는 예비단계에서 처음 세 요소를 순차적인 것으로 생각하는 경향이 있다(Compton and Galaway, 1975). 의뢰된 사례를 처음 받아들일 때 이는 출발점에 불과하며 반드시 순차적인 관계는 아니다. 이러한 과정 중 대부분이 동시에 발생한다(사정에 대한 더욱 자세한 논의는 Clifford, 1998, 사회복지 평가에 대한 사항은 Cheetham et al., 1992 참고).

평등주의적 실천이 행해지면 이들 각각의 전 단계에 걸쳐 클라이언트의 권한을 강화하거나 그들의 목소리에 귀 기울이게 된다. 클라이언트는 개입의 과정이 그들에게 속해 있다고 생각할 때 행동계획을 개발하는 데 더욱 적극적으로 참여할 것이다. 이를 형성하는 데 처음부터 끝까지 실질적인 역할을 수행함으로써 개입과정에 대한 주인의식이 고양될 것이다. 반대로 이는 자신의 행동 방향에 대한 통제력을 좀 더 효과적으로 발휘하게 함으로써 개인적, 집합적(집단적) 행동변화를 촉진시키게 된다.

8. 사회복지의 주요 접근방법에서 경쟁적 가치의 혼재

다음에서 설명하겠지만 주류 사회복지실천은 전통적 가치와 새로운 가치 모두에 기반을 둔다.

개별사회복지실천: 개인에 대한 초점화

비에스텍(1961) 류의 전통적 가치는 사회복지의 관계를 지탱함과 동시에 실천가와 클라이언트 간 상호작용의 매개변수를 규정하는 데 도움을 준다. 전통적 사회복지사는 전문가의 지식과 위계질서에 우선순위를 두었다. 그들은 개인의 행동에 초점을 두었으며 그러한 행동이 담겨 있는 좀 더 넓은 범주의 사회적 맥락에는 관심을 갖지 않았다. 탈맥락화된 형식으로 사람들에게 개입할 수 있는 사회복지사의 능력 때문에 실천의 개별화 측면이 강화되었으며, 전능한 실천가와 무력한 클라이언트라는 사고가 조장되었다. 이들의 관계를 이러한 방식으로 규정한 결과 클라이언트의 동력은 부정되었으며, 클라이언트가 제공되는 원조에 반응할 때 무력감을 영속화시킬 수 있다.

전통적 사회복지는 가족의 상황이나 역동성을 고려하기 때문에 생애주기의 상이한 시점에서 나타나는 개별 행동의 제반 측면을 가족관계와 결부시킬 수 있다. 전통적 사회복지사는 가족이 전부는 아니지만 개인 발달의 이상적 사회환경을 제공한다고 생각한다. 실천가는 가족 내에서 형성되는 관계를 문제 삼지 않기 때문에 가족 내부에서 나타나는 불평등한 권력관계를 과소평가하는 미묘한 상황을 간과할 수 있다. 그들은 또한 가족을 자율적인 단위로 간주한다. 결국 그들은 가족이 더 넓은 범주의 체계나 환경과 상호작용하거나 의존한다는 사실을 파악하지 못하기 때문에 복잡한 상황에서 나타나는 가족의 역동성을 이해하지 못한다.

최근 들어 몇 가지 형태의 사회복지, 특히 페미니스트 상담과 결부된 개인을 대상으로 한 일대일 사회복지사가 등장하면서 전통적 사회복지의 개별화 및 병리화의 요소에 도전하고 있다(Chaplin, 1988). 일대일 개입방법을 적용하는 사회복지사는 자신의 권력을 남용하지 않아야 하며, 이러한 관계에서 그들이 할 수 있는 것이 어떤 것인지 명확한 경계를 규정해야 한다. 그렇지 않으면 전문적 실천가와 일반 친구의 구분 사이에서 그들의 역할이 모호해질 수 있기 때문이다. 페미니스트 실천가는 사회환경 속의 개인이라는 생각을 적용함으로써 개인이 겪는 고통과 그들이 사회구조에서 차지하는 위치 간에 관계성을 파악할 수 있도록 원조하고 있다. 개별적 변화를 지지하는 가치 덕분에 페미니스트 사회복지사는 윤리적 보호를 통한 역량강화에 전념하면서도 새로운 길을 걸을 수 있게 되었다(Dominelli, 2002b).

9. 집단사회복지실천: 체계의 인정

집단사회복지사는 사회복지에서 흥미로운 위치를 점하고 있다. 연속선상의 한쪽 끝에 위치한 개별사회복지실천과 다른 한쪽 끝에 위치한 지역사회복지 사이에 놓인 영역을 차지하고 있기 때문이다. 집단은 클라이언트의 자기 결정과 자신감을 증진하기 위한 수단으로 활용되어 왔으며, 개인을 결집시켜 공동의 목표를 규명하고 상황 변화에 필요한 행동을 취하는 데 매우 효과적이었다(Ward, 1998). 이와 더불어 집단은 근친상간 피해자 집단의 경우와 같이 가해자에게 개입하거나 개인이 정신적 충격을 극복할 수 있도록 원조할 경우 개별적 변화를 유도하기 위한 수단으로 이용되어 왔다. 그리고 체계는 집단행동을 통해 시작되는 변화 노력의 대상이 되어 왔다.

집단은 성원 간의 가치갈등과 어려움을 발생시킬 수 있는 역동성과 쟁점을 가지고 있다. 한 집단의 구조는 위계적이고 권위적이거나 평등적이고 민주적일 수 있다. 이것이 어떤 것이냐에 따라 집단 내 관계에 막대한 영향을 미칠 것이다. 규정된 행동과 실제 행동 사이에 불협화음이 발생하는 경우 집단성원 간의 긴장은 고조될 수 있다. 특히 집단의 지도자가 행동을 숙고하고 방향을 설정하는 데 성원의 기대에 부응하지 못한다면 이러한 긴장은 첨예해질 수 있다. 집단성원 간의 차이점을 직시하고 몇몇 참여자의 '억압적 권력을 행사' 하는 배타적 실천을 다루기 위해서 한 집단 내의 권력관계와 그것이 개인에게 미치는 영향력을 이해하는 것은 중요하다.

10. 지역사회복지: 구조적 불평등에 대한 관심

지역사회복지사는 개별사회복지 지향적인 실천의 부적절성을 지적하면서 개입목표에 구조적 변화라는 요소를 포함시키고자 노력해 왔다(Loney, 1983; Dominelli, 1990). 구조적 결함, 특히 실업, 주택, 교통, 레저 시설 및 환경문제 등에 대해 무언가를 행함으로써 지역사회의 역량을 강화하고자 하는 노력은 종종 지역사회 동원을 위한 초점을 제공해 왔다(Craig and Mayo, 1995). 지역사회복지사는 일반적으로 대인적 역동과 문제에 대한 개별화된 반응을 비판하면서 행동을 통한 구조적 변화를 목표로 삼아 왔다. 그들의 다양한 활동 중 다수는 의미 있는 구조적 변화를 야기하지 못했다. 이러한 약점은 지역사회복지가 지역적 한계를 뛰어넘지 못하고, 같은 공동체 내 상이한 분파에서 표출되는 갈등을 다루지 못하며, 실질적인 기간 동안 행동을 지속시키지 못한 문제와 결부되어 있다.

지역사회복지는 집단적 노력을 추구함에도 불구하고 지역사회의 경계를 설정하는 과정에서 경쟁적이고 고립주의적인 성격을 갖게 되었다. 지리적 위치나 정체성의 특징 혹은 이해 등 특정 기준을 바탕으로 지역사회를 명명함으로써 이러한 개념 속에 포함되지 않는 것은 배제되는 것이다. 지역사회를 중심으로 경계를 설정함으로써 배제와 수용뿐만 아니라 배제가 윤리적으로 수용 가능한가의 문제에 이르기까지 중요한 쟁점을 야기시켰다. 마찬가지로 지역사회 단체가 희소한 자원, 특히 재정문제를 놓고 서로 경쟁할 때 자원할당을 둘러싼 갈등을 해결하는 데 어려움이 발생할 수 있다. 많은 소규모 조직은 예방조치가 취해지지 않는 한 자원을 할당받는 과정에서 배제될 것이다. 예를 들어 덜루스의 이머지(Emerge)라는 단체는 남성을 위한 사업을 조직화하면서 재정지원 문제를 놓고 가정폭력 문제에 관여하고 있는 여성단체와 경쟁하기를 거부했다. 왜냐하면 지역사회 남성 단체가 자원의 대부분을 획득하는 경향이 있었기 때문이다.

능력기반 사회복지실천: 분절화 및 기술관료화 과정을 겪는 실천

능력기반 사회복지실천은 3E, 즉 경제성(economy), 효율성(efficiency), 효과성(effectiveness)이라는 시장지향적 가치에 기꺼이 융합한다. 능력기반 실천은 극도로 도구화되고 개별화되었으며 신자유주의가 주창하는 상품화의 과정에 추진력을 불어넣고 있다. 이러한 특성을 지향하는 사회복지실천은 구조적 변화를 지지할 수 있는 능력을 차단당했다. 능력기반 사회복지실천은 사회정의 및 반억압적 실천을 위해 노력함과 동시에 다양한 내용의 점검목록과 다양한 수준의 자신감을 통한 경영방법으로 상징되는 절차화된 개입에 의존하기 때문에 그 자체도 사회복지의 전통적 가치기반에 포함되어야 한다고 주장한다(Lum, 2000 참고). 그것의 추종자는 전통적 가치와 시장지향적 가치가 결합된 것이 바로 능력기반 접근이라고 주장한다. 실천가의 변화 노력의 목표로서 사회구조를 대상으로 설정하지 않기 때문에 사회정의나 불평등의 문제를 다룬다는 이의 주장은 다소 의구심이 든다. 하지만 오히려 그들은 사회복지사가 미시적 수준에서 특정 방식으로 클라이언트와 협력하려는 의도가 있기 때문에 궁극적으로 자신들이 추구하는 반억압적 실천이 발생할 수 있다고 주장한다.

11. 사회정의와 사회변화의 가치 존중: 실천을 위한 인권적 맥락

사회복지사는 미시적 수준의 관계에서 사회정의와 사회변화의 가치를 존중해 왔으며, 상호 간의 차이점을 존중하고 개선하는 방식으로 클라이언트와 협력하고자 노력해 왔다. 이러한 관심은 인권을 중시하는 사회복지가 발전할 수 있는 배경이 되면서 사회복지 서비스를 필요로 하는 사람 사이에서 적극적 시민권이 증진되는 계기를 마련하였다. UN의 모든 국가가 지지하는 「국제인권선언」에 명시된 권리를 보장하는 것은 사회복지사들에게 커다란 도전이 될 수 있다. 이러한 접근은 사회정의 및 사회변화의 의미에 대한 논쟁을 불러일으켰을 뿐만 아니라 인권 개념 자체에 대한 의문을 제기시켰다. 왜냐하면 우리가 일상적으로 의미하는 인권이란 지나치리만큼 서구의 사상에 의해 지배되며 세상을 개인주의적인 시각에서 바라보기 때문에 집합주의 문화를 가진 국가들의 욕구를 충족시키지 못하는 문제를 안고 있기 때문이다(Ife, 2001).

인권은 특정 문화의 주변부에 위치한 사람을 억압하고 손상을 가하는 문화적 실천, 특히 여성의 복지에 해로운 결과를 가져오는 문화적 실천을 비판할 수 있는 중요한 통로를 제공하였다. 이는 1995년 북경여성회의(1995 Beijing Conference on Women)에서 적절히 표출되었는데, 여성의 권리는 여성의 생식기 절단이나 여성을 대상으로 한 남성폭력과 같은 '문화적' 실천의 불가피성을 부정하는 인간의 권리로서 주창되었다. 이러한 발전에서 중요한 부분 중 하나는 여성에 대한 공격행동을 재규정한 것이었다.

사회문제를 재규정하는 것, 특히 사적인 고통을 사회적으로 쟁점화하는 것은 여권주의 사회복지실천에서 널리 알려진 요소이자(Dominelli and McLeod, 1989; Dominelli, 2002b) 사회복지사가 일상활동에서 이용할 수 있는 기법이다. 생활상의 실천을 변화시키기 위해 사회문제를 재규정하는 것은 집단과 지역사회 수준에서 여성의 권한을 강화하고 이들을 동원하는 데 중요한 역할을 수행하지만 통제의 기술을 해체하는 과정에서도 중요하다. 통제체제에서 하나의 문제를 권력자에게 적합한 방식으로 규정하고 권력을 상실한 집단에게 탈출구를 제공하지 않는 것은 지배관계를 재생산하여 인권과 사회정의를 쉽게 침해할 수 있는 도구다. 인권을 중시하는 사회복지에 초점을 맞추게 된 것은 실천가가 전환적 사회복지에 관여해야 한다는 클라이언트의 요구가 있었기 때문이다. 실천가가 개별화된 문제에만 초점을 맞추는 한계를 극복하지 못한다면 다양한 노력에도 불구하고 기존의 사회관계 내에서 전환적 변화를 가져올 수 없다.

사적인 고통은 사회문제로서 재규정되어야 하며(Mills, 1970 참고), 개인적, 제도적, 문화적 수준에서의 변화에 영향을 주어 시민권에 기반을 둔 인권을 실현시켜야 한다(Dominelli, 2002a). 이러한 노력 없이 하나의 쟁점에 부착된 꼬리표만을 단순히 바꾸는 것은 특정 지역에서 개인의 인권을 부정하는 실천에 부정적인 영향을 미치는 권력과 자원분배의 전반적 규형을 변화시키지 못할 것이다. 이러한 경고와 더불어 사회문제를 재규정함으로써 개인이 받는 영향을 과소평가해서는 안 된다. 사회문제의 재규정은 일상활동에서 일반적으로 받아들여지는 확실성을 제거함으로써 개인을 혼란 속에 빠뜨릴 수 있다. 이러한 문제가 적절히 다루어지지 않을 경우 불확실성이 야기하는 심리적 고통에서 탈피할 수 없을 것이다. 이러한 조건하에서 이루어지는 개입은 선의의 의도를 갖고 있더라도 미시적 실천 혹은 일대일 상황에 대한 사회복지사의 참여를 좀 더 억압적인 성격으로 변모시킬 수 있다. 이러한 결과를 야기하지 않기 위해서는 개인, 집단 혹은 지역사회의 요구에 반응할 때 개인적인 측면뿐만 아니라 구조적인 측면에서 주의를 기울여야 한다.

12. 교육훈련은 더 이상 학계의 전유물이 아니다

영국에서 사회복지 교육은 실천과 마찬가지로 신경영주의 관리 영역의 변화물결에 휩싸이면서 정치적 논란의 대상이 되고 있다. 1970년대 말부터 현재에 이르기까지 영국 대학에서 사회복지 교육은 교과내용과 강의의 문제를 중심으로 더욱 직접적이고 가시적인 정부 개입과 규제의 대상이 되어 왔다. 이러한 움직임은 실천가의 기술에 대한 정부와 고용주의 불만에 의해 추진되었으며, 사회복지 자격증(the Certificate of Qualification in Social Work)과 다음 단계인 사회복지 학위과정(the Diploma in Social Work)을 통해 수행되는 교육이 실천과 무관하다는 그들의 신념과 관련되었다. 고용주의 입장에서는 이러한 자격증이 지나치게 이론지향적이어서 현장의 욕구를 충족시킬 수 없다고 비판하였다. 1980년대에 이러한 불안감을 둘러싼 논의는 사회복지 교육자를 적극적으로 '고용'하자는 정치가, 정책관료, 고용주의 이해를 결합하여 하나의 동맹을 탄생시켰다.

고용주의 움직임은 좀 더 이전에 시작되었다. 그들은 실질적이고 기법중심의 사회복지 서비스 자격증(Certificate in Social Services) 제도를 도입하였으며, 궁극적으로 능력기반의 사회복지 학위제도를 도입하였다. 이러한 두 가지 발전은 준정부기관으로서 고용주들의 이해가 지배적인 중앙 사회복지 교육 및 훈련위원회의 후원하에 추진되었다. 이 중앙위원회는 고용기관의 비호하에 제공되는 현장 중심적, 능력 지향적 프로그램을 채택하기 위해 사회복지 교육의 사회과학적 지향을 포기하였다.

학계는 사회복지 전문직에 대한 자신들의 상이한 견해를 중심으로 심각하게 분열되어 있었다. 그들은 상호 간에 성공적인 대화의 장을 마련하거나 향후 방향에 대한 합의를 이끌어 내지 못했다. 1980년대 중반 학계가 3년간의 교육훈련 프로그램에 대한 정부의 승인을 얻지 못한 결과, 정부는 사회복지 중앙교육훈련위원회를 통해 자신의 요구 조건을 강요하여 좀 더 고용주 친화적인 프로그램을 받아들이게 하였다. 그 결과 현재는 단계적으로 사라지고 있지만 당시 극도의 논쟁과 불만을 불러일으켰던 2년 과정의 사회복지 학위과정이 도입되었다.

사회복지 전문직의 심장부에 고용주, 정책 결정자, 학자 등을 포괄시키려는 노력이 확대되는 과정에서 전문직의 핵심 인물은 서로 분열되었으며, '내부적' 으로 논의되던 논쟁의 상당 부분이 대중적 논의의 대상으로 떠올랐다. 1980년대 중반 무렵, 취약하고 분열된 교육훈련 영역은 고용주가 성공적인 캠페인을 통해 사회복지 교육의 의제에 대한 통제력을 장악해 버린 장이 되었다.

반사회복지 교육동맹의 결속력을 강화시키는 데 고용주와 정부 내 막강한 좌파 학자의 영향력을 물리칠 수 있었던 신우파 고위 정치인의 견해가 결정적인 요인으로 작용했다. 결국 그들은 사회복지 교육과 훈련에 대한 통제력을 다시 장악하여 사회에 대한 비판과 사회과학 및 클라이언트의 경험을 통해 강조된 구조적 불평등에 대한 관심을 약화시키고자 했다. 급진 사회복지의 기치하에 활동하던 사람들은 사회복지사의 역할을 사회통제의 대행자로서 평가하는 회의론을 제기하였으며, 클라이언트는 실천가가 실천을 통해 영속화시키는 인종차별이나 성차별, 장애인 차별과 같은 문제를 적절히 다루지 못하는 점에 대해 통렬한 공격을 가했다. 이러한 회의론과 공격은 약자계층이 일상생활에서 감내해야 하는 현실과 전혀 관계가 없는 지나가는 유행으로 재규정되었다(Phillips, 1993, 1994 참고).

신우파주의자와 고용주는 비판적 분석이 제시하는 현실을 탐구하고 이로부터 실천교훈을 도출하려고 하지 않았다. 그들은 '정치적 당위성' 을 가지고 제기되었던 관심을 비난하면서, 사회복지 교육자는 사회복지사가 자신의 고용기관에 대해 특정한 것을 요구하거나 현상을 혼란시키지 않고 자격증을 교부받은 다음 날 책상에 앉아 '업무를 시작' 할 수 있도록 준비시키는 데 더 많은 노력을 기울여야 한다고 주장했다.

고용주와 정부 그리고 일부 학자로 구성된 이해동맹은 재검토와 변화에 관한 보고서를 끊임없이 발표하였다. 그 결정판은 1993년 반인종차별주의와 반억압적 실천 그리고 이들이 주장하는 내용에 대한 이데올로기적 공격으로 나타났다(Pinker, 1993; Phillips, 1993, 1994 참고). 궁극적으로 그들의 노력은 학계에 대한 고용주의 권한을 공고화하였으며, 정부가 취약계층의 보호에 필요한 인력양성 과제를 맡고 있는 사회복지 전문가를 불신임하고 있다는 사실을 폭로하였다. 실천가와 학자는 통치기술을 적용해야 하는 책임을 맡고 있었음에도 불구하고 고용주의 지시를 따르지 않았다. 결국 전문가에 대한 관리상의 통제장치에 오류가 발생함에 따라 이를 수정하기 위한 새로운 전략이 고안되어야 했다.

대처 정부는 새로운 환경적 맥락에 적응하기 위해 사회적 관계를 변화시키면서 사회복지 전문직 내부에 일련의 커다란 변화를 주도적으로 야기했다. 이러한 변화는 사회 내에서 사회복지의 역할과 목적뿐만 아니라 클라이언트 집단과의 관계, 실천방법, 현장과의 관계, 교육훈련에 이르기까지 광범위한 영향을 미쳤다. 위에서 설명한 교육문제를 둘러싼 지엽적인 갈등은 시장 지향적 이데올로기와 세계화 그리고 정부의 단편적인 근대화 전략에서 발생하는 사회적 관계의 변화에 대한 대처 정부의 대응을 반영하였다. 이는 사회복지 전문직에 대한 고용주 주도의 지향이 새로운 단계에 접어들어 관료주의적, 능력기반의 사회복지 개입과 '신관리주의' 적 요건을 중시하는 전조였다. 기술관료의 등장에 맞춰 전문가관료 시대는 사라졌으며 관계에 기초한 사회복지는 뒷전으로 밀려나게 되었다.

역설적으로 2003년 사회복지 학위과정은 학부 수준에 설치된 3년제 교육 프로그램으로 대치되었다. 하지만 이러한 발전에도 불구하고 다수의 서방국가에서 규범화되어 있고 「볼로냐 유럽선언(the Bologna Declaration for Europe)」에서 주창되었던 학부에서 박사과정에 이르는 자격증제도의 사다리 관계를 창출하는 데에는 실패했다. 결국 사회복지 교육의 형태에 대한 갈등은 계속되고 있다. 한편으로 학계 관계자는 대학연합회 사회복지 교육위원회(Joint University Council's Social Work Education Committee)와 사회복지연합회를 통해 더욱 응집력 있는 단체로 조직화되고 있다. 한편으로는 강력한 고용주 주도의 주장이 대인사회서비스교육협회(Training Organization for the Personal Social Services)가 설정한 직업 기준과 결부되면서 새로운 활기를 얻고 있다. 고용주가 지배하는 대인사회서비스교육협회는 고도로 관료화된 형태의 능력기반 사회복지를 선호한다.

이러한 제도하에서 준정부 교육기관인 자격인증기관(Quality Assurance Agency)이 고안한 교과목 소개 제도를 통해 학문적 관심을 표출할 수 있는 공간이 생겨났다. 하지만 이러한 새로운 3년제 교육을 통한 자격증제도를 둘러싼 논쟁은 치열하며 변하지 않을 것이라고 장담할 수 없다. 중앙사회복지 교육 및 훈련위원회의 후신인 사회보호총회(General Social Care Council)는 3년제 교육을 통한 자격증 발급방식 내에 교과목 소개제도를 포함시켜 학문적 관심이 표출되는 것을 허락하였지만, 앞으로 계속하여 직업표준과 관료화된 능력기반이라는 사고에 사로잡혀 있을 가능성이 높다.

한편 교정사회복지사 교육은 1998년 신노동당 정부하에 사회복지 교육과의 관계를 단절하였다. 이로써 보수당 정부가 시작한 사업이 결론을 맺게 되었다. 새로운 교정사회복지사 교육체계인 교정교육학위(Diploma in Probation Studies)제도는 내무부와 전국교정복지이사회(National Probation Directorate)의 강력한 통제를 받는다. 교정사회복지사 영역은 시장의 원리가 교육과 훈련의 영역에서 작동할 수 있는 훌륭한 예를 제시해 준다. 왜냐하면 대학도 파트너로서 참여할 수 있는 공급자 조합이 고정된 기간 동안 교정사회복지사를 훈련시킬 수 있는 권리를 놓고 입찰경합을 하기 때문이다. 교정교육학위제도는 주로 현장에서 나타나는 직업표준과 능력기반의 훈련에 의존한다. 따라서 이 모델 역시 교육과 훈련 의제를 형성하면서 고용주에게 강한 통제력을 부여하는데, 이에 대한 논의는 제6장에서 좀 더 자세히 다루기로 한다.

13. 변화하는 의제

사회복지실천에 대한 다양한 비판에도 불구하고 그 핵심 가치가 변함없이 이어져 온 것은 놀랍고 주목할 만한 일이다. 사회복지의 기본 가치와 윤리를 변화시키는 일은 부수적인 변화를 수반하는 것으로(Broadbent and Laughlin, 1990), 가치를 클라이언트의 욕구와 실천가의 행위 및 수행을 측정 · 통제하는 관료주의적 수단으로서 이용하는 신경영주의나 사회복지에 대한 능력기반 접근방법으로는 달성될 수 없을 것 같다. 이러한 관점에서 볼 때 신경영주의는 성공했다고 볼 수 없다. 그 이유는 실천가와 클라이언트 어느 누구에게도 재화를 전달하지 못했기 때문이다.

사회복지사는 확실성을 요하는 환경에서 불확실성의 문제를 다루어야 한다. 이러한 기대는 사회복지사가 직면하는 상황에 대한 불변의 합의된 정답이 없기 때문에 논쟁적인 모습을 갖는다. 사회문제에 대처한다는 논란적인 특질 때문에 사회복지사는 사회문제 해결을 둘러싼 대화, 과거 필자가 사용했던 표현을 빌리자면 '논쟁을 둘러싼 대화' (Dominelli, 1998a)에 참여해야 한다. 이러한 대화를 통해 클라이언트의 행동이 변화된다면 사회복지사는 개별 상황을 서로 다르게 생각해야 한다. 이 과정 동안 사회복지사는 자신의 인식론적 기반에 도전해야 한다. 이를 위해 사회복지사는 전통적 전문직의 핵심 요소로서 실천가의 지식을 특권화시켜 클라이언트를 억압하는 양자택일의 논리를 비판하고, 클라이언트가 직면한 문제를 해결하기 위해 새로운 공간을 공동 창출할 수 있는 양자 가능의 논리를 받아들여야 한다. 실천가는 클라이언트와 함께 활동할 때 전문적으로 행동함과 동시에 클라이언트의 삶의 질을 잠식하는 구조적 불평등을 해결하는 데 관심을 가질 수 있다.

가치의 변화는 특정 쟁점이나 행동 양식을 중심으로 담론이 치열해지면서 발생한다. 하나의 담론이 지배적 위치를 점했다고 해서 그 가치(혹은 가치체계)를 시공을 초월한 영원불변의 것으로 받아들여서는 안 된다. 가치가 지속성을 가지고 미래에도 그리고 다른 상황에서도 적용될 수 있으려면 끊임없이 경쟁하고 (재)주장되며 (재)승인되어야 한다. 이러한 투쟁과정에서 어떤 가치는 생명력을 잃어버리는 단절이 나타날 수 있으며, 과거에 통용되었던 일부 가치는 지위의 변화가 발생할 것이다. 이와 더불어 새로운 가치가 형성되는 반면에 다른 가치의 활용도는 낮아질 것이다.

최근의 조사연구는 사회복지의 전통적 가치들이 여전히 수용되고 있음을 보여 준다. 파비스 칸과 함께 수행한 연구에서(Dominelli and Khan, 2000) 대부분의 사회복지사는 사회복지 전문직의 핵심 가치를 여전히 이용하고 있다고 응답하였다. 이러한 가치에는 '상황 속의 인간' 이라는 관점에서 접근하여 사람들이 자신의 상황을 더욱 효과적으로 극복할 수 있도록 원조하는 것, 욕구를 개별적 수준에서 충족시키는 것, 이용자의 자기결정 능력을 증진하는 것 등이 포함된다. 또한 응답자는 사회 전체의 복지 증진과 정의사회 구현도 자신의 가치체계의 일부를 구성한다고 응답하였다. 이 외에도 그들의 가치체계에는 다양성의 존중, 타인과의 동반자적 관계 형성 등이 포함된다. 동시에 소수 의견(18%)은 사람의 행동을 통제하는 것도 사회복지의 핵심 가치라고 응답하였다.

그러나 응답자 중 16%가 더 이상 핵심 가치만으로는 자신의 실천을 지탱할 수 없다고 응답한 것을 보아, 사회복지사는 실천과정에서 자신의 가치를 표현하는 것이 점차 어려워지고 있음을 느끼고 있었다. 그들이 경험한 문제에 대해 제시한 이유는 다양하다. 자원의 부족, 위기관리, 반억압적 실천에 대한 경영자층의 적대감, 비용절감의 가치를 사례관리의 핵심 요소로서 우선시하는 것 등이 그것이다. 한 사회복지사는 다음과 같이 이야기 하였다.

> 욕구가 아닌 자원에 의해 주도되는 사정. 나는 이 가치를 스스로 받아들인 것이 아니라 받아들이도록 강요받고 있다(Dominelli and Khan, 2000).

이러한 연구결과는 발전의 불안한 측면을 지적한다. 영국사회복지사협회(British Association of Social Workers)가 강조하는 현재의 윤리강령은 비에스텍의 가치와 일치한다. 하지만 이러한 가치는 자원 주도적 가치가 요구 지향적, 인간 중심적 가치와 대립각을 유지하고 있는 현 시점에서 쉽게 실천될 수 있는 가능성은 극히 낮다.

14. 나가며

사회복지의 이론과 실천에서 가치는 중요한 측면이다. 이들은 사회복지사가 활동할 수 있는 윤리적 기반을 구축하는 데 중요한 역할을 한다. 이들은 오랫동안 활용되어 왔고 겉으로 보기에 응집력이 있는 것처럼 보이지만 논쟁적이고 때로는 모순적인 특성을 갖는다. 또한 이들은 서로 상충하여 해결의 기술과 지식, 민감성을 요구하는 윤리적 딜레마를 발생시킬 수 있다. 전통적 가치는 일차적으로 사회복지의 관계기반에 초점을 두었으며 전문가의 지식과 전문성을 특권화시키는 사회복지 관계를 통해 실천되어 왔다. 이러한 접근은 '새로운' 사회운동의 영향하에서 사회복지사가 클라이언트의 인권실현을 위해 원조하고 구조적 변화와 사회정의 달성을 위해 노력하며 자신의 실천을 적절히 변화시켜야 한다고 주장하는 클라이언트에게 도전받고 있다. 이들은 또한 개별화된 정체성의 개념을 뛰어넘어 집합적으로 공유된 정체성 형성의 측면을 강조하고 있다.

클라이언트가 주도하는 의제에 반응한다고 해서 전문가의 역할이 전혀 없는 것은 아니다. 실천가가 보유하고 있는 지식, 권력, 자원은 미시적 수준에서 클라이언트를 무력화시켰던 것처럼 그들의 역량을 강화하는 데에도 중요하게 이용될 수 있다. 쟁점의 핵심은 사회복지사가 그들의 서비스를 필요로 하는 사람들과 맺는 관계의 질 그리고 클라이언트가 하나의 관계 속에서 앞으로의 방향을 결정하고 통제력을 행사할 수 있는 기관의 수준을 높이기 위해 사회복지사가 어느 정도 권력을 공유할 의지가 있는지의 문제다. 사회복지 관계의 질을 결정할 때 중요한 것은 사회복지사가 실천을 통해 실행하고자 하는 가치다(Dominelli and Collins, 1997). 이와 더불어 실천가의 가치와 상이한 개입수준 간의 관계성에 대한 이해는 중범위 및 거시적 수준의 변화에 관여할 수 있는 그들의 능력과 의지에 영향을 미친다.

사회복지 개입에 대해 전통적으로 개별사회복지 실천 중심적 접근을 취함으로써 발생한 한계 또한 문제를 발생시킨다. 오늘날의 실천은 개인에게만 배타적으로 초점을 맞춤으로써 개인의 행동과 삶의 기회에 영향을 미치는 구조적 불평등의 문제를 사회복지사가 다루지 못하도록 하고 있다. 클라이언트는 자신의 생활에서 나타나는 현재의 불평등 문제를 해결하지 못함으로써 기존의 사회관계에 대해 소외감과 환멸감을 느낀다. 개인의 변화에 집중하겠다는 사회복지의 맹세에도 불구하고, 그 약점은 개별사회복지가 근거하고 있는 인식론적 기반, 즉 실천가가 자신의 실천방식에서 사회변화를 일차적인 것으로 받아들이려고 하지 않는 데에서 그 원인을 찾을 수 있다.

사회복지실천에 관한 담론 중 인권 중심 접근이나 지역사회 개발 등은 사회복지사가 클라이언트의 역량강화와 구조적 변화를 주도할 수 있는 잠재력을 증진시킬 수 있는 몇 가지 행동모델을 제시한다. 하지만 이러한 형태의 실천에 관여하고 있는 사회복지사는 정치적 논쟁에 휩싸여 당면과제를 해결하는 데 충분한 에너지를 발휘하지 못할 수 있다. 사회복지사는 클라이언트를 동원하기 위해 사무업무에만 몰두하는 방식의 개입은 그만두어야 할 것이다. 혹은 점차 컴퓨터화되고 있는 작업환경에서 컴퓨터 자판만을 두드리기보다는 현장으로 직접 나서야 하는 경우가 많을 것이다. 그들은 또한 관료화된 실천을 실시하되, 그 정도는 현재보다 낮아야 한다. 지역사회복지를 자원이 충분히 확보되었던 과거의 형태로 되돌려 놓아야 한다. 이를 위한 여정은 험난할 것이며(Simpson, 2002), 클라이언트, 전문가, 고용주, 지방 및 중앙 정부 대표자 간의 새로운 협력관계가 창출되어야 할 것이다. 어떤 경우에는 오랫동안 전문적 실천에서 무시되었던 국제적인 측면도 관련될 것이다. 클라이언트 스스로 역량강화의 능력이 있음을 깨닫게 됨에 따라 전문사회복지사의 개입에 대한 욕구는 축소되고 궁극적으로는 사라질 것이다. 이것이 바로 모든 훌륭한 실천가가 각각의 클라이언트를 위해 달성해야 할 목표다. 따라서 클라이언트의 자율성은 그 자체로 가치가 높으며 전문적 실천의 성공 여부를 측정하는 또 하나의 상징적 방법이 된다.

제4장 아동과 가족에 대한 개입

1. 들어가며

아동은 사회의 중심이며 그 사회를 존속 가능케 한다. 결국 우리 모두의 미래인 것이다(Maracle, 1993). 그러나 현대 서구사회 중심의 상호 간 이해 결핍으로 인해 세대 간 격차가 점점 사회문제 되어 가고 있다. 사회의 다양한 아동집단은 성인, 즉 보호자에게 의존할 수밖에 없는 존재로 몰아가는 지배적인 사회 분위기로 인해 무시당하고 있다(Aries, 1962). 이러한 사회적 분위기는 성인은 아동을 강압적으로 다룰 수 있고 착취와 학대, 복종을 강요할 수 있다는 성인주의자의 주장에 힘을 실어 주었다(Dominelli, 1989).

현대 사회에서 아동집단은 이윤을 극대화하려는 상업주의적 사욕에 착복당하고 있다. 8~12세의 어린 아동은 상업주의적 야욕이 탄생시킨 '트위니(Tweenies)' 등에 휘둘리고 있으며, 각종 대중매체는 아동의 성을 상품화하기에 여념이 없다. 이런 계속적인 아동의 상품화 과정을 통해 매체는 아동을 가족과 공동체라는 전통적 울타리에서 끌어내어 개별화하는 한편, 엄청난 이윤을 낳을 수 있는 소비자집단으로 변모시켰다.

이러한 사회의 모습에 불만을 토로하는 목소리는 아동에게서 나왔든 성인에게서 나왔든 간에, 금전등록기의 소음과 소비과정에 참여하는 아동의 변명 속에서는 제대로 전해지기 어렵다. 왜냐하면 아동이 또래 속에서 인정받기를 원하고, 소비자로서 주어지는 권력을 경험하기 때문이다. 상품화와 소비의 과정은 성인에 의해 조작되며, 이에 대한 책임은 바로 각종 매체를 비롯해 생산 수단과 과정을 보유하고 조작하는 성인 자신에게 있다. 이러한 맥락에서 아동기는 (특히 옷에서) 성인의 것을 흉내 낸 매력적인 상품에 대해 아동의 욕구를 끌어내는 광고 종사자나 기업가의 목표 대상이 되는 동시에 부모와 자녀 사이의 협상의 시기가 된다. 이 과정은 소비자를 계속 조작하고 수익성을 보장하게 된다.

아동의 상품화와 소비자화는 사적인 영역과 공적인 영역의 격차가 점점 좁아지고 있음을 잘 보여 주는 예다. 이러한 상품화 과정을 통해서 아동의 사생활은 시장에서 교환될 수 있는 하나의 상품이 되어 버렸다. 더불어 아동의 신체와 욕구, 욕망 등을 상품화하는 과정은 아동도 자신의 의지를 가지고 있으며 그에 따라 구매력을 갖고 행동하는 존재라는 점을 전제로 이루어진다. 한 예로 월마트에서 찾을 수 있는 메리-케이트와 애슐리(Mary-Kate and Ashley)의 다양한 상품은 '자신의 의지' 를 가지고 있는 10세 미만의 아동에 대한 치밀한 접근의 예가 되며 웹사이트에서도 찾을 수 있다(http://www.mary-kateandashley.com). 사회적으로 구성된 개념에 근거한 아동기에 대한 분석은 이러한 과정을 적절하게 비판하지 못하는데, 이는 아동 자신이 미래에 대한 행위자로서 그 과정에 참여하고 있다는 것을 간과하고 있기 때문이다. 모순적이게도 모든 인류에 대한 착취를 거부하는 사회적 가치는 그 가치가 아동이든 성인이든 간에 확실한 근거를 가지고 아동의 상품화에 반대한다. 다양한 정치적 스펙트럼에서 이 부분에 대한 반대 의견이 있지만 이러한 반대의 목소리가 아동이 학대받지 못하도록 아동의 권리를 반드시 보장해 주지는 못한다. 이를 보장할 수 있는 것은 오직 동등한 결과를 만들어 내는 반억압적인 가치와 평등주의의 과정뿐이다.

반억압적인 관점에서 아동의 생활과 욕구를 상품화하는 것은 체계적인 학대로 정의 내릴 수 있다. 옷을 예로 들면, 틈새시장을 차지하기 위한 거대 사업자본의 싸움은 아동보호법 혹은 아동의 권리 찾기 등을 통해 뒷받침되는 아동의 권리에 반대되는 방법으로서 아동의 신체를 성적 상품화하는 데 일조했다. 과연 영국의 사회복지사는 이러한 거대 자본과 맞설 수 있을까? 과연 사회복지사는 1989년 아동법에 의거하여 아동에게 '심각한 피해' 를 끼칠 수 있는 행동을 한 부모를 법정에 끌고 갈 수 있을까? 이에 대하여 관련된 아동이 이미 사회복지 서비스에 노출된 경우를 제외하고는 '그렇다' 라고 대답하기 힘들다.

우리는 여러 연구를 통해서 빈곤이 사회복지 서비스 수혜 대상의 주요 예측요인이라는 것을 발견했다(Schorr, 1992). 영국의 불우한 아동은 중산층 가정의 아동보다 중산층 사회복지사의 감독 대상이 되기 쉽다(Parton, 1985). 알드게이트와 턴스틸(Aldgate and Tunstill, 2000)은 가족의 스트레스와 사회적 박탈감이 도움을 필요로 하는 아동의 공통적인 특성이라는 것을 밝혀내었다. 평가 양식에 따르면(DoH, Dfee and Home Office, 2000) 생계 보조를 받는 편모 혹은 편부 슬하의 빈곤 아동이 감독관리를 받을 가능성은 10분의 1 정도인 반면, 양부모를 가진 중산층의 아동은 사회복지사의 도움을 받을 가능성이 7,000분의 1 정도밖에 되지 않는다. 한부모의 자녀라는 것이 크게 문제시되지 않는 스웨덴에서도 이러한 차이는 분명히 존재하고 있다(Hessle, 1998). 이 점은 '비정상' 이라는 꼬리표가 백인 중산계층의 표준에서 벗어난 사람에게 더 쉽게 달린다는 것을 증명하고 있다.

아동복지 전문가가 특정 가족을 관찰했는데, 위기에 대한 평가는 기록이 중요하며 백인 중산계층의 가족보다는 백인 빈곤 가족에 영향을 끼칠 가능성이 더 높고(DHSS, 1995; Gibbons et al., 1995; Jack, 2000) 흑인 가족에게도 영향을 미친다는 것을 알게 되었다(Dominelli, 1988; Barn, 1993). 위기를 관리하는 사회복지사는 부유한 가족의 아동에 비해 더 큰 '위기' 에 처해 있다고 여겨지는 빈곤 가족의 아동에게 다가가는 데에 더 큰 힘과 노력을 쏟았다. 이러한 위기에 처해 있는 가족은 한부모 가족, 학대자, 노숙자, 소외받는 소수민족을 포함한다.

사회복지사는 빈곤 아동의 가족을 감독하면서 사회적으로 구성된 가족 개념인 지배적인 백인 이성애 가족모델을 다른 가족 형태보다 좀 더 우선시한다. 또한 핵가족 형태가 선호되고 계속 유지될 수 있도록 강화한다. 실천가는 실천 시 우선순위에 대한 자신만의 특별한 관점을 가질 수도 있으나, 그들의 시도 안에 있는 다소 강압적인 면에 대해 특별한 상황에서 어떤 선택이 다른 것보다 좀 더 적절할 수 있다는 것을 제시할 필요가 있다. 그들은 실천 시 '설명의 기술' 을 통해 행동에 참여하고(Miller and Rose, 1988), 관심과 사회문제의 대상으로 정의 내려진 그들의 행동을 예측할 만한 방식으로 수정하기 위한 기술을 통해서도 실천한다.

가족은 아동이 장래에 성실한 시민으로 자랄 수 있도록 어떻게 하면 착한 아동이 되는지를 가르쳐 주는 사회화 기능뿐 아니라 사회의 잣대로 정상화시켜 주는 제도이기도 하다(Bellotti, 1975). 아동에 대한 전통적인 시각은 아동을 아버지 혹은 어머니의 소유물로 보는 것으로서 이런 시각은 여전히 보편적이다(Aries, 1962). 근래에 이르기까지 법적으로 인정된 가족 형태는 가족주의(familialist)다. 이에 대한 기준은 이성의 아버지와 어머니가 결혼하여 자녀를 두고 있는 가족으로서 아버지는 경제적인 책임을, 어머니는 가족을 돌보는 책임을 지니고 있다(Echler, 1983). 이는 가족 내의 관계는 동등하고 공동체로서 구성원 각자의 필요를 충족시킬 수 있는 능력이 있어야 한다는 것을 가정하고 있다(Parsons, 1957). 이러한 가족모델은 서구사회에서 지속적인 정책적 논쟁을 유발하고 있다(Kilkey, 2000).

현재의 지배적인 개념에 따라 백인 이성애 중산층의 핵가족 형태가 정상적이라고 보게 되면 다른 가족구성 형태, 예를 들어 확대가족, 한부모 가족, 동성애 가족 등은 부적절하고 병리적인 가족으로 여기게 된다. 이런 정상 가족이라는 시각은 특정한 지식의 요구를 적법화하는 담론을 통하여 발생한다. 이것은 다른 요소를 배척하는 한편 효과적인 지식을 제공하여 특정 가능성을 수용하게 되면서 이루어진다(Philp, 1985). 중산층 핵가족은 보통 보편적이거나 주류와 관련된 것이지만, 그 외는 사회 비주류와 관련된다. 이전 장에서 지적했듯이 두 가지 존재는 오직 서로 관련이 있을 때만 존재할 수 있다. 서로 대립되는 양자관계의 원동력은 정상으로 평가되는 가족을 유발하는데, 이는 정상적인 가족과 더불어 나머지 하나는 비정상이라고 구분되기 때문이다.

이 장에서 필자는 아동이 성인보다 적은 권리를 가지고 있다는 생각에 의문을 품고서 아동과 가족과의 사회복지를 살펴보겠다. 필자는 성인주의자가 주장하는 힘의 관계 속에서 아동을 바라보는 보편적인 시각을 부정하고 아동의 건강과 안전이 그들 부모의 관심뿐 아니라 모든 사회구성원의 관심 속에서 축적되어야 한다고, 즉 아동은 그 자체로 자주적인 존재로 인정받아야 한다고 생각한다(Dominelli, 1999). 필자는 아동과 가족을 상대하는 사회복지의 현재 실태에 만족하지 못하며, 아동을 사적인 소유물로 규정하는 것은 아동과 어른 모두에게, 특히 육아의 의무가 아동의 어머니에게 홀로 지워져 있을 때 매우 위험하다고 생각한다.

필자는 아동의 권익을 보호할 수 있는 사회와 지역사회 지지망의 확립이 아동이 완전한 사회구성원으로 성장할 수 있도록 도우며, 아동과 부모의 삶의 질 향상에 초점을 맞춘 아동복지 서비스의 필수적인 요소라고 주장한다. 또한 사회복지사가 타국의 경험을 바탕으로 보다 새로운 아동 중심의 파트너십을 창조해 낼 수 있도록 다른 국가의 아동복지 시스템을 살펴보겠다.

2. 가족주의 담론: 다양한 '가족' 개념 이해하기

'가족' 혹은 '가족들'이라는 개념은 정서적으로 충돌되고 대립되는 개념이다. '가족'은 단지 사회학적인 존재일 뿐만 아니라 때때로 같은 '가족' 내에서조차 다른 사람에게 다른 것을 의미하는 정치적, 문화적 존재다. 개개인이 가족에 부여하는 의미는 종종 가족 내의 자신의 위치를 반영하고 있으며 연령, 인종, 성별, 계층, 능력, 성적 동향을 포함하는 다른 사회공동체와의 관계를 드러낸다.

가족은 사회적으로 구성되고 다양한 형태로 형성된다. 1995년 사회개발에 대한 코펜하겐 정상회담에서는 다양화된 가족의 형태를 모두 포함할 수 있도록 가족에 대해 좀 더 확장된 의미를 부여하는 것에 합의했다. 그러나 그 후 2000년경의 회의에서는 가족의 개념을 좀 더 전통적인 의미에서 해석하려는 시도가 두드러졌다. 영국에서 가족이란 한부모, 특히 어머니가 이끄는 가족에서부터 여러 세대를 아우르는 대가족 형태까지를 의미한다. 2001년 영국 총인구 조사는 기존의 조사와 비교해서 가족의 형태와 규모가 계속해서 변화하고 있음을 보여 주며 인구통계학적인 변화, 이주 패턴, 사회정책, 이민법, 문화적 규범 모두를 반영하고 있다.

보편화된 개념은 핵가족 형태를 가족주의(familialism)로 규정한다(Segal, 1983). 이에 담겨진 근본 사상은 모든 사람은 동등하며 개개인의 욕구 또한 동일하고, 그에 따라 모든 자원이 구성원에게 공평하게 배분되어야 한다는 것이다. 그러나 한 조사는 가족의 원동력이 연령과 성별로 인해 내부적으로 차별화되고 있음을 나타낸다(Pahl, 1985). 다른 조사에서는 "가족이란 공통된 목표와 관심을 가진 존재라는 생각과 가족 내 개별 구성원은 종종 상충되는 욕구를 가지고 있다는 사실로 팽팽한 대립이 존재한다."는 것을 보여 주고 있다(Leonard and Speakman, 1986, p. 86).

그 구성요소가 무엇이든 가족은 고통과 힘의 근원이 된다. 어떠한 것에서든 실질적인 위치는 추측되기보다 확립되어야 한다. 가족은 즐거운 경험을 제공할 수 있으며 아동에게 삶을 성공적으로 영위하기 위해 필요한 기술, 예를 들어 흑인 아동에게 인종차별 사회에서 살아남는 법을 가르칠 수 있다(Comer and Poussaint, 1975). 불평등한 가족관계는 아동학대 상황 시 분명하게 드러난다. 가족 내 아동학대는 인종, 사회계층, 다른 사회집단 간의 차이를 불문하고 일어난다. 아동학대는 그들을 보호할 책임이 있는 성인에 대한 아동의 믿음을 철저히 파괴한다는 점에서 더욱 문제가 되며 이로 인해 더욱 큰 피해를 입힌다.

인종, 성별, 연령, 성적 지향, 장애 등으로 인한 차별은 가족역동을 복잡하게 만들며 가족에 대한 지배적인 형태에 근거를 두고 있는 많은 가정에 의문을 제기한다. 어떤 흑인 여성 인권운동가는 가족을 백인우월주의자인 인종차별주의자의 세상에서 흑인의 생존을 위한 지주로 여겨 왔다(Bryant, Dadzie and Scafe, 1985; Collins, 1991). 그리고 배릿과 매킨토시(Barret and McIntosh)가 주도한 백인 여성 인권운동가 분석(이들의 약점에 중점을 둔)에 반박했다. 또한 그들은 흑인 사회에서의 여성의 힘을 강조했는데, 특히 여성의 가장 큰 능력은 흑인이 삶에서 겪게 되는 어렵고 힘든 상황을 타개하기 위한 지지기반을 구축하고 확대시켜 나가는 점이라고 밝히고 있다(Stack, 1975). 더불어 이러한 생각의 일환으로서 흑인 여성은 좀 더 넓은 사회에서의 자녀양육의 책임을 제기해 왔는데(Miracle, 1993), 이를 통해 양육의 의무가 생물학적 어머니 혼자의 의무라는 사회 지배적인 의식에 정면으로 도전했다(hooks, 1990).

사회복지사, 특히 백인 사회복지사는 흑인 아동과 가족이 필요한 서비스를 제공받음으로써 가족의 형태를 병리화하는 함정을 피할 수 있도록 이러한 지식을 사용할 수 있었다(Ahmed, Cheetham and Small, 1986; Dominelli, 1977; Ahmad, 1990). 동시에 백인 사회복지사가 전형적인 흑인 가족이 '자신들을 스스로 보호' 할 수 있도록 돕지 않는다는 것을 확실히 기억할 필요가 있다(Patel, 1990). 이 때문에 사회정책과 이민정책 그리고 인구통계학적 변화에 따라 가족구조가 바뀌는 바람에 그러한 지원이 불가능할 경우 서비스를 거부한다. 백인 가족과 함께 일을 할 때에도 비슷한 주의가 필요하다.

가족 내 부모와 자녀의 역할은 사회적으로 형성되었고 여전히 변하고 있다. 어머니로서의 의무, 즉 어머니로서 해야 할 일은 가족의 유지에 필수적인 요소며, 그들은 아동과 남성을 정신적, 신체적으로 보살피게 된다. 비록 사회적으로 그 가치가 적절히 인정받지 못하고 있지만(Rosenberg, 1995), 어머니로서의 이러한 노동은 무시되면서도 이상화되었다(Pugh, De' Ath,

1984). 대부분의 생산직 노동자가 일자리를 잃고 여성이 각광받는 서비스업에 다수 종사하게 된 세계화의 추세 속에서 서비스업의 많은 여성은 가족의 재정부담을 어느 정도 떠맡게 되었다(Khan, 2001). 이러한 구조적인 변화는 오랜 기간 가부장적 사회에서 지배적이었던 공급자로서의 남성의 역할을 축소시키면서 남성의 삶에 큰 공허감을 안겼다. 자주 불거지는 문제는 아니지만, 이렇게 변화했고 또 여전히 변하고 있는 현실에서 남성의 감성적, 사회적 요구에 귀 기울이는 것 또한 사회복지사의 역할이다.

'새로운' 남성상에도 불구하고 현대사회에서 아버지상은 경제적인 중추를 담당하는 역할이라는 점에서 여전히 중요한 사회적 관념으로 자리 잡고 있다. 남성은 여전히 적은 양의 집안일을 하고 여성이 대부분의 집안일을 떠맡고 있다(Walby, 1997). 가족 내에서의 이러한 전형적 역할을 거부하는 남성은 극히 소수며, 이들의 경우 자신의 부인을 포함한 뭇 여성과 다른 남성의 반감을 사고 있다(Russell and Radojevic, 1992). 자녀의 양육에 깊이 관여하는 남성은 남자답지 못하다는 이유로 직장 동료의 비웃음을 사게 된다. 다음에 소개되는 글은 다국적 기업에 근무하는 한 전문직 남성이 가족 내에서의 역할변화가 자신에게 어떠한 결과를 가져왔는지에 대해 인터뷰한 내용이다.

> 아픈 자녀를 돌보기 위해 월차를 신청할 때면 항상 가족 중 누가 주도권을 잡고 있냐며 비웃음을 당했습니다. 저는 이로 인한 괴로움을 이겨 낼 자신이 없었습니다. 그리고 이 일은 불과 몇 년 전에 일어났습니다.

그는 현재 예전보다 작은 규모의 회사에서 더 적은 보수를 받으며 일하고 있다. 남성이 아기 기저귀를 간다거나 화장실 청소를 하는 등 이른바 '불결한 일'을 하는 경우에는 다른 사람의 비웃음을 사게 되는 일이 더 잦아지게 된다(Walby, 1997). 남성과 여성은 특히 아동의 육아문제와 관련된 집안일과 바깥일의 균형적인 분담에 대해 대립하게 되는데, 이런 '직장과 가족의 조화'에 실패한다면 남성과 여성 모두 육아의 의무에 대한 스트레스를 떨칠 수 없게 된다. 남성성과 아버지의 역할, 어머니의 역할, 가족 내에서의 남성과 여성의 역할, 집 밖에서의 임금노동에 대한 재정의 문제는 사회복지사가 속히 해결해야 할 과제다.

3. 아동복지에서의 성인주의 패러다임

가족이라는 공동체는 사회복지사가 접하는 여타의 사회집단과는 사뭇 다르다. 비록 일이 잘못될 경우 공공의 관심에 노출될 수 있지만 기본적으로 가족은 공적 영역보다는 사적 영역에 위치해 있다. 사적인 영역은 국가 권력이 미치는 범위 밖에 위치하며 사회복지사 또한 이러한 경계선을 침범하지 않도록 (불필요하게 넘어야 할 경우가 있겠지만) 조심해야 하기 때문에 사회복지 업무에 큰 어려움을 초래하고 있다. 따라서 사적 공동체와 공적 공동체로서 가족을 구분하는 일은 매우 중요하다.

가족과의 사회복지 업무는 가족 내의 개별 구성원을 보호하고자 하는 동시에 가족의 신성함이라는 현대 삶의 가장 중요한 일종의 환상을 깨지 않는 데에 중점을 두고 있기 때문에 모순된다고 할 수 있다(Hirst, 1981).

가족은 개인과 사회 사이의 교량 역할을 하게 된다. 이러한 역할은 가족과 관계하는 사회복지사, 교사, 간호사 같은 전문가에 의해 잘 설명되는데, 그들은 소가족 형태의 구축을 강화시키거나 가족의 다양성에 대해 더욱 개방적인 태도를 보인다. 사회공동체로서 가족은 상황에 따라 각각 장단점을 지닌 다양한 형태로 빠르게 발전하고 있다. 그러나 사회복지사는 아동 및 성인과의 관계에서 자신의 개입에 대한 정체성의 확립을 위해 표준화와 총체화의 방법을 이용한다(Dominelli, 2002a).

사회복지사는 실질적인 가족구성과 관련해 지속적인 개입관계를 형성할 수 있도록 가족구성원과 긴밀한 협력을 맺어야 한다. 그들에게 이를 효과적으로 수행할 수 있는 능력을 습득하는 것은 무엇보다 중요하다.

가족의 구축은 아동과 가족과 관련된 사회복지 업무를 보조한다. 사회복지사는 전통적으로 성인주의의 패러다임에 따라 아동과 함께 일을 해결해 왔다. 그것은 가족이라는 사적인 공간 속에서 아동은 그들의 보호자에게 의존적이라는 전제를 갖고 있다. 전통적인 모델 속에는 더 많은 전제가 담겨져 있다. 다음은 그 예다.

- 가족은 그 자체로 충분히 힘을 가진 존재며, 그 구성원이 어떤 문제와 마주치게 되건 간에 충분히 해결할 능력을 가지고 있다.
- 오직 보호자로서 불충분하거나 부적절한 부모만이 문제해결에서 사회복지사와 같은 전문가의 개입을 필요로 하게 된다. 이러한 부모는 보통 아동을 돌보는 능력이나 기술에서 부족함을 보인다.
- 전문가의 개입은 그 방법이 아동복지법에 명기되어 있듯이 '아동에게 최고의 혜택을 가져다주는' 선에서 이루어져야 정당화될 수 있다.
- 관련 사회복지 전문가(경우에 따라 보건복지 전문가)에 의해 부모의 부적절함이 입증되면 그 아동과 나머지 가족을 격리시킬 수도 있다.

이러한 모델에 따라 일을 하는 사회복지사는 부모 혹은 보호자가 아동을 보호하고 양육하며 아동의 복지에 노력하는 충분한 자격을 갖춘 사람이라는 생각을 전제로 하고 있다. 사회복지사는 혹시 일이 잘못되어 한 가족의 문제에 깊이 관여하게 되는 경우라도 적어도 부모와 자녀의 관계가 '친자관계' 인 이상, 그 부모는 아동에게 신뢰받을 수 있을 만한 보호자라는 사실을 중요시한다. 아동이 그들의 부모와 보호자에게 종속되어 있는 것으로 여기며, 아동과의 문제해결에 나서는 것은 어른에게 종속적인 아동의 모습만을 공고히 하는 결과를 낳게 된다. 이러한 개입관계에서 사회복지사는 자신이 보호해야 할 아동에게 도움을 주기 위한 조사에서 '가족 관찰'을 연계시킨다(Donzelot, 1980).

폭스-하딩(Fox-Harding, 1991)은 이러한 점에서 네 가지 관점을 확인하였다. 즉, 최소한의 국가 간섭을 보장하는 자유방임주의 가부장제, 필요한 경우에는 적극적인 국가의 개입을 적법화시키는 아동보호 방안, 아동을 통제하는 친부모의 능력을 향상시킬 수 있는 부모의 권리 관점, 아동 자신은 독립적인 존재로서 개개인의 희망은 존중되어야 한다는 아동의 권리 관점이다. 이러한 관점은 서로 보완적이며 책임에 우선하는 권리를 강조한다. 권리에 관하여 언급하자면, 그것은 유년기나 노년기 같은 가족구성원의 보호가 필요한 시기에 서로를 위해 각 구성원이 짊어진 책임에 대하여 신보수주의적 관점과 현재 인정받고 있는 신자유주의적 관점으로 나눠진다.

폭스-하딩이 제시한 이 견해는 가족을 개별화하고 비맥락화한다는 점에서 문제가 있다. 또한 사회복지사가 어떤 가족이 포함되어 있는지, 가족에 영향을 끼치는 구조적 불일치는 무엇이며, 어떻게 그것이 구성원 간의 교류를 통해서 형성되었는지에 대해 더욱 폭넓은 이해를 갖지 못하게 한다. 사회복지 업무에서 체계적인 연구를 경시하게 되면 문제의 핵심을 찾아내지 못하게 되어 결과적으로 실망스러운 결과를 가져오게 되는데, 이 점에서 폭스-하딩의 모델은 가족의 삶에 대해 체계적이고 포괄적인 차원에서의 접근이 결여되어 있다고 볼 수 있다. 비록 이 모델이 몇몇 가족집단에게는 중요할 수 있지만, 그렇다고 그 외의 집단이 결코 쉽게 무시될 수 있는 것은 아니다.

영국의 1989년 아동법은 이러한 개별화와 비맥락화된 가족 개념을 더 부각시키고 있다. 이 법은 가부장제의 틀 내에서 작용하며 "아동이 성장하기에 가장 적합한 장소는 통상적으로 아동 자신의 가족"으로 강조하고 있고, 아동의 욕구를 충족시키면서 사회복지사는 '부모와의 협력관계'에서 움직일 것을 요구하고 있다(Children Act, 1989, *Guidance and Regulations*, volume 2).

이 아동법의 문제점은 사적인 영역의 가족이라는 공동체가 토론과 논의의 대상이 되는 대신, 이미 그것은 아동에게 최적의 보금자리는 가족이라는 전제하에 제정되었다는 것이다. 개인과 상황별로 다른 접근이 필요한 경우, 사회복지 전문가는 성급한 판단을 피하고 특정 아동 한 명의 상황에 대한 사려 깊은 고찰을 바탕으로 최적의 행동을 취해야 한다.

필자는 사회복지사가 실증에 따르기보다 추측에 따라 행동하였고 그들이 담당한 아동이 가족 안에 남을 수 있을지 없을지에 대해 깊이 생각해 볼 수 없었기 때문에 다수의 아동보호 문제가 잘못 다루어졌다고 생각한다. 이러한 점에서 재스민 벡포드(Jasmine Beckford)(Blom-Cooper, 1986)와 빅토리아 클림비에(Victoria Climbié)(Laming, 2003)의 비극을 논의해 볼 수 있다. 사회복지 실천가는 아동의 보호자가 아동을 잘 돌봐 주고 신뢰할 만한 사람이라는 사실을 염두에 두고 일을 시작했다. 계층구조를 가진 사적 영역인 가족 안에서 아동이 상처받을 수 있는 가능성은 상당히 높다. 만약 가족이 공적 영역으로 존재했다면 아동의 보호자가 지닌 책임은 공적 영역에서 감시받을 수 있을 것이다.

보건사회보장부(Department of Health and Social Security)의 후원에 의한 조사결과(1995)에 따르면, 아동의 부모는 사회복지사가 “부모 자신이 자녀에 대한 책임과 권한을 유지할 수 있도록” 도와주는 경우가 가장 가치 있는 개입관계라고 생각한다는 것을 보여 주었다. 국가와 부모가 대치되는 상황 속에서 이러한 위치는 아동에 관한 일을 결정할 수 있는 국가의 권리를 부모의 권리가 대신할 수 있게 하고 있다. 부모의 권리와 입장에 근거한 실천은 부모의 힘이 아동 위에 군림하는 성인주의자의 논리를 강화시킨다. 부모의 권리를 보호하는 입장에서 기존의 사회적으로 구성된 개체와 가족 내의 불평등한 힘의 관계가 재확인되었다.

아동복지에 대한 조사는 사회복지사가 아동 및 가족과 일하며 정한 담론을 표준화하는 데 사용된 주요 동력을 보여 준다. 이것은 모든 부모가 부모의 의무를 다하기 위해 같은 자원을 사용하지는 않는다는 것을 믿지 않으며 불평등한 힘의 관계 그리고 가족 안에서의 힘의 분배의 비중요성을 인식한다.

보건사회보장부(DHSS)의 조사는 자신의 삶을 설계할 수 있는 아동의 권리를 나타내지 않았다. 1989년 아동법이 아동의 시각을 충분히 고려하고 있음에도 이 조사에서는 아동의 관점과 부모와의 이해관계가 충돌하는 상황에서 아동의 권리를 주장할 수 있는 능력을 전혀 중요시하지 않았다. 부모와 국가 간의 동일한 위치에서의 파트너십에 대한 논점에서 보건사회보장부(DHSS) 조사는 국가와 부모 간의 힘의 차이와 부부간의 차이, 부모와 자녀 간의 차이를 무시하고 있다. 조사는 종종 기술적으로 쉽게 조작될 수 있으며 경우에 따라서는 그 의미가 다른 이에게 왜곡되고 과장되는 등 정치적인 도구로 쓰일 수 있다는 위험성을 내포하고 있다.

사회복지 전문가는 주로 여성과 일을 하게 된다. 여성은 지배적인 가족구조를 고수함으로써 여성 자신이 아동의 양육에 중요한 역할을 하는 존재라는 점과 자녀의 양육문제에 남성의 참여가 낮다는 사실 그리고 항상 여성에게 불리함을 가져다주는 성적 권력의 차이 등을 한편으로는 거부하면서도 다른 한편으로는 받아들인다. 그리하여 아동의 문제를 해결하면서 사회복지 전문가는 가족 내에서 발생하는 실질적인 힘의 관계를 무시하게 된다.

어떤 의심도 없이 가족관계에 기초를 유지하려는 목표는 관료주의적 수단을 통한 규준적인 판단으로 달성된다. 즉, 좋은 가족과 그렇지 못한 나쁜 가족으로 나누는 것이다. 이러한 개념에서 '좋은' 가족은 개입주의자의 패러다임 밖에 위치하고 사적인 영역을 유지할 수가 있다. 그러나 그렇지 못한 경우에는 개입이 반드시 필요하며 사회를 대표한 감시에 놓이게 된다. 결과적으로 전문가의 시선의 대상이 된다는 것은 그들에 대한 '위계적 감시' 를 취하는 관료기술주의자에 의해 낙인화되는 것이다(Foucault, 1991). 이러한 행동이 관료적이라는 것은 가족을 지적하고 낙인찍는 정치적인 속성을 숨기는 기술주의적 방법으로서 통제를 유지하는 데 필수적이다.

가족을 부정적인 방식으로 형성하거나 구분 지으면서 사회복지사는 가족 내에 자신이 개입할 수 있는 권리를 합법화한다. 좋고 나쁜 가족, 부모, 특히 어머니로 구분 짓는 것과 가치 있고 가치 없는 것으로 구분 짓는 것은 아동과 가족을 상대하는 사회복지에서 중요한 지침이 된다. 사회복지사가 가족문제에 개입할 때에는 반드시 홀로 남겨질 수 있는 '좋은' 가족과 그래서는 절대로 안 되는 '나쁜' 가족 사이의 기본적인 차이를 문제 삼지 않아야 한다. 결과적으로 사회복지사는 가족의 기능이 실패했음이 공적인 영역으로 폭로되는 경우를 제외하고는 사적인 문제에 개입할 수 없다. 주어진 상황에 관련된 전문가에 의해 이루어진 공적인 시각에서 어머니로서의 신성한 임무(아동을 보호하는)를 다하지 못하였다고 판단되는 어머니는 나쁘고 인정받을 수 없는 어머니로서 아동과 격리시킬 수도 있다. 이러한 행동은 가족에 대한 보편적인 담론을 확립시키고 '위계적 감시' 를 합법화한다. 그러나 여기서 나쁜 부모라고 비판하면서 아동을 격리시키면서도 국가가 이렇게 격리된 아동들에 대한 올바른 보호체계를 갖출 역량이 부족하다는 것은 큰 모순이다(Dominelli et al., 출간 예정).

다수의 공적 기관이 가족의 초기 기능 중 많은 부분을 앗아 갔다. 이를 통해 가족조직에 의해 제공되던 결속력이 훼손되었다. 이것은 가족의 수준에서 기능과 목적에 관해 사회적 무질서를 야기할지도 모른다(Durkheim, 1957). 무질서의 관계는 가족 내에서의 긴장과 분쟁을 악화시킬 수도 있으며 연령과 성적인 차이를 넓힐 수도 있다. 가족구성원의 그러한 경험은 계층과 '인종' 에 따라 계층화된다. 예를 들어, 백인 노동자계층과 흑인 가족은 백인 중산계층에 비해 훨씬 높은 수준의 감시를 받게 된다. 주의 깊은 관찰을 당하면서 그들의 사적인 권리가 크게 훼손된다. 사적인 행동이 특정 개인을 보호한다는 명목 아래 해부되고 타인에게 공적으로 평가되는 것이다.

4. 권력, 통제 및 통치성

가족에 대한 정책화와 규제는 푸코(Foucault, 1979a, 1991)가 '통치성'이라고 일컫는 것을 통해 일어난다. 이것은 기관, 절차, 분석과 반영, 계산과 전략 등에 의해 형성된 앙상블로서 복잡하기는 하지만 특별한 힘을 행사할 수 있게 한다(Foucault, 1979). 빈곤 가족에 대한 법규는 사회복지사를 포함한 다양한 전문가 집단을 포함한다. 각 집단은 각각의 관심을 조율하고 또 조율하면서 권력을 행사하고, 기존의 권력 형태를 바꾸기 위해 우선순위를 매기며 다시 그 권력을 형성하게 된다. 결과적으로 그들 사이에서 정해진 힘의 관계는 통일적이지도 일관적이지도 않다.

전문가는 문제점을 확인하고 그중 어떤 것부터 우선순위를 두고 접근해야 하는지에 대해 조사하고 평가하기 위해서 기록과 계산의 기술을 사용한다(Miller and Rose, 1988). 오늘날 이러한 기술은 그동안 계량이 불가능했던 것을 계량화시킬 수 있으며 관찰과 측정에 도움이 될 수 있도록 수정까지 가능하게 하였다. 또한 능력 위주의 실천과 위기평가의 수단에 포함된 통제주의자의 주장과 포드주의 이론과 합치하는 실천의 상품화에 중점을 둔 사회복지사의 담론을 변화시킬 수 있는 근거를 제시한다. 능력 위주의 실천과 위기평가는 문서로서의 정책이 실천의 특정 형태를 인정하는 담론을 형성하고 알려 줄 수 있는, 문자 그대로 조정자로서의 사회복지 업무를 만들어 낸다.

담론은 지식과 주장, 실천의 구조를 지니고 있으며, 사람들이 어떠한 현상에 대해 설명하고 이해하고 그에 대해 어떻게 반응해야 하는지를 결정할 때 쓰인다. 이러한 체계를 이해하는 데는 해석이 반드시 필요한데, 서로 다른 개인은 동일한 지식구조라도 다르게 해석할 수 있다. 의미는 해석과 분리된 것이 아니라 같은 맥락에서의 일부분의 개념이다. 필립(Philp, 1985)은 담론이 주체의 표출을 가능케 하는 지식구조를 대변한다고 주장한다. 각각의 담론은 특정 방향으로 주체를 통하고자 한다. 대체 담론은 기존의 것을 거부하면서 발생한다. 이전 장에서 제시된 예는 보편주의와 아프리카 출신 사람의 관련성을 거부하는 아프리카 중심 이론가가 사회복지에 대한 유럽 중심의 시각을 비판한 것이다(John-Baptiste, 2001; Graham, 2002).

하나의 제도로서의 가족은 가족의 성장과 관계된 사회화와 가족의 통제를 위한 사회규범의 메커니즘 속으로 통합되었다. 그리고 사회복지사는 이 체계 안에서 가족을 통제하는 데의 중요한 부분이 되었다. 허스트(Hirst, 1981)는 가족을 그 안의 부족하고 의존적인 개개인의 보호를 위한 '자연적인' 장소로서 계속 유지시키는 한편, 그 개인의 권리를 보장하는 국가의 문제를 해결하는 데 사회복지사가 핵심적인 역할을 해 왔다고 주장한다. 치료가 필요한 가족, 정상의 범주에 속하지 못한 가족에게만 개입하면서 사적 영역으로서 가족의 위치는 계속해서 유지되었다.

이러한 과제를 계속하면서 사회복지사는 '교화'와 '정상화'의 방법을 사용한다(Donzelot, 1980). 빈곤 가족이 자신의 도덕적 쇠약을 치료할 수 있도록 돕는 물질적, 경제적 보상은 교화의 한 방법이다. 도움을 필요로 하는 가족에게 삶의 기본 규범을 실어 주는 것은 정상화 과정의 한 부분을 차지한다. 또한 정상화는 사회복지사가 '감독의 과정'을 거쳐 사람들을 판단케 하고 특정 행동에 대해 수용 가능한 것과 그렇지 못한 것을 구분할 수 있는 분별력을 키워 준다. 이것은 특정 행동에 특권을 주고 보상하는 한편, 그 외의 행동에는 제재를 가하는 이원적 양분화를 성립시킨다. 강압적인 개입은 이러한 교화와 정상화의 기법이 기대되는 결과를 낳는 데 실패했을 경우에 사용된다.

특정 가족 형태를 '정상화' 시키는 것은 병리학적으로 그 밖에 위치한 것의 구성을 수월하게 한다. '정상' 을 정의 내리는 책임은 약학, 정신의학, 심리학, 범죄학, 사회복지 분야의 사회 전문가 또는 '정신 전문가' 에게 맡겨진다(Ingleby, 1985; Rose, 1985). 푸코(Foucault, 1977)는 이 분야에서 일하는 사회복지 실천가가 '사회적' 영역을 개척해 냈다고 주장한다. 또한 그들은 종종 그 방법이 좋지 않기는 했지만 동일한 사람에 대해 함께 일했다. 비효율적인 의사소통 과정과 전문가 간의 팽배한 경쟁심은 특히 각 전문가가 전문적 위계구조에서 자신의 위치를 확립하고자 할 때 찾아볼 수 있다(Laming, 2003). 그 위치를 좀 더 굳건히 하고자 각 전문가는 좀 더 높은 지위를 선점하려고 경쟁한다. 이것은 지식의 새로운 목표를 정하고 새로운 형태의 정보를 수집하며 개입에 대한 새로운 방법론을 형성하는 정신보건 사회복지사에게서도 나타난다. 그들은 전문적 시각의 목표로 사용되었을 뿐만 아니라 다른 직업을 가진 사람 사이에서도 계층적 구조를 세우는 데 사용된 훈련의 '기술' 을 강조한다. 정신보건 전문가는 그들의 개입 대상 혹은 같이 일해야 할 사람을 훈련시키기 위해서 세 가지 과정을 거친다. 즉, 계층구조적 감독, 표준화된 판단 그리고 조사다(Foucault, 1977, pp. 167-177). 이러한 과정은 아동복지 업무에서 더욱 분명하게 드러난다.

이 같은 계층구조는 전문가 간의 상호관계를 형성하고 사회복지 연구에 대해 연륜이 있고 좀 더 과학적으로 인정받는 전문가의 전문성을 합법화시킨다. 보다 '권위 있는' 시각은 매일 현장에서 업무를 보는 사회복지사가 상대적으로 더 '낮은' 지위임을 강조한다. 필자가 인터뷰한 한 병원의 사회복지사는 자신의 일에 대해서 설명하면서 계층 구조적 감시와 표준화된 판단이 직업 사이에서 나타나는 과정을 보여 주었다. 다음은 그녀가 말한 내용으로, 남편이 자신과 아동을 심하게 폭행하자 아동의 치료를 위해 입원치료를 받은 한 여인에 관한 이야기다.

> (정신병원에서) 회진을 돌고 있을 때였다. 나는 의사의 진단을 이해할 수 없었고 '어머니의 질병이 가족의 극심한 혼란을 초래하는 원인이 된다.' 는 그의 의견에 동의할 수 없었다. 그런데 이러한 나의 반박에 그 의사는 아무런 언급도 하지 않은 채 나를 무시하면서 다음 환자에게 다가갔다. 그 환자와 간단한 대화를 나눈 후에 그는 마치 아무 일도 일어나지 않았고 나의 이야기를 듣지 못한 것처럼 우리 모두를 끌고 병원 복도를 따라 걸어갈 뿐이었다. 이 모든 일이 나에게는 충격이었다. 그러나 내가 놀라 아무리 뭐라고 말을 해도 의사들은 아무런 대답 없이 차갑게 내 어깨를 밀치고 지나갔으며 더 이상 아무런 말도 통하질 않았다. 후에 동료에게 이 일에 대해 어떻게 생각하는지에 대해 물었는데 대다수에게서 (그 진단에 대한) 나의 의견에 동의를 구할 수 있었다. 그러나 당시에는 그 중 어느 누구도 그런 내색을 보이지 않았다. 그들은 전문가의 말은 곧 법이며 어떠한 불평도 받아들여지지 않아서 상황은 바뀌지 않았을 것이라고 했다. 아무도 전문가에게 감히 불만을 표출하지 못하므로 나도 생각이 있다면 그래선 안 된다는 것이었다. 그래서 그 일이 있은 후에는 나도 입을 닫을 수밖에 없었다.

이러한 상황에서 사회복지사는 '전문적인' 의학 지식을 요구하는 의학 영역에서 훈련받아 왔다. 담당 정신과의사는 어떤 문제에 대해 그의 생각만이 옳은 것이 될 수 있도록 두려움을 섞어 통제한다. 사회복지사의 반응 또한 정신보건 전문가 직업이 차지하는 영역의 경쟁적인 특성과 그 안에서의 불확실성을 여실히 드러내게 된다. 두려움은 저항의 수단이 되고 특정 전문가의 담론을 합법화하며, 이것이 보편화되고 힘의 관계를 재창조해 낼 수 있도록 한다.

이러한 상황에서 사회복지사는 '숙련된' 의학적 기술을 위한 특권 신분을 허용하는 제도에 의해 훈련된다. 정신과의사는 두려움 때문에 규칙에 따라 일반적으로 채택되는 문제의 공식화를 지킨다. 사회복지사의 반응 또한 정신보건 전문가가 차지하고 있는 영역의 특성에 이의를 제기하는 것과 확실성의 부족을 나타낸다. 두려움은 이의를 억누르는 수단이 되며 특정 전문가의 담론을 합법화한다. 따라서 이러한 지배를 보장함으로써 권력관계를 재현하게 되는 것이다.

5. 실천을 통한 아동기 구성

아동과 그들의 가족과 함께하는 사회복지는 실천의 중요한 분야다. 아동복지는 복잡하고 민감한 문제를 다룬다. 비록 예외적인 국제적 관행이 적용될 수는 있지만, 그것은 특수한 국가 법률상의 완화하에 높은 숙련을 요하는 일을 수행한다. 다양한 가족 형태의 요구 및 문화적, 삶의 양식, 그 밖의 여러 요인에 대처해야 하는 것은 특히 아동보호에서 외부인이 이해하기 어려울 정도로 일을 복잡하게 한다. 사회복지 전문가가 아닌 보건종사자 또한 아동보호 문제가 복잡하다는 것을 종종 발견한다(Gillen, 2001a). 아동보호에 관여하는 사회복지사에게는 옳다고 받아들여야만 하는 결과가 단지 하나에 불과하다. 이는 취약한 아동의 삶에서 매우 중요한 부분이기 때문에 실수가 용인되지 않는다. 로렌 라이트(Lauren Wright)와 빅토리아 클림비에는 잘 알려진 실패 사례다. 그 일의 복합성과 '점차 악화되는 것'을 수반한 위기는 어느 길거리 늙은 노파라도 할 수 있는 것이 사회복지라는 일부 정치가와 매스미디어의 사회적 통념의 근거가 된다.

아동을 대상으로 하는 사회복지는 실천가들이 종종 수많은 경쟁적인 이해관계를 조정하기 위해 분투하기 때문에 고도로 경쟁적인 것이 된다. 이러한 이해관계 간의 관건은 사회복지사가 개입해야 할 대상인 아동, 부모 그리고 국가 사이의 이해충돌과 그들이 겪고 있는 어려움을 해결하는 데 자원이 충분하지 못하다는 맥락에서 욕구가 증대된다는 것이다. 영국의 실천가는 자원의 감소와 담당해야 할 사례 수의 압력 아래 아동복지 사업을 하고 있다(Brandon et al., 1998). 감사위원회(Audit Commission, 1994)가 공동체 내에서 지지받을 수 있도록 가족지원 서비스를 요구하고 있음에도 불구하고 보건사회보장부(DHSS, 1995)를 통해 수행된 조사에 따르면 영국의 아동보호 업무, 즉 위기개입 업무는 장기적인 관점에서는 아동복지를 보조할 수 있는 예방 전략 차원의 사회복지사의 노력을 훼손시킨다. 과중한 업무의 압력은 사회복지 서비스에 국한되지 않는다(Cannan and Warren, 1997). 유사한 중요한 원조 역할을 수행하는 간호사 또한 아동학대 사례에서 연구와 개입 시 과도하게 업무를 담당한다.

과중한 업무량에 대한 문제로 순회보건관 베로니카(Veronica)의 예를 들 수 있다. 그녀가 책임져야 할 102명의 취약한 클라이언트를 적절한 기관으로 의뢰하지 못했기 때문에 그녀의 업무는 마비되었다. 그녀는 300가족을 담당하고 있었다(Leason, 2001). 이런 상황에 대한 비평이나 특별한 결정도 없이 그녀는 순회보건관의 일을 계속하였다. 그녀에게 주어진 수많은 담당 사례는 매주 각 사례에 대한 검토나 처리에 오직 10분의 시간만을 소비한다고 해도 50시간이나 걸린다. 이것은 그녀의 총 근무시간보다 길기 때문에 그녀는 맡은 사례에 대한 노트를 작성하는 것을 비롯해 어떤 일도 하기 힘들었다. 사회복지사처럼 간호사는 매주 각 사례에 대해서 어떤 사람을 만나고 어떤 사람을 만나지 않을지 우선순위를 정함으로써 문제를 해결한다. 그러나 이렇게 관리업무를 도와줄 수 있는 우선순위를 정함에도 불구하고 관리의 부족을 막을 수는 없다.

위기개입의 주안점은 좀 더 세심한 주의가 필요한 상황에서 개입하는 데 적절한 형태에 관한 전문가적인 판단에 의해서라기보다는 전적으로 사회복지사의 임의대로 판단하는 기술과 자원에 의해서 형성되는 단기적 아동보호 사업을 강요한다는 것이다. 신노동당 정부는 최근 아동보호에 고려될 문제의 배제 없이 아동복지에 대한 초점을 다시 맞추기 위해 사회복지사의 필요성을 확인했다(DoH, DfEE and the Home Office, 2000; DfES, 2003). 이는 환영받을 만하지만, 단지 예방적 사업을 실시하기 위해 전문가를 시간에서 해방시키는 것이라면 과연 실제적이고 부가적인 자원 없이 현실화될 수 있는가 하는 점이 불확실하다.

그러나 필자는 그 전적인 체계는 재고되고 재조명되어야 할 필요가 있다고 논쟁할 것이다. 이것은 아동보호 체계 외부에서는 다른 질문을 요구한다. 필자에게 중요한 것은 모든 아동의 발전과 성장을 사회가 어떻게 증진시킬 것인가 하는 점이다. 이와 같은 질문은 잔여주의와 부모의 공헌 및 병리를 중시하는 것에서, 비록 그러한 관점에 대한 시각을 버리지는 않았지만 학대 및 착취된 아동이 자신의 전적인 잠재력을 실현시킬 수 없기 때문에 아동보호에 대한 전문가의 초점으로 논쟁이 움직일 것이다.

이렇게 하면 전문가는 특별한 아동에게 강한 영향을 주는 구조상의 불균형과 가족구성원들과 함께 그들의 공동체의 다른 사람들과의 상호작용을 포함한 사회환경의 범위 내에서 아동의 개인적인 복지를 통한 체계의 새로운 방향을 제시할 수 있다.

구조적인 불평등을 다루면서 신노동당은 아동 빈곤을 2015년까지 반으로 줄이겠다고 약속했지만(Colley and Hodkinson, 2001) 아동보호의 영역에서 고려해야 할 여러 문제를 간과하고 있다. 빈곤은 사회의 진보에도 불구하고 중요한 관심사다. 영국의 아동 3명 중 1명이 빈곤선에서 살아간다(Perlmutter, 1997; Miller and Ridge, 2001; Bonney, 2002). 그 비율은 엄마가 가장인 한부모 가족(Duncan and Edwards, 1996, 1997)에서 더 높게 나타나고, 지리적 위치(Howarth et al., 1999)에 따라서 다르다. 런던 중심가 일부에서 빈곤은 2명 중 1명을 괴롭히고(Gaffeny, 2002), '풍요로운' 남동쪽에서도 역시 절망적인 풍경이 드러난다(Dominelli, 2002d).

저임금의 사람을 조직 · 동원하는 지역사회복지사가 아니라면 사회복지사에게 그러한 문제를 해결하기 위한 기회는 거의 주어지지 않는다. 몇몇 빈곤 캠페인은 낙인이 없는 구조의 범위 안에서 '아동으로서의 권리' 인 빈곤 아동의 욕구를 특별한 목표로 한다. 가족 빈곤을 해결하는 것은 중요한 일이지만 단지 제한된 원조를 제공하는 가족 내 소득의 불균형에만 전념하는 것은 아닐 것이다. 그들의 충돌은 아동과 여성에서 더 평탄하지 않다(Pahl, 1985). 어떠한 가족 캠페인도 아동의 문제와 관련해서 아동을 자신의 의지를 가진 자주적인 인간으로 보지 않았다. 가족 내부의 자원분배 문제에서의 균형에 변화를 가져오기 위해 여성이 남성에게 집중된 권리에 대해 동일한 위치에 올라서야 하듯이, 아동도 성인에게 집중된 자원에 대해 동일한 권리를 가진 존재로 해석되어야만 한다. 가족 내의 개개인은 동일한 자원의 양을 가져야 하지만 전통적인 가족 내의 자원분배는 성인 남성 중심이 되어 온 것이 사실이다.

빈곤 아동을 돕기 위한 전략의 한 부분으로서 신노동당은 매우 빈곤한 아동을 대상으로 아동기 서비스를 제공한다. 물론 4세 미만의 아동부터 시작하여(Sure Start, 2002) 13~19세의 어린 연령의 아동, 특별히 어린 엄마의 양육기술의 성장을 위한 육아교실 등은 이러한 목적을 성취하기 위해 애쓴다. 편모를 위한 뉴딜 정책은 여성이 제한된 훈련과 아동보호를 지원하는 유급 직장에서 일하도록 격려한다(Gingerbread, 2000). 사회복지사는 이러한 프로그램의 중요한 규칙을 실행할 수 있다. 각 프로그램은 특별한 목적을 가지고 어떤 사람의 삶을 바꿀 수 있는 '개인 조언자' 를 포함한다.

개인 조언자는 개인의 결점과 발달상의 기술의 부족함에 초점을 둔다. 이러한 조언자는 상류층의 어떤 길을 채택하도록 요구하며, 행동을 감시하는 명백한 형태를 좀 더 포함한다. 그들은 '정상화' 라는 판단을 통한 신노동당의 통제기술을 수행하는 데 중요한 역할을 담당한다. 개인 조언자는 사회복지사가 전통적으로 채택한 일을 하고, 더 나아가 전문주의와 훈련을 위한 장소를 제공한다. 비록 관료주의망에 협력적이지 않다고 할지라도, 개인 조언자는 아동의 삶의 질 향상에 크게 기여할 수 있는 심각한 문제점에서 정작 아동의 목소리가 빠져 있는 구조적 불평등에 저항하기 위한 노력에는 실패했다. 결과적으로 체계적 약점은 동등함을 돕는 부분을 고려하지 못했다는 것이다.

이러한 주장이 일부 사람을 도울 수는 있지만 문제점이 있다. 그들은 실패하고 있는 가족-학교에서 퇴학을 맞았거나 범죄행위로 문제를 일으키는 아동을 둔 부모, 가난 때문에 그들의 욕구를 충족시킬 수 없는 편모와 자녀-을 포함시킨다는 명목 아래 배제한다는 것이다(Miller and Ridge, 2001). 그 결점은 이러한 프로그램이 빈곤 아동에 대해 잔여적 서비스를 지속시키고, 개인을 비난하는 설교를 하며, 사회의 구조적 불평등에 대해서 어떤 것도 할 수 없는 부모를 병리화한다는 것이다.

한부모를 위한 생산적 복지 프로그램이 이런 어려움의 좋은 예가 된다. 이는 타말라 오웬스(Tamarla Owens)의 사례에서 잘 나타나는데, 그녀의 아들은 교실에서 동년배 여학생을 총으로 쏘았다. 그녀는 일 때문에 아침 일찍 나가 저녁 늦게야 들어왔기에 자녀를 거의 볼 수가 없었다. 두 개의 직업을 갖고 일주일에 70시간을 일했는데도 그녀는 그 사건이 일어나기 전 집세를 내지 못해 쫓겨났다. 영국의 사회복지사는 스트레스에 처해 있는 가족을 위한 이런 프로그램이 지닌 불가능한 요구사항에 주목해야만 하고 그들의 구조적 생활 조건을 변화시키기 위한 옹호 노력을 해야만 한다.

노숙과 가난으로 인한 건강 악화를 포함하는 빈궁한 가족생활에 대해 잔여적 정책이 집행된다(Townsend, Davidson and Whitehead, 1992; Ward, 2002). 잔여적 정책조항은 사람들에게 비난받게 하고, 도움이 필요한 사람이 일반적으로 직면하는 어려움을 한층 악화시키며, 빈곤 아동이 살고 있는 환경을 개선시킬 수 있는 기회를 줄인다(Bradshaw, 2001). 이런 문제는 오웬스의 사례에서 분명히 드러났고 위급하게 대처하도록 외쳐야 한다.

또 다른 맥락에서 캐넌(Cannan, 1992)은 가족센터를 이용하는 아동을 위한 서비스가 비난받고 있음을 제시하면서, 서비스는 광범위한 이용자를 대상으로 하고 가족끼리 서로 상호작용할 수 있도록 도와주는 다양한 서비스를 제공해야 한다고 결론지었다. 그러므로 서비스는 아동학대가 이미 일어난 경우에만 한정되어서는 안 된다. 사회적 지지망의 부족과 고립은 부모의 정신건강상의 어려움을 야기할 수 있으며, 삶을 개선시키고자 할 때 직면하게 되는 어려움을 더욱 크게 만들 수 있다(Pticairn and Waterhouse, 1996). 정신건강상의 어려움은 양육의 어려움을 낳고 가족에 대한 낙인을 찍는다. 정신질환은 특히 어머니에게 중요한 문제가 되는데, 결혼한 여성이 좀 더 정신건강 문제, 특히 우울증을 갖기 쉽기 때문이다(Prior, 1999).

사회복지사는 구조적인 불평등을 알고 있지만 백인 중산층 어머니에 대한 양육 이미지를 갖고 있고 이런 이미지를 부적절한 상황에 적용시킨다(Callahan et al., 2000). 백인 노동자계층의 어머니가 백인 중산층 어머니의 기준에 따르도록 기대된다는 부분은 이미 오래 전부터 주목받아 왔으며 다시 홀맨(Holman, 1998)에 의해 언급되었다. 힐스(Hills, 1995)는 빈민가에 사는 사람이 여러 세대를 통해 '빈곤 양육의 순환' 을 경험한다는 것을 확인했다. 그의 연구는 개인적인 불충분함과 부모 역할에 대한 좋은 모델이 없었다는 것이 다음 세대의 양육에 부정적 영향을 준다고 밝혔다. 또한 효과적인 개입을 위해서는 개인과 구조적인 문제를 함께 다뤄야 함을 제시하였다.

캘러한 등(Callahan et al., 2000)의 연구는 요즘의 젊은 엄마가 겪고 있는 문제가 좋은 엄마를 구성하는 요인에 대한 무지로 인한 것이 아님을 드러낸다. 또한 그들은 사회복지사와 마찬가지로 백인 중산층 여성의 모델이 훌륭한 어머니라고 생각한다. 게다가 이런 젊은 엄마는 잘 알고 있기 때문에 그들의 행동이나 열망이 오히려 자원의 부족으로 구속받게 된다. 그러나 그들은 사회복지사에게도 의존할 수 없다. 캘러한 등의 연구는 '빈곤 양육의 순환' 을 깨뜨리기 위해 엄마의 능력을 강조하는 기술, 자원, 정책이 필요하다고 제안한다. 이것은 현재의 정책과 관습에 주요한 변화를 요구하는 것이다.

꼭 필요한 변화를 보장하는 것이 젊은 엄마에게만 한정될 수는 없다. 제한된 자원과 낮은 신뢰성은 부정적인 미디어의 이미지와 정치적 공격에 기인하고, 이런 점에서 어떤 노력의 가치를 떨어뜨리게 될 것이다. 미디어의 묘사와 공론은 젊은 엄마와 그들의 양육기술을 평가절하하고 매도한다. 특히 그들이 정부의 원조를 필요로 한다거나 미혼일 경우 더욱 그러하다. 미혼모를 매도하고 비난하는 것은 미혼모가 사회문제라기보다 도덕문제라고 인식된 19세기 초의 직업적이고 사회적인 역사적 흐름에서 명료해진 주제다(Strega et al., 2002). 미혼모는 부적절한 개인으로 정의되고 사회규범에 의해 비난받는 행동으로 규정되었다. 사회복지사는 이런 사회적 인식과 충돌하고 그것을 실행으로 옮겼다. 앞으로 전진하는 것은 미디어와 정치인과 변호사가 젊은 엄마가 가지고 있는 강점에 주목하는 것을 현재 요구하고 있다. 젊은 엄마의 강점이란 좋은 엄마가 되기 위한 그들의 바람을 전달하고, 엄마의 역할을 하는 데 꼭 필요한 자원을 제공하며, 삶의 확신적 이미지를 개선시키는 데 있다. 젊은 엄마에게 접근하는 방법은 실패한 부모가 되지 않으려고 그러한 지위를 선택한 사람들의 잠재적 능력을 증진시켜 아동을 행복하게 키울 수 있게 하는 것이다. 어린 나이에 엄마가 되는 것을 막고 그 수를 줄이려고 하는 이슈는 독립적으로 다루어져야 할 문제다. 비난은 어떠한 사회적 집단도 도울 수 없다. 나이 어린 엄마에게 가난에서 벗어날 선택권과 양도권을 줌으로써 모성을 더 오래 지속시켜 좋은 시간을 지내게 할 수 있다. 이런 해결책이 나올 수 있도록 도와주는 것이 합법적인 사회복지의 노력이다.

전문가가 그들의 사생활에 개입할 때 '적당한 혹은 부적당한 엄마' 라는 유죄임을 나타내는 표현기술이 중요하게 되었다. 이런 과정에서 엄마는 자신들의 여자로서, 엄마로서의 목소리를 잃었다. 사람을 정의하고 분류하는 독특한 방식에서 나오는 결과인 병리학적 개입은 미리 결정지어지지 않았다. 사회복지가 다양한 다른 목적을 취하는 데에 절차를 바꾸는 것은 대안적인 담론을 시작함으로써 변화될 수 있다. 그리고 절차가 상황을 바꿈에 따라 개인적 행동이 형성되는 방법에 영향을 주게 된다. 전문가가 변화과정에서 계속 포함된다. 그들은 아마도 사회복지의 유지 학파(Davies, 1985)에 의해 제시된 것처럼 사람을 현존하는 사회 구조와 규범에 통합시키거나, 혹은 사회복지의 해방 학파에서 옹호하는 것처럼 현존하는 사회관계를 바꾸는 것에 목표를 두는지도 모른다(Dominelli, 1997).

사회복지사는 1989년 아동법과 아동권리연합총회(Children Act and the United Nations Convention on the Rights of the Child)의 조항을 1991년 영국정부가 비준함에 따라 아동을 더욱 지원할 수 있게 되었다. 하지만 불행하게도 어린 아동을 위한 생활 조건 향상과정은 순탄치만은 않았다. 영국에서 그것을 검토했을 때, 다른 나라에서처럼 목표를 충족시키지 못했다는 이유로 비난받았다. 그러나 국가적 정책의 변화를 보장하기 위해서 그런 평결이 사용될 수 있었다. 영국의 사회복지사는 아동의 복지를 증진시키는 데 지렛대 역할을 할 수 있는 1995년(Franklin and Franklin, 1996), 2002년(UNHCR, 2002) 조항에 대한 정부의 부적당한 진행과정에 관하여서 유엔의 부정적인 보고서를 사용할 수 있었다.

아동의 복지를 강조하는 협약은 탁월하여 아동의 생존, 발달, 보호의 영역과 차별, 비인간적 학대, 모든 폭력에서 자유로울 수 있는 권리, 건강과 교육, 정보를 얻을 수 있는 권리와 같은 폭넓은 영역을 포괄한다(Lindsay, 1992). 사회복지사는 아동이 복지혜택을 받고 있지 못하는 것에 대한 자료를 얻고, 그것을 통해 정부로 하여금 아동이 삶의 동등한 권리를 누릴 수 있도록 자원을 지원하라고 요구하는 데 사용할 수 있다. 만약 정부가 그에 상응하게 행동한다면 아동을 양육하는 것이 사회에 부여된 책임이라는 것을 받아들이게 될 것이다(Clinton, 1996). 사회복지사는 아동과 부모를 더 넓은 지역사회로 연결하는 지지망을 개발함으로써 이런 목적이 달성되기 쉽도록 한다. 아동에 대한 지역사회의 책임감을 키우는 것은 현재 아동의 발달을 방해하는 구조적인 불평등을 제시하는 것이다.

비록 결과물에 관해 미리 예측하여 말하기는 너무 이르지만 영국은 전체적인 그림을 바꾸기 시작했다. 웨일스의 아동위원회와 잉글랜드의 아동부 장관의 임명 등은 구조적인 불평등 문제에 달려들 것이다. 스코틀랜드 아동법(1995)과 북아일랜드의 아동법(1995)에서도 1989년의 아동법에서 분명하게 드러난 '어려움에 처한 아동(그리고 엄마)에 대한 개입' 에 초점을 맞추고 있다. 이들 법규는 가족이 적절하게 양육할 능력이 있는지에 대한 중재를 그 목표로 한다. 아동권리사무국은 영국의 여러 지방에 존재하고 정부보호 아래 있는 아동에 대한 독립적인 서비스를 제공하는 데 중점을 두고 있다. 필자는 이런 기관과 제도가 구조적인 불평등을 해결하리라 생각하지 않는다. 그리고 이런 구조가 상황을 조금 나아지게 하는지도 모르겠고 모든 아동에게 사회적 낙인이 없는 서비스를 제공할 수 있는지도 의문이다.

아동과 관계된 사회복지사의 전문적 영역이 관료적인 통제로 흘러감에 따라 일상적이 되고 관료체계화되었다. 이런 전개는 아직도 비판과 논쟁의 대상이 된다. 아동학대에 대한 고찰은 아동보호 시스템(Parton, 1996; Laming, 2003)이 아동을 보호하는 데 실패하고 있는 것과 미숙한 실천가가 그 일의 요구사항을 다룰 수 없다는 것을 알려 준다. 이러한 사례에서 실천의 문제가 가시화되고 다음의 사항에서 부족한 점이 드러나게 된다. 즉, 거친 아동보호 사업을 담당하는 사회복지사의 낮은 훈련 수준(영국에서는 이 분야의 몇 가지 취약점을 바로잡아 주는 것을 목표로 아동보호에 대한 사후 자격 과정이 있다), 적절한 슈퍼비전을 제공하고 실천가를 지지하는 관리자의 능력 부족 그리고 타 전문가, 부모, 아동과 효과적으로 일할 수 있는 정부부처 중재인사기관의 능력 부족이다. 이러한 결점이 돌보는 사람의 빈번한 경범죄를 야기하고 비극적인 아동살해의 연장선상에서의 사건이 저질러지게 되는 것이다(Berridge and Brodie, 1996).

아동복지에서 자원과 인력의 부족에 대한 한 가지 반응은 아동보호의 경우 위기를 계산하고 그것에 집중함으로써 감독체계를 재구조화하자는 것이다. 그로 인해서 치안을 유지하고 존재하는 자원을 더 효과적으로 사용할 수 있을 것이다. 위기관리는 '위험한 사회' (Beak, 1992)에서 중요한 측면이 되었다. 그런 사회에서는 위기의 계산과 완화가 정책 공식(Lupton, 1999)을 지배한다. 위기의 평가와 관리는 실천가의 역할을 자율적으로 결정하는 전문가에서 진정한 전문가의 도움 없이 공식화된 관리적 명령을 따라하는 실행자로 바꾸었다(Castel, 1991).

아동복지는 아동 중심의 서비스 개발이 주로 관리적 관심에 의해 이뤄지는 영역이다(Parton, 1998). 아동은 그들의 권리를 거의 주장하지 못하고 있지만 부모는 그나마 목소리를 조금 내고 있는 실정이다. 성인은 자신의 이익을 더 쉽게 지키고 조직화할 수도 있다. 그 예가 불법에 대항하는 부모 모임(Parents Against Injustice: PAIN)인데, 이 모임은 사회복지사가 아동을 돌보면서 더 많이 노력해 줄 것을 촉구하기 위한 부모의 노력이 반영된 것으로 이 단체를 통하여 로비활동을 시행하고자 하였다(Brewer and Lait, 1980). 그러나 1989년 아동법을 통해 관철된 부모의 권리 주장은 아동의 권리를 오히려는 격하시키는 결과를 초래하였다.

6. 일탈 가족 정책: 위기 아동 선별

부모나 보호자에 의한 아동의 죽음은—영국에서 대략 연간 50건—종잡을 수 없는 실천에 뿌리박힌 위기를 상기시킨다. 위험도를 평가하는 기준은 그 아동이 "심각한 고통을 경험해 왔거나 경험할 가능성이 높은 아동인가." 하는 것이다(Children Act 1989, sec. 31(2)(a)). 이것이 사례인가 아닌가 하는 문제는 아동보호에 들어가는 자원과 시간의 가치를 저하시키는 아동보호 사례에 대한 사회복지사의 우선권을 왜곡시켰다. 또한 이 감시의 계급제는 법의학의 역할과 법정에서 심의를 안내하는 법조계를 강조한다.

비록 영국에서 연구의 강제성은 없지만 약 16만 건의 아동학대의 진술이 매년 조사된다(Packman, 1994). 그 대부분은 입증되지 않지만, 그들은 아마 다른 곳에서도 이용되면서 적은 사회복지 자원을 낭비한다(DHSS, 1995). 이 딜레마는 사회복지사가 직면해야만 하는 모순을 드러낸다. 즉, 아동과 가족의 사적인 삶에 허가 없이 침입하는 것을 예방하는 동시에 심각한 위험에서 아동을 보호하는 것이다. 가족복지는 주로 엄마와 작업을 하며 가족 내 남성을 무시하면서 여성에 초점을 두는 경향이 있다. 또한 사회복지사는 다른 여성을 단속하는 여성이 되기 쉽고, 돌봄의 영역에서 일어나는 관계와 자기 규제를 지지해 주는 과정을 지원한다(Dominelli, 2002b).

7. 아동복지사업의 위기 사정 및 관리

위기 상황에 처해 있다고 등록된 아동은 학대에서 보호된다는 것을 보장하는 것이다. 부모에게는 이것이 침입적인 상태로 가장 나쁜 순간을 나타낸다. 즉, 전문가의 감독 없이는 부모로서의 권리를 상실하는 것이다. 자녀가 위기에 처해 있다고 등록되는 순간부터 부모의 일탈적인 양육행동을 좀 더 가까이 단속하기 위해, 또 '통제기술' 을 촉진하도록 감독과 훈련의 대상이 되는 것이다.

위기사정은 타인에게 위협적이라고 여겨지는 개인의 행동에 대해 위험을 확인하고 평가하고 감독하는 것(Kemshall and Pritchard, 1996)을 수반한다. 아동보호 상황에서 위험한 행동은 아동을 해치는 것으로 옮겨 갈 가능성이 있는 것으로 생각된다. 위기사정의 목적은 감독과 통제에 대해 다양한 형태로서 타인에게 폭력이나 학대적인 행동을 취하기 쉽다고 의심되는 개인의 행동을 막는 것이다. 이러한 과정에서 실천가는 자기 관리를 할 수 있는 사람과 그렇지 못한 사람을 구분하기 위해 노력한다. 그러나 다른 사람을 관리하기 위한 기술로서의 위기 사정과 관리는 어느 정도의 과학적인 뒷받침을 받고 있음에도 불구하고 불명확한 기술이다. 퀸시(Quinsey, 1995)의 주장에 따르면 특별한 개인과 함께 주어진 환경 속에서 '위험성'을 예측하는 것은 어렵다.

위기관리에서는 사회복지 실천가가 그들의 시도를 관찰하고 개입의 질적 측면을 판단하는 데 사용할 수 있는 규정된 형식 안에 클라이언트와 관련된 정보를 상세히 보고함으로써 결정을 더욱 명백하게 하는 것이 요구된다. 그러한 결정을 나타내기 위한 방법과 메커니즘은 심사과정 속에 발생하는 자료나 다듬어지지 않은 재료를 제공한다. 기존에 시도되었던 것(Power, 1994)과 앞으로 시도될 수 있는 것에 관한 심사는 관료적 합리성과 절차를 확인하고, 클라이언트에게 단행된 일을 촉진시키기 위하여 관련된 실천을 사용한다는 믿음을 심어 준다. 그것은 또한 중심부의 통제를 강화시켜 주며, 관리자에게 일선의 사회복지사가 그들을 물리적으로 감시할 필요 없이 공적인 방어를 할 수 있다는 결정을 할지의 여부에 관하여 결정할 수 있게 한다. 이러한 맥락에서 결정이 올바른 것이었는지, 혹은 아동이나 가족의 관점에서 만들어질 수 있는 최상의 것이었는지보다 기관의 사전작업과 우선권이 우위에 차지함으로써 위기로부터 아동을 보호하는 목적에도 불구하고 하찮은 것이 된다. 개입과정을 통제함으로써 관료적 합리성은 실천의 불확실성을 다루기 위한 목적으로서 관료 정책적 주도권을 구체화하고, 결과적으로 관료적 전문성을 관료적 전문기술로 변형시키는 데 기여한다.

위기관리는 클라이언트뿐만 아니라 사회복지사에게도 해당 규정이 있다. 사회복지 실천가는 자동적으로 결정하고 결정권을 실행하는 범위를 축소하기 위한 목적의 절차와 관료적이고 통제주의적인 통제 형식의 주체가 된다. 이것은 개개인의 행동에서 중요한 단서를 놓쳐 버리는 사회복지사의 불완전성 때문에 위험요소를 잘못 판단하는 실수를 줄여 줄 것이다. 관료적 합리성은 사회복지사와 클라이언트 사이에 의미 협상이 이루어지는 반응 안에서 어떠한 영역을 형성하나, 그러한 관료적인 반응은 종종 보호가 필요한 사람을 그냥 떠나게 하는 결과를 초래하기도 한다.

아동은 계속 상처 입고 학대받으며 때로 살인까지 당한다. 부모나 가까운 양육자가 아동에게 도움이 되지 않을 뿐 아니라 시스템도 마찬가지다. 이러한 아동보호의 실패는 전문적으로 다양한 정보와 그 원천을 과업과 상관없이 부적절하게 함께 사용하여 구성된 시스템의 문제를 단적으로 보여준다. 위험에 대한 일정한 방식과 통계치는 어느 정도 위험 수준을 예측하기 위해 수집된다. 그리고 특히 널리 가치 있는 것으로 여겨지는 자원을 배치하는 것이다(Castel, 1991). 위기 등록자는 장애의 가능성이나 아동의 학대 여부를 예측할 수 없다. 또한 무언가 잘못될 경우, 예를 들면 빅토리아 클림비에가 양육자에게 살해된 것을 리사 아서워리(Lisa Arthurworrey)가 발견했던 때처럼 사회복지사는 대중매체의 비난과 함께 조직과 법적인 제재조치를 받게 된다.

8. 아동이 아닌 성인의 탓

보호자가 자신의 책임을 적절하게 해 나가는 데 실패하는 것은 양육을 위해 위탁된 아동의 학대문제로 상세하게 나타난다. 아동학대는 아동의 복지를 위한 책임이 있는 기관과 가족에 의하여 신체적, 정신적, 성적으로 끔찍하게 수많은 사건을 통해 나타난다(Berridge and Brodie, 1996). 영아나 장애아동 같이 특히 취약한 아동은 학대를 면하지 못하고 있다. 그중 몇몇 아동은 그들의 보호자에게 죽임을 당하였다. 이러한 끔찍한 행위는 가족이라는 신성한 의무 안에 있는 친부모, 위탁부모, 입양부모에게서, 거주시설

(Waterhouse, 2000), 학교, 교회, 병원에서(Carlile, 1994), 심지어는 운동장과 길거리에서도 발생한다. 아동학대의 대부분, 특히 성적인 학대는 1980년대 이래(Russell, 1984; Dominelli, 1986; Kelly, 1988; Bolen, 2002) 수많은 연구 분야에서 주목을 받아 왔고, 이에 아동 전화 및 그 밖의 도움 전화가 증가하였다(Gillen, 2001b). 아동학대는 아동과 성인 사이에 성립되는 의존관계의 부정적 측면을 반영한다. 성인주의자의 권력관계는 저항하고 자신의 목소리를 듣기 원하는 많은 아동을 짓밟는다. 이 실패는 아동을 침묵 속에서 고통받도록 한다. 무사-미타(Moosa-Mitha, 2002)는 아동을 성인과는 다르게 개념화하기보다 아동의 권리를 성인의 권리와 유사한 것으로 해석하여 왔기 때문에 아동의 권리가 무시되어 왔다고 주장한다.

의존성은 성인과 아동 사이의 권력관계를 왜곡하는 중요한 차이점이며 성인에게 이익을 준다. 의존관계는 양육이 비밀리에 이루어질 때나 공공의 감시가 결여되어 있을 때 아동의 복지를 해칠 수 있다. 양육자에 의한 권력적 학대를 적절하게 설명하기는 어려우나 수많은 역동적인 설명이 이해를 돕는다. 한 인간으로서 덜 성숙한 존재로 아동을 생각하는 이데올로기는 그들의 학대를 뒷받침한다. 혐오치료는 적절한 행동을 유도하기 위하여 보상과 처벌을 사용함으로써 행동을 수정하는 형태다. 그것은 잔인하고 비인간적인 행위와 함께 극단적인 신체적 제지의 형태를 유발한다. 그러나 그것은 검증된 전문적인 개입이다. 미국에서 심한 행동장애를 가진 아동을 치료하는 데 인기 있는 이 방법은 기관에서 합법적으로 아동학대를 실시하고 있는 것으로 보인다. 테첼(Tatchell, 1996)은 어린 동성애자에 대한 혐오치료의 학대적 양상에 주목하였다. 반면 아이젱크(Eysenck, 1997)는 혐오치료의 해로운 효과를 최소화하였다. 이러한 대립적인 담론은 자폐아에게 혐오치료를 실시한 것에 대한 법적 사례에서 확인된 관점으로 혐오치료를 논쟁의 영역으로 만들고 있다(Siegal, 1995). 옹호자는 문제와 해결책 둘 다를 지적하는 권력을 가지고 있고 성인주의적인 전문가적 권력을 계속해서

치료에 실행하고 있다. 이것은 아동을 시민으로서 가치 있게 바라보는 틀 안에서는 받아들여질 수 없는 것이다.

성인주의자의 권력적 관계는 성인이 다양한 범위의 아동을 치료하는 데에서 나타난다. 장애아동, 학습장애 아동, 자폐아동, 주의력결핍 장애아동(ADD)이 포함된다. 이러한 아동은 성인의 규준에 부합하는 의사소통을 하는 데 어려움이 있기 때문에 실천가는 아동 중심 의사소통 기술을 사용하고 습득해야 한다. 몇몇 혁신적인 조직은 사회복지사를 돕는 의사소통을 위한 다양한 자료를 개발하고 있다. 이들은 아동에게 적절하게 반응하고 그들의 말을 듣기 위해 아동의 세계관을 주의 깊게 연구해야 한다. 아동의 목소리가 진지하게 다루어진다면 혐오치료를 대변하는 실천이 쉽지 않을 것이며 가혹행위 등도 쉽게 무시될 것이다.

영국에서 교정시설의 가혹행위와 관련된 사건은 어설픈 훈련을 받은 직원이 가혹한 방법을 통한 혐오치료의 전문성을 맹신하고 거기에만 의존하여, 그들의 보호 안에 있는 아동에게 상당한 해로움을 야기할 수 있음을 간과하거나 동료가 범하는 권력적 학대를 방관할 수 있음을 보여 준다(Levy and Kahan, 1996). 다른 상황에서는 부모의 가난과 스트레스가 정서적으로 아동을 학대하고 무시하는 결과를 야기할 수 있다(Aldgate and Tunstill, 2002). 때때로 술 취한 부모는 아동에게 심한 학대를 가한다. 이와는 다르게 아동학대는 또한 빈곤 국가에서 부유한 국가까지 매춘을 목적으로 한 수많은 아동밀매를 통해 이루어지고, 가족단위를 넘어 더욱 조직적이고 체계적인 형태로 나타난다(Gillen, 2002). 아동의 성적 학대는 아동이 사전에 알고 있는 사람이건 아니건 간에 지배적 남성이 아동을 위기에 빠뜨리는 점을 주목해야 한다(Pringle, 1995; Cowburn and Dominelli, 2001; Scourfield, 2001).

수요자와 공급자의 분리는 아동 보육기관이 제대로 통제되지 못한 채 상업적으로 운영되는 데 큰 몫을 담당한다. 이것은 또한 아동학대가 이루어지는 장이 될 수 있다(Laming, 2003). 숙모와 남자친구에게 살해당한 빅토리아(Victoria)의 경우도 심각하게 잘못되어 버린 사설양육의 한 예다. 사적인 동의에 의해 성립된 양육이었기 때문에 보호자는 양육의 적절성에 관련된 절차를 공적으로 조사받는 대상이 되지 않는다. 이와 같은 사건은 공적인 규정체제 안에서 유지된 가족의 신성한 의무의 우월성을 강조하고 있으며, 이것은 성인의 양육하에서 많은 아동의 죽음을 이끌었다.

빅토리아의 사례에서 배정된 사회복지사를 포함해 중요한 역할을 담당한 사람은 모두 흑인이었다. 사회복지사의 무능력에 대한 대중매체의 주장은 아동보호 체계 내에 존재하는 제도적인 인종차별, 즉 흑인 사회복지사와 일선의 관리자를 지지하지 못하고 적절하게 관리하지 못하는 것에 대해 관심을 기울이지 못하게 하였다. 이것을 가능케 하는 적절한 자원의 부족은 그들의 노력을 바라보는 백인 직원의 두려움에 의해 더 커진다. 백인 직원은 너무 두려워 그들과 다른 문화의 양육자의 아동을 보호할 수 있는가에 대한 질문을 하기가 어렵다.

정치적으로 올바른 실천 형태로서 받아들여지지 못한 것이라기보다는 반인종차별주의의 문제로 보인 이러한 행동은 인종정책과 집행, 태도에 백인 사회복지사의 공모를 보여 준다. 인종차별주의자라고 불리는 것에 대한 두려움은 흑인 아동을 보호하는 데 적합하지 않은 방법으로서 문화적 학대를 도모하고 인종차별의 역동성을 영속시킨다. 샤마 아메드(Shama Ahmed, 1978)가 오래 전에 언급했던 것처럼 모든 것이 인종차별은 아니다. 백인 사회복지사와 관리자가 자신과 흑인 내담자가 주어진 관점에서 의사를 표명하고 있는 역동성을 구별할 수 있는 것은 당연한 일이다.

아동양육의 의무사항을 효과적으로 실시하기 위한 영국 사회복지 서비스 분야의 실패에 관한 35개의 정부조사에 따르면, 1973년 마리아 콜웰(Maria Colwell)의 죽음 이래로 아동의 욕구를 파악하고 그들의 안녕을 보호하기 위한 사회복지 서비스를 전달하는 실천가의 능력에 대한 공적인 신뢰감이 심각하게 훼손되었다고 나타난다. 아동학대는 아동을 양도할 수 없는 고유한 그들만의 권리를 가진 인간으로서 대하지 못하는 성인의 실패를 나타낸다. 그것은 아동이 공동체 안에서 주어진 보호를 받는다는 의미가 아니라 양육자에게 아동이 사적인 재산으로 간주됨을 보여 준다. "아동이 자라는 데에는 온 마을이 필요하다."라는 말은 전체로서의 사회가 아동의 이익을 도모하는 데 참여해야 함을 시사하는 것이다(Clinton, 1996).

이제야 후견을 받을 수 있게 된 아동을 '후견 아동'이라고 부르는 것은 참으로 아이러니하다. 이 단어는 그 아동에게 무슨 일이 일어나고 있는지를 적절히 묘사해 주지 못한다. '후견 아동'은 부모와 함께 집에 사는 다른 친구에 비하여 문제를 일으켜 경찰에 잡히거나, 집이 없거나, 고용이 안 되거나, 낮은 교육을 받거나 할 가능성이 많으며 그들이 어린 소녀라면 임신을 할 확률 또한 높기 때문이다(Garrett, 1992; Saunders and Broad, 1997). 동시에 자녀를 자신에게서 빼앗아 갈지 모른다는 두려움 속에 살고 있는 가난한 부모는 사회복지사를 비난한다(Callahan et al., 2002). 게다가 부모를 대신하여 행동했던 사회복지사도 그들이 구해 냈다고 주장한 아동에게도 똑같이 빈약한 양육을 반복한다는 죄의식을 느낀다(Dominelli et al., 출간 예정). 이러한 실패는 최근의 통제기술을 통한 빈곤 가족의 등록은 아동뿐 아니라 가족의 욕구를 충족시키는 데 실패하고 있음을 알려 주는 증거다.

영국에서 주거보호법(The Leaving Care Act 2000: LCA)은 실천가가 아동의 발달과 복지를 위하여 장기간의 거주지 배치와 아동이 삶의 기회를 향상시킬 수 있는 방법을 제공한다. 그것은 청소년기에 보호를 받던 곳을 떠날 때 그들의 구체적 욕구에 참여하고 충족시킬 수 있는 개인적 조언자와 삶의 계획을 제공하는 것이다. 이는 그 사람이 21세가 될 때까지 보장된다. 주거보호법에 따르면 아동이 미래의 삶을 개척해 나가는 데 온전히 참여하도록 도와주는 사회복지사가 필요하다. 즉, 그것은 그 안에 개인적 권한부여의 요소를 포함한다. 아동의 필요수준을 다루기 위하여 위의 조항을 실행하는 실천가는 개인적이고 구조적인 수준 둘 다의 측면에서 그들의 복지를 해치는 장애물을 처리해야 한다. 다른 사람을 제외한 한 사람에게만 초점을 맞추는 것은 아동이 일률적으로 성장하거나 능동적 시민으로서의 지위를 도모하는 조건을 제공하지 않을 것이다.

아동복지에서는 실천가가 아직 적절하게 답하지 못하는 수많은 중요한 질문이 남아 있다. 아동 빈곤에서부터 아동의 목소리를 침묵시키는 데까지 걸친 구조적 불평등이 그중 중요한 하나다. 다른 측면은 어려운 아동 성 학대 사례에 있는 아동에 대하여 누가 개입해야 하는지에 초점을 맞춘다. 성 학대 상황에서 성적 관계의 중요성에 초점을 맞춘 연구는 그러한 작업을 수행하는 남성의 적절성에 의문을 제기한다(Pringle, 1995; Pringle and Harder, 1997). 프링글(Pringle, 1994)과 복스(Box, 1987)는 남성이 확실한 상황 아래에서는 작업을 수행할 수 있다는 페미니스트 입장을 따른다(Dominelli, 1989). 이 같은 제한된 관점은 일부 남성에 의해 제기되고 있는데, 예를 들어 크리스티(Chiristie, 2001)는 남성 사회복지사에게 그러한 한계는 없어야 한다고 주장한다.

'인종' 에 관련된 쟁점은 성적 억압을 포함하여 다른 중요한 고려사항을 이끌어 낸다. 흑인 아동은 지역 당국의 보호 아래 있을 때 정체성에 대한 인종차별적인 시각 때문에 추가적인 장애물에 직면한다(Barn, 1993). 윌슨(Wilson, 1993)은 성적으로 학대당한 어린 흑인 여성이 이러한 것이 인종차별이라고 간주되기 때문에 법정의 판례 앞에 그들의 곤경을 보고하지 않을 것이라고 주장한다. 즉, 제도적인 차별 때문에 어린 흑인 여성은 그들의 안전을 위해 필요한 서비스를 받지 못한다. 마마(Mama, 1989) 역시 마찬가지로 흑인 여성은 가족폭력의 희생자라고 주장한다(Bhatti-Sinclair, 1994 참고).

장애 아동은 다른 아동보다 3배 이상 학대당하는 것으로 보인다(Sullivan and Knutson, 2002). 학습장애나 신체적 장애를 가진 아동의 학대는 그들을 보호하기 위한 체제가 실패하고 있음을 보여 준다(McDowall, 2002). 또 다른 문제는 그들의 보호가 법령에 의한 것인지, 혹은 아동에게 이루어지는 개입에 수당이 지불되는지의 문제와 관련된 배경에 기초할 수 있다. 법적인 통제가 거의 없는 지역에서 실천가의 책임을 확실히 묻는다는 것은 어려운 일이다. 사적인 개입으로 사적인 영역 아래 발생한 양육에 대한 제한적인 통제는 양육자의 행동을 통제하는 데 문제를 유발한다.

남성이 직접적으로 학대를 가하지만 여성이 책임을 갖게 된다. 즉, 남성의 학대에서 아동을 보호하지 못한 것에 대해 어머니를 비난한다. 그러나 아동을 보호하는 데 실패한 여성 사회복지사의 입장이 그들의 여성 클라이언트의 입장을 재조명하기 시작하고 있다. 아동복지 사회복지사는 현재 아동을 보호하지 못한 것에 대한 책임을 지고 있다. 노바스코샤와 온타리오에서는 부모가 그들이 돌보는 아동을 살해할 경우 사회복지사가 그들을 고소하고 파면시키고 구속시켜 왔다. 수잔 스트리가(Susan Strega)는 가족폭력에 관련된 자신의 연구에서 사회복지 개입에 아버지가 부재하는 '보이지 않는 남성' 의 문제에 주목하였다. 그녀의 연구에서 정말 놀라운 것은 사회복지사가 학대하는 남성을 극단적으로 보호하고 그들의 경험에 대하여 다른 사람과 이야기하도록 장려하지 않았다는 사실이다(Strega, 2001).

실천가가 그들의 보호 안에 있는 아동의 이익을 도모하는 데 실패했다는 것은 아동에 대한 그들의 의무를 책임지는 능력에 대한 공적인 신뢰감을 약화시킬 뿐 아니라 자신에게 영향을 미치는 성인과의 신뢰관계를 발달시킬 수 있는 아동의 능력도 감소시킨다. 믿음은 자신이 가치 있고 이해되고 있다는 느낌의 과정을 촉진시키는 데 필수적이다. 스코필드(Schofield, 1998)는 아동이 자신의 감정이나 욕구를 기꺼이 이야기하는 것과 경청해 주고 이해해 주는 존재와의 만남의 경험, 즉 신뢰 있는 인간관계를 강조하였다. 아동 자신의 미래를 위한 계획을 세우는 과정 안에 완전하게 참여하는 것은 그러한 믿음을 만드는 기회가 된다.

9. 지역사회 되살리기: 협력적 책임으로서의 아동복지 접근

아동의 복지 욕구의 유일한 제공자로서 가족은 영국 사회정책에 지속적인 주제가 되어 왔다(Fox-Harding, 1996). 아동의 복지에 관한 지역사회 접근법은 개별적이고 가족 지향적인 접근에 중요한 변화를 가져온다. 이것은 반대 용어라기보다 보충적인 측면에서 두 접근법을 파악하는 데 도움을 준다. 아동은 가족과 다른 중요한 개별 사람과 관계하는 것이 필요하나, 이러한 것은 특별한 경우 만들어질 수도 있다. 게다가 그들은 현재와 미래의 집단적 존재에 공헌할 수 있는 가치 있는 인간으로서 그들이 속해 있다고 느끼는 공동체에 견고하게 묶여야 한다(Franklin, 1995).

필자가 제7장에서 더욱 상세히 언급하겠지만, 지역사회라는 단어는 문제를 가지고 있고 논쟁이 되는 용어다(Wilson, 1997; Dominelli, 1990). 특수한 목적을 위해 형성된 지역사회는 해마다 날짜가 바뀌는 축제와 같이 유동적이고 사회적으로 구성된 것이다. 그러한 공동체는 지리학적인 근접성과 정체성, 관심 혹은 이 세 가지의 조화에 기초할 것이다(Dominelli, 2002a). 집단의 크기는 아동 빈곤이 전체적으로 제거되었는지에 관하여 국가와 국제적 영역으로 확장된 결정과 토의를 위한 문제다. 집단은 구성원 간에 그리고 외부인과 특별한 결론을 위해 사회적 상호작용을 통하여 형성하고 재형성하는 끊임없이 바뀌는 유연한 형태를 가진다. 개개인은 같은 시기에 한 집단 이상에 소속될 수 있다. 집단은 그것의 경계에 의해 둘러싸인 것으로 구성되고 또 집단구성원에 의해 규정된 것으로 구성되기 때문에, 그 용어는 지속적으로 규정된 규준을 따르는 사람들을 포함하며 그렇지 않은 사람을 제외한다.

집단적 접근법에 의하여 필자는 아동을 알고 있거나 생물학적으로 연관되어 있건 아니건 아동의 중심에서 그들의 안녕과 안전을 보장하기 위하여 특별한 지리적 지역 안에 살고 있는 모든 사람의 집단적 책임을 언급하고자 한다. 집단적 책임은 아동의 개별적 삶에 다른 관점에서 양육에 관한 윤리성을 전달한다. 양육의 윤리성은 아동을 위한 그리고 그들에 관한 보호권리를 주고받는 권리로서 사회적으로 인정된다. 이러한 윤리는 직접 개인이 중재할 필요 없이 사회적 관계를 성립시킨다(Knijn and Ungerson, 1997; Sevenhuijsen, 1998). 그것은 세대 간의 상호 독립성과 특정 지역 안에 살고 있는 사람 그리고 사회적 공간과 물리적 자원의 사용을 공유하는 사람들의 상호관계의 개념에 기초한다. 상호 독립성과 상호관계는 자신의 아동이 아닌 다른 아동의 안녕에 기여하는 개개인과 아동이 없는 커플을 묶어 준다. 그들은 아동을 직접 양육하는 것보다 다른 방식, 즉 아동이 말하는 것을 들어준다든가, 그들이 포부를 가질 수 있도록 도와준다든가, 물질적인 안정성을 보장한다든가, 세금을 지불해 준다든가의 방식으로 아동을 지원한다.

상호 호혜성은 아동 양육, 교육, 신체보호, 거주지, 사회복지 서비스에 아동의 가족이 접근하기 쉽도록 도와주며, 아동을 지원하는 데 필요한 서비스를 제공하기 위해 세금을 지불하는 것으로 넓게 설명될 수 있다. 이것은 상호관계의 '주는' 요소다. 상호관계의 '받는' 측면은 그 자체로서 사회 속에서 안정된 생활방식을 취하거나 혹은 노인이 되어 도움을 받음으로써 상호 세대 간의 결속의 열매를 현재 경험하는 데 도움을 주거나 세금을 지불할 때와 같은 생애의 후반기에 발생할 것이다. 이를 통하여 어제의 아동과 오늘의 아동 모두를 위해 더 나은 미래를 건설할 수 있다.

영국의 많은 도시에서 발견된 소위 퇴락한 지역이 타인에 대한 타인을 위한 양육의 시민윤리와 그것의 필요성이 맞물린 사회복지 서비스와 신체보호 정책, 공공시설, 교육시설, 거주공간 등을 직접 제공하는 집단의 사회적 재화의 한계 때문에 좌절과 절망을 초래하고 있다. 이를 통해 집단의 지원 없이 성장하는 데에서 아동과 그 가족의 무능력함을 볼 수 있다.

사회복지사는 외부에 그들을 방치하는 것 대신에 이러한 상황에 살고 있는 사람을 주류사회 안으로 재통합시키는 과업을 가진다. 공적인 절차, 특히 이런 지역, 거주지를 변화시키는 것, 구조적 불평등을 막는 것은 그러한 목적을 성취하는 데 중심이 될 것이다. 공평성의 틀 안에서 사람 간의 상호관계와 결속을 위한 논쟁은 실천가가 성공적인 과정으로 바꾸도록 도울 것이다.

10. 배제적 실천으로서의 동화

사회에서 '비정상' 으로 평가받는 사람에 대한 치료와 가족에 대한 포괄적인 사회적 지원의 부족은 그들의 생계보조 시스템과 공동체가 강압적인 동화정책을 통해서 체계적으로 파괴된 기존에 격리된 사람의 경험에서 더욱 극명히 드러난다. 여기서 야기된 문제는 사회복지 활동에 지속적으로 악영향을 미쳐 왔다. '외부인' 으로 일컬어지는 사람의 삶에 해를 끼친 시초는 영국 내의 노동자계층과 해외 토착민에게 중산층 동화주의적 정책을 강요한 데에서 비롯되었다. 이는 캐나다 원주민(First Nations)(Haig-Brown, 1988; Rutman et al., 2000; Bruyere, 2001)을 비롯하여 미국 인디언(Konstantin, 2002), 뉴질랜드의 마오리족(Tait-Rolleston and Pehi-Barlow, 2001)과 오스트레일리아와 아보리진(Thompson, 1994; Wilson, 1997)의 가족구조와 전통문화를 황폐화시켰고, 서구사회의 아프리카인 노예 공급을 위한 식민지 건설을 촉진시켰다(Gilory, 1995).

이들의 전통유산은 태어난 아동이 거주지역 내 학교에 다니게 되고 가족 및 공동체와의 접촉 빈도가 크게 줄어들면서 파괴되었다. 이러한 개입이 원주민 사회에 이익을 가져다줄 것이라는 억측하에 지배계층인 앵글로색슨족의 언어와 문화 그리고 삶의 방식을 받아들이도록 강요하는 방법이 나타났는데, 여기에는 가족에게서 아동을 분리하도록 강요하고 불복종에 대해 잔인한 처벌을 가하는 것 등이 포함되어 있었다(Haig-Brwon, 1988; Campbell, 1983).

캐나다에서는 인디언 주거지역 내 학교에 머물도록 강요하는 한편, 이와 관련하여 학대를 가함으로써 초기 세대에 문화적, 재정적, 정서적 악영향을 끼쳤다(Maracle, 1993). 그중 많은 학대가 최근에 이르러서야 자신의 이야기를 얘기하고자 한 사람들의 지속적인 노력에 힘입어 사회적으로 널리 논의되고 있다(Churchill, 1998; Wiebe and Johnson, 1998). 뉴질랜드의 마오리족(Tait-Rolleston and Pehi-Barlow, 2001)과 오스트레일리아의 어보리진(Wilson, 1997; Gilbert, 2001)은 이들의 보호를 자원한 기관과 복지단체를 통해 비슷한 학대 경험을 했던 것으로 드러났다.

캐나다의 인디언 아동과 영국의 흑인 아동처럼 뉴질랜드 마오리족 아동에게서도 아동보호와 청소년 사법 체계의 심각성이 나타난다. 실천과정에서 인종차별주의적 사고는 이들 가족이 사회적으로 합의된 규준에 실패하였기 때문에 자녀를 양육할 수 있는 능력이 부족하다는 것을 강조하는 사회복지사의 가족 개념을 반영하는 것이다. 백인 정착민은 '위험한' 문화와 전통을 따르는 부모에게서 아동을 '구한다'는 생각으로 아동을 돌보려 했다(Armitage, 1996). 성인 원주민의 이야기에 따르면 주류 사회복지사에 의해 자신의 능력에 대한 부정적인 측면이 촉발되었고, 원주민은 백인의 지배에 대한 저항을 계속해 나갔다. 실천가와 교육자는 국가의 정책 입안자와 일반 대중이 관심을 갖도록 해야 했는데, 이에 대한 사회복지사의 침묵은 부끄러운 과거다.

동화주의자의 사상에서 비롯된 원주민과의 실천문제는 클라이언트의 상처에 대한 전문가의 목소리와 지식에 더욱 힘을 실어 준다. 그것의 지속적인 득세는 학계와 현장 모두에서 전문가와 클라이언트의 반대를 유발시켰다. 개인적인 수준에서 제7장에서 논의되는(Bagnell, 2001) 인디언 거주지역 내 학교 경험을 견뎌 낸 사람들의 이야기는 어떻게 실천이 그들의 치료활동에 반하는 영웅적인 행동에도 불구하고 개인과 집단의 성장을 제한하고 억압해 왔는지를 드러낸다(Wiebe and Johnson, 1998). 집단적인 저항은 개인적인 반감으로 인해 쌓여 왔고 최후의 수단으로서 조력자의 역할을 제외한 모든 사회복지사의 역할에 대한 클라이언트의 거부감을 형성하였다.

식민지 주민의 자주적 공동체와 문화 건설에 대한 투쟁 노력은 개인과 공동체가 자신의 삶의 통제를 다시 주장할 수 있기 전에 식민지화되면서 고통받은 이상 함께 겪어야만 하는 중요한 치료과정을 설명해 준다. 각각의 이야기는 다르며 그들의 삶의 질 향상을 위한 반응은 그들의 특별한 욕구에 맞춰짐으로써 달라질 것이다. 그들의 투쟁 노력은 믿을 수 없는 어려움과 마주쳤을 때의 용기와 창조력을 보여 준다. 그들의 경험은 어떻게 그러한 변화가 발생할 수 있을 것인가에 대한 생각의 교환을 통해 활성화가 필요한 다른 공동체에 시사점을 제공해 준다. 이에 대해서는 제7장에서 자세히 다루며, 사회복지사가 개인의 요구에 더욱 완벽하게 반응할 수 있도록 활기찬 문화공동체 내에 가족을 포함시키는 노력의 중요성을 강조한다. 사람에게 투자하는 것은 그들의 개인적 환경과 사회적 환경에 대한 개입 모두가 필요하다.

필자가 이 자리에서 그들의 보호자가 행해 온 억압의 역사를 알림으로써 사회 내에서 자신들의 정당한 권리를 주장하는 사람의 노력과 더 넓은 세계의 발전에 대한 노력을 자세히 설명할 수는 없다. 이러한 이야기는 독자가 익히 알고 있는 여러 문학에서 찾아볼 수 있기 때문에 필자는 대신에 아동복지에 대한 직접적인 행동의 몇 가지 예를 살펴볼 것이다. 첫 번째 예는 인디언의 경험이며, 두 번째 예는 마오리족, 세 번째 예는 오늘날 영국사회에서의 흑인 아동의 이야기다.

캐나다의 백인 지배 사회에서 자신들의 위치를 계속 이어 가고자 하는 동화주의자의 공공연한 야망에 따라 이행된 인디언 아동의 가족에게서 격리 수용은 일련의 비인간적 대우를 통해 그 아동과 가족의 삶에 엄청난 고통을 주었다(Wiebe and Johnson, 1998). 동화주의자의 수치, 퇴폐, 공포 전략은 이어지는 인디언 주거지역 학교에서의 한 인디언 아동의 예에서 분명히 드러난다. 이 이야기는 캐나다 동화주의자의 정책에 자리 잡고 있는 인종차별적 사상을 보여 준다.

> 셀라스(Sellars)는 가톨릭 학교에서 거의 9년 이상을 보냈다. 그는 그곳에서 신부에 의해 성적 학대를 받았을 뿐 아니라 가족과의 접촉이 금지되었으며, 계속해서 굶겨지고 자주 묶이고 아직도 이해할 수 없는 잔인한 별명인 '더러운 꼬마 인디언' 이라 불리며 친구들과 함께 핍박받았다. 또한 거의 계속 이어진 구식 체벌이 있었다. 여자 아동은 분리된 놀이터 건너편의 남자 아동을 구경하다 걸리면 묶였고, 침대에 오줌을 싼 남자 아동은 머리 위에 그 오줌이 묻은 시트를 뒤집어써야 했다(Furniss, 1995, p. 10).

이 이야기에서 드러난 학대의 동인은 오늘날에도 쉽게 찾아볼 수 있다. 다음의 한 인디언 응답자의 이야기가 이를 더욱 분명히 하고 있다.

> 나는 계속해서 도망치고 도망쳤습니다. 나는 그들이 나를 내동댕이 친 공간에서 자랐습니다. 알지 않습니까? 그들은 나를 지하실에 감금시켰고 나는 그곳에서 홀로 있을 수밖에 없었습니다. 나는 술에 취해 나에게 욕설을 퍼붓는 위탁부모와 함께 자랐으며, 간단히 말해 내가 유색 인종이라는 이유로 나를 방치하는 곳에서 자랐습니다(Dominelli et al., 출간 예정).

학대의 전반적인 영향은 아동의 권익 위에 위치한 성인의 권익을 촉발시킨다는 것이다. 인디언은 비록 대부분 실패로 끝났지만 그들의 가족, 특히 아동에 대한 지배적 실천에 계속해서 저항하였다. 어떤 저항은 학대를 가하는 사람에게 직접적이지 않고 가족폭력이나 알코올과 약물 남용 등을 포함하여 자신을 파괴하는 방식으로 표출되었다(Campbell, 1983). 궁극적으로 국가가 그들의 요구에 적절하게 대응하지 못한 실패는 인디언이 자기 결정의 권리와 자신의 문화적 전통에 따른 아동보호의 권리를 요구하게끔 만들었다. 이것은 각 부족이 속한 소규모 집단에 의해 형성된 공동체에 기초하였다. 영국의 콜럼비아(Rutman et al., 2000), 온타리오(Hill, 2000), 노바스코샤(Gilroy, 1999) 등의 지역에서는 부족이 관리하는 아동복지 시스템의 몇 가지 시안이 구체화되었다. 이것들은 인디언을 치료하는 데 목적을 두고 더 넓은 사회를 지향할 수 있는 자기 결정의 적극적인 시민권을 장려하였다.

마오리족은 자신들의 요구와 문화적 전통에 따라 상황에 대처할 수 있는 실천의 대안을 만들어 냈다(Tait-Rolleston and Pehi-Barlow, 2001). 그들은 와이탕이(Waitangi) 조약에 따라 결정된 뉴질랜드 사회 내에서 동등한 조력자로서의 그들의 권리를 주장함으로써 그들이 주류사회에서 배제되는 것에 저항하였다(Ruwhiu, 1998). 아동복지 영역에서 자기 결정의 권리를 주장하는 한편, 마오리족은 아동복지에 접근하기 위해 가족공동체회의(family group conference: FGC)를 개최하였다. 가족 개입과 관련된 이 모델은 영국(Jackson and Nixon, 1999; Taylor, 1999)과 캐나다, 미국과 스웨덴(Schmidt et al., 2001)을 포함한 서구사회의 많은 나라에서 적용되고 있다. 가족공동체회의의 강점은 사회복지 실천가들이 아동들을 더 넓은 보호 네트워크에 연결시키고자 확대가족의 자원을 이끌어 내고 개인의 욕구에 더욱 효과적으로 대처한다는 점이다. 서구 국가에서 가족공동체회의는 필자가 일찍이 언급했던 더 넓은 지역사회보다는 생물학적인 연계를 강화시킨다.

가족공동체회의는 부모의 권한을 중요시하는 실천가의 힘에 도전하는 데에서 중요한 역할을 하였다(Jackson and Nixon, 1999). 가족공동체회의는 성인은 아동이 제일 원하는 것이 무엇인지 안다고 주장하는 성인주의의 패러다임 안에서 주로 작동한다. 아동이 자신의 의견을 표현할 수는 있지만 결정은 항상 성인이 하는 것이다. 다양한 흥미를 가진 다수의 성인의 존재는 아동에 대한 성인의 힘의 남용을 방지할 수 있을 거라 기대된다. 부모에게 권한을 부여하는 것은 아동의 희생을 유발할 수 있다. 그리하여 사회복지 실천가는 이러한 위기를 확실히 피하고자 한다. 더불어 사회복지사는 양육자의 네트워크를 확장시키는 데에서 고통받았고 또 고통받고 있는 어린 아동에 대한 국가의 지출삭감에 가족공동체회의가 잘못 이용될 수도 있다는 것을 명심해야 한다.

자신의 유산에 대한 정당한 고려 없이 보호·양육받고 있는 영국의 흑인 아동은 이와 유사한 이야기를 들려준다. 다음은 필자가 인터뷰한 한 어린 흑인 아동의 이야기다.

> 저는 아주 어렸을 때 백인 가족에게 입양되었습니다. 저는 제가 집을 떠나기 전까지는 진짜 가족에 대해 아무것도 모르고 자랐습니다. 그러나 지금 과거를 돌아보며 화가 나는 것은 저의 백인 가족이 제가 다르다는 것에 대한 사실을 전혀 언급하지 않았다는 것입니다. 검은 피부와 고불고불한 머리카락에 대해서 말입니다. 저는 종종 제가 존재하지 않는 것 같은 느낌을 받았습니다. 단지 저는 그들이 만들어 낸 다른 어떤 아동이며 저란 존재는 그 만들어진 아동의 생각대로 움직이는 것 같았습니다. 그리고 이러한 사실은 저를 외롭고 힘들게 만들었습니다. 저는 떠나거나 미쳐 버려야만 할 것 같았습니다.

이러한 대우는 1989년 아동법과 아동권리에 관한 UN 회의에 의해 지지되는 자신의 문화유산에 대한 흑인 아동의 권리에 위배된다. 사회복지사는 실천을 거쳐 이러한 권리가 실현될 수 있도록 더욱더 앞장설 수 있다. 영국의 흑인은 자신의 상황에 대한 인종차별을 하지 않는 사회적 장치를 거절하였고 이를 반영하는 사회 주류의 서비스의 변화를 요구하였다. 그들은 흑인 아동은 사회의 인종차별적 특성을 이해하는 흑인 가족에 의해서만 가장 잘 보호받을 수 있다고 주장하며, 황폐한 사회 내에서 살아남을 수 있는 방법을 가르칠 수 있다고 주장한다(Small, 1984; Maxime, 1986).

그레이엄(Graham, 2002), 존-밥피스테(John-Baptiste, 2002) 등은 아프리카 출신 흑인 아동과 가족에게는 아프리카 중심적 사회복지 접근이 좀 더 적합한 서비스를 제공할 수 있다는 점에서 아프리카계 미국인의 경험을 토대로 고유문화의 중요성을 주장하였다.

이러한 모델은 존경할 만한 전통문화의 손상을 막고 가족기반 작업에서의 주도적인 통제기술에 손상을 주는 실천가에 의한 양식을 개선하고 저항하도록 고무되어 왔다. 생존방식으로서 그들의 전통을 인정하는 전략은 과거의 유산을 개선하는 데 중요한 역할을 해 왔다. 이러한 전통적인 삶의 방향을 지키는 것은 필자가 '문화의 경직화' (Dominelli, 2000)라고 부르는 것, 즉 전통유산에 대한 치료가 시간과 공간 안에 고정된 것을 허용하도록 하는 것이다. 그것은 지배와 관련하여서 단지 특권계층이 그들의 문화를 살아 있고 변화하는 실체로서 경험하고 정의 내리는 것에 대한 특권을 갖고 있는 것처럼 보인다. 억압받는 사람에게는 타인과의 상호작용을 설명하는 문화적 전통에서의 상호적이고 역동적인 성장과 문화가 살아 있는 현실에서는 억압되고 있다. 결정적으로 캐나다의 법정은 이러한 상태를 영속시켜 왔다. 델가뮤큐 대 퀸(Delgamuukw v. Queen)의 사례처럼 캐나다 원주민의 문화는 유럽인 정복자 앞에서 얼어붙었다(Cassidy, 1992). 주도적인 담론이 적대적인 환경에서 전통적인 가치와 규범을 유지하고자 하는 사람은 이러한 관점에서 자신들만의 문화를 일구는 것보다는 이어져 내려온 문화유산을 재확인하는 수동적인 전략을 취하게 된다. 사회복지사가 문화를 시간을 넘어서 다른 사람과의 만남을 통해 발전되지 않는 고정된 실체로 대할 때 '문화의 경직화' 를 지속한다.

위에서 언급된 전통적인 실천에 대한 저항을 통해 형성된 사회복지 모델은 공통적으로 두 개의 발자국을 가지고 있는 동안은 서로 다른 것이다.

하나는 빈곤 아동을 위한 원조의 시스템으로서 확대가족을 강조하는 것이다. 다른 하나는 그들의 문화적인 지역사회 속에서 가족이 뿌리내릴 수 있는 힘을 얻는 것이고, 이러한 연합에 의해 그들의 미래 발전에 기여케 하는 것이다. 이러한 모델은 아동에 대한 지역사회의 관심이 아동의 삶의 질을 안전하게 보호하는 데 필수적이다. 이와 같은 접근은 분명히 산업화된 서구사회에서 개인, 가족 그리고 지역사회 간의 연결을 잃어버린 현실과 뚜렷하게 다르다(Wilmot and Young, 1968). 분리는 소유적 개인주의(MacPherson, 1962), 물질주의와 신자유주의(Brooks, 1996)의 이데올로기가 뒷받침되었다.

사례연구

콜롬비아계 영국인 원주민(Gitxsan) 여성인 G씨는 임신 당시 약물복용을 하고 있었다. 그녀와 국가를 대변하는 아동보호 운동가 사이의 논쟁은 G씨의 자궁에 아무런 해가 없이 낙태되는 태아의 권리 유무에 중점을 두고 있다. 사회복지 실천가는 태아를 보호할 권리가 어머니로서의 자신의 선택에 따라 낙태할 수 있는 권리를 우선한다고 주장하였다. 이에 G씨는 부적합한 어머니로, 태어나지 않은 자신의 아동을 돌볼 수 없는 부적격 어머니로 판명되었다. '아동'은 자궁 내에 있는 동안에도 보호받을 권리가 있으며, G씨는 임신기간 동안 약물중독에 대한 치료 명령을 받았다(Rutmans et al., 2000).

사회복지사는 아동을 서로 대립하는 존재로 개념화시키며 어머니의 권리와는 반대로 아동의 권리에 흠집을 내었다. 이러한 접근은 G씨가 재판받은 적대적인 사법 시스템으로 인해 더욱 부각된다. 이 사건은 결국 캐나다의 대법원까지 갔는데, 배심원단의 결정은 태아가 출생 전에 이미 권리를 갖고 있다고 본 하급법원의 판결과 다르지 않았다. 이에 따른 논쟁은 좀 더 깊은 논의를 위해 의회까지 파급되었다.

G씨의 경우는 법정 사회복지사가 어머니의 권한을 박탈하고 공동체에 의해 제공될 수 있는 지원에 대한 어머니의 권한을 송두리째 빼앗는 방식으로 개입하는 대표적인 예라고 할 수 있다. 어머니로서 부적합하다고 단정 짓고 적대적인 관점을 형성하면서 주류 사회복지 실천가와 사법 시스템 모두가 그녀를 그녀의 지역사회 주민과 연결시키는 데에 실패하였다. 문제가 있는 어머니에 대한 사회복지 실천가의 개별화된 분석과 초점은 그녀의 상황을 해결하기 위한 다른 대안을 차단하였고, 어머니 그리고 더 나아가 아동의 복지를 좀 덜 파괴적인 방법으로 보호할 것인가의 방법을 탐색하는 데 지역주민 자원을 활용하지 못하는 결과를 초래했다.

다른 원칙에 입각한 접근은 사회복지사와 법원이 단순히 주어진 것보다는 약물남용에 대해 왜라는 질문을 요구한다. 또한 G씨의 증상에 대해 반응할 뿐 아니라 그녀의 약물중독의 원인을 이야기하도록 돕는 것도 필요하다. 이것은 여성의 권리를 십분 고려하기는 하였지만 다른 사람에 대한 보호자 혹은 어머니로서의 여성의 권리에는 충분하지 못했다. 슬프게도 전통적 사회복지실천은 여성 자신의 권리보다는 모성으로서 타인을 돌보는 자로서의 역할과 관련된다. 그녀의 모성으로서의 능력에서의 G씨의 치료는 어머니와 자식에 대한 관심을 대립적인 것으로 구성하는 것이 예외적이지 않다(Dominelli, 2002b).

치유, 탄력성, 지역사회에서의 타인의 지지를 강조하면서, 깃산(Gitxsan) 주민은 친척과 가족 체계에 기초한 전통적인 확대가족과 지역사회 지지망을 고려하여 아동 복지와 보호를 연결시키는 깃산 아동 · 가족 서비스를 형성하였다(Lundquist and Jackson, 2000). 이것은 어떤 상황에 관련된 사람의 다양한 관심을 중재하고, 어머니와 아동 모두를 중요하게 생각하는 깃산 문화와 세계관(Lundquist and Jackson, 2000)에 일치하는 통합적인 접근을 통해 어려움을 갖고 있는 개인과 가족을 돕는 것을 추구한다. G씨의 경우도 인도 기숙사 학교의 캐나다 원주민 소년소녀에 대한 섬뜩했던 심리치료처럼 약물남용이 재해석될 것이다(Haig-Brown, 1988). 성인 남성과 여성에 대한 손상을 개선하는 것은 태아의 욕구를 충족시키는 동안 다뤄질 것이다.

G씨와 비슷한 상황에 대한 해결책은 쉽지 않을 것이다. 약물남용과 관련된 수많은 부모가 그들의 욕구를 위해 깃산 지역사회의 한정된 재정적 자원을 시험할 것이다. 실천가는 여러 수준에서 개입해야만 한다. 재정적 문제를 다루기 위해서 깃산 사회복지사는 보호 대상자뿐 아니라 깃산의 모든 아동에게 재정을 지원하기 위한 캐나다 정부의 기금방식의 변화를 요청하고 있다. 만약 그들이 성공한다면 위기에 처한 아동뿐 아니라 모든 아동을 위한 예방서비스를 발전시킬 수 있을 것이다. 이러한 노력은 주류의 정책과 관습의 변화를 목적으로 한다. 그것은 변호와 로비의 상당한 기술이 요구될 것이며 실현시키는 데 시일이 걸릴 것이다. 동시에 캐나다 원주민 실천가는 위기에 처한 개인과 가족의 즉각적인 욕구를 충족시키기 위한 구조적 변화뿐 아니라 상담, 치유단체, 적절한 다른 서비스와 같은 개인적인 지원을 제공하고 있다.

그들의 상황을 개선시키기 위한 일부 시도는 자원 집중적인 것도 아니었고, 외부의 재정을 요구하지도 않을 것이다. 깃산의 변화는 좀 더 쉽게 개선될 수 있다. 예를 들면, 지역사회에서 파트너십을 형성하는 것이다. 이것은 장기적 관점을 잃지 않고 단기적 욕구를 다루며 사회문제에 대한 총체적 시각의 부분을 형성한다. 어려운 아동에 대한 깃산의 좀 더 총체적인 지역사회 중심 접근은 병원에 장기간 입원하고 있는 아동과 부모가 특히 환영하고 있다. 목적 중 하나는 아동의 보호는 가족으로만 구성된 고립되고 외로운 행위가 아니라는 메시지를 생생하게 전달하는 것이다. 이러한 포부를 실행하기 위해서 깃산 지역사회의 지도자는 그 아동과 가족을 중심으로 하는 저녁식사 파티를 계획하여 모든 지역주민을 초대했다. 이러한 행동을 통해서 지역사회의 유대와 세대 간의 결속이 확고해졌다.

이 환영식에 참석한 한 참가자는 그것의 목적을 다음과 같이 이야기하며 정리했다.

> 이것은 한 지역사회와 한 가족의 부분인 조부모와 부모를 보여 주어 가족구조를 형성하는 한 부분이기 때문에 우리는 갈 것이며, 그들은 그 구조 속에서 중요한 위치를 가지고 있습니다. 우리는 갔습니다. …… 이 가족을 둘러싼 지역사회 주민을 보는 것은 매우 좋았습니다(Lundquist and Jackson, 2000, p. 125).

또한 이 사례는 문화가 어떻게 변하고 문화적 지식, 전통과 과거의 경험에 의존하면서 오늘날의 상황에 어떻게 적용되는지를 보여 주고 있다.

영국과 서구 여러 나라가 잃었던 지역사회를 다시 소생시키는 과정과 관련된 예에서 얻을 수 있는 교훈은 단지 생물학적 부모와 가족으로서가 아닌 모두의 책임감으로 아동을 보는 것이다. 또 하나는 그들의 관심을 끄는 아동의 가족과 협력하고 가깝게 일하는 전문가의 필요성을 강조한다. 하지만 잭슨과 닉슨(Jackson and Nixon, 1999)의 영국의 가족공동체회의의 활용에 대한 논쟁처럼, 사회복지사는 그들의 권위를 받아들이기 어려워하는 부모의 도전을 발견할지도 모른다. 또한 그들과 함께 파트너십을 갖고 일을 시작하기 전에 의사결정에 영향을 미치는 권력을 공유하는 기술을 발전시켜야 한다.

11. 나가며

아동은 세대를 거치는 상호 의존적인 관계망의 중요한 일부다. 오늘날에는 성인이 아동을 돌보고 있을지 모르지만, 미래에는 아동이 성인을 돌보게 될 것이다. 이러한 상호 의존성에 대한 자각은 세대 간의 결속을 다지고, 자율적인 존재로서의 권리를 빼앗은 의존적인 유년기 형성에 도전하며, 아동의 목소리를 듣는 데 기초가 될 수 있다.

아동복지 전문가는 의존적 패러다임 안에서 아동에게 반응함으로써 아동의 권리 박탈을 더 부가할 수 있다. 성인의 권력관계는 의존적 상태의 유년 시절 형성에 커다란 역할을 한다. 이 구조는 아동의 목소리를 거부하고 학대하고 착취할 수 있다. 실천현장에서 아동 중심의 형태를 발전시키기 위해서는 사회복지사가 아동에게 권한을 부여하는 방식을 제고하는 것이 요구되며, 아동의 개인적 욕구에 반응하는 것뿐 아니라 그들이 살고 있는 구조적 맥락을 변화시키는 것도 요구된다. 이것은 아동을 모든 성인이 공유해야 하는 지역사회의 책임으로 재개념화함으로써 행해질 수 있다. 즉, 아동 권리에 대한 의회가 유지되고 아동의 국적과 관계없이 아동이 살고 있는 곳에서 전문적인 실천을 보장하여 지역, 국가 및 국제적 차원에서의 아동 우호적인 정책을 대변함으로써 행해진다.

아동의 문화적 유산과 이에 관련된 욕구에 민감해지는 것은 적극적인 시민으로서 아동의 지위를 주장하는 과정의 일부가 된다.

제5장 노인에 대한 사회복지 개입

1. 들어가며
2. 노인에 대한 부정적 이미지에 도전하는 움직임
3. 사회복지실천에서의 노인에 대한 규정
4. 지역사회 보호
5. 노인을 위한 사회복지실천
6. 노인학대
7. 노인의 삶에서의 불안정과 상실
8. 노인을 위해 서비스를 제공하는 어린 보호자
9. 나가며

1. 들어가며

성인 남녀의 욕구에 특화한 맞춤서비스는 많지 않지만 노년층에 대한 서비스 수준은 좀 더 나은 편이다. 그런데 영국의 노인에 대한 사회복지실천은 전통적으로 '신데렐라적' 실천 영역으로 여겨져 왔다. 이는 노인의 이성교제를 주선하거나 노인을 위한 행정적인 업무만을 수행할 수 있는 무자격의 사회복지사에 의해 수행되는 낮은 지위의 일로 간주되어 왔기 때문이다(Barclay, 1982). 영국의료협회(British Medical Association)는 심지어 노인의학을 4순위의 시설에서 3순위의 환자를 돌보는 2순위의 전문직이라고 비방했다. 인종차별주의적인 실천이 병원의 위계질서 속에서 노출되고 백인 상담가가 노인의 욕구를 무시하는 상황 속에서 흑인 의사와 간호사가 그들의 욕구를 돌보아 왔다는 사실이 놀라울 뿐이다(Rhone, 2001).

서양에서 노인의 지위 하락은 19세기에 시작되었다(Cogwill and Holmes, 1972). 노화가 생물학적인 쇠퇴라는 생각에 입각해 노인은 부담이 된다는 억측이 나오게 되었다. 노인을 부담으로 간주함으로써 모호하지만 영향력 있는 힘을 지닌 진실이 만들어진다(Foucault, 1991). 이러한 범위에서 담론이 진행되면서 전문가가 그들의 영역 내에 들어오는 노인에게 일어나는 일을 통제하고, 그들의 영역 밖의 노인에게는 한정된 영향을 미치는 것이 더 쉽게 되었다. 담론이 이러한 결과를 가져오는 이유는 이와 같은 논의가 특정한 방법으로 일을 하는 것에 대한 근거를 제공하고 이에 따른 여러 절차를 정당화하기 때문이다(Foucault, 1991). 결국 노인의 지위 격하는 연령차별주의의 한 부분으로 간주할 수 있다. 연령차별주의는 나이를 근거로 사람들에 대해 행해지는 차별과 압박을 말한다. 노인에 대해서 연령차별주의는 생존 유효기간보다 더 오래 살고 있는 것으로 간주되는 신체에 초점을 둔다. 많은 노인은 연령차별주의자의 고정관념을 내면화해 왔고 그들 자신의 논의 가운데 이것을 재연하였다. 연령차별주의자의 가정은 노인을 하나의 집단으로 보고, 젊은이의 노동에 의존해야 하는 짐으로 간주하게 한다. 이러한 세계관에서 노인은 의존적이고 무능하고 쓸모없는 존재로 표현되었다(Scrutton, 1989). 노인은 연령차별주의의 결과로서 그들의 시민권과 존엄성을 상실할 위기에 놓여 있다.

연령차별주의자의 태도는 사람, 즉 젊은이와 노인 간에 존재하는 상호의존과 연대책임을 무시하고, 젊은 사람이 성장하기까지 노인이 그들을 위해 견뎌온 부담을 인정하지 않는다. 그렇기 때문에 연령차별주의는 세대 간의 연대책임과 상호 보답의 상실을 정당화한다. 더 나아가 성인이라면 노동에의 참여를 통해 독립적이어야 한다는 이유로 더 이상 일을 할 수 없는 노인에 대한 연령차별주의적인 관점을 더욱 견고하게 한다. 노인의 신체기능 저하로 인해 참여할 수 있는 노동의 범위가 제한적이기 때문에 사회에 기여하지 못한다는 견해는 그들에 대한 차별을 더욱 크게 한다. 이러한 논의는 노인이 사회에 기여 없이 받기만 하는, 즉 사회에 짐이 되는 존재라는 부정적 이미지를 사회적으로 부각시키는 데 결정적인 역할을 한다. 그러므로 연령차별주의적 태도는 노인을 치료받아야 하는 대상으로 전락하게 한다. 그러나 이러한 태도는 노인에게 전혀 도움이 되지 않는다(Phillipson, 1998).

노인의 의료화는 노인에 대한 부정적인 이미지의 핵심이다. 능력 있는 젊은이는 노화를 대체될 수 없는 불가피한 자연적인 과정으로 본다. 이에 노년기를 세대 간 관계의 (재)구성과 노인을 위한 사회적 자원의 부족이라는 시각으로 보지 않는다. 노인에 대한 사회적 배척은 노년기에 대한 연령차별주의자의 해석을 만들고 이를 지지하는 사회적 관계를 나타낸다.

나이에 대한 지배적인 논의에 대한 도전은 다방면에서 이루어졌다. 여성주의자들은 노화에 대한 부정적인 표현을 반대하고, 노년을 더 나은 성장과 발달을 위한 기회의 시간으로 재정의하였다(Friedan, 1993). 흑인 또한 노년기의 남녀 모두 타인의 복지에 지속적으로 기여할 수 있는 시기로 노년기를 다루었다(Patal, 1990). 노인은 자신이 의존적인 짐으로 받아들여질 수 있음을 인식하고, 그들 삶에 대한 연령차별주의자의 해석에 도전해 왔다(Freidan, 1993). 개인적인 차원에서 많은 노인이 도움 없이 스스로 잘 돌볼 수 있음을 보이기 위해 서비스를 거절하고 독립적인 삶을 유지하고 있다(Scrutton, 1989). 또한 많은 수의 노인이 사회복지적 개입을 요구하는 건강이나 다른 문제없이 잘 지내고 있다. 히긴스(Higgins, 1989)는 영국 노인의 5%만이 사회서비스에 많은 관심을 가진다고 추정하였다. 캐나다 노인에 대한 피타웨이(Pittaway, 1995)의 연구는 노인의 17.6%가 사회서비스의 개입을 요구하지 않았음을 보여 준다.

나이를 먹어 가는 영화배우나 대중 스타는 푸코(Foucault, 1991)가 '자아의 기술' 이라고 부르는 것처럼 자신의 젊음과 힘을 계속 간직함으로써 기존의 나이 든 사람에 대한 부정적인 시각에 반박한다. 이는 몸을 아름답게 유지하기 위한 성형수술과 다른 미용시술을 통해 노화하는 몸의 시간을 되돌리기 위한 비용을 기꺼이 지불하는 노인의 신체관리 습관에 비추어 보면 분명해진다. 이러한 기준에 그들 자신을 종속시킴으로써 노인은 젊음 안에 남아 있기를 희망한다. 노년을 재정의하는 이러한 시도는 계층의 이익에 따라 좌우된다. 그 계층은 정의의 일부를 깨뜨릴 수 있을 정도의 재원을 소유하고 있다. 동시에 이러한 행위에 가담하는 사람은 자신들이 벗어나고자 하는 부정적인 이미지를 강화시키는 역할을 한다. 그들은 단지 자신이 노화한다는 생각하기 싫은 순간을 잠시 지연시켰을 뿐, 나이 든 사람이 노쇠하다는 편견을 극복하지는 못했기 때문이다. 이러한 활동에 참여하면서 그들은 노년에 대한 비난을 통해 젊음이 가치 있다는 담론을 재차 긍정한다.

보호가 필요한 의존적인 존재로 표현되는 노인의 부정적 이미지는 노인 개개인의 구체적인 욕구와 노인이 개별적으로 그리고 하나의 집단으로 사회에 기여해 온 공헌을 무시함으로써 모든 노인을 동일하게 다루는 연령차별주의자의 해석을 반영하고 있다. 개인 차원에서 볼 때 삶의 어느 영역에서는 도움을 필요로 하는 노인이라 하더라도 다른 영역에서는 기술과 강점을 가지고 있다. 그 예로 가난하게 살지만 자원봉사활동을 하는 노인의 경우를 들 수 있다. 사회복지사는 일을 할 때 자신이 사정계획을 활용하는 사례 관리자든 아니든 간에 이러한 잠재능력을 보는 시각을 잃어서는 안 된다.

노인을 다양하게 표현하는 데 있어 노년기를 사회적, 신체적, 정신적 쇠퇴기로 표현하는 연령차별주의적 해석을 없애지 못했다. 그 이유 중 하나는 노년에 대한 부정적인 이미지는 사회적 상호작용의 많은 영역에서 재생산되어 왔고 지금도 진행되고 있기 때문이다. 비록 때때로 미디어가 노인은 보상받을 자격이 있는 사회의 구성원이고 그들을 위해 젊은 사람이 보호와 자원을 제공하는 것이 타당함을 주장하는 의견을 지지하기도 하지만, 보통은 노인에 대한 비호의적인 이미지를 (재)구성하는 데 결정적인 역할을 한다. 개인의 신체적 특성, 사회적 자원, 경제적 안정에서의 다양성은 제외하고라도, 어떤 노인의 경험도 다른 사람의 경험을 그대로 반영하지 않는다는 것에 비추어 볼 때 노인을 동일한 집단으로 해석하지 않는 것이 중요하다(Pittaway, 1995). 노화는 사회적 성, 인종, 계층, 장애, 정신건강, 성적 지향과 같은 사회적 분류에 따라 더욱 복잡해졌다. 나이가 들어가는 과정의 다각적인 면모는 노년층의 다양한 주관적 표현을 유발한다.

사회복지사는 실천에서 그리고 실천을 통하여 노인에 대한 연령차별주의의 주장을 모사하기도 한다. 사회복지사의 개입을 통해 일반화된 이미지는 노인 스스로 확립하고자 하는 것이 아닐 수 있다. 이는 노인이 그들 자신의 집에 남아 도움을 받고자 할 경우, 사회복지사가 노인에게 가장 가까운 친척에 대한 세부적인 사항을 물어볼 때 일어날 수 있다. 다음은 어느 여성 노인이 사회복지사의 치료를 받으면서 느낀 점을 기술한 것이다.

> 사정을 하기 위해 왔을 때, 그녀(사회복지사)는 나의 며느리를 보러 가야만 하고, 며느리가 제공할 수 있는 도움이 무엇인지 알아야 한다고 지속적으로 말했다. 그녀는 며느리가 20마일 밖에 살고 있고 돌봐야 할 어린 두 아이가 있다는 나의 말에 관심을 기울이지 않았다. 나는 그녀가 너무한다고 생각했다. 며느리는 매우 착하고 가능할 때마다 나를 도와준다. 만약 단지 며느리에게 도움을 얻는 것이 문제였다면 나는 사회복지사에게 가지 않았을 것이다. 그냥 며느리에게 전화를 걸었을 것이다.

이러한 상황을 다루는 사회복지사에게 다소 거만한 요소가 있다. 사회복지사는 여인의 말을 듣지 않았다. 여인은 자신에 대한 사회복지사의 연령차별주의적 해석에 대해 의문을 가지고 있었다. 사회복지사는 며느리가 할머니와 그녀의 자녀들의 욕구를 충족시켜 줄 만큼 충분한 자원을 가지지 못하고 있다는 것을 문제로 여기기보다는 단지 세대 간의 의사소통의 부족이 문제인 것으로 여기고 행동하였다.

노인의 상황과 그들 가운데에서 발견되는 사회적 분류범위의 다양성에도 불구하고, 실천가는 목적의 단일성 정도와 노인 사이의 동질성에 잘못된 초점을 맞춘다. 이러한 다양성은 공공지출을 줄이는 기간에 노인집단 내에서 서로 다른 분파가 제한된 돈 때문에 서로 싸우는 것을 보기 원하는 정치가에 의해 악용된다. 매우 특화되고 다양한 노인계층의 욕구가 충분하게 채워지기 위해서는 노령화에 대한 복합적이고 다양한 정치적 대응이 필요하다.

노년에 대한 부정적 이미지가 보편적이지는 않다. 어떤 사회에서는 노인의 강점을 찬미한다. 캐나다의 원주민은 노인을 지혜를 지닌 사람, 그들이 속한 종족의 문화적 전통을 지닌 사람으로 표현한다. 젊은 사람은 그들에게

순종하는 법을 배우고 삶의 의미, 사람과 사회 간의 관계, 사회적 세계와 자연적 세계 간의 관계, 서로 다른 집단 간의 관계를 그들 스스로 깨닫기 위해 노인과 대화하도록 권고받는다(Maracle, 1993; Bruyere, 2001).

이 장에서 필자는 노인을 위한 지역사회 보호의 출현을 포함하여 노년기에 대한 동시대 해석의 최근 경향을 알아보고자 한다. 필자는 현 상황의 특징과 단점을 강조한다. 그리고 세대 간 통합을 증진시키는 전통을 가진 나라의 경험을 살펴봄으로써 노인을 돌볼 대안적인 방법을 알아보고, 영국에 도입해 볼 만한 접근을 알아보고자 한다.

2. 노인에 대한 부정적 이미지에 도전하는 움직임

노인은 자신들의 다양한 정체성 가운데서 노령화와 관련된 부분만을 계속 강조하기를 원하지 않는다. 그들은 그들이 중요하다고 여기는 정체성의 어떤 면을 규정하고 그들의 에너지를 이용하면서 그들의 권리를 주장하기를 원한다. 노인은 그들의 특수한 환경에 따른 다양한 활동장소에서 그들을 규정하려는 방식에 저항한다. 그리고 그들은 시간이 지남에 따라 그들의 입장을 변화시킬 힘을 가지게 된다. 부정적인 사회구조에 대한 노인의 저항은 가정과 가정 안에서 일어나는 개인적인 관계와 같은 사적인 영역뿐만 아니라 다양한 유형의 사회조직에 참여하는 공적 영역에서도 분명하게 나타난다.

서구사회에서 노인은 그들의 목적을 추구하기 위해 그들 스스로 조직화하고, 이를 위해 필요한 자원을 동원하는 것을 당연하게 생각한다. 이러한 활동은 시민사회 내에서 일어나고, 이를 공식화하려는 정부와 정책에 영향력이 미치기를 기대한다. 조직화함에 따라 노인은 특정 권력관계의 주체나 대상으로서 그들의 지위를 받아들이거나 거부하는 것에 그들의 역량을 행사하게 된다. 노인을 부정적인 존재로 묘사하는 표현에 대해 행동을 취함으로써 이를 약화시키며, 다양한 의의와 의미를 가진 언어를 사용하여 그들 자신의 주관성을 표명할 수 있음을 보여 준다.

문화적 실천에 도전하는 것은 지식에 관하여 주장하거나 진실로 받아들여질 수 있는 의견에 대한 논의를 포함한다(Foucault, 1979a). 세상에 대한 대립적인 또는 대안적인 관점을 받아들이는 이러한 행위는 저항을 가져온다. 노인에 관한 전문적 견해를 포함한 확립된 지식에 대한 노인의 저항은 그들 자신의 경험을 바탕으로 한 대안적 주장을 내세움으로써 이루어져 왔다.

노인은 노년층으로서의 정체성을 기반으로 결집하여 집단행동을 취함으로써 그들을 일반화시키는 기존의 정의에 의문을 던졌고, 자신의 뜻을 표출할 수 있는 능력이 있음을 보여 줬다. 노인은 비록 그들의 행동이 노년에 대한 부정적인 이미지를 강화시키는 결과를 가져온다 할지라도 그들의 사회적 지위를 향상시키기 위해 노년에 대한 부정적인 묘사를 긍정적으로 사용하였다. 또한 노인의 재정적 독립을 유지할 수 있도록 하는 정책의 변화를 지지하는 의견을 선택적으로 강조하여 노인의 지위에 대한 고정관념을 인정하도록 도전하였다. 그러한 노력의 한 예로 연방국가에서 노인에 대한 공적 연금을 보장하는 것을 들 수 있다.

1930년대에 미국의 타운센디티스(Townsendities)는 그들이 젊은 시절에 사회를 위해 공헌했기 때문에 받을 만한 가치가 있는 부류라는 것을 근거로 주정부가 노인에게 수입을 보장해야 함을 주장하였다(Dominelli, 1991b; Pratt, 1993). 타운센디티스는 노화의 의료적 모델에 동의하였고, 이러한 이해를 미국정부가 의료보호를 승인하는 데 이용하였다(Pratt, 1993). 따라서 그들은 노년에 대한 부정적 이미지를 야기하면서 그들이 다루어져 온 방식에서 결정적인 수정을 옹호함으로써 부정적 이미지를 그들의 이점이 될 수 있도록 전환하였다.

또 다른 시대에 제대로 묘사되지 않은 노인에 대한 이미지는 많은 도전을 받아 왔다. 1970년대에 매기 쿤(Maggie Kuhn)은 노년기를 개인적인 삶에서 부정적이고 비생산적인 기간으로 여기는 관념을 거부하였고, 이에 대응하도록 미국의 노인을 조직화하였다(Kuhn, 1991). 그들은 정체성을 기반으로 한 정치적 운동을 재정비하여 노인에 대한 긍정적인 이미지 형성을 도모하는 새로운 노년층의 사회운동을 일으켰다. 그레이 팬더스(Gray Panthers)로 알려진 새로운 집단의 구성원은 노인에 대한 차별로서의 노인차별주의에 도전하였고, 의무적인 은퇴연령 폐지를 위해 일했다(Coress and Siuegal, 1987). 이러한 그들의 행동 프로그램에 따라 그레이 팬더스는 노년기의 현실을 재해석하고 새로운 지식을 구상하는 데 적극적으로 참여해 왔다.

'노인' 의 지위를 둘러싼 한계에 대한 도전에서 그레이 팬더스에 의해 시작된 집합적인 행동은 사람이 '늙기' 시작하는 나이에 대한 의문을 불러일으켰다. 이미 용인되던 정의에 대한 그들의 질문은 논쟁을 일으켰는데, 그것은 이전에 묘사되었던 특성의 임의의 성질을 강조하고 노년기와 관련된 진실에 관해 서로 다른 이해를 만들어 냈다. 궁극적으로 그러한 노력으로 인해 대중, 노인, 정책 입안자, 실천가, 학자들은 노년에 대한 다양한 정의를 내리게 되었다. 몇몇은 50세로, 다른 몇몇은 55세로 연령을 규정할 것을 제안하였다(Pittaway, 1955). 의무적인 은퇴연령을 바탕으로 한 법적인 정의는 60세에서 65세, 70세로 다양해져 왔다. 여성의 경우에는 남성보다 더 젊은 나이에 은퇴를 강요당해 이러한 구분은 전통적으로 성별에 따라 차이가 있어 왔다.

생물학을 바탕으로 한 노년의 정의에 도전하면서 그레이 팬더스 회원은 '사람이 할 수 있는 것' 을 기준으로 그들이 언제 나이를 먹는가를 결정해야만 한다고 주장하였다. 국제사회사업대학협의회(IASSW)의 명예회장으로 그 조직에서 왕성하게 활동을 하고 있고, 91세에 매우 탁월한 책을 썼던 캐서린 켄들(Katherine Kendall) 박사의 전기는 쿤의 관점을 실증적으로 지지하고 있다. 미리 예정되어 있는 노화과정에 따른 결과물은 존재하지 않는다. 모순되게도 노년을 정의할 때 노화과정이 아니라 임의로 정한 연령에 따른 급여노동에서의 퇴직에 중점을 둠으로써 그 생리학적인 기반이 다시금 확인되었다.

은퇴의 정의를 임금을 받는 일과 결부시키는 것은 여성의 욕구 또한 노인의 욕구와 같이 무시되도록 하였다. 여성의 낮은 임금에 의한 차별은 연금과 노년 여성의 낮은 수입에 관한 논의에서 더욱 명백해진다. 그리고 연령차별주의자는 가정에서 여성 노인의 노동에 의해 만들어진 경제적 기여를 부정하였다. 하지만 이러한 기여는 실질적인 것이다. 나이를 근거로 계산되지 않더라도 여성의 가사노동은 제조 분야의 것과 동일하게 경제에 기여하고 있다고 캐나다 정부는 평가하였다(Status of Women, 2001).

정체성의 측면에서 그들의 강령을 만들면서 그레이 팬더스는 문화적 실천을 재규정하고, 주 또는 경제기구보다 시민사회를 목표로 설정하는 데 관여하였다. 시민사회가 해당되는 영역은 '사회' 의 영역 또는 문화가 정의되고 도전을 받으며 재정의되는 영역이다. 시민사회를 대표하는 조직은 사람들의 일상생활을 연결하고 그렇게 함으로써 그들이 만든 가정과 선택을 당연한 것으로 여기도록 하는 사고과정에 영향을 미친다.

조직의 기반에 초점을 맞춤으로써 사회질서의 적극적인 기여자로서의 그들의 역할을 강조하고 이것이 사회의 정의와 공평성의 범위 내에서 다루어질 것을 주장함으로써, 그레이 팬더스는 그들의 입장에 대한 다른 논의를 확립하였다. 그들의 행위는 노인을 수동적인 대상으로 바라보는 기존의 흐름 가운데 세대 간의 유대나 노년인구의 주권적인 능력에 관한 중요한 메시지를 전달하였다. 이러한 노인은 노인에 대한 긍정적 이미지를 형성함과 동시에 젊은 사람과의 관계를 형성할 수 있었다. 그들은 젊은 사람과 함께 일할 수 있는 활동영역을 통해 그들과 연합함으로써 세대 간의 관계에 영향을 미쳤다. 이러한 노력은 분리된 세대를 연결시킴으로써 젊은 사람을 혼수상태에서 깨어나게 한다(Doress and Siegal, 1987).

그레이 팬더스는 연령에 따른 지배구조를 극복하기 위한 집단적인 투쟁의 일원으로서 구성원을 결성하기 위해 나이에 기반을 둔 집단적인 유대감을 동기로 삼았다. 그들은 조직화됨에 따라 개인적인 불안정, 사회적 무가치, 재정적 빈곤의 이슈에 관해 논쟁을 벌였다. 점차 노인으로서 목소리를 낼 수 있게 되면서, 그들은 또한 주변적이고 비생산적인 시기를 연상시키는 노년에 대한 낙인을 수정하기 위해 파고들었다. 이러한 활동을 통해 그레이 팬더스는 목적을 가지고 행동하는 노인의 능력을 강조하였다. 더욱이 노화 행동주의자들은 그들의 투쟁성을 보임으로써 노년보다는 연령차별주의를 사회가 역점을 두고 다루어야 할 사회문제로 규정하였다.

그러나 노인에 대한 적극적이고 활동적인 이미지의 채택은 젊은 사람의 이익보다는 노인의 이익에 초점을 맞춤으로써 세대 간에 갈등을 일으키고 세대 간의 결속력을 깰 수도 있다(Walker, 1990). 최근의 논의에서 미디어는 대립적인 용어로 세대 간 논쟁을 강화하는 데 주요한 역할을 하였다. 이것은 연령차별적인 시각에 기반하여 두 그룹을 적대적인 관계에 놓고 노년층보다 청년층에 더 가치를 두는 이른바 '청년주의' 라고 부르는 일종의 탄압이다. '청년주의' 는 적은 자원과 권력을 놓고 경쟁하는 과정에서 나이 든 사람은 자격이 없는 승리자로, 젊은 사람은 부당한 패배자로 일컫는다.

세대 간의 사회적 관계에 대한 청년주의자의 (재)구성은 일련의 새로운 논의를 만들어 왔다. 이러한 논의(움직임)는 노년을 비방하고 보호와 주의를 받을 가치가 있는 노인의 지위를 훼손시키는 것에 목적을 두고 있다. 자신들의 현실에 대한 노인의 정의를 공격함으로써 청년주의자의 새로운 논의들은 젊은 사람의 욕구에 반하는 노인의 욕구에 초점을 맞추고 노인을 적대적으로 다룬다. 이에 대한 예로는 젊은이의 실업은 노인이 은퇴를 거부함에 따른 것이다, 장수하는 노인과 자신의 집에서 생을 보내고자 하는 노인으로 인해 집이 부족하다 등의 논의를 수 있다. 부족한 연금 공급으로 인해 노인으로 하여금 그들이 원하는 것보다 더 오래 일하게 하는 경우, 불안정한 경제 상황으로 인해 직업을 원하거나 필요로 하는 모든 사람을 고용(직업, 일자리 제공)할 수 없을 경우, 미디어는 노인을 직업에 목매는 '탐욕스러운' 존재로 묘사하여 청년주의자의 야기를 진전시켜 왔다. 또한 미디어는 노인이 자신의 집을 소유하고 있기 때문에 그들을 '부유한' 것으로 묘사한다. 사실 노인이 집을 팔아 자신을 위한 보호서비스를 구입하는 것보다 그들의 집을 소유하기를 원하는 이유는 세대 간 결속력의 중요성을 보여 주기 위해 그들의 집을 자녀에게 남겨 주기 원하기 때문이다(Dominelli, 2002b). 그러나 미디어는 이러한 행동을 무책임한 것으로 바꿔 버리고, 만약 노인이 공적 기금에 도움을 요청할 경우 사회자원에 대한 공평한 몫 이상의 것을 더 가지려 하기 때문에 '탐욕스럽다고' 명명해 버린다.

이러한 노인에 대한 표현은 재정에 관심의 중점을 두고(Estes, 1989), '받을 만한 가치가 있는' 집단이라는 노인에 대한 합의를 줄이는 데 기여한다. 계속되는 논의에서 가족구성원, 특히 성인 여성은 노인의 욕구에 반응하지 않음으로써 노인 가족구성원을 실망시킨다고 표현하고 있다. 노인보호에 대한 책임을 세대 간 갈등으로 표현함으로써 이러한 논의는 개인적인 영역으로 다시금 추락하였다. 이것은 불충분한 재정상태에 있는 지역사회가 그들의 책임을 회피하기 위해 만든 표현의 특징을 가진다. 세대 간 갈등을 강조하는 논의는 보편적인 시민권에 기초하여 노인보호에 대한 서비스를 제공할 책임을 회피하기 위한 주장을 할 수 있다. 이것은 노인복지 제공에 실패한 제도로, 가족에게 그 관심을 이동시키기 때문에 엄격한 공공지출 정책하에 있는 정부는 이와 같은 논의를 뒷받침하고자 한다.

워커(Walker, 1990)는 박탈당한 집단으로서 노인을 바라보는 합의가 줄어듦에 따라 보호받을 만한 가치가 있는 사람으로서의 노인의 지위를 손상시키고 있다고 주장하였다. 그들의 지위에 대한 이러한 변화는 이성적인 장치가 되었고 통치의 도구가 되었다. 사회복지사는 이러한 논의를 지지하거나 반대하는 주요한 역할을 할 수 있다. 노인에 대한 연령차별주의적 해석에 도전함으로써 실천가는 세대 간 결속에 바탕을 둔 정체성의 정의를 확인하고 노인이 사회에 행한 긍정적인 공헌, 특히 그들의 자녀에 대한 양육에서의 공헌을 확인할 수 있었다. 따라서 사회복지사가 노인을 위한 옹호자로 돌아선다는 것은 현재의 실천에 변화를 요구한다.

노인의 욕구를 좀 더 시민권 지향적인 것으로 인정받기 위하여 그들을 자선의 대상으로 다루기보다 그들의 권리와 자격에 초점을 맞춰 요구하고자 한다. 이러한 경향은 베이비붐 세대가 노인이 되면서 더 많이 나타나는 추세다(Cork, 1998). 이 세대 가운데 많은 사람은 교육을 잘 받았고 현 세대보다 더 많은 돈을 가지고 있기 때문에 그들의 인구학적 구성과 이념적 성향이 노인에게 초점을 둔 사회 정책과 실천에 영향을 주고 있다. 그들의 이념적인 차원과 힘은 무시하는 반면 그들의 인구학적 특성과 과장된 수동성을 강조하고 있는 노인에 대한 대부분의 분석과는 반대로, 노인은 실제로 선거권을 지닌 활동적인 유권자가 되고 있다. 그러므로 정치가는 노인의 지지를 얻기 위해서라도 그들의 염원에 주의를 기울여야 할 것이다.

3. 사회복지실천에서의 노인에 대한 규정

노인에 대한 사회적 해석은 수많은 모순점을 가진다. 하나는 노인을 규정하는 것에 대한 것이다. 만약 성인기가 청소년기와 노년기의 전환기라면, 어떤 시점에서 노년기가 시작되고 언제 끝나는가? 무엇으로 구별할 수 있고 구별해야 하는가? '나이 든 노인' 또는 심지어 '매우 나이 든 사람' 등의 어휘는 연령을 이용한 구분의 한계를 모호하게 한다. 그러나 이러한 용어는 노인과 함께 일하는 실천가의 사전에 분명하게 나와 있다.

성인기는 인간의 능력이 절정에 이르는 시기다. 사회복지사는 노년의 정체성을 어떤 사람이 자신의 신체적인 힘이나 사회적인 역할을 상실한 시기로 규정한다. 노인에 대한 이러한 개념은 연령차별적 관점의 바탕을 마련한다. 이러한 관점은 노년기를 육체적으로 노쇠해지고 의존적이며 불안정한 시기로 보는데, 현실에서는 노령인구의 도전을 자주 받는 무능력주의적인 관점이다(Priestley, 1999). 경제적인 구조변경과 다양하게 일어나는 산업의 규모 축소로 인해 늘어난 조기 은퇴와 퇴직은 노동시장에서 자리를 상실하는 것과 관련된 연령차별적 규정(Phillipson, 1982)을 강화할 가능성이 많다.

계급은 노년 경험의 중요한 부분을 차지한다(Phillipson, 1982; Scutton, 1989). 중산층이나 부유한 노인은 더 많은 자원을 가지고 특권을 누리며 덜 수치스러운 노년기를 보낸다는 것을 보여 준다. 그들은 필요한 개인적인 사회복지 서비스나 신체적인 도움을 자존심이 상하는 자산조사를 거치지 않고도 구입할 수 있으며, 재원이 부족한 지역관리가 필요한 서비스를 충분히 공급하지 못함으로 인해 제한적인 서비스만으로 만족해야 하는 일도 없다.

영국에서 소수인종 노인계층의 특화된 욕구는 무시되어 왔다. 음식습관, 종교, 언어, 문화적 관습, 유대관계, 가정의 형상 등은 인정받거나 구체적으로 고려되지 못했다. 그들의 적은 숫자는 이와 같은 소외를 더 강화하였다. 소수인종의 노인은 매우 제한된 서비스만을 제공받을 수 있다(Patel, 1990). 또한 흑인 노인은 더 가난하며 연금과 다른 혜택을 받지 못할 확률이 크다(Blackemore and Bonecham, 1994).

소수인종 노인과 일할 때는 문화 간의 상호 의사소통이 중요하다. 다양한 문화적 관습은 문화 간의 의사소통에 영향을 줄 수 있다. 예를 들어 중국 노인이 사람을 볼 때는 눈을 똑바로 보지 않으며, 유태인 여성은 남자를 쳐다보는 것이 허락되지 않음을 아는 것이(Pittaway, 1995, p. 55) 사회복지사가 자신의 가치로 그들을 판단함으로써 그들의 행동을 잘못 이해하는 일이 일어나지 않도록 돕는 것이다. 그렇다고 해서 인종차별적 관습이나 조직적 인종차별주의가 개별적인 인간 간의 관계에 집중함으로써 무시될 수 있다는 의미는 아니다. 자신의 문화에 대한 사람들의 시각은 주류문화와의 교류를 통해 영향받기 마련이다. 그것은 이러한 교류를 통해 바뀌거나 재확인될 수 있다. 문화란 상호 반응적인 것이지 일방적인 것이 아니다.

서구사회에서 노령인구의 큰 부분을 차지하는 여성에게 성은 더욱 복잡한 요소로 작용한다. 여성이 노동인구에서 제외된 상태로 긴 시간을 보냈다면 노인이 되었을 때 수입이나 연금을 받을 권리 등에서 더 열악한 위치에 처하게 된다. 남녀 간의 노동시장 참여 비율의 균형이 증가한다 하더라도 여성이 비슷한 직장을 가진 남성보다 적은 돈을 벌기 때문에 결국 이 상황은 바뀌기 힘들다. 더군다나 여성은 더 단편적이고 간헐적인 직업 경력을 갖는다. 특히 아이를 임신하고 있는 동안에는 더욱 그러하다. 급여노동에서의 이러한 불평등은 여성이 받을 수 있는 혜택, 특히 갹출제 연금에 반영된다. 분담을 적게 하고 남성보다 낮은 대금을 지불한 여성은 연금의 액수가 더 적고, 그로 인해 노년에 더 많은 경제적인 어려움을 겪게 된다. 그러나 보험원칙에 따른 사회연금의 성차별적 특성은 그다지 언급되지 않는다(Pascall, 1986; Fraser, 1989; Dominelli, 1991b).

사회복지사는 노인의 특별한 이미지를 만들고 유지하는 데 주요 역할을 한다. 그들이 단지 취약한 노인에게 서비스를 제공할 수 있었던 이래, 취약성은 노인 고객을 구성하는 중요한 측면이 되었다. 취약성은 스스로를 돌볼 수 없는 무능력 또는 타인에 대한 의존을 포함하고, 노인을 연약하여 도움을 필요로 하는 자기 역할을 잘하지 못하는 존재로 묘사하고 있다. 무능력의 의미를 지닌 취약성은 사회복지사가 가장 가까운 여자 친척이 노인을 위해 돌봄을 제공하도록 격려하는 이미지를 주로 포함한다. 자원의 한계는 이러한 노인에 대한 이미지를 조성한다. 단지 공적 서비스를 받을 자격이 되는 노인은 매우 취약하고 재정적 자원이나 다른 재산 또는 그들을 기꺼이 보살펴 줄 사람이 없다는 것이다.

이러한 이미지는 실천 영역에서 성인보다 노인을 더 적게 다루도록 유도한다. 또한 이러한 이미지는 노인을 유아처럼 대하고 노인의 자율성을 배재하도록 하는 것이다. 이것은 노인 스스로 결정 내리는 권리를 제한함으로써 그들의 권한을 빼앗는다. 이러한 억압적인 관계가 재생산되는 것을 막기 위해 사회복지사는 일상생활에 뿌리를 둔 광범위한 실천과 그들이 당연시 여기는 주관성에 대해 질문을 해 보아야 한다. 이러한 비판적인 질문은 주입된 지식 또는 '실천 지혜'로서 통과되는 것을 동요시킬 수도 있고, 억압받는 사람의 경험을 바탕으로 한 새로운 형태의 지식을 만들어 낼 수도 있다. 연령차별주의에 대해서 실천가는 반성적이어야 하고 노인 클라이언트를 표현할 때 나이의 특이성을 이해해야만 한다.

사회복지실천에서 인간 수명이 연장된 것은 함축적인 의미를 지닌다. 하나는 인구변화로서 근본적으로 건강에 대해 도움을 필요로 하는 노인의 수가 증가한다는 것이다. 다른 하나는 노인임에도 누군가를 돌보는 역할을 담당하게 되는 것이다. 마치 가임기의 젊은 여성이 그 에너지를 고용시장에 쏟듯이, 노인은 손자를 위해 보살핌을 제공할 것을 요청받을 수 있다. 이러한 부담은 친척의 보살핌을 넓혀 감에 따라 마치 흑인 가족이 수 세기 동안 그래 왔던 것처럼 손자를 돌보는 할머니에게 더 많이 부여될 것이다(hooks, 2000). 만약 친척에 의한 보살핌을 지지하는 자원이 부적절하게 모금되고 계획된다면 노인에 의해 이루어지는 보살핌은 어쨌든 착취될 것이고 지지받지 못할 것이다(Stogdon, 2000; Richards, 2001).

착취의 문제는 노인을 도와주는 낮은 임금의 돌보는 사람 또는 자원봉사자를 씀으로써 일어난다. 몇몇 당국은 자원봉사자에게 지불을 하지만 그렇지 않은 곳도 있다. 이러한 분열은 보수와 무보수 집단 간에 갈등을 야기할 수 있다(Pittaway, 1995). 자원봉사자에게 많이 의존하는 것은 사무실에 종일 직원이 상주하는 것을 막는 인적 자원의 부족을 가져올 수 있다. 비록 여러 유형의 학대를 막기 위해 급하게 도움이 필요할지라도 기록상의 보호자만으로는 즉각적인 도움의 요청 또는 이용을 보장하는 것이 어렵다(Pittaway, 1995). 노인이 독립성을 유지하고 그들의 권리를 실현하는 데 부딪히는 어려움은 그들을 지역사회의 통합적인 부분으로 보고, 그들의 친척 입장에서의 관심이 아니라 모든 사람의 관심으로 그들을 보는 것이 중요하다는 것을 강조한다. 그들 자신의 옹호자에 접근하는 데 제한을 받아 온 노인이 단지 전체 노인 중 13.5%임에도 불구하고(Pittaway, 1993), 이러한 공급의 차이는 그들의 권리를 실현시키고자 하는 노인에게 문제를 일으킨다. 사회복지사는 보살핌이나 지지에 대한 불공평한 접근유형을 주목할 수 있고, 사람들을 조직하여 이러한 상황에 대해 시정하고 자원을 획득하도록 도울 수 있다.

돌보는 사람을 위한 지원 부족은 그에 대해 제공되는 합법성에도 불구하고 돌봄을 주고받는 권리에 대한 논쟁을 야기해 왔다. 이것은 노인에 대해 돌봄을 제공하는 것이 가치가 있으며, 그들을 위한 공급이 권리에 근거한 것이고 시민으로서의 지위를 존중해야 한다는 것을 확인해 주는 출발점이 되어 왔다(Knijn & Ungerson, 1997).

또한 사회복지사는 노인에게 보호서비스를 제공하는 사람을 주목해야 한다. 이러한 논의 내에서 가장 중요한 요소는 친족 간의 돌봄 및 여성, 특히 딸과 며느리가 무보수로 돌보는 역할을 담당해야 한다는 생각이다. 이 고정관념은 노동에서 성차별주의를 강화시킨 성별에 따른 관계를 형성시킨다. 여성에 의해 행해지는 노동에 대해 무감각해 왔기 때문에 돌보는 사람이 남자인 비율이 의미 있는 정도임에도 무시되어 왔다. 돌보는 사람 중 약 25%가 남자로서 아내를 보살피고 있다(Twigg and Atkin, 1994). 게다가 가족구성원이 도움에서 중요하다는 가정은 영국의 사회복지에서 여전히 한 맥락을 형성한다. 이는 연구에 의한 것이 아니다. 연구에 따르면 가족의 도움은 그리 크지 않다. 가족의 돌봄 수준을 조사한 몇몇 연구 중의 하나에서 피타웨이(Pittaway, 1995)는 사례 중 단지 11.3%가 유용하고, 35.8%는 제한된 범위에서만 유용하다고 밝히고 있다. 의미 있는 소수 19%는 필요할 때 얻을 수 있는 도움을 줄 가족이 없었다(Pittaway, 1995, p. 51). 그리고 소수의 노인 또는 그들을 돌보는 사람들만이 제공받을 수 있는 서비스의 범위를 인식하고 있었다.

가족이라는 틀 안에서 노인과 함께 일하는 것은 아동이 부모에게 의존하는 식의 인생 초기 단계의 전통적인 관계를 거꾸로 하면서 오히려 성인 자녀들이 그들의 부모를 돌보아 주는 것으로 대체하게 된다. 친족 돌봄의 유형은 아니지만 성인 자녀가 노인을 돌보는 경우가 이에 해당한다. 자녀들은 이러한 관계의 역전에 대해 불편해할 수 있다. 쓰러진 아버지를 보살피기 위해 직업을 포기한 한 성인 여성은 나에게 이런 말을 했다.

> 나는 이렇게 마른 남자가 내 아버지였다는 사실을 믿을 수 없었다. 크고 강한 근육을 가진 나의 아버지의 젊음은 어디로 가 버렸는가? 내가 아이였을 때 아버지가 나에게 해 주었던 것처럼 내가 아버지를 목욕시키고 씻겨 주는 것을 참을 수 없었다. 이것은 매우 부자연스러워 보였다.

이러한 '부자연스러운' 관계는 가족 내의 세대 간 관계에서 중요한 전환을 의미한다. 이 여성은 때때로 집에 있는 노인을 보살펴 왔다. 그러나 정서적 요구가 다른 새 역할에 대해서는 준비하지 못하였다. 즉, 그녀는 다음과 같이 말하였다.

> 누군가의 아버지를 돌보는 것은 다르다. 당신 자신의 가족을 돌보는 것과 같지 않다. 관계가 덜 개인적이고 마음이 덜 아프다.

이 여성은 사회가 '그녀에게 너무 많은 것을 요구한다.' 고 주장하였다.

그녀가 지불해야 하는 정서적 대가가 너무 컸다. 그리고 다른 성인을 돌보는 사람과 마찬가지로 그녀는 자신의 직장을 희생했고 미래의 연금계획도 상당 부분 보장받지 못했다.

사회복지사는 돌보는 사람의 실질적인 소망에도 불구하고 그들이 노부모를 적절하게 돌볼 수 있도록 하는 광범위한 실천을 통해 이러한 전환을 관리하는 데 참여하게 된다. 실천가는 가족 내에서 분열이나 파멸 없이 한 단위로서 구성원을 참여시킴으로써 가족을 돌보는 것을 '자연스러운' 것으로 여기도록 하는 상호 대화에 참여하면서 이를 행한다. 만약 성인 자녀들이 이러한 기대를 공유한다면 사회복지사의 업무는 단순해진다. 최소한의 해결 욕구에 대해 서로 일치하지 않는 것은 사회복지사가 여성이 다른 사람을 돌보아야 한다는 당연성을 포함하는 가족에 관한 다양한 허황된 믿음에 대하여 마지못해 도전하고 있기 때문이다. 가족 돌봄의 중요성은 노인은 스스로 돌볼 수 없으므로 젊은 사람의 보살핌을 필요로 한다는 관점에서 예견되었다(Parker & Lawton, 1994). 이는 노인의 의존성과 낮은 저항력을 강조하는 노년에 대한 부정적 이미지와 연관되어 있다(Priestley, 1999). 그러나 많은 노인은 그러한 보살핌을 요구하지 않고 그들의 상태에 대한 부정적인 이미지를 마음에 걸려 한다(Friedan, 1994).

또 다른 연령차별주의자의 가정은 다른 클라이언트에게도 제공하는 서비스 공급의 일반적인 맥락이 노인에게도 적합하다는 실천가로서의 믿음이다. 그들은 노인의 구체적인 요구 또는 연령차별주의자의 고정관념에 대해 의문을 품고자 하는 욕구에 거의 주의를 기울여 오지 않았다. 노인의 욕구에 대해 상담을 하는 중요성에 관해 스크루턴(Scrutton, 1989)은 그들의 욕구가 젊은 사람의 욕구와 다르다는 것을 주장한다.

노인과의 간단한 의사소통은 때때로 간단하지 않다. 청력이 좋지 않은 것은 심도 있는 대화를 할 수 있는 그들의 능력에 손상을 준다. 또 좋지 않은 시력은 상담가가 몸동작 등의 비언어적 의사소통을 사용할 기회를 제한할 수 있다. 그들은 건강이 나쁠 수 있고, 고독감과 애도로 사기가 낮아지며, 자신의 미래를 기대하면서 바라보는 능력이 심각하게 감소된다.

이러한 설명은 일부 노인의 상태를 정확하게 반영할지도 모른다. 그러나 이것은 노인을 의존적 집단으로서 해석하는 부정적 이미지에 좌우되고, 그들의 구체적인 욕구에 부응하는 서비스를 이용하는 합리성을 제공한다. 이것은 또한 의료화, 생물화의 위기를 갖는 일상적인 실천을 통해 노인에 대한 노골적인 관점을 전파시킨다. 비록 그들 욕구의 세부적인 내용을 확인할지라도, 그들의 사례에 대한 이러한 해석은 부정적인 이미지를 재확인시킨다. 사회복지사는 노인의 장점과 그들의 욕구를 변화시킬 수 있는 능력에 대한 긍정적인 이미지를 투사하는 데 중요한 역할을 한다.

전문적인 이야기는 낮은 수준의 서비스를 받는 것에도 만족하는 노인에 대한 묘사로 표현된다. 그러나 이것이 변하기 시작했다. 노인집단이 그들의 입장에 대한 부정적 묘사에 도전하기 시작했기 때문이다. 사회복지사는 신체적, 성적, 정서적, 재정적으로 돌보는 사람과 다른 사람에 의해 학대를 받는 것을 포함하여 점차 노인의 복잡한 욕구와 문제의 범위를 인식하게 되었다. 그리고 이러한 일을 하는 직원의 훈련수준은 향상되어 왔다. 그들의 돌봄의 유사 시장안에서 시장기반 역량강화를 목적으로 하는 정책이 실행되었다. 예를 들면 장애노인을 위해 직접적인 지불을 함으로써 지위를 향상시켜 왔다.

4. 지역사회 보호

지역사회 보호는 탈시설화를 지지하는 정당, 전문가의 생각과 「그리피스 보고서(Griffiths Report)」에 따라 노인을 주거보호에서 빼내려는 움직임이다(Griffiths, 1988; Bornat et al., 1997). 비용을 절약하는 것이 이 정책의 핵심적인 결정요인이었다. 다른 것은 민간 부문의 보호부담을 확대하는 것으로, 시장원리에 종속시키고 자본 축적의 자원으로 보호서비스를 가능하게 하였다. 지역사회 보호는 노인을 보호하기 위해 시장규제가 부여되는 메커니즘으로 성립되었고, 이로 인해 자본주의 조합문화를 그들의 작업방식으로 소개하게 되었다(Griffith, 1988). 1990년 국가 건강 서비스 및 지역사회보호법(National Health Service and Community Care Act)에 의해 주도되면서 이것은 국가의 역할을 잔여적 제공자의 역할로 바꾸었고, 경쟁을 가속화시키는 유사시장과 혼합경제를 적용하였으며, 서비스 계약을 해결하고 상업적 관리 접근을 공적 영역 관리에 적용하게 되었다(Le Grand and Bartlett, 1993; Hunter, 1994).

규제의 계약 형식은 서비스 공급자인 국가가 실천현장에서 목적 실현을 위한 책임을 수많은 기관을 통제함으로써 이행토록 하는 메커니즘을 제공한다. 법적인 계약수단은 하위 조직이 계약할 때 수행해야 하는 지침의 중심 역할을 담당하고 계약에 동의한 대상자를 만족시키도록 규제한다. 이 정책은 또한 비효율성 및 자원의 남용을 방지하는 의도를 갖고 있고, 관리자에 대한 직접적인 책임성을 무시하고 소비자의 욕구에 반응적이지 않은 전문가의 실천을 억제시킨다(Priestley, 1999).

지역사회 보호 내 시장에 의해 제공되는 재정적 환경은 제공자에게 첨예한 가격경쟁 압력의 효과를 갖게 하였으며, 지방 당국에 의한 서비스의 배급을 악화시키고 서비스 이용에 대한 요금을 부과함으로써 소비자에게 서비스의 비용을 전가시켰다(Mandelstam and Schewr, 1995). 그것은 또한 계약문화의 맥락 내에서 상업적 관습을 일으키는 것을 촉진하고(Barker, 1996) 체계 내에서 전문가의 윤리와 가치에 따라 명백하게 조직화하였으나 그것의 '신데렐라' 같은 위치를 확산시켰다(Dominelli, 1997, 2002a).

시장의 힘에 따른 정책의 조작은 반대로 노인을 위한 가정의 공급에 주목했다. 성장을 촉진하는 정책은 사적 제공자에 의해서 만들어지거나 공적 영역에서 서비스를 구입하는 가정의 수를 증가시키는 원인이 되었다. 공공지출로 그러한 지불이 팽창되었고, 1980년대 중반에서 후반 동안 이윤은 커져 갔다. 그러나 이러한 기금이 고갈되면서 사적 제공자는 큰 적자에 직면했다(Batty, 2002). 그들은 공급을 유지하기 위해 더 많은 공적 자금을 요구했고, 이것을 필요할 때 얻을 수 없게 되자 사용자 비용을 요구하고 개별 가정의 부담을 외면하게 되었다. 이러한 행동은 노인과 그들의 가정에 대한 독점적인 부담을 일으켰다. 이용자의 비용 지불은 노인이 보호에 대한 비용을 지불할 자산 정도에 따라 서비스를 제공하는 자산조사를 요구했다. 노인은 국가가 곤경에 빠지는 것을 막기 위해 국가 보험 틀을 세우는 데 기여한 대가로 수치심을 받게 되었으며 이러한 결과에 분개하였다(Dominelli, 1997).

5. 노인을 위한 사회복지실천

노인을 위한 사회복지는 지역사회보호법(CCA, 1990)을 통해 공급자와 구매자 간의 관계에 대한 법적 부과를 따르는 시장원리와 그것의 정비에 따른 조직적 재구조화에 의해 확산되었다. 지역사회 보호는 상업적 실천을 유지하는 것 위에 사회복지 문화를 만든다는 구체적인 목적을 갖는다(Griffiths, 1988).

지역사회 보호는 사회복지사에게 새로운 기회이자 가장 큰 도전 중의 한 부분이다. 이는 사례관리자로서 새로운 기술을 배우는 것, 예산과 연관된 정책 틀에 대해 반응하는 것, 실망한 소비자에 대처하는 것, 그리고 다른 사람에 의해 전달되는 보호 패키지의 조정자로서 기호에 따라 행동하기 위해 각각의 구체적인 사례에 맞게 설계된 총체적인 서비스를 클라이언트에게 제공하여 그들의 욕구를 충족시키는 것을 하게 하였다. 하나의 완전한 지역사회 보호 설계에서는 사회복지사가 클라이언트에 대해 직접적으로 개입하는 것이 포함될 필요는 없다. 이러한 전환의 결과로서 사례 관리자는 누구나 될 수 있었는데, 사회복지에서 이러한 역할에 사회복지사 자격의 요구사항이 전혀 없기 때문이다. 이러한 변화는 사회보호 활동 영역에서 사회복지의 영향력이 줄어드는 징후로 보인다.

시장 지향적 지역사회 보호의 발달은 진지한 검증을 요구한다. 중요한 욕구가 (불)충족되었거나 클라이언트의 취약성이 그러한 정책에 의해 더 악화되지 않았는지 검증하기 위한 연구가 필요하다. 전문직의 신데렐라적 측면으로서 노인과 일하는 것이 전통적으로 학생과 복지 보조자에게 위임되었던 역사에서 알 수 있듯이, 1980년대 후반에 나타난 지역사회 보호를 새로운 실험으로 선택한 영역이 있다는 것은 놀랄 만한 것이 아니다. 지역의 상태와 그 안에서 일하는 사람의 자질이 향상되었음을 측정할 수 있는 측정치가 있다면 환영받았을 것이다.

곧이어 연령차별주의, 성차별주의, 인력 부족, 노인의 증가를 제시하는 인구학적 프로파일 등은 주정부의 보호체계의 재정을 시험하고 노인보호를 위해 수요가 많은 해결책인 주거보호보다 지역사회 보호를 선호하게 했다. 그러나 지역사회 보호를 지지하는 정책과 태도는 노인을 위한 서비스를 지원하는 데 불충분한 상황을 여전히 존속시킨다(Barclay, 1982). 그들의 가족과 지역사회에서 노인을 위한 보살핌을 뿌리내리도록 함으로써, 정책 입안자는 노인을 돌보는 여성이 주정부의 부담과 노인의 욕구 간의 간격을 메워 주기를 바란다. 그들은 지역사회에서의 보호는 주정부에 의해 제공되는 시설보호보다 비용이 싸다는 것을 주장한다. 왜냐하면 여성이 필요한 보살핌의 양을 무료로 제공하기를 기대했기 때문이다(Bonny, 1984).

이러한 전략은 계획에 따라 진행되지 못하고 있다. 다른 중요한 인구학적 경향은 비록 파트타임이고 저임금이라 할지라도 여성이 급여를 받는 고용시장에 나가는 수가 증가하고 있음을 보여 준다. 이는 가정에서의 일에 대한 가정에서의 보호의 부족을 가져왔다. 여성이 취업하는 것은 돈을 받지 않는 직업에 헌신할 수 있는 여성 자원을 감소시킨다. 노동력의 이동은 더 복잡한 문제이고, 노인을 돌보려는 또는 돌볼 수 있는 여성이 그들 가까이에서 반드시 살 필요는 없다. 여성은 전통적으로 자녀나 나이 든 의존적인 친척을 위한 보살핌을 주로 제공하는 사람이었지만 미래에도 계속 여성이 이러한 부담을 질 것이라고 가정할 수 없다. 그러나 임금을 받는 직장에 고용되는 것이 여성이 노년에 그들 자신의 보살핌을 구입하는 데 필요한 자원을 조달하기에 충분한 것은 아니다. 여성은 저임금 구조에 갇혀 있다. 최저 임금(2003년 10월 현재 1시간당 4.50파운드)을 지불받는 사람 중 70%가 여성이다(Toynbee, 2002). 저임금의 직업에서 받는 수입은 적절한 연금이나 은퇴 후 여성이 필요로 하는 서비스를 살 자원을 제공해 주지 못할 것이다.

6. 노인학대

가정이 돌봄을 제공하기에 안전한 환경이라는 사회복지사의 전제는 최근에서야 노인학대를 문제로 인식하게 하였다(Pritchard, 1992; Biggs, 1995). 노인학대는 노인에게 폭력을 행하는 것이다. 이것은 나이를 평가절하하고 노인을 다른 사람의 목적을 위한 대상으로 다룬다는 것을 의미한다. 노인에게 행해지는 폭력은 재정적, 신체적, 성적, 정서적 학대를 포함한 수많은 유형이 있다. 학대의 각 유형은 학대적인 사회관계에 대한 특수한 해석에 의해 지지받아 왔다. 피타웨이(Pittaway, 1995)는 학대와 방임이 상당히 많은 노인에 의해 경험되고 있다는 것을 발견하였다. 그녀의 표본에 따르면 신체적 학대는 28.6%가 경험했다. 그리고 도구적 학대는 26.6%, 방임은 12.1%였다(Pittaway, 1995, p. 55).

노인에 대한 폭력은 갈등해결 메커니즘으로서 폭력을 사회적으로 받아들인 것이며, 사회에서 갈등과 불일치에 대해 힘의 부족을 인정하는 것이다. 젊은 사람에 의해 행해지는 노인에 대한 공격은 나이에 대한 존경심의 부족을 보이는 것이며 세대 간의 결속이 깨진 것을 표면화시키는 것이다. 세대 간의 결속에 대한 제도적 상징과 일상생활에서의 간격은 버스, 기차, 지하철에서 노인을 위한 자리가 마련되었지만 젊은 사람이 그 자리를 차지하고 노인은 서 있도록 만드는 행동을 통해서 볼 수 있다. 동시에 그러한 모습은 약하고 취약한 것으로 노인을 묘사하는 부정적 고정관념을 강화시킴으로써 노인이 자신을 인식하는 것과 대조된다.

가정 내에서의 학대는 이익을 얻고 그들의 신뢰 위치를 남용하는 서로 아는 사람들을 포함한다. 그것은 단순한 행동 이상의 것으로 성적, 신체적, 정서적, 재정적 학대를 포함한다. 재정적으로 노인을 학대하는 친척이나 돌보는 사람은 직접적으로 그들의 돈을 훔치는 것에서부터 노인이 집을 팔 때 집의 지분을 주장하는 것까지 다양하다. 재정적 학대의 동기는 가해자의 입장에서 재정적 욕구가 반드시 필요한 것은 아니다. 피타웨이(1995)의 연구에서 43.5%의 가해자가 노인과 재정적으로 독립적이었고, 단지 29.4%는 부분적으로 노인에게 재정적으로 의존하였다. 슬프게도 많은 사람이 노인학대는 가족구성원에 의해 이루어진다는 것을 인정하지 않는다. 노인은 그들의 가해자를 두려워하기에 그것을 보고하지 않는다(Pittaway, 1995). 다른 사람에 대해 힘을 갖는 것과 학대 사실을 비밀로 유지하는 것이 가해자의 잠재적인 무기다(Biggs, 1993).

특별히 매일 청구서에 대해 지불해야 할 재정적 자원의 필요가 커지는 도시와 개별화된 사회에서, 돈이 없는 것은 노인이 의존적이라고 느끼고, 친척에게 기꺼이 도움을 받지 못하게 만들거나(Pittaway, 1995) 주거보호에 만족함을 느끼게 한다(Summerskill, 2002). 수입 곤란은 세대 간 결속을 깨는 것을 무시하는 사회에 의해 노인에게 행해지는 또 다른 유형의 학대다. 그렇게 그것은 제도적 학대 유형을 만들어 내고 학대 유형의 다양성을 가정할 수 있게 한다. 빈곤은 노인이 필요한 서비스에 쉽게 접근하는 것을 막기 때문에 핵심 요인이다. 다른 사회적 자원 없이 친척에게 의존하는 것은 노인의 사회적 학대로 바뀔 수 있는데, 사회적 결속의 외형적 형태에 대한 접근을 거부당하는 것은 사회적 배제와 시민권의 거부가 되기 때문이다. 이러한 주제를 강화시키는 또 다른 유형의 학대는 노인에게 일상적인 결정을 할 때 여지를 적게 주는 것이다. 그러한 예로는 노인의 성을 부인하는 것, 노인에게 무엇을 입을지를 지시하는 것, 노인의 사생활을 존중하지 않는 것, 다른 사람과의 사회적 상호작용을 막는 것, 미묘한 방법으로 노인을 비하하는 것, 노인의 신용을 훼손하는 것, 다른 가족구성원을 비방하는 것이 있다.

학대의 다른 유형은 노인이 신체적인 욕구에 대해 반응할 권리를 거부하는 것이다. 피타웨이는 노인이 생리적인 욕구를 가졌을 때 화장실 이용을 거절당한 사례를 인용했다. 사람을 외적인 명령에 따라 기능하는 도구로서 대하는 것은 사람을 학대적인 관계로 몰아넣는 것이다. 문화적 연령차별주의와 더불어 이러한 행동은 제도적, 개인적 연령차별주의와 장애차별주의를 만들어 낸다. 지역사회 보호 정책과 실천이 사회복지사에 의해 수행되어야만 하는 과업을 제한하고 어떻게 행해져야 하는지에 대한 특정 안내를 가진 수행지침으로 구성되었을 때, 그 안내지침이 실제 욕구에 관여하지 않는다면 제도적인 학대에 기여하는 것이며, 제공되는 자원의 종류와 사회복지사가 각 개인에게 사용할 수 있는 시간을 제한하는 것이다. 게다가 노인의 관심이 무시되거나 중요하게 받아들여지지 않고 적절하게 반응하지 못할 때, 내부 전문가 간의 경쟁은 노인에 대한 학대환경을 만들게 된다. 기관 내부의 부적절한 의사소통은 그러한 문제를 더욱 복잡하게 만든다 (Bergeron, 1999).

피타웨이(1995)는 인디언 주거지역 학교의 원주민 청소년이 그들의 관습적인 습관과 언어를 고수하는 원주민 노인을 우습게 여기는 것과 관련하여 원주민 노인에게 적용되는 제도적 학대를 기술하였다. 행동적 강화는 복종을 확실하게 하며, 위반은 심하게 처벌되었다. 이러한 실천은 노인의 지혜를 존경하고 태고적부터 세대를 걸쳐 내려온 전통을 실행하던 문화 속에서 노인에 대한 존경을 사라지게 하였다(Maracle, 1993, 2002). 인디언 주거지역 학교에서의 아동학대는 세대 간의 결속을 깨어 버렸다. 이와 같이 식민지적 실천은 불평을 품은 도시 젊은이의 세대 간 불공경을 반영한다.

노인학대는 아동학대의 도덕적 공황의 높이만큼 이르지는 않았지만 심각한 문제로서 인식되고 있다. 노인학대에 개입하는 영국의 사회복지사의 능력은 아동학대에 개입하는 사회복지사보다 더 제한적인데, 이는 그들이 아동학대처럼 합법적인 힘을 가지지 못했기 때문이다. 아동보호의 방향에서 학대받은 노인과 함께하는 실천으로 움직이는 데 필요한 합법적인 변화는 미래에 법제화될 것이다. 그러나 아동보호 서비스에 대한 비평에서 나타났듯이, 필자는 이러한 방식으로 나아가는 것이 노인의 복지를 지켜 주는 것인가 하는 것에 회의적이다. 필자가 걱정하는 것은 마치 법적 조회가 그들의 유아성을 강화시키고 독립적인 권리를 손상시키는 것처럼, 노인을 취약하고 자신들의 복지를 위해 다른 사람에게 의존하는 것으로 정의하는 것이다.

7. 노인의 삶에서의 불안정과 상실

노인은 다른 많은 종류의 불안정성을 가지고 있고 발언할 기회를 상실할 수 있다. 그중 몇몇은 역할이 변화하는 것과 증가하는 복잡한 전환과 관련이 있다. 이는 직장과 지역사회에서의 지위 상실을 통해 야기되었을 것이다. 재정적 불안정과 정서적 충격, 부모에서 조부모가 되는 변화는 상실과 획득을 모두 갖는다. 자녀보호에 대한 책임이 없는 시기를 기대하는 노인은 그들의 계획을 다시 생각해 볼 것을 갑자기 요청받는다. 부모의 역할을 잃어버림에 따라 조부모는 그들의 자녀의 자녀에 대해 다른 것을 얻게 되고 손자를 양육하는 것에 관여하게 되었으며, 때때로 그들의 양육에 대한 완전한 책임을 얻기도 한다.

새로운 부모 역할을 수행하는 것은 전쟁으로 파괴된 지역에서, 또는 손자가 HIV/AIDS로 인해 고아가 되어 버린 때에 특별히 어려울 수 있다(Simpson, 2002). 이러한 환경 속에서 마치 그들이 노인이기를 포기하는 것처럼 조부모로서의 노인은 새로운 역할에 적응할 것을 요구받게 되고 예견된 것과는 다른 전환을 겪게 된다. 개인적인 차원에서 그들 자식을 잃어버리는 것은 극히 충격이 클 수 있고, 사후에 그들을 따라갈 것을 의미했던 사람들이 살아 있음을 애도하는 것을 다뤄 줄 필요가 있다. 손자의 애도를 다루고 형제를 위한 친족의 돌봄을 강화시키는 것은 어려울 수 있다. 사회복지사는 필요한 경우 조부모에서 부모로의 전환이 성공적이라는 것을 확신시키거나 애도과정에 관련되어 그들을 돕는 데에 중요한 역할을 한다. 실천가는 이러한 부담이 조부모, 보통은 할머니에게 주어지지 않도록 하기 위해서 지역사회가 아동을 돌보는 데 관여하는 아동보호 시설의 발달을 증진시킬 수 있다. 상실의 또 다른 형태는 임금 노동자에서 퇴직자로 전환하는 것이다. 고용직과 관련된 지위의 상실은 그들의 직업을 둘러싸고 일어나는 남성의 삶에서 특히 중요하다. 만약 경제적 전망이 좋지 않다고 여겨진다면 이러한 경험은 더욱 문제가 커진다. 일자리 상실과 함께 상실—노인에게 의미를 가진 사회 지지망과 친구관계를 박탈당하는 것, 특히 이것들이 직장동료와의 접촉에 의해 이루어지는 것이라면—이 따라온다. 이러한 지지망은 시간이 지남에 따라 유지하는 것이 힘들 수 있고, 직업과 관련된 일상생활에서 벗어나는 것은 고립과 외로움을 가져올 수 있다. 우울은 이러한 감정을 수반한다. 노인은 여가활동을 통해 새로운 관계를 발전시킬 수 있다. 그러나 활동에 참여하는 데는 비용이 든다. 대부분의 노인은 이러한 비용을 충당할 수 없을 것이다.

비용과 관련하여 매일 일하러 가는 고된 일을 하지 않게 되기 때문에 은퇴는 성장과 변화를 위한 기회일 수 있다. 그러나 남성 노인은 이러한 상실을 후회한다. 그리고 은퇴를 진보로 보지 않는다. 낮은 수입, 여가시설의 부족, 경제적 비용을 필요로 하는 사회관계에 참여할 기회의 감소는 일상생활에서 성장을 위한 기회를 줄인다. 사회는 사람을 가치 있게 하고 고용직을 떠난 사람에게 재정적으로 지원할 대안적인 방법을 만들 책임을 지닌다. 여성 노인의 대다수는 그들이 고용직을 떠났든 그렇지 않든 간에 가정에서 일을 계속하므로 완전하고 활동적인 삶으로 이끌어 줄 활동이 남성과는 다를 것이다. 사회복지사는 그들이 이러한 욕구를 명확히 표현하도록 할 수 있고, 임금을 받는 노동을 통하여 생기는 혜택, 권리를 넘는 활동적인 시민권의 형태를 정의하도록 도울 수 있다.

친한 친구 또는 배우자의 죽음으로 인한 결별은 노인이 다루어야만 하는 또 다른 상실이다. 상실은 동료애, 서로 공유했던 관여 등을 그리워하도록 하기 때문에 감정적으로 매우 어려울 수 있다. 또한 자신의 죽음을 되돌릴 수도 있고 죽음을 잘 준비하지 못할 수도 있다. 이러한 반응을 계속된 고립감이나 친구망과 동료애에서 노인을 단절시키는 결정으로 받아들여서는 안 된다. 노인을 끌어들이는 지역사회 기반 네트워크를 촉진시키는 전략을 제공해야 한다.

관계 상실은 노인학대의 결과로서도 일어날 수 있다. 그것이 자녀로 인한 학대라면 특별히 문제가 될 수 있다. 피타웨이(1995)는 자녀에 과다하게 의지함으로써 의존성이 증가하기 때문에 이러한 학대는 자기 부과에 의해서 일어날 수 있다고 주장한다. 학대적인 가족 내의 역동성은 노인이 사는 지역사회가 그들의 복지에 관심을 가지고, 가족 안에서뿐만 아니라 밖에서 건강한 관계가 유지되는 것을 책임져야 하는 이유를 제공한다. 노인에 대해 책임을 지는 지역사회가 되는 것은 노인이 지역사회 외부에 의해 지원을 받을 권리를 가지는 것이다. 때때로 이러한 경우가 필요하다.

외부 지원의 중요성은 개인이 원하는 것보다는 노인이 해야 할 일이라는 이유로 전통적인 활동에 참여하도록 강요하는 비슷한 정체성을 가진 지역사회로부터 사회복지사가 노인을 '구출' 시키기를 원할 때 일어난다. 만일 개입이 노인의 욕구를 넘어서서 너무 무모하다면, 그것은 전문가가 최선을 알고 있다는 가정하에 그들의 목소리를 무시하거나 또는 그들의 입장만을 따르는 것, 노인 기관과 시민권이 침범당하는 것이다. 민감하지 못한 처치는 사회복지사가 가정에 있는 노인을 위해 어떤 시설을 탐색하는 것으로 나타날 수 있다. 즉, 요양원에서 제공되는 주거보호, 주간보호에 자리를 찾는 것, 노인을 위한 전화상담에 직원을 배치하거나 노인을 위해 옹호하는 것 등으로 나타난다.

8. 노인을 위해 서비스를 제공하는 어린 보호자

노인을 돌보는 것은 지역사회에 있는 가족 안으로 제한되어 왔다. 그러나 지역사회에서 누가 보호자인가? 그들 대부분은 여성이지만, 여성 이외의 가족이 보호를 제공하는 데 참여하였다. 배우자를 돌보는 남성뿐만 아니라(Fisher, 1997) 특히 무시되어 왔던 어린 보호자의 수도 상당히 많다(Twigg and Atkin, 1994). 어린 보호자는 보통 장애 부모를 돌볼 뿐만 아니라 조부모와 형제를 돌본다. 그들의 일은 신체적 돌봄, 실제적인 보조, 정서적 지지를 포함하여 수없이 많다. 건강관리국(Department of Health, 2001)은 영국에 3만 2,000명의 어린 보호자가 있는 것으로 추정하지만, 이는 최소한의 추정일 뿐이다. 어린 보호자는 보호 의무를 다하면서 다양한 문제들을 다루어야만 한다. 그리고 그들 자신의 삶은 뒷전으로 미뤄놓고 있다. 그들은 역할 전이, 즉 부모의 보살핌을 받는 대신 그들을 돌보는 역할 전이에 대한 그들 자신의 감정을 다루어야만 한다. 가족에 대한 그들의 정서적 애착은 부모를 보살피는 것 외에는 다른 선택이 없다고 느끼기 때문에 일어난다. 어린 보호자는 그들의 역할을 비밀로 한다. 돌봄의 의무가 공공화된다면, 특히 부모 돌봄을 포함한다면 고립감과 낙인을 느낄지도 모른다(Undergown, 2002). 그들은 부모에 대한 돌봄을 창피해할 수 있다. 돌보는 일을 하고 있기 때문에 학교 친구는 실망할 것이고, 심지어는 괴롭힘을 당할 수 있으며, 더 나아가 심리적 고통을 일으킨다.

돌봄에 대한 책임감은 학교에서의 행동에 나쁜 영향을 미칠 수 있고(Shah and Hatteon, 1999), 수업과 특별활동들을 빠지게 할 것이다. 때때로 부모를 신체적으로 돌보기도 하고, 학교를 그만두게 될 수도 있다. 만약 자녀가 부모를 돌보느라 수업을 빼먹는다면 학교는 부모에게 조처를 취할 수 있고, 몇몇은 인증되지 않는 결석에 대한 법정 조치로 위협받을 수도 있다(Aldridge and Becker, 1993). 만약 어린 보호자가 학년을 낙제한다면 미래에 대한 전망 또한 위협받을 수 있다.

어린 보호자는 또래에게는 당연한 것인 부모의 지원을 받지 못해 고통을 받을 수 있다. 어깨에 짊어진 책임감은 그들을 다른 아동보다 더 빨리 성장하게 만든다. 만약 무거운 성인의 몸을 들어올려야 한다면, 보살핌은 특히 그들의 신체적 용량에 과도한 요구를 만들 수 있고 부상을 일으킬 수도 있다. 대부분의 어린 보호자는 그러한 일을 어떻게 하는지 교육을 받은 적이 없고, 만약 그들이 부적절하게 그런 일을 한다면 그들이 해결하는 것보다 더 많은 문제를 일으킬 수 있다(Frank, 1995). 또한 어린 보호자의 정신건강은 두려움 때문에 위협받을 수 있다(Becker, Aldridge and Dearden, 1998). 섭식장애와 다른 유형의 심리적 스트레스를 나타낼 수도 있다(Nolan, Grant and Keady, 1996). 보살핌에 대한 압력은 또한 친구를 만나고 동료

집단과 활동에 참여할 수 있는 시간을 빼앗아서 그들의 삶의 다른 부분에 나쁘게 영향을 미칠 수 있다.

어린 흑인 보호자는 추가적인 어려움에 직면한다. 부모의 입장을 옹호하는 과정에서 그들의 부모가 영어를 할 수 없다면 통역과 해석의 부족으로 그들의 존재가 해석자와 통역자가 되는 결과를 부추긴다(Shah & Hatton, 1999). 이는 그들을 정서적으로 고갈되게 할 수 있고, 부모와 당국의 담당자 사이를 중재하는 난감한 입장에 처하게 할 수 있다. 피타웨이(1995)는 노인을 위한 통역서비스가 부족한 것이 사회복지사가 통역을 돕기 위해 대사관 직원에게 전화를 하는 것을 포함하는 절실한 조치로 귀착된다고 보고하였다. 유용한 서비스에 관한 정보는 소수인종의 지역사회 구성원에게 접근 가능하지 않을 수 있다. 비아날과 버트의 연구(Bianall & Butt, 2000)는 아시아, 아프리카, 카리브해 출신의 어린 영국 보호자의 경우에 독립적인 삶을 위한 다양한 지불이나 받을 수 있는 서비스의 범위, 사회서비스 또는 자원봉사 영역 등을 인식하지 못했다고 보고하였다. 다만 비공식적 가족보호 미봉책이 그 차이를 메우고 있다.

영국의 어린 보호자는 1989년 아동법(Children Act) 17항에 의거, 'in need' 로 사정되어 돌보는 의무의 짐을 벗어날 지원을 받을 수 있었다. 그들은 또한 1995년 수발보호자법(Carers Act, Recognition and Services)에 의해 돌봄을 받음과 동시에 그들의 욕구를 사정받을 수 있었다. 디어든과 베커(Dearden & Becker, 1998)가 실행한 조사에 따르면 11%의 어린 보호자만이 사정을 받았다. 그중 43%만이 아동법하에 사정을 받았고, 35%가 수발보호자법하에 사정을 받았으며, 12%는 그들이 사정을 받을 수 있는 합법적인 영역을 알지 못했다. Carers National Association(1997)의 연구에서는 단지 18%의 보호자가 사정받았으나 사정받는 순간에 서비스를 인식했다.

9. 나가며

사회적으로 연령차별주의자의 단어로 노년이 해석되었고, 노인을 돌보는 것은 최근 일상적인 일거리가 되었다. 노인의 삶에 대한 사회복지사의 개입은 장애인, 인종차별주의자, 성차별주의자, 연령차별주의자의 주장에 근거를 둔 부정적인 고정관념을 유지하고 재생산하고 있다. 그것은 의존과 취약성이라는 관점으로 노인을 위한 실천을 묘사하고, 노인을 그들 자신의 결정을 내리고 그들의 삶에 관여할 전문가를 요청하는 데 제한된 능력을 지닌 수동적 피해자로 묘사한다. 노인은 그들의 지위에 대한 부정적 묘사에 도전해 왔고, 연령차별주의자의 고정관념을 새로 수정하려는 노력을 통해 노인의 지위를 개선하여 왔다.

노인은 행위를 할 수 있는 사람으로서 그들의 행동을 어렵게 하는 의료적 문제를 지닐 수 있다. 이를 연령차별주의자의 방식으로 접근해서는 안 된다. 많은 노인은 자원봉사 활동과 손자양육을 통해 사회에 활동적으로 기여한다. 사람들과 그들이 아는 지역사회에 중요한 기여를 하고 이를 지속하기 때문에 노인을 개별적으로, 집합적으로 보는 것은 실천가에게 그들의 강점을 더 완전히 평가할 수 있게 할 것이다.

의료적인 문제가 노인을 무능력하게 하여 가족구성원의 지지가 요구될 때, 그들을 돌보는 사람이 스스로를 지원한다는 것은 지극히 중요하다. 이것은 특히 그들의 일이 자신들의 복지뿐만 아니라 다른 사람의 복지에도 매우 위험한 영향을 미치는 어린 보호자에게 특별히 중요할 수 있다.

사회복지사는 나이, 인종, 성, 장애에 의한 차별과 억압의 다른 유형을 포함한 노인에 대한 연령차별주의자의 고정관념에 도전하는 데 중요한 역할을 한다. 비록 실천가는 노인의 특별한 욕구에 접근해야 하지만, 학대를 받거나 이익을 얻는 데 취약한 것과 연관될 수 있다. 실천가는 노인의 시민권을 확실히 할 수 있는 방법을 실행해야 한다.

제6장 범죄자에 대한 사회복지 개입

1. 들어가며
2. 범죄 및 통제에 대한 환경의 (재)구성
3. 범죄자에 대한 차별화된 반응
4. 불충분한 양육이 아동의 범죄행동을 초래한다는 비난
5. 위기사정과 위기관리
6. 범죄통계에 대한 관리
7. 범죄행동에 대한 관리
8. 범죄자 다루기: 변화하는 역할과 방향
9. 보호관찰과 사회복지
10. 사회복지 영역과의 단절
11. 형사사법제도의 민영화
12. 사회복지실천과 교정활동
13. 피해자의 권리 증진
14. 시민권 및 범죄자의 재활권리
15. 나가며

1. 들어가며

현재 영국에서 일고 있는 범죄에 대한 담론은 크게 두 가지 통로에 의해 이루어진다. 하나는 중앙정부를 대신하는 정책 입안자이고 다른 하나는 대중매체다. 서로 다른 입장을 취하면서 이들은 주요한 여론 형성자의 역할을 하며, 권위주의적 대중주의에 배어 있는 담론을 한 곳으로 수렴하여 촉진한다. 이들은 개인을 규제체제의 영향을 받도록 만든다. 이 규제체제의 목적은 개인이 자신의 특정한 삶에서 이치에 맞든 그렇지 않든 간에 지배적인 규범을 따르도록 만드는 것이다. 안전에 대한 대중의 염려와 범죄의 희생양이 될 수 있다는 두려움 때문에 이러한 담론은 '법과 질서' 의 문제를 삶의 질 문제로 만들어 버린다. 권위주의적 대중주의에 초점을 맞춤으로써 지배적인 담론은 그와 같은 논쟁을 쓸데없이 정치 쟁점화하였고, 긍정적인 삶의 선택을 증진하고자 하는 임무를 방해하였다.

'법과 질서' 에 관한 담론은 경쟁적인 여타의 담론을 수반하며, 이러한 담론은 범죄에 관한 의제를 다른 방향으로 이끄는 데 성공할 수도 있고 그렇지 못할 수도 있다. '안전' 한 지역에서의 마약 사용, 대마초를 처벌 대상에서 제외할 것을 요구하는 의견, 그리고 '중독성' 마약을 적절히 단속하며 제공하는 것과 관련된 담론은 주류의 입장에서 중요하지 않은 대안적인 담론이다. 물론 이러한 담론은 주류의 입장과 맞물리기도 하고, 때로는 주류의 입지를 흔들어 놓기도 한다(Lawrence, 2002). 현재의 담론을 형성하면서 전문직업인의 목소리는 정책 입안자와 대중매체 전문가의 목소리보다 약하다. 전문직업인의 관심과 의견은 연구 결과 및 실천이 정치가와 대중매체가 생각하기에 필요하다고 판단되는 일종의 결과를 도출해 낼 때에야 비로소 힘을 얻는다.

범죄는 산업사회의 파편화된 속성에 대한 담론의 일부로, 저항하는 시민들에게 규율을 강요하고 공장의 소모품이 되기를 꺼려 하는 노동자에게 직업윤리를 심어 주려는 데 열중하는 규제국가의 활동을 정당화한다(Foucault, 1977). 범죄에 대한 이러한 접근법은 '자아의 기술' 에 강하게 의존하며, 지배적인 규범을 따르기 위해 자신의 행동을 조절하는 개인이 이 기술을 흡수하고 이에 동화된다. 개인을 병리화하고 규정된 사회규범을 준수하지 못한 경우에 개인의 책임을 요구하는 이러한 담론은 '자아의 기술' 을 수용하게 한다.

범죄자를 어떻게 다룰 것인가의 문제는 그들을 처벌할 것인가 또는 재활시킬 것인가라는 극단으로 나누어진다. 이러한 논쟁 속에서 범죄자는 모순된 입장에 처해 있다. 처벌은 사회의 상식에서 벗어나 일탈을 저지르는 인구집단을 통제하려는 의도를 가지고 있고, 재활은 범죄자를 쓸모 있는 시민으로서 사회 안으로 재통합하고자 한다. 이 두 대안을 둘러싼 논쟁에서 명백한 승자는 없다. 범죄자를 대상으로 하는 사회복지실천은 연속선상에 있는 이 두 극단의 대안 중 그 어느 것도 취하지 못한 채 망설이고 있으며 실천의 연속성과 불연속성을 나타내는 압박으로 가득 차 있다. 사회복지사의 개입의 최종 목표를 결정하는 일은 연속선상의 중심에 긴장감을 맴돌게 한다. 범죄자를 대상으로 하는 복지 대 정의의 논쟁에서 우리는 복지와 정의라는 두 대안을 놓고 갈등하는 흐름을 볼 수 있다. 왜냐하면 각기 다른 정부, 공무원 그리고 사회복지 실천가가 사회복지의 역할과 목적에 관한 논쟁에서 복지와 정의 중 어느 한쪽 편을 들어 스스로의 입장을 정하기 때문이다(Smith, 1998).

물론 감금이나 보호관찰로의 전환제도에 대한 공식적인 담론으로서 그 자체를 강조하려는 시도가 있음에도 불구하고, 처벌의 최종 단계로서의 감금과 그와 정반대인 지역사회로의 재활 사이 균형은 모호한 용어를 쓰지 않고

서는 설명될 수 없다. 일정 기간 동안 감옥에 수감된 범죄자를 재활하는 일은 감금과 재활 사이의 경계를 흐리게 하는 좋은 실례다. 바우만(Bauman, 2000)은 세계 자본이 더 이상 직업윤리로 무장한 노동자를 요구하지 않고 감금의 목적이 공장 소모품을 생산하는 것에서 사람들을 움직이지 못하게 가두어 놓는 것으로 변화하였기 때문에, 재활이 현대사회에는 부적절하다고 주장함으로써 규율기관으로서 감옥을 분석한 푸코(Foucault, 1997)의 논점에 도전하였다. 그러나 바우만은 범죄자를 개인적인 수단과 이익을 위한 객체가 아니라 스스로의 권리를 가진 주체로서 다른 사람과 관계하도록 돕기 위한 재활의 또 다른 역할을 간과하였다.

범죄자는 사회적으로 소외된 인구집단에 속하는 경향이 있다. 범죄자는 구조적 불평등으로 고통받을 가능성이 더 크고, 가난하고, 실직상태에 빠져 있으며, 집이 없고, 병에 시달리고, 학교에 진학하기도 힘들다(Delvin, 1995). 이러한 범죄자의 특징은 '법과 질서' 의 논쟁에서 추가적인 갈등과 모순의 원천에 초점을 맞춘다. 이 논쟁은 범죄행동의 원인을 주요 주제로 다룬다. 범죄행동의 원인은 개인에서 비롯되는가, 사회구조에서 비롯되는가? 범죄행동을 변화시키는 것과 관련된 주류 담론은 개인의 과실을 강화하거나 억제하는 역할을 수행하는 사회적 상황은 살피지 않은 채 개인의 과실만을 강조한다.

범죄자를 대상으로 하는 사회복지에 대한 입장은 장기간에 걸쳐 다양하게 변화하였지만(Smith, 1998), 일반적으로 범죄행동의 근거와 사회복지가 개입할 장면으로서 개인의 병리에 초점을 맞추고 있다. 이 과정에서 사회복지의 역할에 대한 논쟁은 본 주제에 대한 공식적인 반응이 모호함을 나타낸다. 이러한 모호함은 범죄행동을 줄이거나 종식시키는 목표를 달성할 책임에 대한 규정에서 특히 분명하게 나타난다. 범죄자가 개별화된 성원으로서 적법하게 할 수 있는 것으로 무엇이 남아 있는가? 범죄자를 재활하도록 하여 지역사회로 돌려보내는 과정에서 사회복지 실천가는 범죄자를 지역사회의 일부가 아닌 외부인으로 취급함으로써 그들의 재통합을 더욱 어렵게 만든다. 이렇듯 범죄자를 외부인으로 규정하는 경향은 사회복지 실천가가 범죄자, 특히 감금집행에서 훈방조치된 범죄자에게 특정한 형벌의 대안을 따르게 함으로써 범죄의 심각성과 대중에 대한 보호 사이에 균형을 맞추려는 시도를 할 때에도 분명하게 나타난다.

'법과 질서' 에 대한 정치적 담론은 추가적인 범죄를 막고 지역사회의 안전을 보장하기 위해 사회복지사와 보호관찰관의 필요성을 강조한다. 그러나 이러한 담론은 다음과 같은 주제, 즉 개인적 병리현상보다는 또 다른 범죄의 원인, 사회복지사가 수행하는 개입의 결과에 대한 일련의 모순되고 상충되는 목표와 기대에 대하여 균형을 맞추어야 하는 전체적인 접근, 범죄자가 재활하는 데 도움을 받을 권리와 함께 일반 사람이 범죄 없는 터전에서 살아야 할 시민권 등에 관한 논의 등이 이루어지지 않은 채로 수행되고 있다. 대중은 심지어 그들이 범죄행동으로 인해 직접적인 영향을 받지 않을 때에도 그와 같은 논의에 관심을 가지는데, 이는 그들이 과세제도를 통해 범죄자의 감금과 집행에 비용을 지불하기 때문이다. 미국에서는 주교도소와 관련된 예산은 교육에 할당되는 예산을 초과한다. 이는 사회의 우선순위에 대한 왜곡된 의식을 보여 주고 있다(Net Briefings, 10/5/98).

이 장에서는 범죄자의 재활 및 그들을 대상으로 하는 사회복지실천에서의 구조적 불평등을 해소해야 할 계속적인 중요성을 고찰하고자 한다. 또한 사회복지 활동에서 교정활동으로의 전환 및 보호관찰을 위한 '법과 질서' 논쟁의 중요성에 대해 논의하고자 한다. 필자는 어떠한 종류의 보호관찰 실천이 이에 상충되는 요구를 충족할 수 있는지를 질문하고 싶다. 여기서 상충되는 요구란 대중의 보호에 대한 기대 증가, 희생자의 권리인정에 대한 압력 증가, 재활의 차원이 없는 처벌에 관한 대중주의적 담론 등이다. 이러한 접근법은 범죄자가 그들의 시민권을 인정해 줄 것을 요구하고 사회복지사가 범죄자를 대상으로 하는 사회복지에서 복지주의적 관심사를 표현하는 접근법과는 매우 불안하게 대치된 상황이다.

2. 범죄 및 통제에 대한 환경의 (재)구성

어떤 집단의 전문가가 범죄자를 다룰 것인가에 대한 질문은 우리 사회의 대응이 범죄자의 처벌과 재활을 사이에 두고 변화함에 따라 논란이 되어왔다. 오늘날 형사사법제도(the criminal justice system)와 관련된 많은 이해 관계자가 있으며, 그들 각각은 범죄자의 형벌을 집행하는 것에서부터 범죄자를 처리하는 역할까지를 수행한다. 이러한 전문직업인은 범죄행동을 야기한 사회적 상황과 범죄행동을 연관시키기보다는 주로 개별적인 범죄행동에 초점을 맞춘 통제기술을 사용한다.

보호관찰관 및 청소년선도 사회복지사는 감금 처벌을 받지 않은 범죄자를 다루는 데 매우 중요하다. 그들의 작업은 실천을 복잡하게 만드는 몇 가지 긴장상태를 보이는 특징이 있다. 이러한 긴장상태에는 범죄행동과 그 원인 사이의 불안한 관계, 사회와 개인이 특정 범죄의 파문에 책임이 있다고 간주되는 정도, 범죄자의 처벌과 재활 사이의 딜레마, 범죄자와 희생자 모두의 요구에 대처해야 하는 어려움, 보호관찰 실천과 사회복지실천 간의 관계 등이 있다. 범죄자를 대상으로 하는 작업은 그와 같은 활동을 수행하는 전문가에게 자체적인 세력기반을 제공한다. 전문가의 견해는 그들을 고용한 사람의 견해와 상충될 수 있다. 영국 내무성의 경우 재정적인 권한을 통제함과 동시에 전문가에 대한 정치적 권력을 보유한다. 권위주의적 대중주의라는 정치적 정황 속에서 때때로 사회복지 실천가, 정책 입안자, 고용주 사이에 세력다툼이 불거진다. 국가는 전문가의 지배력을 억제하고 범죄자에 대한 복지기반의 접근법을 붕괴하고자 한다. 영국에서 이러한 시도는 '아무 소용이 없다' 는 논쟁으로 전개되기 시작하였고, 영국 내무성은 이 논쟁을 이후 1990년대에 자신에게 유리하도록 이용하였다.

형사사법제도와 관련된 사안은 일간지에서 지속적으로 범죄를 보도하고 범죄와 관련된 정책을 알려 주기 때문에 대중의 시선에서 결코 자유로울 수 없다. 영국은 2002년 범죄자가 인구 10만 명당 139명에 달하여, 인구비례 수감 비율이 유럽에서 가장 높게 나타났다(Young, 1999). 최근의 내무성 보고에 따르면 1980년에서 2000년 사이에 강간사건이 1,255건에서 7,929건으로 7배나 증가하였다. 그리고 의도적인 상해와 고의적인 살해와 같은 심각한 폭력사건은 4,545건에서 1만 5,737건으로 증가하였는데, 실제 신체적 상해는 같은 기간 동안 9만 654건에서 20만 1,290건으로 증가하였다(Rose, 2002). 그러나 이러한 범죄의 증가가 유죄판결 비율의 증가를 수반하지는 못하였고, 실제 유죄판결의 비율은 상대적으로 많이 감소하였다. 예를 들어 신체적인 폭행에 대한 유죄판결은 5만 3,648건에서 5만 966건으로 감소하였고, 강간은 무죄석방 비율이 가장 높았던 것으로 나타났다(Rose, 2002). 대중매체가 범죄 통계수치의 증가와 유죄판결 비율의 감소 간의 차이를 보도하면서 영국 국민 사이에서 공포가 확산되기 시작하였다. 영국인의 이러한 반응은 이해할 만하지만 공식적인 범죄 수치가 범죄의 범위나 강도를 확정하는 것은 아니다. 왜냐하면 전 세계적으로 인구당 수감 비율이 가장 높은 미국(영국 인구당 수감 비율의 6배)과 같은 서부유럽 이외의 국가와 비교할 때 영국인이 실제로 범죄의 희생자가 될 기회는 낮기 때문이다.

과장된 공포를 보이는 대중의 반응은 정보의 심리적 영향력을 보여 준다. 즉, 이례적인 상황을 사람들의 일상생활에 심어 줌으로써 친숙한 상황처럼 보이도록 만들어 버리는 것이다. 범죄통계에서 기인한 메시지는 '법과 질서' 논쟁을 불러일으켰는데, 이 논쟁에서 주류 정치세력의 이데올로기는 권위주의적 대중주의를 둘러싸고 결집되고 있다. 왜냐하면 이들 각각은 범죄자를 악마로 취급하고 그들의 행동을 억제할 징벌방법을 모색하고

자 하기 때문이다(Young, 1999).

범죄는 돈벌이의 원천이자 만족스러운 삶의 방식이 될 수도 있다. 범죄에 대한 담론을 개별화함으로써 우리의 초점은 범죄의 원인을 빈곤과 같은 구조적 불평등과 연관시키는 것에서 멀어지게 되고, 개별적인 책임과 개인의 행동에 기반한 담론을 강화시켰다. 정치인의 논평은 범죄율이 높은 지역과 다층적인 불이익과 박탈이 존재하는 지역 사이에 존재하는 긴밀한 연관성을 무시하고 있다(Mirrless-Black, Mayhew and Percy, 1996 참고). 그들은 또한 한동안 빈곤과 범죄 사이의 연관성을 규명하는 조사연구를 수행하는 데 실패하였다(Davies, 1974; Dominelli, 1983; Farrington et al., 1986; Field, 1990).

지속적으로 범죄를 저지르고 삶의 상당 기간을 감옥을 오가며 보내는 상습적인 범죄자에 대한 규명은 권위주의적 대중주의의 담론에서부터 범죄가 성격장애에서 기인한다는 행동주의적 설명에까지 힘을 실어 준다. 이러한 입장은 삶에서 이용할 수 있는 대안이 부족한 빈곤한 사람에게 범죄가 합리적인 대응이라는 견해를 무시한다. 이러한 담론은 정책 입안자가 범죄에 연루된 개인이 문제라고 주장하도록 하고, 특정한 사회적 상황 속에서 구조적 요소와 사람들의 행동 간의 접점을 무시할 수 있도록 해 준다. 끊임없이 새로운 사람이 상습적으로 범죄를 저지르는 삶의 방식에 의존하도록 함으로써 빈곤은 범죄자를 양산하는 데 일종의 역할을 수행한다는 견해는 또 다른 담론에 의해 무시되고 있다. 즉, 그들은 빈곤한 사람이 모두 범죄를 저지르지는 않는다는 점을 강조한다. 그들의 담론은 국가로 하여금 통치성의 기술을 통해 시민의 활동을 면밀히 감시하는 치안유지 국가가 될 수 있게 한다. 전자방식을 통해 통치성의 기술은 범죄집단뿐만 아니라 전체 인구집단을 수월하게 포함할 수 있다. 이러한 가능성은 데이비드 블런킷(David Blunkett)의 '탐정의 헌장' 에서 강조되었다(Ahmed and Hisliff, 2002).

합리적인 선택 반응에서 몇몇 사람들은 범죄행동을 정당화하고 범죄행동에 대한 개인의 책임을 없애기 위해 상황에 대한 이해를 (재)구성한다. 범죄자 중 59%가 2년 이내에 다시 범죄를 저지른다는 재범률이 보여 주듯이, 범죄의 인과방정식에서 구조적 이유 또는 개인적 이유에만 초점을 맞추는 방식은 효과를 거두기 어렵다. 개인의 인식과 범죄행동을 지지하는 사회적 상황 모두가 변해야만 한다. 이는 '이것 아니면 저것' 이라는 양자택일의 문제가 아니다.

3. 범죄자에 대한 차별화된 반응

범죄행동은 일련의 사회분화를 통해 차별화된다. 즉, 정신건강, 능력, 연령, 계급, '인종' , 성별이 열쇠다. 이들은 아직까지 밝혀지지 않은 방식으로 서로 교환하고 상호작용한다. 최근의 영국 범죄조사(Home Office, 2002)에 따르면 범죄는 범죄자의 94%를 차지하는 남성이 장악하고 있다. 그라프(Graef, 1992)는 남성 3명 중 1명이 30세가 될 때까지 자동차 사고를 제외한 범죄로 유죄판결을 받는다고 주장하면서, 많은 비율의 남성이 범죄화되는 것에 대해 심각한 의문을 제기한다. 여성 범죄자의 수는 남성 범죄자의 수보다 빠르게 증가하고 있는데, 현재 여성 범죄율은 11%로 2002년 조사의 6%와 비교된다. 이러한 증가는 걱정할 만한 정도는 아니지만 만족할 만한 것도 아니다. 범죄자의 비율 증가를 계산하기 위해 사용된 수치는 남성이 6만 7,912명, 여성이 4,400명으로 여성 범죄자의 수가 훨씬 적다. 이것은 여성의 범죄행동을 극적으로 보이게 하는 데에는 효과적이지만 남녀 간에 범죄행동에 대한 유의미한 비교를 어렵게 만든다.

성은 기타 사회분화에 의해 영향을 받는다. 그러나 범죄통계는 두 성의 상호작용적 본질을 담지 못한다. 예를 들어, 정신장애나 학습장애의 영향을 들 수 있다. 크리스토퍼 클루니스(Christopher Clunis)와 같은 정신지체 범죄자나 스티븐 다우닝(Stephen Downing)과 같은 학습장애인이 관련된 범죄사건은 특정한 형태의 압박감이 그들에게 영향을 미친다는 것을 보여 준다.

여성 범죄자

여성 범죄자는 진정한 일탈자로 보이지 않는다(Carlen and Worrall, 1987; Hudson, 1990). 여성 범죄자는 범죄활동을 범하려고 고의적인 선택을 한 적극적인 행위자라기보다는 '미쳤거나 슬프거나 혹은 나쁜' 사람으로 규정되는 경향이 있다(Worrall, 1990). 그러나 여성 범죄자에 대한 이러한 묘사는 주로 백인 여성 범죄자에게만 적용된다. 이 주제에 대한 초기 연구에서 지적하였듯이(Dominelli, 1983), 흑인 여성 범죄자는 반대로 '미쳤거나 슬프거나 혹은 나쁜' 사람이라기보다는 '위험한' 사람으로 묘사되고 그들이 고의적으로 범죄의 삶을 시작한 것처럼 취급된다. 이는 범죄의 영역에서는 힘이 부족한 것으로 가정되는 백인 여성에게는 적용되지 않는 방식이다. 성을 적용하여 여성 범죄자의 행동에 대한 담론을 구성함으로써 범죄에 연루된 여성에 대한 전문가의 힘을 증폭시킨다. 애니 허드슨(Annie Hudson, 1990, p. 121)은 "곤경에 처한 젊은 여성에게 '병약한' 역할을 부과함으로써 스스로 해결책을 찾는 젊은 여성을 희생시켜 전문가의 힘을 강화한다."라고 주장한다.

여성 범죄자에 관한 담론은 성에 대한 획일적인 시각에 힘을 실어 준다. 이러한 시각은 여성의 현실을 제대로 반영하지 못하고 있다(Cook and Hudson, 1993; Dominelli et al., 1995). 전통적인 담론은 여성 범죄자가 범하는 범죄의 심각성과 그들이 과거에 저지른 범죄의 수를 제대로 설명하지 못한다. 여성 범죄자는 매춘(호객행위)과 절도와 관련된 범죄를 저지르기 쉽다(Dominelli, 1983). 남성 범죄자는 강도와 폭력 범죄와 같은 강도 높은 범죄를 저지른다. 스마트(Smart, 1976)는 이를 '성별에 따라 특화된' 범죄라고 일컫는다.

동시에 여성, 특히 백인 여성은 남성 중에서도 특히 흑인 남성에 비하여 경찰의 검문을 받을 가능성이 낮고 경고만 받을 가능성이 높으며 구류 판결을 받을 가능성이 낮다(Skogan, 1990; Home Office, 2002). 차별화된 반응은 성별에 따라 작용할 뿐만 아니라 (내부적으로) 계급, '인종', 연령에 따라서도 작용한다. 이러한 맥락으로 젊은 백인 노동자와 흑인 여성은 다른 여성 인구집단보다 더 면밀히 감시를 받게 되는 것이다. 이러한 정황 내에서 범죄와 관련된 전문적인 노력은 젊은 백인 여성의 성적 활동에 초점을 맞추는 반면, 남성의 성적 활동은 무시한다. 특히 괜찮은 직장, 수입, 주택의 부족과 같은 일상적인 관심사와는 동떨어진 삶의 영역을 강조함으로써 젊은 백인 노동자와 흑인 여성의 치안을 유지하기 위해 전문가를 이용하려는 시스템은 오히려 모호함을 야기할 뿐이다(Hudson, 1990).

계급에 기반한 범죄자

형사사법제도에 대한 모든 범죄자의 경험에 유의미한 차이를 만드는 또 다른 사회분화는 바로 계급이다. 치안유지는 주로 빈곤하고, 육체노동자 계급이 사는 지역을 대상으로 한다(Mathiesen, 1990). 이러한 사회에서 흑인 소수민족은 경찰의 경비가 가장 삼엄한 지역에 거주한다. 상당수의 범죄자가 빈곤지역 출신이며, 보호관찰을 받는 대상자가 계급에 기초한다는 특성은 한동안 명백해 보였다(Mirrlees-Black, Mayhew and Percy, 1996). 물론 이러한 계급에 기반한 측면이 1960년대와 1970년대에 비하여 자주 논의되지는 않지만 말이다. 노동자층의 사람들은 중산층 사람보다 구금될 가능성이 높을 것으로 생각된다. 몇몇 이론가는 경찰이 빈곤한 사람, 특히 흑인과 흑인사회를 더 철저히 감시하고 중산층 범죄자는 경찰의 단속을 쉽게 빠져 나갈 수 있기 때문에, 형사사법제도하에서 소득이 낮은 사람이 범죄자로 지목되는 경우가 지나치게 많아진다고 주장한다(Mathiesen, 1990).

연구에 따르면 소득을 늘려야 할 필요성 때문에 상당수의 남성과 여성이 수중에 쓸 수 있는 자신의 돈을 극대화하기 위해 절도와 강도 행위를 자행하는 것으로 나타났다(Dominelli, 1983). 이와 유사한 경향은 약물 사용자에게도 나타나는데, 그들은 약물을 구입하기 위해 강도 높은 절도를 감행한다. 물론 이러한 분석은 유용하지만 소득이 낮은 단지 몇몇 사람만이 다른 사람, 주로 그들과 사회경제적 여건이 비슷한 사람의 재산을 훔치는 데 대한 이유는 설명하지 못한다.

육체노동자 계급의 범죄의 경우 대개 개인이나 폭력단이 그들 지역에 있는 다른 사람들에 대해 범행을 저지른다(Keida, 1994). 심각한 중산층 범죄에는 널리 흩어져 있는 분산된 순진한 당사자가 상당수 연루된다. 중산층 범죄는 주로 회사 내 행동을 지도하는 법적 기본 틀을 조롱하는 경우가 많다. 대표적인 예인 엔론(Enron) 스캔들은 미국에 본부를 두고 있는 한 회사에서 시작했지만 전 세계적인 결과를 초래하였다. 엔론의 최고경영자는 미국 헌법수정조항 제5조인 묵비권을 주장하여 그의 유죄를 증명할 수 있는 증거 제출을 거부할 수 있었다. 비록 그가 저지른 법의 오용에 대한 반격이 널리 확산되었지만 자신의 입장을 변호할 값비싼 변호사를 고용하는 것은 차치하고서라도, 최고경영자인 그는 현존하는 법의 테두리 안에서 스스로를 보호할 방법을 알았기 때문에 자신을 경범 위반자와 차별화하였다(Carver, 2002).

이 사건에 연루된 사람들은 주식거래를 통해 수백만 달러의 차익을 냈을 뿐 아니라 그 여파로 대규모로 실업자를 양산하였으며 수백만 명의 연금계획을 위험에 빠뜨렸다. 그들은 '소득을 조작하고 최고경영자들의 부를 살찌우도록 고안된 회계상의 속임수'를 이용하였다. 회계상의 불법행위는 주가가 하락함에 따라 보험회사와 연금기금에 영향을 미칠 것이다(Pratley and Treanor, 2002). 민사 고발은 미국 증권거래위원회(American Securities and Exchange Commission)가 전 경영자에게 제기할 수 있으며, 제록스사에게 그랬던 것처럼 회계상의 불법행위에 대해 천만 달러의 벌금을 부과할 수 있다. 그러나 이러한 대처방법은 기업의 범죄행위로 인해 피해를 입은 엄청난 수의 사람을 도울 수 없다. 이보다 먼저 일어난 맥스웰(Maxwell)의 연금 유용사건에서도 결국 빈곤한 사람이 지고 말았다(DTI, 2001).

중산층이나 화이트칼라 범죄는 형사사법제도가 많은 사람의 삶에 영향을 미치는 범죄행동을 다루는 데 불충분함을 여실히 드러낸다. 다양한 형태의 금융사기 결과로 엄청나게 몰락해 버린 엔론, 월드컴, 티코와 제록스사 사건으로 인해, 금융규제 체제 또는 대책을 대대적으로 정비하여 수익을 도둑맞고 삶을 파괴당한 소액 주주와 연금 수령자를 보호해야 하는 필요성을 드러냈다(Pratley and Treanor, 2002). 위의 사건은 기업자본의 도덕적 파탄을 드러내고, 세계적인 명성의 회계감사원이 수행하는 통제가 비효과적이라는 점을 강조하였다. 조지 부시(George W. Bush) 전 미국 대통령은 소수의 부패한 경영자를 '썩은 사과' 에 비유하였다. 그는 위의 사기사건이 드러내는 구조적 문제와 체계의 난제를 해결하기보다는 소수의 부패한 경영자에게 이러한 위기에 대한 책임을 물었다. 이러한 화이트칼라 범죄의 희생자를 누가 돌볼 것인가? 보팔(Bhopal)의 재앙 생존자의 끊임없는 투쟁(Bhargava, 1986)과 엔론 사건이 나타내는 바와 같이, 현재로서는 그 질문에 대한 적절한 답이 없다. 정답의 부재는 세계 자본주의 체제에 대한 대중의 확신에 흠집을 내고 말았다.

범죄에 대한 인종 담론: 흑인 범죄자

인종 정체성은 범죄의 주요 특성이다. '법과 질서' 에 대한 담론은 흑인을 범죄자로 규정하는데, 특히 도시 거리의 폭력적인 강도(Hall et al., 1978), 나중에는 권총을 휘두르는 마약 밀매업자로 구성하는 데 이용되었다(Keida, 1994). 흑인을 범죄자로 구성함으로써 흑인의 능력에 대한 인종차별주의적 고정관념을 강화하였고, 이는 사법권을 집행하는 사람의 대처방법에도 반영되었다. 흑인 젊은이는 경찰의 경고만 받고 끝날 가능성이 적다(Cook and Hudson, 1993). 이러한 인종에 대한 담론은 공포스러운 분위기를 조성한다. 즉, 범죄 통계수치를 둘러싼 '도덕적 공황상태'가 권위주의적 대중주의자가 대중매체가 인정한 대처방법을 수행하도록 정당화한다. 흑인은 다시 '서스(Sus)' 법안의 (재)도입을 통해 공포의 영향력을 실감하고 있다. 이 법에서 경찰은 범죄 사실이 의심되거나 범죄가 우려되는 사람을 제지하여 수색할 권한을 갖는다. 이러한 접근법의 결함은 경찰에 제지를 받은 사람의 상당수가 혐의가 없다는 통계수치를 보아도 알 수 있다. 이런 상황은 1980년대에 이 법을 실시했을 때에도 명백히 드러났다(Ahmed and Hinsliff, 2002).

흑인을 범죄와 부정적으로 연관시킨 결과는 형벌의 결과에서 잘 드러난다. 형벌의 결과에 따르면 흑인 남성과 여성은 비슷한 범죄를 저지른 백인 남성과 여성보다 구류판결을 받을 가능성이 높다. 결과적으로 감옥에서 과대 대표된다는 것이다(Dominelli, 1983; Cook and Hudson, 1993; NACRO, 1994; Dominelli et al., 1995; Greenhorn, 1996). 영국 내무성(Home Office, 1997)의 통계수치에 따르면, 남성 수감자집단의 16% 그리고 여성 수감자집단의 26%가 흑인 소수민족 집단에 속해 있었다. 흑인이 일반 인구집단의 단지 5%만을 차지한다는 점을 감안하면 흑인이 지나치게 많이 유치시설에 감금된다고 볼 수 있다. 흑인은 또한 비슷한 죄에 대해 백인 범죄자와 비교하여 더 오랜 기간 수감된다(Home Office, 1994). 이러한 사실은 이전에 착수된 연구와 이러한 결과가 연속선상에 있음을 보여 준다(Dominelli, 1983). 이렇듯 백인과 흑인의 차별화된 경험은 범죄에 대한 담론의 성별,

인종, 계급 차별주의적 특성을 드러내고, 어떻게 이러한 담론이 범죄를 묘사하고 범죄에 대한 대처방법의 방향을 결정하는 데 이용되는지를 보여준다.

젊은 범죄자

범죄행동을 둘러싸고 '도덕적 공황상태'가 야기된다(Hall et al., 1978; Cohen, 1980). 스탠리 코헨(Stanley Cohen, 1980)은 젊은 범죄자나 비행 청소년에 대한 위기 대처방법을 요약할 수 있는 용어를 체계화하였다. 젊은 범죄자는 범죄에 대한 특종을 쫓는 데 혈안이 된 대중매체의 공격 대상이 된다. 젊은 범죄자를 악마화함으로써 권위주의적 대중주의자는 이 문제를 일으키는 젊은이에게 대응한다. 이렇듯 젊은 범죄자를 악마화하는 현상은 영국에서 두 소년이 제임스 벌저(James Bulger)라는 두 살배기 아기를 살해한 사건이 일어났을 때 절정에 이르렀다(Jackson, 1995). 이 사건으로 인해 봇물처럼 터진 '도덕적 공황상태'의 담론은 범죄자, 특히 젊은 범죄자에 대해 좀 더 강경한 대책을 세우도록 길을 열어 주었다. 이 담론은 유럽에서 이미 10세로 규정된 형사상의 책임이 가능한 연령을 낮추고, 젊은 범죄자에게 할당된 엄한 형량을 강화하며, 젊은 범죄자를 더 많이 감옥으로 보내는 것 등을 요구하였다(Travis, 2001). 지역 당국의 안정적인 조정장치가 제공하는 집중적인 일대일 개입이 주어질 때 젊은 범죄자는 '상습적인' 범죄의 고리를 더 잘 끊을 수 있다는 증거에도 불구하고 이러한 반응은 더욱 강화되었다. 감옥과 같은 환경이 아니라 1989년 아동보호법이 적용되어 젊은 범죄자에 대한 교육을 한 것과 같이 일반적인 복지의 필요가 검토될 수 있다. 감옥이라는 환경에서 젊은 범죄자는 좀 더 고질적인 상습 범죄자가 되거나 자살을 시도한다. 젊은 범죄자 사이의 자살률은 영국이 미국보다 12배가 높은 상태로(Preston, 2001) 받아들이기 힘들 정도의 수준으로 높아지고 있다(Pritchard, 2001b).

정부는 젊은 범죄자 시설에서 재구류 중인 젊은 범죄자가 아직 유죄판결이 확정되지 않았는데도 높은 자살률을 보이는 상황을 해결하지 못했다. 이러한 정부의 실패는 심히 걱정스럽다. 성인 범죄자의 학대에서 아동을 보호하는 일 역시 제대로 하지 못하였다. 한 예로 경찰은 한 22세 남자가 12세 소녀를 성적으로 학대함에도 불구하고 이를 비송사건으로 간주함으로써 적절한 조치를 강구하기를 거부하였다. 경찰이 행동을 취하지 않은 이유에는 해당 남성의 인권 보호가 포함되었다. 이런 식으로 사건을 해석함으로써 경찰은 아동이나 청소년의 권리는 존재하지 않는 것처럼 행동한다. 그러나 영국에는 많은 다른 국가와 마찬가지로 아동이나 청소년의 권리를 어느 정도 인정하는 법령이 있다.

1991년 형사재판법은 범죄자를 구류하지 않는 사회규제의 확대체제의 상징이다. 이 체제는 보호관찰관의 규율하에 범죄자가 사회적 삶의 영역을 점점 더 많이 누릴 수 있도록 한다. 이 체제의 운용에 대한 논쟁에도 불구하고 전자 태그 장치는 사적 공간과 공적 공간 사이의 구분을 흐리게 하는 꽤 정교한 통제체제다. 이러한 전자 태그 기술을 사용할 경우, 자기 규제를 행사할 법적 자격에 대해 전문적인 감시와 지도가 지속적으로 필요한 개인을 대상으로 중앙통제가 가능하다. 이 기술은 전문적인 규제체제(보호관찰)와 지역사회가 수행하는 규제체제(자경주의) 간의 경계를 흐리게 하는 데 기여했다. 전문기술이 그 도를 넘지 않으려면 좀 더 중앙집권화되고 정교한 규제 양식이 필요하다. 지역사회 지향적인 체제 내에서 특정한 종류의 지식과 통제 양식의 합법화는 좀 더 분산되고 때로는 생명을 위협하기도 하는데, 예를 들어 자경단원(주로 남성)은 성범죄자로 의심되는 사람을 공격하여 형사사법제도가 가진 안전문제를 충족시킬 수 있는 능력에 대한 불신을 보여 주기도 한다.

4. 불충분한 양육이 아동의 범죄행동을 초래한다는 비난

국가가 젊은이의 범죄행동을 규제하는 데 실패함에 따라 누가 이 문제를 다루어야 하는가에 대한 담론은 부모, 특히 빈곤한 부모와 한부모 가족에게 향하고 있다. 한부모 가정의 어머니가 비행 청소년을 양산한다는 견해는 새로운 것이 아니지만, 현재 사용되는 통제기술에서는 과거와는 다른 방식으로 초점을 맞추고 있다. 즉, 일반적으로 등교거부로 일컬어지는 증가하는 범죄율과 관련된 무단결석을 불충분한 양육, 특히 남성 역할모델의 부족과 연관시키며 부모가 자녀의 행동에 책임이 있다고 주장한다. 경찰과 사회복지사를 포함한 다자협력의 전문가로 구성된 학교 순찰대는 무단결석 담당관에게서 초기에 책임을 넘겨받은 교육복지 임원을 대신하게 된다(Smithers, 2002).

대중매체가 학교 순찰대를 '무단결석 소탕부대' 라고 부르는 것처럼, 그들은 합당한 이유 없이 학교에 가지 않는 청소년을 찾아내는 것을 목표로 한다. '무단결석 소탕부대' 는 무단결석자 중에서 젊은 범죄자가 지나치게 많이 나타난다는 연구결과가 발표됨에 따라 도입되었다. 학교 순찰대의 활동은 상당한 효과를 거두었는데, 2002년 5월 34개 영국 지방 교육 당국의 900개 학교 순찰대에서 일하는 경찰과 사회복지사는 학교를 무단으로 결석한 1만 2,000명의 청소년을 찾아내었다(Smithers, 2002). 이 활동은 관심의 초점을 무단결석에서 자녀를 학교에 제대로 등교시키지 못한 부모의 결함으로 옮겨 놓음으로써 사적-공적 영역의 경계를 흐리게 하였다. 무단결석의 문제를 부모의 결함으로 규정하는 것은 아동이 하루의 대부분을 보내는 학교 건물의 낙후성, 학교에서의 열악한 삶의 질, 아동이 견뎌 내야 하는 학교에서의 괴롭힘과 기타 강압적 행동, 미래의 세계를 위해 잘 발달된 적극적 시민으로 성장시키기에는 부족한 교과과정 등에 대한 논의를 회피하게 한다.

부모의 책임을 강조하는 권위주의적 대중주의

잉글랜드 밴베리에 거주하는 한부모 어머니 패트리샤 아모스(Patricia Amos)가 십대의 두 딸을 학교에 매일 보내지 않았다는 이유로 구속된 사건이 있었다. 이 사건은 사람들에게 법을 준수하도록 위협하는 권위주의적 대중주의의 정부정책을 강조한다. 아모스 사건은 현대사회에는 강압적인 조치가 필요치 않다는 푸코의 견해(Foucault, 1979)에 반대하는 증거를 제시한다. 자기통제 또는 전문적으로 부과된 직접 통제의 양식이 실패할 때는 강압적인 조치가 강구된다. 패트리샤 아모스는 자신이 홀러웨이 형무소에 복역하면서 '정신을 차리게 되었다.' 고 주장하였다. 그러나 이러한 국가의 개입이 두 딸이 엄마를 '돌보기' 위해 집에 머물 수밖에 없게 한 건강 및 소득상의 어려움을 해결하지는 못했다(Gillan, 2002).

패트리샤 아모스는 신장질환과 약물중독에 시달렸으며 사별로 고통을 겪고 있었다. 최근에 두 딸을 돌보아 주던 자신의 어머니가 갑작스럽게 사망하여 삶의 중심을 잃어버렸다. 할머니의 갑작스러운 사망으로 어린 딸들은 망연자실하였고, 가족구성원 중 누구도 그러한 슬픔을 이겨 내지 못하였다. 두 딸 중 한 명이 등교를 거부한 또 다른 이유는 바로 학교에서의 괴롭힘이었다. 이 가족은 고립되었고 위기 상황 이전처럼 가족의 기능을 하기 위해서는 예방 차원의 국가 개입이 필요하였다. 그러나 이 가족에 대한 지역사회의 지원은 터무니없이 부족하였다. 이는 두 딸의 어머니가 수감됐을 때 지역사회가 어린 두 딸의 욕구를 충족시키는 데 실패한 점에서도 명백히 드러난다. 그 어떤 사회복지사, 보호관찰관 또는 경찰관도 가정방문을 통해 딸들에게 어머니가 형무소에 수감되었다는 사실을 알려 주지 않았고, 누구도 이들이 어머니 없이 살아가는 데 필요한 것이 무엇인지를 물어

보지 않았다. 패트리샤 아모스는 수감되어 있는 동안 상담을 받고 약물사용을 끊기 위해 도움을 받았다.

이 가족은 훨씬 이전부터 여러 가지 도움이 필요했지만, 국가는 '아동의 교육받을 권리' 를 보호한다는 이유로 그녀의 수감을 정당화하였고, 해당 전문인에게도 아동에게 교육받을 기회를 보장하게 하였다. 이러한 해석은 아동의 다른 권리를 무시하고 학교에서의 삶의 질과 청소년이 받는 교육에 관한 논점을 교묘히 회피한다. 또한 아동의 권익을 부모의 권익과 경쟁하게 하는 상황에 대해 반대하는 관점을 주장한다. 아모스 가족의 경우, 어머니의 권익과 두 딸의 권익 사이의 맞물림과 이러한 상황에 대한 외부 원조의 부재는 그들이 경험했던 대인관계 문제의 핵심이다. 그녀의 딸들이 '비행을 저지르지' 않았으며 '나쁘지' 않다고 주장하면서, 패트리샤 아모스는 국가가 학교에 출석하지 않는 아동을 잠재적인 범죄자로 규정하는 행위에 대해 이의를 제기하였다.

자녀의 잘못된 행동을 이유로 어머니를 구속한다는 견해에 대해 질문을 받을 경우 교육자는 서로 다른 입장으로 나뉜다. 전국교원연합회의 여성 대변인은 '이 두 소녀에게서 어머니를 빼앗는' 조치는 적절치 못하다고 생각하였다. 반면에 전국교장연합회의 남성 대변인은 패트리샤 아모스의 구속은 '극한의 상황에서는' 적절하다고 생각하였다(Gillan, 2002). 성과 지위의 차이는 의견을 달리하는 담론을 생산하는 것 같다. 어린 두 딸은 어머니가 형무소에 복역하게 된 사실에 책임을 느끼고, 학교에 다시 가서 다시는 수업을 빼먹지 않겠다고 다짐하였다(Gillan, 2002). 청소년의 자기통제를 향상시키기 위한 자아의 기술로서 이러한 전략은 효과가 있었다.

부모를 감옥에 보내는 것 외에도 국가는 고질적인 무단결석생에게 아동으로서의 특권을 빼앗겠다고 위협하고 있다(Travis and Hopkins, 2002). 이러한 대처방법은 아동이 추후에 법을 준수할 수단으로 쓰일 만한 특권을 아예 상실하게 하는 결과를 초래할 것이다. 다른 것과 마찬가지로 이 계획은 빈곤과 무단결석 간의 연관성을 보지 못하고 있다. 가족주의 이데올로기에서 인정된 바와 같이, 이는 적절한 소득에 대한 아동의 권리를 무시한다. 만약 계획이 실시될 경우 이 정책은 빈곤한 지역사회에서 불충분한 저임금에서 기인한 어려움을 더욱 악화시킬 것이며 재정자원을 최대화하려고 하는 사람들로 인해 더 많은 범죄행동이 초래될 것이다.

사람들의 소득에 타격을 줌으로써 범죄행동을 처벌하는 방법은 이미 그 전례가 있다. 일정 기간 동안 사회보안 행정관은 지역사회의 감시명령에 불복종한 범죄자에게 구직자 수당 전체와 40%의 소득지원을 박탈할 수 있다. 더구나 1996년 교육법 이후로 법원은 학교에 출석하지 않는 자녀를 둔 부모에게 벌금을 부과할 수 있는 권한을 가진다. 부모가 벌금을 납부하지 않을 경우, 법원의 압류명령을 통해 부모의 소득이나 복지혜택에서 해당 벌금을 공제할 수 있다. 2000년 교육법은 부모에게 부과하는 벌금 액수를 최대 2,000파운드까지로 높였다. 법원의 출두명령을 따르지 않을 경우, 해당 부모는 법원에 강제로 출석해야 하거나 체포되는 것을 각오해야 한다. 이러한 조항을 통해 이전 법령하에서 부모의 80%가 법원에 출두하지 않던 문제를 해결하였다(Travis and Hopkins, 2002). 사회복지사는 정부에 대한 불만의 원인을 찾고 해결하는 데 조력할 수 있다.

1989년 아동보호법은 또한 자녀교육에 대한 부모의 책임을 강화하는 데 이용되었다. 이 법의 조항에서 지역 교육 당국은 부모가 자녀를 학교에 보낼 의무를 이행하지 못했다는 혐의가 있을 경우 가족소송법원에 의뢰하여 교육감시 명령을 내리게 할 수 있다. 양육명령은 부모가 자녀를 잘 양육하도록 돕는 데 이용할 수 있다. 양육명령은 양육기술을 개선하기 위한 강좌에 부모가 참석할 것을 요구한다. 이러한 대책은 통치성의 기술에 해당하는 것으로 사회복지사, 보호관찰관, 경찰의 영향을 가장 많이 받는 사람의 제한된 자원을 다루지는 않은 채 법준수를 집행할 수 있는 권한을 제공한다. 패트리샤 아모스 같은 부모 중 상당수는 연금에 의존하거나 소득이 낮은 한부모다. 그들에게서 부족한 재정을 박탈하는 행위는 그들의 자녀들에게 상당한 고통을 안겨 줄 것이다. 이러한 정책은 빈곤한 사람의 삶에 이미 작용하고 있는 배타적 영향력을 악화시키고 정부의 사회통합 목표에도 모순된다.

5. 위기사정과 위기관리

결과의 불확실성은 범죄자를 대상으로 하는 사회복지에서 지속적으로 관심을 두는 또 다른 주제다. '무엇이 효과적인가' 라는 발상을 통해 결과의 불확실성을 타개하고자 하는 시도는 '위기' 측정을 신뢰하고 의지해 왔다. 즉, 사회복지 실천가가 재범의 가능성이 가장 높아서 공공에 '위험' 하다고 생각하는 범죄자를 사회복지의 개입 대상으로 삼는 방식이다. '위기사회' 는 위기에 대한 개별적 관리를 포함하고 무엇이 범죄행동을 초래하느냐를 확인하기보다는 먼저 위기관리에 열중하도록 촉구하였다(Giddens, 1998a). 관심의 초점을 범죄행동의 원인에서 멀리함으로써 위 방법은 범죄자에 대한 복지주의적 접근법에서 멀어지게 되었다. 이러한 방식은 관료주의적 형식의 사회복지 개입과 더 잘 합치되었고, 보호관찰 실천에 작용하는 기술관료주의의 강력한 상징이 되었다.

위기사정 기술은 개별 범죄자의 행동을 통제하는 데 중요한 도구가 되었다. 위기관리 체제하에서 각 범죄자가 사회에 미치는 위기 정도를 측정하고 타인에 대한 개별 범죄자의 위험성을 규명한다. 그리하여 개별 범죄자의 잠재적인 희생자가 자신의 안전을 돌볼 수 있도록 한다. 이 접근법은 범죄에 대한 국가의 접근법에 변화를 주었다. 즉, 국가에게는 범죄의 원인을 해결해야 할 책임을 덜어 주면서 개인이 자신의 안전을 스스로 돌봐야 한다는 견해를 촉구한다. 따라서 '법과 질서' 에 대한 공공의 담론은 개별 범죄자를 다루면서 형사사법제도의 역할에 초점을 맞춘다. 그리고 보호관찰관은 사회복지사, 정신과의사, 심리학자를 포함한 다른 전문직업인들과 함께 특정 개인의 '위험성'을 예측할 수 있는 능력을 향상시키기 위해 위기사정 도구를 사용한다.

위기사정 도구는 지식과 정보의 신뢰할 만한 원천으로 취급됨에도 불구하고, 조사에 따르면 이러한 도구는 매우 의심스러운 예측도구로 대부분의 조건하에서 부적절하다는 것이 드러난다. 광범위하게 위기사정 도구에 의존하는 일단의 사회복지사를 평가하면서 라이만드리와 셰리다(Limandri and Sherida, 1995, p. 10)는 "정신건강 전문가는 대개 정신병자 간의 폭력을 유효하게 예측하는 데 실적이 좋지 않다. …… 개별 정신과의사 역시 이러한 위험을 예측하는 데 그리 성공적이지 못했다."라고 결론을 내린다. 개인의 행동에 대한 예측 가능성을 높이기는 어렵다. 퀸시(Quinsey, 1995)는 위기사정 도구가 좁은 범위의 지표를 측정하기 때문에 신뢰하지 못하다고 말한다. 유용한 예측을 위해 그는 광범위하고 다양한 요소를 고려할 것을 제안한다. 여성학자와 기타 학자는 이 접근법이 여성과 아동에게 가해진 범죄 상황을 설명하지 못했고, 범죄를 남자다움에 대한 사회적 기대 및 정황과 연관시키지 못했으며, 보고되지 않은 범죄가 문제해결에 중요함을 인정하지 못했다는 이유로 이 접근법에 의문을 제기한다(Cowburn and Dominelli, 2001).

1992년 크리스토퍼 클루니스(Christopher Clunis)가 저지른 조나단 지토(Jonathan Zito) 살해사건과 같이, 정신질환자에 의해 특정한 이유 없이, 아무런 관련이 없는 사람이 살해당한 사건에 대한 보고는 전문가가 범죄문제를 해결해 줄 것이라는 대중의 신뢰를 감소시켰다. 그러나 모순적이게도 여전히 대중매체는 위기를 정확히 계산하고 예측할 수 있으리라고 믿고 있고, 이로 인해 위기사정 도구의 (부)적절성에 대해 평가하기보다는 전문가의 무능력함을 비난하게 된다.

일정 정도 확실성을 가지고 범죄를 저지를 '위기' 에 있는 젊은이를 규명함으로써(Farrington, 1990) 보호관찰 활동력의 방향을 범죄 회피전략으로 전환시켰으며, 개인이 아닌 집단을 중심으로 한 개입에 초점을 맞추도록 하였다. 집단 지향 전략의 주요 근거는 바로 젊은 범죄자를 낙인찍지 말자는 것으로, 이러한 낙인이 미래 범죄를 예방하는 데 비효과적일 수 있기 때문이다(Findlay, Bright and Gill, 1990). 이러한 전략은 개별 범죄자에게 일대일로 보호관찰 서비스를 제공하는 데 드는 비용을 줄일 때 유용하다. 그러나 범죄자 개인을 대상으로 하는 집중적인 작업이 상습 범죄를 줄이는 데 더 성공적이라는 점을 감안할 때 이러한 정책이 올바른 것인지 의구심이 든다(Smith, 1998).

수량화 기술을 이용한 범죄자의 행동감시를 통해 범죄자의 행동을 통제해야 한다는 요구와 더불어, 전문가의 활동도 견제하고 훈련시키며 예측해야 한다는 요구가 불거지고 있다. 수행 지표 및 위기사정을 위한 관리도구는 이 두 요구에 부합해야 하고, 관리자가 보호관찰관과 범죄자 모두를 감시하고 추적할 수 있도록 기초를 제공해야 한다.

'무엇이 효과적인가' 라는 논쟁은 범죄자에 대한 개입에서 인지치료를 선호한다(Ross, Fabiano and Ewles, 1988). 그러나 이러한 낙관적 선호도는 인지치료에도 불구하고 계속해서 재범을 저지르는 성범죄자에게는 해당되지 않는다. 인지치료는 사고가 바뀔 수 있는 범죄자에게 유용하다. 몇몇 성범죄자의 경우에 문제는 그들이 자신의 행동에 대해 어떻게 생각하느냐가 아니라, 그들이 무슨 행동을 하느냐 그리고 스스로도 용납할 수 없고 심지어 잘못되었다고 인지하는 행동을 합리화하기 위해 그들이 사용하는 변명에 있다. 성범죄자의 합리성은 남성다움을 강조하는 지배적 분위기 속에서 특정한 규범이 인정되는 것처럼, 사람 사이에서 공적으로 인정되는 규범을 이끌어 내는 담론과(Cowburn and Dominelli, 2001; Dominelli, 1991a) 성인 중심의 권력관계가 아동에 대한 성범죄자의 권력을 인정한다는 지식을 둘러싸고 구성된다.

남성다움에 대한 담론이 내포하는 바와 같이 개인의 행동을 사회적으로 승인된 양식의 학대와 연관시키는 전략이 없을 경우, 보호관찰 실천은 계속해서 일대일 접근법에 초점을 맞추기 쉽다. 일대일 접근법은 범죄의 광범위한 원인을 해결하지 않은 채 범죄행동을 개별화하고 개인의 책임을 강화한다. 반대로 범죄자의 재활과 범죄 축소에 대한 지역사회 접근법은 범죄행동의 개인에 원인을 두는 한계를 넘어설 수 있는 잠재력을 가진다.

대안적인 전략을 개발하면서 지역사회를 동족으로 구성된 단일체로 볼 수만은 없다. 또한 범죄자 역시 그들 지역사회의 외부에 존재한다고 볼 수도 없다(Currie, 1988). 범죄자는 대개 자신이 공격한 지역사회의 구성원이다. 혜택받지 못한 지역에서 벌어진 범죄 대부분은 빈곤한 사람이 그들과 마찬가지로 빈곤한 사람에게 저지르는 것이다. 이는 '이웃감시' 와 같은 계획을 뒷받침하는 견해에 반대된다. 이러한 계획은 지역사회가 '외부인' 의 공격에서 보호를 필요로 하고, 해당 지역 태생의 범죄자를 대상으로 하는 곤란한 문제는 다룰 수 없다는 태도를 취한다(Rosenbaum, 1988). 문제의 원인을 외부로 돌리는 것은 아동보호 전략에서도 명백히 나타난다. 이 전략은 아동 성학대 문제에서 '낯선 사람의 위험' 을 강조하여 주변의 아는 사람, 종종 아동에 대하여 힘 있고 신뢰할 만한 입지에 있는 사람이 저지른 아동 성학대는 간과한다(Cowburn and Dominelli, 2001).

지역사회의 유대는 사람을 보호하고 범죄 없는 터전을 제공할 만한 마법적 위력을 가지지는 않는다. 상호 호혜적 시민권에 기반한 접근법을 통해 범죄자를 사회질서 속으로 재통합시키는 일은 해당 목표를 실현할 수 있는 보다 견고한 토대를 마련해 준다.

보호관찰은 범죄 축소를 위한 지역사회 접근법을 촉진하는 데 매우 중요하다(Geraghty, 1991). 신노동당의 '법과 질서' 계획이 예시하는 바와 같이, 정책 입안자가 범죄에 대한 공공의 두려움을 해결하고자 희망할 때 지역사회의 역할은 강화된다. 그들은 범죄의 원인을 다루는 것보다 범죄에 대한 관리를 강조한다. 사적 요인 및 구조적 요인을 다루는 데 실패함으로써 그들은 별것 아닌 것으로 제공된 프로그램의 부족함을 애써 감추려 한다.

6. 범죄통계에 대한 관리

보고되는 범죄의 전반적 수치는 1992년과 2001년 사이에 감소하였으나(Hough, 2002), 이러한 양상은 최근 개인에 대한 범죄, 거리의 범죄, 휴대폰 절도 등이 증가함에 따라 변하게 되었다. 강도사건은 2000년과 2001년 사이에 13% 증가하였고(Walker, 2002), 이러한 수치는 범죄의 광범위한 확산에 대한 대중의 공포를 불러일으켰다.

공식적인 통계치가 범죄의 감소를 나타냄에도 불구하고, 신노동당은 범죄에 대한 대중의 불안감이 커져만 가고 있음을 심각하게 우려하고 있다. 이러한 당의 우려는 범죄자에 대한 징벌적 접근법을 강화하였고, 범죄 통계치 발표방법의 전환, 형사사법제도 내 전문가에 대한 관리주의적 통제 강화와 같은 기타 대처방법을 촉구하였다. 범죄 감소에 대한 정부의 주장에 대하여 대중들은 회의적 태도를 보였기에 결국 데이비드 블런킷은 경찰국장에게 개별적인 범죄의 통계치를 발행하지 않는 대신 중앙집권화된 공식 보고 횟수를 연간 1회에서 분기별 1회, 즉 연간 4회로 할 것을 요청하였다(Travis, 2002). 그는 이러한 변화를 통해 자신도 범죄의 희생자가 될 수 있다는 공포감이 상승하는 것을 막을 수 있을 것이라 희망하였다. 즉, 각 경찰당국이 자체적인 범죄 통계치를 발표함에 따라 지속적인 범죄 통계치 발행이 가져오는 '물방울 파문' 효과를 줄일 수 있다는 것이다(Travis, 2002).

신노동당은 범죄 통계치를 관료주의적으로 표현하는 데 중점을 두었지만, 이는 결국 사람들이 나타내는 경험적 반응을 간과하는 것이다. 사람들은 '공식적인' 범죄 수치에 대해 회의적인 태도를 보였으며, 결국 일상생활을 침범하는 많은 범죄가 보고되지 않을 뿐이라는 인식만 키워 주었다. 이는 종종 피해자가 '경찰이 범죄에 대한 해결책을 강구할 것' 이라고 믿지 않기 때문이다(Travis and White, 2002). 범죄의 피해자가 될 위험에 대한 관리 책임을 개인에게 전가한다는 것은 사람 사이에 내포된 두려움이 결코 사라지지 않을 것임을 의미한다. 사람들은 계속해서 범죄를 예방하기 위한 행동을 취해야 한다고 의식하며 스스로 이러한 예방 차원의 행동을 해야 한다는 점도 알고 있다. 더구나 사람들은 자신 혹은 주변의 다른 사람이 범죄사건을 신고하지 않는다는 점을 알고 있기 때문에 범죄가 줄어들고 있다는 발표를 의심할 것이다. 또한 신고된 범죄사건을 다루는 현 체제의 방식에 대한 부정적인 견해는 사람들의 불신을 증폭시킨다(Tapley, 2002).

범죄의 전체 수치를 줄이기 위해 범죄 통계치의 총계를 내는 것은 오히려 현 체제에 대한 공공의 신뢰를 저해한다. 범죄 수치의 총계에서는 범죄자가 한 번의 범죄행동에서 열 대의 차량을 파괴한 경우에 그것을 단지 한 건의 사건으로만 기록한다. 이에 대해 차량이 파괴된 피해자 10명과 그들의 가족, 친구들은 '이렇게 범죄사건이 축소 보도된 사실' 에 영향을 받을 것이다. 이 같은 상황은 신고되지 않는 과속사건, 절도, 강도, 약물남용, 성학대, 가정폭력, 폭행이나 강간 사건에 대해서도 마찬가지다. 이렇듯 범죄에 대한 사람들의 인식은 관료주의적 수단으로 감추려 해도 없어지지 않는다. 정부는 사람들이 범죄를 경험에 기초하여 인식한다는 점을 간과하였다. 이는 사람들이 계속해서 범죄의 영향과 또 다른 피해자가 될 수 있다는 두려움을 느낀다는 점을 의미한다. 또한 위기관리를 개별화함으로써 서로의 안전을 돌봐야 한다는 집단적 차원의 논의가 수면 아래로 가라앉아 드러나지 않게 되며, 현 체제가 사람들을 보호해 줄 것이라는 신뢰는 깨어지게 된다.

범죄자에 대해 강경한 태도를 취하는 것 외에도 신노동당은 신관리주의의 교리를 이용하여 정부가 전문가의 행동에 대한 지배력을 강화하도록 하였고, 형사사법제도 내 인력이 가장 상습적인 범죄자 10만 명을 통제하는 데 협력할 수 있도록 하였다. 형사사법제도 내 전문가가 달성목표를 이루지 못하였을 경우 이에 대해 제재가 가해질 것이라는 경고도 있었다. 따라서 범죄자 못지않게 전문가도 통제의 기술에 영향을 받게 되었다. 각각의 전문집단은 특정한 명령을 전달받았다. 변호사는 법원 소송을 고의적으로 지연시킬 경우 벌금을 내야 했고, 경찰대는 해당 지역의 범죄 감소 목표를 달성해야 했다. 2004년까지 정부는 자동차 범죄 30%, 주거침입 25%, 강도 14%로 감소율을 정하고, 범죄에 대한 공포 역시 감소하기를 기대하였다(Walker, 2002). 정부는 또한 보호관찰을 받는 범죄자의 경우 재범률 5% 감소, 젊은 범죄자 수의 5% 감소 그리고 감옥에 수감된 죄수의 자격 조건 50% 증가를 목표로 하였는데, 그 어떤 형무소도 이를 피할 수는 없었다(Walker, 2002).

범죄와 무질서의 연합은 1998년 범죄와 무질서에 관한 법률(Crime and Disorder Act)에서 처음 대두되었고, 경찰, 의사, 보호관찰관, 학교, 지역당국이 범죄와 무질서 감소전략을 개발하면서 공동의 협력을 촉진하고자 하였다. 범죄와 무질서의 연합은 거리를 좀 더 안전하게 만드는 임무를 띠었다. 이를 위해 공격적인 범죄행동을 감소시키고 형사사법제도가 제공하는 서비스에 대한 피해자의 만족도를 높여야 했다. 범죄와 무질서의 연합에 따라 관련 프로젝트용 기금을 마련하기 위해서는 까다롭고 시간이 오래 걸리는 관료주의적 절차를 통해 승인을 받아야 한다. 경찰관과 마찬가지로 보호관찰관은 양식을 작성하고 회의 보고서를 작성하는 데 많은 시간을 보낸다. 한 경찰관은 업무시간의 60%를 서류업무에 할애한다고 말한다(Hopkins, 2002).

정부의 입장에서는 범죄에 대한 상의하달식 권위주의적 대중주의 접근법이 최선이라고 생각할지라도, 이것이 범죄 축소를 위한 유일한 방법은 아니다. 프랑스에서의 지역사회 접근법은 범죄를 유발하는 사회문제에 대한 해결책을 찾기 위해 지역에 기반한 인구집단을 동원하였고, 지역주민들은 문제해결을 위해 일련의 기관과 협력하였다(Bonnemaison, 1983). 범죄문제에 대한 프랑스의 방식은 어느 정도 성공을 거두었다. 프랑스의 빈곤지역에서 신고된 범죄 건수가 감소한 반면, 영국의 빈곤지역에서는 범죄 건수가 증가하였다(Pitts and Hope, 1998).

청년 범죄에 대한 최근의 계획에는 반사회적 행동명령이 있다. 이 명령은 주거지역에서 발생하는 거칠고 무책임한 반사회적 행동을 다루고자 하고, 범죄 혐의자가 정식 심리를 앞두고 첫 번째 법정출두를 할 때 경찰과 기타 사람들이 지역사회를 보호하기 위해 즉각적인 조치를 취할 수 있도록 하는 잠정적인 반사회적 행동명령에 의해 지지된다. '반사회적 행동' 을 둘러싼 지배적 담론은 젊은 범죄자에게 초점을 맞추고 세대 간 적대감을 조장한다. 대중매체는 같은 지역사회를 공유하는 청소년과 성인이 서로 다투고 청소년이 성인에게 범죄의 공포를 심어 주도록 하는 데 주요한 역할을 한다.

최근 지역신문의 헤드라인은 "14세에서 17세에 이르는 청소년 폭력단"이 "약물남용, 방화, 파괴행위, 범죄와 같은 복잡한 문제를 접한 후 공포 속에 살고 있는" 성인을 위협하고 있다고 주장한다(Harvey, 2002). '건달'과 '시골뜨기' 는 셰필드의 드라이든 로드에 사는 청소년을 일컫는 데 쓰는 말이다. 이곳은 더 이상 옛 주민이 기억하는 '살기 좋은 곳' 이 아니다. 오히려 청소년과 성인 사이에 반목이 난무하는 상황이 강화되고 있다. 이 같은 우려에 대응하여 지역사회의 치안유지 수준은 높아지고 있는데, 이러한 사태에 앞서 2002년 5월 23일 스타(The Star)지의 1면 헤드라인은 "경찰이 셰필드 거리의 범죄 소탕을 위해 새로운 팀을 발족하다."라고 전한다. 경찰의 계획은 70명의 경찰관이 새로운 '임팩트 부대' 를 결성하여 도시 거리에서 범죄자를 소탕하도록 하였다. 이러한 신문의 보도는 범죄자가 지역사회의 구성원임에도 불구하고 해당 지역사회의 구성원이 아닌 것처럼 외부화하는 담론을 부추긴다.

이와 유사한 신문기사는 남부 잉글랜드의 젊은 범죄자에 대한 지역 대중매체 보도에서도 찾을 수 있다. 2002년 5월 15일 페어럼과 고스포트 뉴스(Fareham and Gosport News)는 반사회적 행동명령을 받은 맥신 진스(Maxine Jeans) 사건(이름과 사진 포함)을 크게 다루었다. 같은 젊은 범죄자를 거론하면서 또 다른 지역신문인 뉴스(News)는 그날 1면 헤드라인에 "겨우 16세인 소녀, 125건의 범죄를 저지르다. 40명의 경찰관을 구타한 지옥에서 온 이 소녀는 '욕과 증오로 가득 찬' 위협 그 자체다."라는 내용을 실었다. 이후 신문은 이 소녀의 기사에 세 면 정도의 지면을 할애하였다.

신문기사는 이 소녀의 범죄행동을 저지한 경찰의 조치에 박수갈채를 보낸다. 이 소녀를 '세 번이나 구금시키고' 청소년 상습범 프로젝트 및 웨섹스(Wessex) 청년 범죄팀을 통해 사회복지 지원을 했는데도 왜 이 소녀를 골치 아픈 십대가 되지 않게 구하지 못했는가에 대해서는 묻지도 않은 채 말이다. 또한 신문기사는 왜 이 소녀가 애당초 범죄를 저지르는 상태에 이르게 되었는지도 묻지 않는다. 같은 날 전국적인 규모로 유포된 무료 신문 메트로(Metro)는 5면에 이 소녀에 관한 사건을 "16세 소녀, 그녀의 도시에 재앙을 주다."라는 헤드라인과 함께 실었다. 이 보도는 또한 "한 번의 검거에 8시간 소요"라는 제목으로 경찰업무의 관료주의적 성격을 비난하고, 경찰관이 순찰을 하는 데 보내는 시간이 단지 17%에 불과하다고 주장함으로써, 문서작업은 시간낭비며 범인을 검거해야 할 경찰의 실질적인 업무에 기여하기보다는 방해한다고 암시하였다.

더 어린 아동도 이름을 공개하지 않은 채 비슷한 취급을 받는다. 2002년 5월 9일 플리머스의 이브닝 헤럴드(The Evening Herald)는 "4세짜리 테러"라는 헤드라인으로 신문의 1면 전체를 할애하여 "미친 듯이 날뛴 4~7세 소년으로 이루어진 폭력단이 수천만 파운드의 피해를 야기하였다."라고 집중 보도하였다. 이 소년들은 하나의 '위협'으로 낙인찍혔고, 신문은 어린 아동이 그런 끔찍한 행동을 자행하도록 내버려 둔 부모의 책임감 부족을 비난하였다. 이러한 신문의 비판은 "'작은 건달'의 부모는 범죄의 대가를 지불해야 한다."라는 제목으로 10면에 계속되었다. 여러 형태의 박탈을 경험하는 낙후지역에 사는 사람 사이에 범죄의 '원인'은 무시된다.

청년 범죄를 둘러싼 담론은 또한 범죄의 대부분을 저지르는 소규모의 상습범에 초점을 맞추고 있으나, 현재는 모든 청소년이 잠재적인 법률 위반자나 되듯이 취급받는다. 최근의 발표에서는 "많은 아동이 4세가 될 때까지 범죄로 이끄는 컨베이어 벨트로 내몰리고 있다."라고 말한 당시 영국 토리당의 내무장관이었던 올리버 레트윈(Oliver Letwin)의 말을 인용하면서(Wintour, 2002), 정부가 개입하여 젊은 사람이 상습적인 범죄자가 되는 행태를 막지 못한다면 그들이 상습적인 범죄자가 되는 것은 불가피하다는 담론을 부추겼다.

일련의 사람이 권위주의적 대중주의의 그물망 속으로 유입되고 있다. 여기에는 피난민과 망명 요구자도 포함된다. 그들은 아동이든 성인이든 조국을 떠나 안전한 터전을 요구하기 때문에 구류 중인 곤경에 처한 사람이라기보다는 범죄자로 재규정된다. 어려움에 처한 사람들을 범죄자로 규정하는 담론은 권위주의적 대중주의를 확인시키고 영속시킨다. 권위주의적 대중주의는 '법과 질서'에 대한 신노동당의 접근법의 보증서와도 같으며, 이는 징벌적 복지주의의 한 부분이다.

젊은 범죄자를 악마로 묘사하면서 국가는 증오의 정치를 부추기는 데 깊게 관여한다. 이 증오의 정치는 피난민과 망명 요구자에게도 적용된다. 범죄에 대한 신노동당의 징벌적 접근법은 사회통합 의제를 약속한 당의 노력을 저해한다. 왜냐하면 주로 사회적으로 소외된 사람들이 법정에 서기 때문이다. 앤더슨(Anderson, 1999)은 이러한 모순이 특히 청년 범죄에서 분명하게 드러난다고 주장한다. 범죄를 저지른 청소년은 사회에서 효과적으로 배제된다.

젊은 범죄자를 다루는 경찰과 기타 전문가를 지지하면 아동의 부모를 악마화하는 희생을 치를 수밖에 없다. 그러나 거리에 더 많은 경찰을 배치할 것을 요구하고 자녀를 건전한 시민으로 양육해야 할 의무를 다하지 못한 부모를 벌하는 것 외에는 그 어떤 해결책도 제시되지 않는다. 이는 청소년을 지역에서 소외시키고 타인과의 단절을 확고히 하는 구조적 문제를 간과하기 때문에 꽤 유감스러운 일이다. 왜냐하면 부모, 아동, '법과 질서' 의 전문가가 범죄의 원인을 해결할 공동의 책임을 지는 일련의 복합된 개인적, 사회적 조치가 없이는 미래의 범죄를 줄이는 데 어떻게 성공을 거둘지 알기 어렵기 때문이다. 청소년이 지역사회 및 연령에 상관없이 지역주민에게 존경심을 표하려면 자신들이 사회에 속하고 사회의 일부라고 느껴야 한다. 이 목표를 달성하기 위한 전략은 세대 간의 긴장감을 해결해 줄 것이다.

청소년 범죄를 억제할 계획을 실행하기 위해 신노동당은 형사사법제도의 일부를 재편성하는 일련의 입법 및 조직 변화에 착수하였다. 그리하여 신관리주의의 원칙과 중앙집권화된 통치의 기술에 좀 더 잘 따르고자 하였다. 그해 9월에 결성된 1998년 범죄와 무질서에 관한 법률, 새로운 청소년 범죄청(Youth Justice Board)은 젊은 범죄자를 대상으로 하는 간섭주의 프로젝트의 중심에 있어 왔다. 청소년 범죄청의 영역은 잉글랜드와 웨일스를 포함하고, 정부는 지역의 소년범죄 대책반(Youth Offending Teams)이 정부의 정책, 철학, 실천을 준수하도록 하여 청소년 범죄 업무에 분명한 상의하달식 분위기를 부여한다.

이러한 실행은 획일적이지 않고 잉글랜드와 웨일스에서 소년범죄 대책반 사이에는 다양성이 존재한다. 이 다양성이 존재하는 주요 이유는 전문가가 지역의 정황 및 개인적 상황을 고려하여 재량권을 행사하기 때문이다. 이들의 재량권 사용은 중앙통제와의 창조적인 긴장감을 제공하거나, 때로는 중앙통제에 도전을 제시하기도 한다. 이러한 다양성의 범위는 청소년 범죄청을 대신하여 착수한 연구가 '최선의 실천' 계획을 규명할 경우 감소할 수도 있다. 이 계획은 국가적 안내지침을 잘 따르는 소년범죄 대책반을 선호할 가능성이 높다.

청소년 사법문제는 극도로 의견이 분분하다. 전문가가 부적절한 개입이 초래하는 부정적인 결과를 제시한다면 젊은 사람은 자신의 이익을 보호받을 가능성이 더 높다. 1980년대 사회복지사와 보호관찰관은 젊은 범죄자의 복지 필요를 해결할 경우 고무적인 결과를 낳고 범죄를 줄일 수 있다고 주장하면서 젊은 범죄자를 다루는 혁신적인 방법을 증진하는 데 주요한 역할을 했다(Hains and Drakeford, 1998). 청년 범죄에 대한 대부분의 접근법은 범죄의 원인을 검토하거나 범죄자에 대한 적절한 대책을 규정하는 데 젊은 사람을 포함하지 않았다. 다시 말하면, 젊은 범죄자에 대한 형사사법제도의 대처 반응은 성인 중심의 패러다임 내에서 이루어진다.

젊은 상습범은 전체 감옥 수감자 중 적은 부분을 차지하는데도 그 수를 줄이고자 혈안이 된 내무부(Home Office, 1988)의 공격 대상이 되어 왔다. 젊은 범죄자가 심각한 범죄를 저지를 경우 그들을 둘러싼 대중매체의 과대보도는 지나치다. 왜냐하면 대중매체의 과대보도는 젊은 사람의 시민권을 무시하기 때문이다. 제임스 벌저를 살해한 두 소년에 대한 대중매체의 보도는 젊은 범죄자 대부분이 자신의 범죄행동을 극복하고 성인이 됨에도 불구하고 모든 젊은 범죄자를 상습범으로 취급하였다(Graef, 1992). 이 소수의 젊은 범죄자를 둘러싸고 벌어진 '도덕적 공황상태' 에 뒤이어 정부는 모든 범죄자에 대한 처벌적 접근을 강화한 주요한 변화를 제안하였다.

징벌적 처분은 대중주의자가 선거에서 우위를 확보하기 위해 최근 몇 년간 지지를 받았다(Pitts, 2000). 보수 및 신노동당의 청소년 사법정치는 처벌적 정책을 중심으로 수렴되었다. 청소년 범죄문제가 고도로 정치 쟁점화되면서 젊은 범죄자를 위한 사법은 1980년대 복지 지향의 움직임에서 멀어졌다. 1980년대는 집중적인 감시와 낮은 비율의 구류판결이 '강도 높은'

젊은 범죄자에게 효과적으로 사용되었다(Haines and Drakeford, 1998). 신노동당에게 이 처벌적 접근법은 범죄에 대한 공공의 인식을 다루는 데 중심이 되었다. 동시에 징벌적 접근법은 아동의 이익에 반하고 사회통합의 욕구와 상충되었다(Anderson, 1999).

7. 범죄행동에 대한 관리

모순적이지만 역량강화와 통합의 개념을 약속한 정부에게 권위주의적 대중주의는 신노동당의 '현대화 의제' 의 일부가 되었다. 권위주의적 대중주의는 빅토리아 시대의 낡은 개념인 처벌, 보복, 개인적 병리, 개인의 책임과 가까운 주제들을 받아들인다. 국가가 실행해야 할 통제규칙을 제공하는 동안 자기 규제를 강화함으로써 빅토리아 시대의 관념은 현대적 옷을 입게 되었다. 신자유주의하에 국가는 개인의 행동을 통제하기 위한 입법을 제공한다. 이 입법의 구현을 보장하면서 개인의 책임은 공공의 감시를 받게 되기 때문에 사적 영역과 공적 영역 사이의 경계가 흐려진다. 이는 대중의 강력한 항의에 부딪혀 철회되었지만 블런킷의 '탐정의 헌장' 은 이러한 경향의 상징적인 표현이다. 모든 공공기관이 개인 전화와 이메일에 접근하려는 의도는 사적 영역을 통제하기 위한 것이었다. 이는 가정의 사생활이 잘 보호되었던 빅토리아 시대의 상황과는 매우 상반된다.

사적 영역에 대한 외부 감시를 허용하는 것이 국가에게는 매우 중요하다. 국가는 공공의 통제규칙을 통해 국가의 책임을 개인 행동을 관리하는 방향으로 재정립하고, 공적인 삶에 온전히 참여할 수 없도록 배제된 시민과의 관계를 재규정하고 있기 때문이다. 통제규칙을 집행할 때 전문가에게 의존하게 됨에 따라 국가는 전문가와의 관계 역시 변화시켜야 한다. 전문직업인의 자율을 축소하고 관리주의적 통제를 증가시키는 것은 국가가 해당 계획을 유지하는 데 필수적이다. 세분화와 개별화는 변화에서 국가의 신자유주의적 계획에 반대하는 저항을 잠재우는 데 중요한 수단이 되었다. 결과적으로 사람들을 단결시키는 사회결속을 강화하는 데 큰 관심을 가지는 정부가 오히려 사람들을 분산시키는 정책을 구현하고 있다. 더욱이 개인, 가족, 지역사회, 사회를 한데 묶는 사회적 유대는 심각한 압박을 받고 있으며 몇몇의 경우 완전히 해체되기도 하였다.

국가가 돌봄과 통제의 문제를 처리하는 양상은 장시간에 걸쳐 변화하고 있다. 이는 '무엇이 효과적인가' 에 대한 전문가의 관점, 범죄에 대한 공공의 염려 그리고 우세한 정치 이데올로기가 범죄자에게 취하는 태도에 반응하기 때문이다. 1980년대와 1990년대 초, 노동당과 보수당의 통치는 젊은 범죄자가 구류 처벌을 면하도록 노력하였고, 이는 경고와 기타 훈방조치를 사용함으로써 가능하였다(Haines and Drakeford, 1998). 그러나 1990년대 중반 젊은 범죄자에 대해 대중매체가 선동한 '도덕적 공황상태' 를 접하게 되자, 정부의 통치는 보수당의 내무장관인 마이클 하워드(Michael Howard)가 선호한 좀 더 징벌적인 '신병훈련소' 접근법으로 방향을 바꾸려 하였다(Jackson, 1995). 그들은 아동의 법적 책임연령을 낮추기 위해 블런킷의 요구를 가지고 또 다른 모습으로 외관을 바꾸고 있다.

젊은 범죄자의 욕구를 충족시켜야 한다는 복지주의 접근법에 대한 새로운 강조는 1980년대 초반에도 분명히 드러났다. 보건성은 지역사회의 젊은 범죄자를 수용할 '중간치료' 시설을 마련하기 위해 1,500만 파운드를 자원기관에 할당함으로써 이 계획을 지지하였다. 경찰은 비상습적인 젊은 범죄자를 감옥에 보내지 않는 대신 경고조치를 사용하였다. 이러한 경찰의 재량권은 차별적으로 적용되었고, 흑인 젊은이는 백인 젊은이보다 경고조치만으로 끝날 확률이 적었다. 이러한 경찰의 반응은 흑인 젊은이가 백인 젊은이보다 범죄를 저지를 가능성이 높다는 대중의 고정관념을 확인시켜 준다(Hall et al., 1978). 범죄 통계치를 통해 흑인을 공공의 안전에 대한 위협으로 간주함으로써 흑인 소년은 경찰서비스와 형사사법제도 내에서 더욱 보편적으로 강화된 인종차별주의적 편견에 처하게 되었다. 이러한 관점은 몇 년 후 「맥퍼슨 보고서(Macpherson Report)」를 통해 확인되었다(Macpherson, 1998).

범죄자에 대한 감시 강화와 동시에 1991년 형사재판법 제95항은 형사사법제도에 대한 보다 긴밀한 감시와 여성 및 흑인에게 적용되는 판결 선택권에 대한 분석을 정기적으로 보고할 것을 요구한다. 이와 같은 감시는 실천가들이 형 선고 전 보고서를 작성할 때와 같이 실천을 통해 차별을 범하지 않도록 돕기 위한 것이다. 그러나 이러한 목표는 제한적인 성공만을 거두었다.

1982년과 1991년 사이에 처벌적 접근법은 '범죄의 심각성'에 관한 담론에 반영되었다. 이 담론은 보통 폭력을 동반한 가장 심각한 범죄를 저지른 범죄자와 상습범에게는 감금을 확실히 유지하게끔 하였다. 범죄자를 대상으로 한 복지주의적 전통은 같은 시기에 마찬가지로 분명히 드러났던 처벌과 보복을 추구하는 훨씬 오래된 처벌적 전통과는 상당히 대치된다. 이 두 전통 사이의 긴장관계는 푸코(Foucault, 1977)의 감옥의 맥락 내에서 역사적으로 탐구되었다.

범죄자를 가족과 지역사회 내에서 좀 더 확실하게 통합하고자 하는 범죄관리의 새로운 방향은 젊은 범죄자를 부각시킨다. 사회적으로 소외된 다른 집단과 마찬가지로, 이 젊은 범죄자를 통합하려면 그들이 어딘가에 소속감을 느끼고 지역사회의 삶에서 충분히 제 본분을 다한다는 느낌을 받을 필요가 있다. 젊은 범죄자는 학교를 무단결석하고 낮 동안에 의미 있는 활동을 하지 않는다(Haines, Jones and Isles, 1999). 많은 사람이 지금껏 돈벌이가 되는 직장을 다녀 보지 못했으며 또 그럴 가능성도 낮다. 젊은 범죄자가 사회적으로 배제되는 것을 막기 위해, 스코틀랜드의 큐텐 프로젝트(Cue-Ten Project)와 같은 계획은 불우한 젊은이에 대한 좀 더 통합적인 접근법의 예를 보여 준다. 이 프로젝트는 유급의 고용 기회를 높일 수 있는 교육과 훈련을 통해 젊은 범죄자를 지역사회로 재통합하고자 한다. 이러한 대책은 사람들이 스스로의 가치를 인정받는다고 느낄 만큼 소득이 좋고 고무적인 직업에 초점을 맞추어야 하는데, 실제로 보통 급여가 낮은 직업에 중점을 두고 있다.

보상 계획이나 사업은 범죄자가 범죄행동의 피해자에 대해 생각해 볼 수 있도록 하는 회복적 사법과 연관된다. 이는 범죄자가 범죄의 삶에서 벗어날 수 있도록 돕고자 한다. 이러한 계획은 한 사람의 행동이 다른 사람에게 미칠 수 있는 영향력에 대한 이해를 높이고 감정이입과 연대감에 의존한다. 회복적 사법계획은 범죄자를 사회로 (재)통합하고자 한다. 이 계획은 젊은 범죄자가 그들의 희생자를 만나 자신의 행동이 희생자에게 미친 영향을 느껴보도록 한다. 이러한 접근법은 또한 희생자–가해자 중재/화해라고도 한다(Smith, Blagg and Derricourt, 1988). 좀 더 최근의 방식으로는 '재통합적 수치심 유발' 이 있다. 재통합적 수치심 유발은 범죄자의 복구와 재활을 결합하여 범죄자(대부분의 범죄자가 남성이다)를 그의 출신지역으로 복귀시키기 위해 개발되었다(Brithwaite, 1995).

젊은 범죄자를 따뜻한 지역사회망, 특히 넓은 의미의 가족 내로 통합시키려는 주요한 시도는 뉴질랜드의 마오리족이 처음 개발한 청소년 법원의 가족공동체회의 모델을 통해 이루어졌고, 후에 다른 곳에서 받아들여졌다(Jackson and Nixon, 1999, 제4장 참고). 가족공동체회의는 재통합적 수치심 유발과 민족 특유의 적절한 실천과 어우러져 그 이론과 실천을 전 세계적으로 확대하였다.

가족공동체회의는 희생자와 가족구성원과 같이 젊은 범죄자의 범죄행동과 직접적인 이해관계가 있는 사람들을 포함한다. 브리스웨이트(Brithwaite, 1995)에 따르면 가족공동체회의는 범죄자의 행동이 비난받음과 동시에 범죄자가 희생자에게 배상을 하도록 돕고, 사회적으로 용납할 수 있는 행동방식을 배울 수 있는 '재통합적 수치심 유발' 의 기회를 제공한다. 가족공동체회의를 경험한 범죄자 사이에 재범률을 낮출 수 있는 가능성으로 인해 가족공동체회의는 범죄의 예방전략으로 이용될 수 있었다. 가족공동체회의는 개인적 수준에서 변화를 불러일으키는 데 효과적이다. 이는 또한 사람을 그의 행동에서 분리한다는 실천 약속과의 연속성을 나타낸다. 범죄자의 신뢰감을 키워 주고 범죄자에게 굴욕감을 주기보다는 그를 존중하려는 시도는 긍정적인 발전이다. 마이클 하워드가 선호하는 '신병훈련소' 접근법 같은 계획이 그러하듯이, 범죄자에게 추가적인 굴욕감을 느끼지 않게 함으로써 가족공동체회의는 각각의 범죄자를 존중하고 신뢰감을 세워 주는 데 초점을 맞추는 긍정적인 발전이다. 따라서 가족공동체회의는 젊은 범죄자와 연계하는 대안적인 방법을 제시하지만, 젊은 사람들이 자신의 의사결정 능력을 표현하도록 격려하지 못하고 가족공동체회의를 성공적인 결론으로 이끌기 위해 가족공동체회의 조정자의 기술에 지나치게 많이 의존한다는 점에서 비판받고 있다(Taylor, 1999).

가족공동체회의는 범죄의 구조적 차원과 정부의 책임과는 거리가 먼 범죄의 원인에 관한 담론에 다시 초점을 맞춘다. 이는 가족구성원을 똑바로 관리하지 못했다는 이유로 개별 가족을 병리화함으로써 범죄문제를 개별화한다. 또한 가족공동체회의는 젊은 사람의 부모에 대한 의존성을 강화하여 젊은 사람의 반사회적 행동을 통제하는 일을 부모의 문제로 만들어 버린다. 부모가 문제를 해결할 수 있을지 없을지도 모르는데 말이다.

청소년재판 운영에 관한 국제연합 최저기준규칙(The United Nation's Standard Minimum Rules for the Administration of Jurenile Justice)(the Beijing Rules, 1985)은 젊은 범죄자의 복지를 증진하는 데 이용할 수 있기는 하나 영국에서는 구속력이 없다. 유엔아동권리협약(1989)은 소말리아와 미국을 제외한 모든 국가가 비준하였다. 이 협약은 18세 미만의 다른 아동에게도 적용되듯이 젊은 범죄자에게 적용된다. 보호관찰관은 이 협약의 제3조 조항을 이용하여 젊은 범죄자의 최대 이익을 보장할 수 있다. 즉, 젊은 범죄자를 인간적 존엄성을 바탕으로 다루고 제대로 교육하며, 젊은 범죄자가 자신의 삶을 전환하고 지역사회로 다시 통합하는 데 필요한 기술을 습득하도록 돕는 것 등이다. 다시 말해, 젊은 범죄자를 작은 악마가 아닌 다른 아동과 마찬가지로 다룬다는 것을 의미한다. 그러나 최근 영국에서는 이와 정반대되는 움직임이 있다. 젊은 범죄자에 대한 전문가 프로그램이 범죄행동을 강조하고 범죄행동과 지역사회의 연관성을 무시하기 때문이다(Hope and Chapman, 1998; McGuire, 2000). 반대로 캐나다의 지역사회에 기반한 성범죄자 프로그램(Dominelli, 1991a; McGuire, 2000)은 지역사회가 범죄를 줄이는 데 중요한 역할을 한다고 지적한다.

8. 범죄자 다루기: 변화하는 역할과 방향

경찰, 교도관, 보호관찰관 및 사회복지사는 범죄자를 다루는 일에 종사한다. 그들의 역할은 오랜 시간에 걸쳐 변화하였지만 최근까지 그들은 두 가지 테마에 초점을 맞추고 있다. 첫째는 더 이상의 추가적인 범죄가 발생하지 않도록 예방하고, 이를 통해 지역사회의 안전을 도모하는 것이다. 둘째는 일단 판사가 범죄행동에 대한 판결을 내리고 적절한 형량을 선고한 후에는 범죄자의 복지를 보장하는 것이다. 그러나 현재에 와서 경찰, 교도관, 보호관찰관, 사회복지사는 희생자의 복지도 고려해야 한다(Home Office, 1990).

범죄자를 어떻게 다룰 것인가에 관해서는 그 어떤 합의도 오래가지 못했다. 왜냐하면 형사사법제도 안팎에서 끊임없이 반론이 제기되어 왔기 때문이다. 1990년대 형사사법제도 내에서 사회복지의 역할은 비난과 공격을 받았다. 한 가지 이유는 사회복지의 개입이 범죄자를 재활하고 범죄 감소에 기여하는 데 실패했기 때문이다(McIvor, 1990, 2000). 또 다른 이유는 전문가의 권력이 증대되고 전문가의 이데올로기와 정책 입안자의 이데올로기의 간극이 커져 갔기 때문이다. 형사사법제도 내 전문가, 특히 보호관찰관은 성차별적이고 인종차별적인 관행에 대한 비판에 대응하고자 하였다. 이러한 욕구는 그들이 일선에서의 성과와 관련하여 자신들의 활동을 감시할 수 있는 정책과 계획을 구현하도록 확신을 주었다. 이렇듯 전문가의 통제 노력은 특히 「사회조사보고서(social enquiry reports)」에 적절하게 반영되는데, 이 보고서는 나중에 「형 선고 전 보고서(pre-sentencing reports)」라고 불리게 된다. 보고서의 연구에 따르면, 흑인 범죄자(White House, 1986) 그리고 출신 인종과 상관없이 여성 초범자가 지나치게 많이 구류판결을 받는다고 보고한다(Dominelli, 1983).

사회복지 수행에 경찰이 관여함으로써 역할의 또 다른 모호함이 생긴다. 즉, 경찰관이 돌봄과 통제라는 모순에 휩싸이면서 경찰관 사이에 서로 갈등하는 충성심을 보이기 때문이다. 이러한 긴장상태는 경찰의 임무가 사회복지의 영역을 침식할 때 더욱 분명하게 드러난다. 경찰이 범죄활동에 대해 사람들을 조사할 때 인권을 고려해야 하기 때문이다.

또 다른 역할 갈등이 새로운 정보기술의 발전에서도 비롯된다. 새로운 정보기술은 사회적 관계에 영향을 미친다. 사람들이 인터넷을 통해 점점 더 많은 활동을 수행함에 따라 범행을 목적으로 하는 신규 사이트가 계속해서 개설된다. 소아기호증, 음란물, 인신매매, 인종차별주의적 증오범죄, 신용카드 사기 등과 같이 인터넷을 기반으로 한 범죄의 증가는 새로운 정보기술에 따라 생성된 범죄의 대표적인 예다. 범죄자는 전 세계적인 웹, 인터넷, 휴대폰을 이용하여 국경을 초월하고 시공간의 경계를 넘어 다른 범죄자와 네트워크를 형성하고 자신의 신원을 교묘히 감춘다. 이와 같은 상황은 사법 당국이 범죄자의 활동을 수색하고 추적하는 일을 더욱 어렵게 만든다. 이러한 난제에 대응하여 형사사법제도 내에서는 추가적인 노력을 강행해야 한다. 예를 들어, 새로운 역할의 생성 및 적응, 범죄행동을 억제하기 위한 법률구조 추가와 새로운 기술장비 도입, 국제적인 협력을 위한 정치구조 등에 노력을 기울여야 한다.

이와 같은 노력은 유럽연합(EU)에서도 분명하게 드러난다. 유럽연합은 서로 정보를 공유하는 다국적 기관들을 이용해 마약밀매, 인신매매, 테러 활동을 감시하고 대서양을 관통하는 국제적인 협력도 주도한다. 2001년 9월 11일 뉴욕의 세계무역센터와 워싱턴의 국방부 건물에 공격이 가해진 이후, 테러리즘을 강조한 범죄통제를 부각시키고 일반 대중을 전 세계적인 네트워크로 끌어들이고 있다. 보안을 이유로 시민의 자유와 권리가 무시됨에 따라 '테러 위협' 에 대한 대응책은 무죄추정의 원칙과 같은 자유민주주의의 주요 교리를 잠식하고 있다. 이러한 대응책은 시민권을 개인적인 수준으로 파편화하고 테러리즘의 사회적 원인은 간과하는 반면, 개인의 과실에 더욱 초점을 맞춘다. 또한 이 대응책 자체의 보안과 생존을 보장하기 위해 광범위하게 서로 다른 정치체제들을 한데 결합시킨다. 이러한 결과로서 상실된 시민권은 사회복지의 또 다른 관심사가 된다.

9. 보호관찰과 사회복지

범죄자의 복지 욕구를 돌보는 일은 보호관찰 서비스의 역사를 통틀어 계속되는 중요한 일이다. 젊은 범죄자를 위해 소년원에서 최초로 시작된 보호관찰(Carlebach, 1970)에서부터 오늘날의 법원 선교단체에서 일하는 경찰관에 이르기까지 범죄자의 행동을 변화시키는 일은 범죄자의 욕구를 살피는 일과 연관된다. 범죄자를 감옥에 재수감되지 않게 함과 동시에 그들의 복지 욕구에 대처하고자 하는 노력은 1982년과 1991년 형사재판법에 이르는 일련의 입법과정에서 여실히 드러났다. 1991년 법은 법원이 처분할 수 있는 형량과목의 범위를 확장하고 가석방의 엄격한 조건을 완화하고

자 하였다. 법원의 처분 결정은 형 선고 전 보고서를 근간으로 하였다. 이 보고서는 보호관찰관의 추천서를 증명하고 구류판결 지원자의 경우 21세 이하의 모든 범죄자에게 요구된 정보를 제공하였다.

보호관찰 서비스의 변화는 법원을 기반으로 한 범죄업무를 대상으로 하는 보호관찰 실천에도 많은 변화를 가져왔다. 1992년 국가표준(National Standards)의 도입 후, 1995년과 2000년에 개정을 거치면서 개별 보호관찰관들이 수행하는 업무절차를 좀 더 예측 가능하도록 하려는 시도가 있었다. 이러한 시도는 국가 직무능력표준(Occupational Standards)(Home Office, 1992)을 통해 강화되었다. 국가표준과 함께 직무능력표준은 개별 보호관찰관이 직업적 재량권을 행사할 자격을 축소하고 관리주의 및 관료주의적 통제 양식을 추구함으로써 노동과정에 상당한 영향을 미쳤다.

법원에 기반한 범죄업무에서 보호관찰 실천은 다른 방식으로도 변화하였다. 보호관찰관은 한때 거의 대부분 백인 남성으로 구성되었으나 현재는 좀 더 다양한 구성원으로 이루어졌다. 보호관찰관의 하급 지위에서 백인 여성의 수는 백인 남성의 수와 거의 비슷해지기 시작했고 흑인 또한 많아졌다(Dominelli et al., 1995; Cook and Hudson, 1995). 그러나 소위 '유리천장' 은 여성의 승진 가능성을 여전히 제약한다. 물론 몇몇 여성은 최고 보호관찰관의 자리까지 오르기도 하지만 여전히 소수에 불과하다(Home Office, 2002). 고위급 흑인 관리 또한 여전히 매우 드물다. 물론 적어도 관료적 언행과 수사법에서는 기회의 평등과 반인종차별주의 실천이 보편화되었지만 말이다. 핵심적인 중간 직급까지 오르는 데 성공한 소수 흑인의 경우에도 더 높은 직급으로의 승진은 여전히 어렵다. 보호관찰의 책임이 보호관찰 담당공무원(probation service officer)에게 이전됨으로써 과거에 보호관찰관이 수행하던 업무를 현재는 보호관찰 담당공무원이 맡고 있다.

정치인은 우리 사회가 범죄자에게 관대할 만한 여유가 없다고 주장하면서 증가하는 범죄 통계수치를 이용하여 범죄자를 대상으로 한 사회복지의 역할을 방해한다. 보수당 내무장관인 마이클 하워드가 지지하는 이 노선은 이전의 담론과 일맥상통한다. 즉, 강력범에 대한 사회복지의 개입이 적절한지에 의문을 제기하고 대중매체를 통해 인기를 얻은 사회복지의 '무용론' (Martinson, 1974; McIvor, 1990)을 더 신뢰하는 것이다. "수감하는 것이 효과적이다."라고 주장하는 하워드는 학계 및 정책입안 분야의 직속 전임자들의 개입이 결국 비효과적이었다고 주장하면서, 사회복지를 비효과적이고 형사사법제도 내에서 통합의 기초도 없이 참견이 심한 분과로 전락시키는 방향으로 논쟁을 이끈다.

'무엇이 효과적인가' 라는 접근법의 취약점은 장기간에 걸쳐 범죄행동에 변화를 심어 줄 수 있는 네트워크와 다층적인 지원을 개발하지 못한 점이다(Raynor, Smith and Vanstone, 1996). 사회복지사는 개인의 변화를 지역사회에 기반한 강화와 연관시키지 못했고, 단기적인 성공을 넘어 개인의 변화를 지속시켜 줄 수 있는 사회구조적 변화로도 이끌지 못했다. 이러한 실패가 결국 '무엇이 효과적인가' 라는 주장의 효과를 침해한다(Raynor, Smith and Vanstone, 1994).

'무엇이 효과적인가' 의 논쟁은 새로운 실천 방향을 이끄는 담론을 창출하였다. 이 담론의 핵심에는 감옥에 대한 인식의 변화가 존재한다. 즉, '나쁜 사람을 더 나쁘게 만드는 값비싼 방법' 으로 감옥을 보는 것이 아니라(Home Office, 1990) 범죄자를 다루는 주요 기구로서 그 효능을 인정하게 된 것이다. 1990년대에 감금은 정책과 실천의 가장 중요한 핵심이 되었다. 이러한 변화는 범죄자의 재활을 격하시키고, 사회복지 실천가의 활동을 관료주의 체제로 통제함으로써 관리주의를 강화하며, 보호관찰관이 자신의 업무에 대해 합리적인 관료주의적 정의를 따르도록 강요하는 압력을 증가하였다.

마이클 하워드가 자신의 주장을 관철시키기 위해 노력하고 대중매체에서 그의 견해가 권위를 인정받음에 따라 사회복지사와 보호관찰관의 신용은 떨어지고 말았다(Smith, 1995). 그 뒤를 이어 하워드는 사회복지적 지식을 보호관찰관의 기술목록에서 완전히 없애 버리겠다고 약속하였다(Dews and Watts, 1994; Sone, 1995). 그는 또한 사회복지의 '선행을 행하는 자'를 제멋대로인 범죄자, 특히 많은 범죄를 저지르는 소수의 상습범에게 올바른 규율을 심어 줄 수 있는 강력한 군인으로 대체하겠다고 위협하였다(Sone, 1995). 총선 실패로 인해 그는 자신의 약속을 이행할 수 없었지만 신노동당의 후임자는 그의 접근법에 손을 들어 주었다. 잭 스트로(Jack Straw)는 형사사법제도 내에서 보호관찰의 지위를 바꾸고 보호관찰과 사회복지 간의 연계성을 단절시키고자 하였다.

1998년 잉글랜드와 웨일스에서는 보호관찰관과 사회복지사 사이의 오랜 전통인 합동훈련이 중단되었다. 그 당시 스트로는 보호관찰관이 더 이상 사회복지에 빠져 시간을 낭비하는 대신 범죄행동을 통제하고 대중을 보호하는 교정활동에 열중하도록 하였다. 이를 위해 그는 보호관찰관이 사회복지 지식, 기술, 가치의 악영향에서 멀어질 수 있도록 교육하였다. 스트로도 그의 행보를 지속하였지만 그의 후임자 데이비드 블런킷 역시 그의 뒤를 따랐다.

'법과 질서'의 담론은 범죄행동을 공공의 안전에 대한 공포와 연계시키고, 범죄와 폭력이 없는 사회를 유지하고자 하는 욕구와 연계시킨다. 그리하여 보호관찰 실천을 정치화된 활동으로 전환시킨다. 창조와 재생산을 통해 정치가들은 '법과 질서'의 담론을 이용하여 지속적인 입법과 정책 변화를 통해 보호관찰 실천의 개입을 정당화한다(Downes and Morgan, 1994). 담론의 변화는 정치인들이 대중의 불안감과 일치하는 담론을 강화할 때 쉽게 일어난다(Cohen, 1980). 1990년대 초 마이클 하워드가 내무장관인 더글라스 허드(Douglas Hurd)를 교체하였을 때, 범죄정책의 경우 훈방조치와 같은 전환체제에서 감금으로의 급속한 변화가 일어났다. 이는 사실상 고전적인 변화의 예를 보여 준다. 이렇듯 정책이 변하는 것은 '법과 질서'

의 담론이 본래 논쟁의 여지가 많기 때문이다. 다양한 이해집단은 다양한 상황에 맞게 자신들의 입장을 재정의하고 기존의 구성에 변화를 일으킨다. 보호관찰 교육과 실천에서 이러한 변화는 권력을 휘두르고 자원을 보유하며, 대중매체의 여론 형성가에게 귀를 기울이고, 의견의 전파 네트워크를 이용할 수 있는 사람에 의한 합의된 공격이 존재할 때 지배적 담론이 얼마나 쉽게 반대에 부딪히는지를 보여 준다.

범죄자를 징벌하는 데 중점을 두고 범죄자의 감금을 범죄자의 욕구에 대한 충분한 대처방법이라고 간주하는 현상은 사회복지 실천가, 범죄자 그리고 처벌 중심의 체제를 폐지할 것을 주장하는 사람에 의해 도전을 받기 시작했다. 예를 들어, 여권운동가는 범죄자의 행동을 개선할 수 있는 대책을 촉구하였다. 여권운동가는 폭력범이 여성과 아동을 공격하지 못하도록 하려면 감옥에서 그들을 다루는 방식을 새롭게 바꾸어야 한다고 주장한다(Dominelli, 1989, 2002b).

10. 사회복지 영역과의 단절

각기 다른 직업이 과거에 사회복지사가 수행했던 역할을 떠맡게 되었다. 나머지 역할은 사회복지 자체에 의해 탈락된 셈이다. 사회복지는 다른 전문직업인에게 해당 전문지식의 영역을 내주었고, 이는 결국 사회복지실천을 구분하는 경계를 다시 생각해 보는 계기가 되었다. 20세기 말에 잉글랜드와 웨일스에서 범죄자를 다루는 일은 사회복지 영역에서 벗어났고, 범죄 기결수를 다루는 주요 목표로서 처벌이 재활을 대체하였다(Sone, 1995). 그러나 스코틀랜드와 다른 국가에서는 보호관찰이 사회복지 영역의 일부로 지속되었다.

맥과이어(McGuire, 1995)와 프리처드(Pritchard, 2001a)의 연구에 따르

면 범죄자를 다루는 사회복지는 범죄행동을 줄이는 데 효과적이다. 레이너, 스미스 및 밴스톤(Raynor, Smith and Vanstone, 1994)은 범죄자에 대해서 어떠한 개입이 좀 더 효과적인지를 예측하는 것은 불가능하다고 주장하였다. 그들의 견해는 동시대의 다른 사람들(Neary, 1992), 특히 사회복지가 성범죄자와 같은 상습범을 다루는 데 실패하였음을 비판하는 사람들의 지지를 받지 못했다. 퀸시(Quinsey, 1995)의 연구는 또한 범죄자의 '위험성'을 예측하여 '대중을 보호할' 수 있는 사회복지사의 능력에 대해 상당한 의심을 제기한다.

시장 인센티브

저조한 실적으로 인해 사회복지사는 영국과 웨일스에서 범죄자를 다룰 수 있는 입지를 잃게 되었다. 이러한 변화를 통해 보호관찰관의 교육과 훈련은 사회복지 학위과정(Diploma in Social Work)에서 분리되었다. 이러한 분리는 보호관찰 교육이 작업장으로 양도되었던 1994년에 시작되었으며, 내무성이 보호관찰에 대한 통제권을 완전히 장악했던 1988년에 그 절정에 이르렀다. 보호관찰 교육생은 현재 보호관찰 연구학위(Diploma in Probation Studies)를 수여한다. 이 모델에 따르면 보호관찰의 고용주는 계약입찰을 위해 컨소시엄을 형성한 제공자들에게 교육훈련을 위임함으로써 보호관찰 교육을 구매자-제공자의 관계로 고착시킨다.

시장의 원리가 범죄사법 교육으로 파고 들어옴에 따라 보호관찰 연구학위를 위한 입찰을 통해 많은 프리랜서 컨설턴트와 대학의 학과가 서로 경쟁하게 되었다. 어떤 컨설턴트는 대학강사직을 겸하고 있으며, 자유업으로서 겸업을 할 수 있는 기술을 보유하고 있다. 보호관찰 교육에 경험은 없지만 저가의 교육을 제공할 수 있는 사람은 하룻밤 사이에 보호관찰 전문가가 되기도 하였다. 그러나 이들 전문가의 자격을 검증하고 개인 교육자 또는 이들을 직접 고용하는 사설기관의 품질을 보장할 만한 시장의 유인책이 거의 전무하였다. 그보다 회계대장을 처리하고 사회복지 교육이나 실천에 지식과 경험이 거의 없는 관리 및 회계 회사들이 보호관찰 교육에서 주요한 역할을 했다. 예를 들어, 회계 컨설팅 회사인 프라이스-워터하우스(Price-Waterhouse)는 보호관찰 서비스를 위한 관리자를 교육하기로 내무부와 계약을 맺었다(Dominelli and Hoogvelt, 1996b).

형사사법제도 내에서 혼재된 여러 조항은 보호관찰 서비스의 발전을 앞서기도 하고 보조를 맞추기도 하였다. 보호관찰 서비스는 사설감옥이 도입되면서 상당한 성장을 이루었다. 치안판사가 징벌적 판결을 강화하자 교도소의 부족을 극복하기 위해 몇몇 사설감옥들이 위탁을 받기도 하였다. 더욱이 1990년대에 내무성이 보호관찰 서비스 예산의 일부를 자발적인 사설감옥에 할당하기로 결정하자 사설감옥 제공자에게 박차가 가해졌다(Home Office, 1990). 이러한 변화는 교도소에서 지역사회 안전과 희생자 지원단체에 이르는 일련의 서비스 제공에서 상업적이고 자발적인 사설감옥 제공자의 성장을 불러일으켰다. 사설감옥의 발전은 1996년 「울프 보고서(Woolf Report)」에서 주장한 바와 같이 효과적인 부처 간 작업 및 협력의 중요성을 강조하였다.

이러한 움직임과 함께 가정법원 및 지역사회 봉사와 같은 보호관찰 서비스의 일부가 보호관찰의 핵심인 형사법원 업무에서 분리되었다. 동시에 2000년 형사사법 및 법원서비스법(Crimianl Justice and Court Services Act)은 경찰대와 서로 경계가 접하는 42개 지역의 중앙집권화된 국가 보호관찰 서비스를 지지하여 55개의 지역 보호관찰 서비스를 폐지함으로써 보호관찰 서비스를 재편성하였다. 이러한 조치는 자율적인 보호관찰 영역의 수를 축소하였고, 지역 서비스에 대한 중앙의 통제력을 강화하였다. 이와 같은 일련의 변화들로 인해 보호관찰 실천의 양상이 서서히 변화하고 있다.

형사사법 및 법원서비스법은 가석방된 범죄자를 추적하는 데 전자 태그의 사용을 확장함으로써 보호관찰 업무의 감시 규모를 확대하였다. 국가는 또한 특정 명령에 대한 위반 횟수를 12개월에 한 번으로 제한하고, 상습범으로 분류된 범죄자에게 강한 형량을 요구하며, 석방된 모든 죄수에게 일정 기간의 의무 감시를 받게 함으로써 법률위반 소송절차를 강화하였다. 그러나 이러한 법률조항 내에서도 모순이 여전히 존재한다. 감금이 절대적 우위를 차지하는 것이다. 이러한 모순은 이미 수감자로 초만원이 된 교도소 체제 내에서 감옥 인구의 증가가 예상된다(Woolf, 2001).

11. 형사사법제도의 민영화

내무성은 1990년대 초반 이후로 형사사법제도의 민영화 과정을 촉진하면서 사설감옥의 건축을 허용하고 보호관찰 서비스 예산의 일부를 자발적인 사설 부문에 할당하도록 명령하였다. 자발적인 사설기관은 범죄의 희생자들을 지원하는 '안전한 도시' 프로그램에서 주요한 역할을 수행하였다. 웨켄헛(Wackenhut)과 소덱소(Sodexho)와 같은 다국적 민영회사는 현재 교정서비스, 특히 감옥과 구치소를 제공한다.

교도소 수감자의 상당한 증가를 우려하는 악몽의 시나리오는 교도소의 민영화를 촉구하였다(Woolf, 2002). 수감자의 증가는 1993년 형사재판법하에 시작된 정책변경에 뒤이어 나타났다. 1993년 형사재판법은 1992년 10월에 실시되었던 1991년 법령의 '관대함'에 반대하는 치안판사들의 적대적 압력을 받아 발표되었다. 토리당이 시작한 감금의 증가는 신노동당 체제에서도 계속되었다. 결과적으로 잉글랜드와 웨일스의 교도소 인구는 1993년 4만 4,552명에서 2001년 6만 7,054명으로 증가하였다(Hough, 2002).

1992년 HMP 월스(Wolds)가 웨스트요크셔에 사설감옥을 개설하면서 영국에 사설감옥이 처음 도입되었다. 영국에는 현재 7개의 사설감옥이 있으며 증축에 대한 협상이 진행 중이다. 예를 들어 첫 여성 전용 감옥으로서 450명의 여성 범죄자를 수용할 미들섹스의 사설감옥이 이에 포함된다. 민간투자 계획이 교도소 서비스에도 확장되어 국가 운영의 교도소가 아니라 증가하는 수감자를 경제적이고 신속하게 흡수하기 위해 신규 교도소의 건축을 촉진하였다. 첫 민간투자 방식의 사설감옥인 파자컬리(Fazakerley), 현재의 알트코스(Altcourse)는 1997년 머시사이드에서 처음 문을 열었다. 이러한 사설감옥은 기업가에게는 엄청난 이익을 안겨 주었으며(Hencke, 2001), 교도소 서비스의 기준을 전반적으로 개선하도록 압력을 가했다.

교도소의 민영화는 많은 부문에서 도전을 받고 있다. 예를 들어, 보험회사들은 몇몇 교도소에 보험혜택을 제공하기를 꺼린다. 로이즈 신디케이트 962(Lloyd's Syndicate 962)는 2001년 이후 이민자 구치소에 대한 보험 적용을 거절하였다. 그 당시 폭동과 화재로 인해 9,700백만 파운드의 피해가 발생하면서 베드퍼드셔의 얄스 우드 이민자센터를 폐쇄하기에 이르렀기 때문이다. 정부가 보험혜택을 제공하면 납세자에게 부과되는 민영화 비용이 증가한다. 초기에 정부의 책임하에 있던 파자컬리(알트코스)의 보험은 이후 계약을 통해 민영회사가 떠맡게 되었다. 형사사법제도, 특히 교도소 서비스의 운영 및 관리 비용을 줄이는 일은 정부정책을 추진하는 주요한 요인이다. 따라서 공적 지출의 감소는 필수적이다. 그러나 교도소 수감자의 압도적인 증가와 그 어느 때보다 더 많은 교도소의 신축이 필요해지면서 비용 절감의 목표는 달성하기가 매우 어렵다. 물론 경범죄의 경우 지역사회에 기반한 형벌을 내리는 경우가 많아지고 있는데도 말이다.

한편 노동조합 유니슨(UNISON)은 사설감옥의 직원도 공공감옥의 직원들과 마찬가지로 동등한 급료와 근무환경을 누려야 한다고 주장한다. 근무환경과 노동자의 권리를 개선하고자 하는 유니슨의 관심사는 신노동당의 반대에 부딪히고 있다. 신노동당은 임시파견 노동자에게 새로운 권리를 부여하고자 하는 유럽연합의 지령이 수익성을 위협한다는 이유로 반대하고 있다. 유니슨은 민관합작이 투명하고 성실하게 운영되지 않는다는 이유로 민영화의 종식을 요구한다. 유니슨은 5개의 회계회사를 예로 들었는데, 이러한 회사는 많은 건축업자를 감사함과 동시에 540억 파운드의 계약에 관한 자문을 공적 부문에 제공하고 있다(McGuire, 2002).

유니슨은 자회사와 컨설팅 회사들과 관련된 45건의 사례에서 이해관계의 갈등을 관찰하였으며 이에 대해 다음과 같이 주장한다.

> 자회사와 컨설팅 회사는 정부의 민영화 의제를 운영하고 있고, 고문 및 감사원으로서 막대한 비용을 부과한다. 이 회사들이 민간투자 계획 및 민관합작에 대해 제공하는 자문의 독립성과 공평성에 대해서 커다란 의문이 제기된다(McGuire, 2002, p. 10).

민영화를 담당하는 국가 전문가들은 주로 정부와 연관된 체제를 바탕으로 재정적인 수단을 통해 권력을 행사하고, 상업적이고 자발적인 제공자의 성장을 장려한다. 계약제도는 제공할 서비스의 형태와 관리해야 할 범죄자의 수를 상술한다. 수요와 공급을 통제함으로써 국가는 추가적인 자원과 서비스의 제공을 촉진하기 위해 지역의 자율성을 축소시킨다.

12. 사회복지실천과 교정활동

'법과 질서' 를 둘러싼 '도덕적 공황상태' 는 잉글랜드와 웨일스에서 사회복지와 보호관찰 교육 사이의 직접적 관계를 종식시키는 데 주요한 역할을 수행하였다. 사회복지와 보호관찰 교육 사이의 연계는 두 부문의 가치판단에서는 여전히 남아 있지만, 실천에 있어 사회복지와 보호관찰 교육의 구현은 상당히 다르다. 이러한 변화는 보호관찰 실천의 핵심에 존재하는 기본적인 모순을 해결하는 데 실패하였다. 즉, 유죄판결을 받은 범죄자를 어떻게 다룰 것인가? 어떻게 범죄자를 사회 또는 그들의 출신 지역사회 속으로 재통합할 것인가? 어떻게 범죄자가 그들에게 용납될 수 있는 일정한 행동 기준을 강요하는 사회 속에서 사는 법을 배울 것인가? 이러한 질문은 재활과 처벌 사이의 긴장상태를 다시금 확인시켜 준다. 보호관찰관은 범죄자가 지역사회의 완전한 구성원이 되도록 도와야 할 책임이 있다. 이러한 보호관찰관의 목표는 신노동당의 사회통합 의제 속에서 나타난다. 신노동당은 감옥에 대한 다른 대안을 계속해서 지지하는 보호관찰관의 주장을 받아들이고 있다.

범죄자에 대한 구류판결을 증가시키려는 정부의 노력은 의도하지 않은 효과를 보이고 있다. 윌리스(Willis, 1985)는 구류판결의 증가가 오히려 더 심각한 범죄자에게 지역사회 형벌이 주어지는 결과를 초래한다고 암시한다. 따라서 현재 보호관찰관은 이미 유죄판결을 받았거나 해결이 더 어려운 성격장애를 가진 범죄자를 다룬다. 이러한 경향은 보호관찰의 업무 담당건수에 반영된다. 즉, 과거 범죄 경력이 없는 초범의 수가 1980년과 1989년 사이에 25%에서 13%로 떨어졌기 때문이다(Raynor, Smith and Vanstone, 1994). 배스와 웨스턴(Vass and Weston, 1990)은 보호관찰이 교정 담론으로 좀 더 통합되고 복지주의 담론과의 연계에서 멀어졌다고 주장한다.

반대로 레이너, 스미스 및 밴스톤(Raynor, Smith and Vanstone, 1994)은 보호관찰의 담론변화가 범죄자에 대한 좀 더 계몽된 접근법으로 해석될 수 있다고 주장한다. 왜냐하면 일찍이 교도소로 보내졌을 사람들을 교도소 네트워크에서 구출할 수 있기 때문이다. 장기적인 관점에서의 감옥의 실패는 높은 재범률이 증명해 준다. 최근의 보고에 따르면 과거 범죄 경력이 있는 죄수들이 기록된 범죄의 18%를 저지른다. 즉, 1년에 90만 건의 범죄를 저지르고, 그들의 생활방식과 연관되어 계속되는 비용을 제외하고도 1년에 108억 파운드를 대가로 치르는 셈이다(Travis and White, 2002).

13. 피해자의 권리 증진

범죄자 및 '법과 질서' 의 문제를 충분히 해결하지 못한 보호관찰의 무능력에 대한 비판은 주로 보호관찰이 재범률을 실질적으로 줄이지 못했다는 점이다. 또 다른 비판은 보호관찰이 범죄자의 권리에 지나친 중점을 둔다는 것이다. 대중매체와 정책 입안자는 보호관찰이 희생자의 권리를 부정한다고 주장한다. 이렇듯 보호관찰이 변화해야 한다는 욕구 속에 남성폭력에 대한 여성 희생자 그리고 아동 성학대 생존자 권리를 요구하는 여권신장론자의 목소리가 더해졌다. 여권신장론자의 활동은 보호관찰이 남성의 범죄행동의 주요 피해자인 여성과 아동의 요구를 심각하게 받아들이지 못했다고 반문을 제기하였다.

이렇듯 희생자의 권리를 보호하자는 움직임은 1990년대 초 '시민헌장' 이 소비자가 규정된 서비스 표준을 누리고 그들의 관심사가 해결되어야 할 권리로 인정됨에 따라 더욱 박차를 가했다. 여기에는 '피해자 헌장' 이 포함된다. '피해자 헌장' 은 피해자를 대상으로 하며, 피해자가 도움을 요청할 때 형사사법제도 내 사람들에게 기대할 수 있는 권리와 서비스를 명백히 제시하였다. 이러한 압력은 피해자학(victimology) 또는 희생자의 필요에 대처하는 이론과 실천의 탄생을 야기하였다. 피해자학을 통해 희생자와 관련된 보호관찰의 문화는 변화하기 시작하였다(Tapley, 2002).

희생자의 권리를 옹호하는 움직임은 범죄자 지향의 보호관찰 서비스에 여러 가지 문제를 제기하였고, 보호관찰이 새롭게 불거지는 요구에 민감하게 반응하기까지는 어느 정도의 시간이 소요되었다(Rock, 1990). 이와 동시에 범죄자 역시 그들에게 합당한 처우를 보장할 수 있는 공정하고 합당한 절차에 의해 취급되어야 한다. '피해자 헌장' 의 여러 다른 버전이 있지만, 이들 각각은 희생자와 형사사법제도 간의 관계를 개선하고자 한다. 이러한 목표는 아직 달성하지 못했다. 조애너 서플랜드와 동료들의 연구(Shapland, Willmore and Duff, 1985) 그리고 재키 태플리(Jackie Tapley, 2002) 이후의 연구는 피해자가 정의가 구현되었다고 느끼기 위해서는 우리가 앞으로 얼마나 많은 일들을 해야 하는지를 보여 준다. '피해자 헌장'의 접근법은 희생자의 요구를 강조하고 그들의 관심사를 정당화하는 장점이 있지만 피해자를 일종의 소비자로 바꾸어 버렸다.

태플리(Tapley, 2002)는 '피해자 헌장'의 조항에 피해자가 자신에 대한 처우에 어떻게 반응하는지를 조사하였다. 조사결과에 따르면 피해자는 전체적인 체제에 의해 무시당한다고 느낀다. 좀 더 잘 알려진 최근의 예를 들면, 런던에서 발생한 스티븐 로런스(Stephen Lawrence)와 다밀로라 테일러(Damilola Taylor) 살인사건은 '피해자 헌장'과 이를 구현하기 위한 정부의 시도에도 불구하고 적절한 서비스를 받을 피해자의 권리가 무시당한 사례를 보여 준다. 그러나 당시에 희생자를 위한 서비스 개선을 목적으로 할당된 기금이 매우 제한적이었음을 감안해야 한다. 결과적으로 피해자를 위한 지원서비스는 피해자지원협회와 같은 자원이 부족한 자발적인 기관들이 제공한다. 희생자는 피해자지원협회가 수행하는 지원서비스를 감사하게 생각하지만, 그들의 문제를 해결하는 데 법정기관을 더 선호한다(Tapley, 2002). 희생자는 자신에게 제공되는 자발적이고 자원이 부족한 서비스를 보면서 형사사법제도 내에서 상당한 자원을 지원받는 범죄자에 비해 자신의 지위가 오히려 격하된다고 느낀다.

피해자는 '통치성의 기술'에 영향을 받는다(Tapley, 2002). '피해자 헌장'은 관료주의적 절차에 따라 형사사법제도가 제공하는 서비스의 소비자로서 피해자에게 초점을 맞춘다. 그러므로 피해자는 형사사법제도에서의 서비스를 요구하지 않을 때에만 비로소 시민으로서 대우를 받는다. 서비스에 대한 요구가 지나친 피해자는 무자격 클라이언트 그리고 전문적인 지원을 받을 자격이 덜한 사람으로 취급받는다(Tapley, 2002). 태플리(Tapley,

2002)는 피해자지원협회와 목격자 서비스와 더불어 피해자의 이익을 돌볼 수 있는 자원이 풍부한 법정기관을 요청한다.

피해자를 돕기 위한 다른 형식의 개입으로는 형사사법제도 사업의 이해관계자로서 지역사회를 예로 들 수 있다. 피해자-가해자 중재는 범죄자와 희생자를 한데 모아 범죄자가 자신의 행동이 피해자에게 미친 영향을 인식하고 개별 피해자나 지역사회에 대한 배상에 합의하도록 한다. 이러한 중재 노력은 범죄자가 자신의 행동을 바꾸기 위해 할 수 있는 일에 초점을 맞추는 반면, 범죄활동을 억제할 만한 여건을 조성하기 위해 지역사회에 필요한 변화에는 초점을 맞추지 않는다. 더욱이 피해자가 요구하는 일련의 방대한 서비스도 제공하지 않는다. 몇 가지만 예를 들면, 카운셀링, 충분한 보상 그리고 몇몇 경우의 평생지원이 있다.

범죄자와 피해자의 권리를 둘러싼 담론은 한 집단의 욕구를 다른 집단의 욕구와 경쟁시키는 두 가지 상반된 조건에서 수행되어 왔다. 이는 참으로 안타까운 일이 아닐 수 없다. 왜냐하면 두 집단 모두 범죄 감소 및 범죄의 여파 해결의 장기적인 목표를 달성하기 위해 해결해야 할 합당한 문제를 안고 있기 때문이다. 범죄의 원인을 다루면서 우리는 범죄자가 사회에 긍정적인 기여를 할 수 있도록 재활하고, 피해자는 자신들의 이익이 보호받고 있음을 느낄 수 있도록 노력해야 한다. 이는 사람들이 범죄가 더 이상 자신들의 삶의 질에 부정적인 영향을 미치지 않는다고 느낄 수 있도록 풍토를 개선하는 데 매우 필요하다.

14. 시민권 및 범죄자의 재활권리

범죄자는 징벌체제하에 권리의 상실을 경험한다. 범죄자에 대한 전통적 개념화는 범죄를 범한 후 유죄판결을 받음으로써 시민으로서의 권리를 파기한다는 개념에 중점을 둔다. 범죄자를 일단 선고를 받은 후에는 권리기반 체제의 외부에 존재한다고 간주하여, 국가의 관심은 범죄자의 시민권을 강화하기보다는 사회의 다른 구성원에 대한 범죄자의 위험성을 줄이기 위해 범죄자의 행동을 통제하고 관리하는 것이다. 이러한 접근법은 범죄자의 반항적인 행동을 다루는 주요 도구로서 위험관리와 위험평가를 강조하였다.

반범죄자 담론은 범죄자에게 그들의 시민권을 행사하지 못하도록 하는데 중점을 둔다. 이러한 담론의 핵심은 감금기간 동안, 또는 미국의 일부에서는 평생 동안 정치적 시민권의 상징인 투표권을 상실하는 것이다. 시민권에 관한 담론은 범죄자의 권리를 무시하는 경향이 있다. 범죄자의 시민권을 부정하는 것 외에도, 이 담론은 구류판결에 복역하는 동안 자신의 행동을 재활하고 변화할 수 있도록 도움받을 권리 역시 제한한다.

이러한 태도는 수감자가 범죄자의 시민권을 위한 관심의 목소리를 높이는 가운데 불거지기 시작하였다. 어떤 범죄자는 지역사회에 재통합될 수 없음의 우려를 표시한다. 킹스턴 교도소에 있는 일단의 성범죄자는 자신들이 출소 후 바람직한 시민이 될 수 있도록 감옥에서의 복역기간 동안 재활서비스를 캐나다가 제공하지 않음으로써 수감자로서의 욕구를 충족시키지 못했다는 이유로 국가를 고소하였다. 이에 법원은 국가가 수감자를 돌봐야 할 의무를 등한시하였다는 일치된 의견을 보였다. 이러한 국가의 실패는 수감자에 대한 보호가 부재하기 때문에 감옥환경이 '범죄인을 위한 배움의 대학' 으로 쉽게 전락한다는 점에서 위험하다(Boyle, 1977).

범죄자를 통합하려는 시도는 해당 범죄에 따라 결과가 다르기 때문에 매우 어렵다. 성범죄자의 경우에는 출신 지역사회로 되돌아가고자 해도 환영받지 못한다. 그들이 아동의 안전을 계속해서 위협한다고 간주되기 때문이다. 성범죄자에 반대하는 공공 캠페인은 전문직업인이 일반 사람에게 '감옥이 효과적이고' 일정한 형량을 복역한 범죄자는 더 이상 다른 시민의 삶을 더 이상 위협하지 않을 정도로 충분히 교정된다는 확신을 심어 주는 데 실패하였음을 여실히 보여 준다.

범죄자를 시민권을 기초로 하여 재통합하려는 지역사회 기반의 보호윤리는 범죄행동을 저지르는 사람을 되돌릴 수는 없다는 견해보다는 장기적인 변화를 촉진할 가능성이 높다. 시민권에 기초한 접근법은 범죄자와 그들이 사는 지역사회 간에 연대와 결속을 필요로 한다. 이 접근법의 실천은 개인의 책임과 사회적 책임을 결합하는 상호 호혜의 관계 정립에 초점을 맞춘다. 그리하여 개인적 범죄의 원인과 함께 구조적 원인을 해결하고자 한다. 이러한 목표를 추구함으로써 보호관찰 실천을 사회정의의 개념 속에 포함시킬 것이며, 범죄행동을 비난하고 처벌하는 것에 반하여 사회정의를 구현하고자 할 것이다. 더욱이 이는 용납할 수 없는 행동을 비난함과 동시에 인간의 존엄성을 인정하는 사회복지의 가치에 좀 더 부합한다.

15. 나가며

범죄자를 대상으로 하는 사회복지는 형사사법제도 내에 위치한 사회복지실천에서 논쟁의 여지가 많은 부분이다. 사회복지의 효과에 대한 담론은 교도소 체제를 '무엇이 효과적인가' 라는 담론의 궁극적인 결론으로서 인정하는 견해부터 범죄자를 재활하고 그들의 복지 욕구에 대처하는 움직임에 이르기까지 다양하다. 신관리주의하에 실천은 다음과 같은 많은 변화를 겪어 왔다.

- 사회복지의 전문직업으로서의 재량권 통제
- 사회복지의 전문직업으로서의 책임 보장
- 전문적인 업무의 본질적 변화

- 범죄행동 및 이에 대한 공공의 인식변화
- 부모의 책임에 대한 재정의
- 공적 부문과 사적 부문 간의 관계 변화

신관리주의는 개별 범죄자의 병리를 인정하지만 범죄의 구조적 원인은 간과하는 처벌적 대중주의에 의해 보완된다. 범죄행동의 문제를 효과적으로 다루려면 범죄자가 자신의 행동에 책임을 져야 하고 범죄의 사회적 원인이 해결되어야 한다. 범죄 감소전략이 효과를 거두고 재활의 노력이 범죄자를 준법시민으로 이끌기 위해서는 범죄자의 욕구 및 권리가 범죄 없는 지역사회를 소망하는 비범죄자의 욕구 및 권리와 함께 수호되어야 한다.

제7장 지역사회에 대한 사회복지 개입

1. 들어가며

지역사회복지는 영국 사회복지에서 참으로 기구한 역사를 가진다. 1970년대와 1980년대에 지역사회복지는 사회복지의 개입이 이루어지는 중요한 세 가지 장치 및 방법 중의 하나였기 때문에(Mayo and Jones, 1974) 대학의 사회복지 프로그램에서 교육되었다. 또 다른 두 가지 사회복지 실천방법은 일대일로 개인을 다루거나 개별사회복지 실천과 집단사회복지실천을 실시하는 것이다(Younghusband, 1978). 지역사회복지가 사회복지 교육과정에서 그 입지를 상실하게 된 이유는 다음의 세 가지 요인 때문이다. 첫째는 지역사회복지가 갖는 직업으로서의 인지도가 떨어지기 시작하면서 실천교육에 관심이 있는 사람들의 수를 감소시키는 부정적인 영향을 미쳤다. 둘째는 학계의 사회복지 분과 내에서 지역사회복지의 이데올로기적 입지가 흔들리기 시작했기 때문이다. 셋째는 1980년대 후반부터 중앙사회복지교육위원회(CCETSW)가 더 이상 지역사회복지 교육을 인정하지 않게 됨에 따라 자금지원을 거부하였기 때문이다.

지역사회복지가 영국에서 그 인기를 잃어가고 있는 반면, 다른 국가에서는 주요한 사회복지의 실천방법으로서 수행되고 있다. 신흥공업국에서 지역사회복지는 사회 및 인간 발달과 연계된다(Kaseke, 1994). 남아프리카와 인도에서 지역사회복지는 빈곤과 교육의 불우한 여건을 다루는 데 주요한 방법이다. 미국에서 지역사회복지협회는 지역사회복지를 사회복지의 중요한 일부로서 인정하자는 운동을 이끌었고, 지역사회복지는 1998년 올랜도에서 연례 프로그램 회의를 가진 사회복지교육위원회(Council for Social Work Education: CSWE)에서 사회복지 일부로 인정받게 되었다. 국제적인 영역에서 지역사회복지는 사회복지 일부로서 인정받고 있다(Garber, 2000).

지역사회는 단결, 연대 및 친선의 이미지와 같은 긍정적 공간임과 동시에 배타성, 전쟁 및 증오가 창궐하는 공간이 되기도 한다. 사람들은 그들의 인격과 존재가 형성되는 지역사회라는 공간의 상반되는 두 이미지를 어떻게 이해하는가? 사람들은 지역사회의 통합을 어떻게 추진하는가? 사회복지사는 지역사회의 통합을 이끌기 위해 어떠한 역할을 수행하는가? 이 장에서는 이와 같은 질문을 살펴보고자 한다. 그러면서 영국의 사회복지 교육과정에서 지역사회복지의 변화하는 입지와 관련하여 역사의 일부를 고찰해 보고자 한다. 필자는 사회통합의 세계화와 그에 따른 지역사회 기반 구조의 쇠퇴 속에서 사회복지 실천가가 지역사회복지 방법을 반드시 깨닫고 인지해야 한다고 주장하는 바다. 사회복지 실천가가 구조적 불평등을 해결하고 이 구조적 불평등이 개인과 사회환경에 미치는 영향을 완화하기 위해서는 지역사회 동원에 능숙해야 한다.

로스먼(Rothman, 1970)은 지역사회복지의 네 가지 주요 모델을 규명하였다. 즉, 지역사회 보호, 지역사회 조직, 지역사회 발전 및 지역사회 행동이 바로 그것이다. 지역사회 보호는 좋은 이웃관계 또는 불우한 사람에게 봉사를 제공하기 위해 자원을 임의로 처분할 수 있는 사람에게 초점을 맞춘다. 지역사회 조직은 서로 다른 서비스 제공자 간에 의사소통을 개선하고 낭비를 없애며 기존 자원의 중복을 막고자 한다. 지역사회 개발은 자원에 대한 접근을 향상시키는 사업을 통해 사람들을 자본주의 경제관계 속으로 좀 더 완벽하게 통합하고자 노력한다. 이 세 가지 모델은 기존의 서비스 제공 간의 차이를 보상하고 현 상태를 인정하기 위해 자기 구제에 많이 의존한다. 이 중 지역사회 개발모델은 다른 두 모델과 달리 사회변화를 촉구할 가능성이 있는 것으로 보인다. 로스먼은 일단 사회변화가 일어나면 지역사회 행동이 된다고 주장한다. 그의 이론에 따르면 지역사회 행동만이 사람들을 동원하여 기존의 사회적 관계를 변화시킬 수 있다. 그 밖의 다른 곳에서(Dominelli, 1990) 필자는 지역사회 행동의 범위를 확장하여 정체성에 기반한 양식의 지역사회복지를 포함하였다. 즉, 계급에 기반한 지역사회 행동, 여권신장론자의 지역사회 행동 및 흑인의 관점에 따른 지역사회 행동이 해당된다. 이를 위해 필자는 장애인 운동의 장애인 사회모델 그리고 시민사회 내에서 반세계화 운동의 네트워킹을 덧붙여 논의하고자 한다. 이들은 지역사회복지에 대한 변화 지향의 모델이며, 사회분화를 통해 경험한 억압의 문제를 다룸으로써 현 상태를 바꾸고자 한다. 각 모델은 좀 더 광범위한 사회변화를 확고히 하기 위해 각 모델에서 규정한 지역사회의 경계를 초월하여 다른 지역사회와 연계할 수 없다는 한계를 지닌다.

필자는 '지역사회' 의 의미를 고찰하고 사회복지 이론, 정책 및 실천에서 지역사회의 이용을 검토하며, 어떻게 지역사회 관계를 재고하여 다양성을 포함하고 차이를 인정하며 사회복지사를 참여시킬 수 있는지를 살펴보고자 한다. 또한 사회복지사의 의미를 증진하고 해당 지역 내에서 사회정의를 실현함과 동시에 다른 지역에서도 사회정의를 실현하기 위해 국제적인 발전을 돕는 데 관심이 있는 사회복지 실천가를 광범위하게 포괄한다는 의미로 사용한다.

2. 지역사회에 대한 (재)정의

'지역사회' 란 무엇을 의미하는가? '지역사회' 의 정의는 논쟁의 여지가 많고 다양하다. 1970년대 벨과 뉴비(Bell and Newby, 1971)는 지역사회라는 용어가 98개의 서로 다른 의미로 사용됨을 발견하였다. 애버크롬비, 힐 및 터너(Abercrombie, Hill and Turner, 1994)는 '지역사회' 라는 용어는 사회학에서 가장 정의하기 어렵고 모호한 용어며 현재는 특정한 의미 자체가 없다고 말한다. 이들에 따르면 '지역사회' 라는 용어는 다음 세 가지 특징을 갖는다. 즉, '특정한 사회구조를 가진 사람들의 집합' '소속감 또는 지역사회의 정신' 그리고 '지역사회의 모든 일상활동' 이다. 일반적인 어법의 경우, 『콜린스 사전(*Collins Dictionary*)』에서는 '지역사회' 를 "한 지역에 사는 사람들 문화, 종교, 인종 또는 기타 공통된 특징을 가진 사람의 집단 유사성 또는 일치" 라고 정의한다. 지역사회의 기초를 형성하는 동질성과 통일성에 대한 가정은 지역사회에 대한 공공의 담론을 형성할 때 분명히 드러난다.

'지역사회' 라는 용어를 명확히 설명하기 위해 퇴니스(Toennies, 1957)는 농촌 지역사회에 대한 그의 영향력 있는 연구에서 게마인샤프트(Gemeinschaft, 공동사회)와 게젤샤프트(Gesellschaft, 이익사회)를 구분하였다. 퇴니스는 지역사회는 혈족으로 연합된 자급자족의 실체며 소속감을 공유한다고 주장하였다. 그의 연구는 지역사회를 단결된 세력으로 간주하는 전통을 정립하였으며, 오늘날의 담론에서도 여전히 지배적인 개념 정의로 사회정책 및 사회복지 실천 모두에서 권위를 인정받고 있다. 지역사회에 대한 보편적인 담론은 지역사회의 포괄적인 요소, 즉 모든 에너지를 스스로에게 투입하는 특정 집단과 연관된 단일 지역사회에 초점을 맞춘다. 이러한 강제적인 단일체는 배타적이 된다.

그러나 '지역사회' 에 대한 퇴니스의 개념 정의는 몇 가지 결점을 가진다. 그의 개념화는 지역사회를 이상화하고, 내부 사람이냐 외부 사람이냐에 따라 사람들 사이의 분할을 정립하며, 전체주의적이고 배타적인 사회관계를 촉진한다. 지역사회를 정의하기 위해 퇴니스의 개념에 의존하는 사람은 배타적인 사고과정에 익숙해진 나머지 특정 '지역사회' 에 사는 모든 사람의 경험에 대해 언급하지 않는다. 결과적으로 지배적인 권력을 행사하는 위치에 있는 백인 남성만이 그들의 지역사회에 대해서 말하고 그 밖의 외부 사람들을 무시해 버리는 담론을 촉진한다. 예를 들어, 백인 여성, 흑인의 경우가 그렇다.

퇴니스의 개념을 채택한 사람은 지역사회 내에서 통합적인 힘에 초점을 맞춤으로써 지역사회의 분열을 무시하고 지역사회 내에서 분명히 드러나는 다양성, 즉 연령, 계급, 성별, '인종' 및 종교에 따라 발생하는 분열과 같은 다양성에 대한 인식을 억압한다. 이 개념은 지역사회를 (재)정의하고 묘사하는 방법에서 나타나는 변화를 다룰 수 없다. 지역사회의 특정한 구성은 사람들이 상호작용하고 그들이 속한 공간을 협상함에 따라 장시간에 걸쳐 변화한다. 이러한 협상은 사회적 분할 안팎의 일상적인 상호작용을 통해 수행되고 일상생활 못지않게 거대한 사회적 격변의 순간에도 지역사회의 변화무쌍하고 유연한 본질에 기여한다.

지역사회는 사람들이 승인을 모색하며 획득하고, 그들이 누구인지 또 무엇을 대표하는지에 대한 의식과 이해관계 속에서 스스로를 재확인하며, 주요한 결정에 참여하고, 변화와 안정이라는 문제를 둘러싸고 다른 사람들과 협상하는 공간을 제공한다. 개인이 속한 지역사회는 개인이 존중받고 타인들과의 연대를 통해 인간관계의 상호 의존적인 특성을 경험하며 상호 이익이 되는 방식으로 서로 협력하는 공간이다. 존엄, 호혜, 상호 의존 및 연대를 통해 지역사회와 각기 다른 사람이 결속된다.

3. 영국 전후 시기의 지역사회복지

영국이 가장 인정하는 지역사회복지는 1960년대 후반과 1970년대 중반의 실험적인 지역사회 개발사업(Community Development Projects)으로 거슬러 올라간다. 물론 영국은 지역사회 개발모델을 과거 식민지에서 도입하였다(Marsden and Oakley, 1982; Kwo, 1984). 지역 당국이 관리하는 지역사회 개발계획은 지역사회 기관모델에 초점을 맞춘 전통적인 지역사회복지 프로젝트로 시작하였으며, 지역사회 기관모델은 사람들을 한데 모아 지역에 서비스를 전달하는 기관 사이에 협조와 조정을 개선하고자 하였다. 지역사회 기관모델이 영국 전역에 흩어져 있는 12개의 작은 마을에서 경제 침체로 인해 초래된 사회문제를 통합적으로 분석함에 따라 지역사회복지가 급진적인 지역사회 행동으로 전환하게 되었다. 이 사업에서 활동가들은 유급이건 무급이건 지역주민의 욕구를 충족시키는 데 실패한 지방정부의 공무원 사회에 도전하기 위해 지역사회를 조직하고 동원하였다.

지역사회 개발사업을 관리하는 지역 당국은 주거, 교육, 개인적 사회봉사 및 고용 기회와 같은 서비스를 주로 제공하였다. 지역위원회는 이 사업의 활동가들에게서 맹렬한 비판을 받았다. 특히 주거문제에 관해서 활동가들은 위원회 주민이 주거의 부족과 인간적 거주권에 부합하지 않는 주거할당에 대항할 수 있도록 지원하였다. 이러한 결점을 개선하기 위해 지역사회 개발사업 실천가들은 주민들과 직접적인 행동을 취하고 그들을 고용한 지역 당국과 충돌에 돌입하였다. 결국 이러한 갈등 상황으로 인해 가장 활발하게 진행되던 지역사회 개발사업 중 몇 개가 폐쇄되었고 최종적으로는 전체 실험 자체가 종료되었다(Loney, 1983; Dominelli, 1990).

지역사회 개발사업의 지역 고용주들은 스스로 인정하지는 않았지만 세계화의 압력을 이미 실감하고 있었다. 산업화된 서구에서 나타난 노동자계급 사회의 탈산업화는 지역 및 다국적 기업이 개발도상국에 일자리를 재배치함으로써 자리를 잡기 시작하였다. 영국은 일자리를 보호하기 위해 고용주들과 긴밀히 협력했지만, 도심의 저소득층 거주지역의 쇠퇴는 막지 못했고 사양 산업의 심장지대를 부흥시키지 못했다. 세계화의 힘은 지역사회 개발사업이 실시된 이후로 더욱 강화되었다. 현재 사람들은 지구촌의 힘이 지역경제까지 파고들고 있을 뿐 아니라 지구촌 개발과 지역개발 사이에 상호 연관성(혹은 상호 연결의 부족)이 있음을 인식하게 되었다. 반면 지역사회 보호는 상업화된 양상을 띠면서 지구촌 네트워크 속으로 통합되었다.

지역사회 보호와 연관된 세계화의 힘과 입법체제의 영향하에 지방 국가는 권한을 위임하는 정부의 역할을 수행하였다. 즉, 국가는 서비스의 직접적인 제공자로 기능하지 않는 대신, 이러한 서비스를 민간 부문에 위임함으로써 '계약정부'의 구속력과 대대적인 구매력을 이용하여 그들의 활동을 통제한다(Greer, 1994).

영국에서 지역사회복지는 '오래된' 대학의 사회복지 교육과정에서 사라지게 되었다. 지역사회복지는 1992년 폴리테크닉(과학기술전문학교)이 현재의 대학으로 바뀌기 이전에 가르쳐진 과목이다. 지역사회복지사연맹(Federation of Community Workers)은 청소년 및 지역사회복지 학위(Diploma in Youth and Community Work)를 계속해서 제공하고 있지만, 대학의 사회복지학과에서는 이 학위를 인정하지 않는다. 그러나 이를 제외하면 사회복지 교육과 훈련은 계속해서 번창하고 있다.

이 시대의 지역사회복지사가 주택과 일자리를 보호하기 위해 조직을 구성할 가능성은 적다. 이보다는 경제적으로 민감한 지역에서의 도로, 공항 및 주택 건설에 반대하고 유전자변형 식품의 확산을 저지하는 등의 환경문제 해결을 위해 조직을 구성할 가능성이 더 높다. 환경문제는 일상생활에서 계속 지속되는 문제지만 지역사회 개발사업가의 활동목록에서 강하게 나타나는 공장, 학교 및 보육시설의 폐쇄에 대한 반대와는 다르다.

지역사회의 소득과 발전을 극대화하려는 관심은 계속되지만 여러 다른 방식으로 다루어진다. 지속 가능한 물리적 · 사회적 환경과 사회경제 내에서, 그리고 신용조합과 무담보 소액 신용대출과 같은 지역 신용 프로그램 내에서 지역사회의 경제개발을 촉진하려는 계획은 자본주의 집합체 외부에서 사회적 관계를 창출하고자 하는 지역사회 계획의 예를 보여 준다(Shragge and Fontane, 2000). 세계화의 맥락에서 자본주의적 관계를 피하는 일은 어렵다. 그리고 자본주의적 관계는 지역사회 계획에 부정적으로 영향을 미치기 시작하였다. 매키논(McKinnon, 2001)은 독립적인 지역사회

개발의 장벽과 자율의 상실을 규명한다. 다시 말해, 이러한 장벽과 상실은 광범위한 자본주의 체제와의 상호작용을 통해 발생하고 재투자를 목적으로 한 자본의 회전에서 비롯된 지역사회 중심 계획에 대한 제약에서 발생한다.

데자뎅(Desjardins) 계획안은 지역사회에 기반한 개발을 추구할 경우 상당한 이익이 있음을 보여 준다(Shragge and Fontane, 2000). 사람들은 최소한이라도 빈곤에서 자신들을 구제해 줄 수 있는 직업을 찾을 수 있고, 지역사회에 기반한 경제개발을 통해 자신들의 삶에 더 많은 통제력을 행사할 수 있다. 이는 지역이나 국가 공동체의 경계를 벗어나서 자본주의 패권에 도전하는 지역사회 행동의 예를 제시한다(Prigoff, 2000). 그라민 은행(Grameen Bank)과 데자뎅(Desjardins) 계획안은 성공적인 사례를 고찰하였지만, 빈곤을 퇴치하고 자신들의 프로젝트 영역으로 가난한 사람을 끌어들이지는 못했다(Burkett, 2002). 희년 2000(Jubilee 2000)과 같은 세계적 빈곤을 퇴치하기 위한 기타 시도도 위와 같은 목표를 달성할 수 없기는 마찬가지였다.

4. 영국 지역사회복지의 재구성

영국 정부는 자체적인 목적을 위해 지역사회복지 실천의 영역을 침해했다. 이러한 지역사회복지실천 방법은 직업창출 계획안의 발전을 촉진하고 자체적인 욕구를 충족시키기 위해 빈곤한 지역사회를 동원하는 것 등을 포함한다(Finn, 1985). 1980년대 인력양성위원회(Manpower Services Commission)가 촉진하고 감시한 「청소년훈련 계획안(Youth Training Shemes)」을 시작으로, 지역사회 기반의 직업창출 계획안은 기술과 지식 기반의 측면에서 제한적인 교육훈련을 고용기반의 지역사회복지에 제공하였다. 이와 같은 프로그램에 등록해 작업현장에서 기술을 배운 사람은 지역사회복지 방법을 충분히 교육받지 못했다. 프로그램은 속성과정 형식을 취하였고 해당 프로그램을 제공하는 곳이 아닌 외부에서는 인정을 받지 못했다.

지역사회복지의 이론적 기반, 최근의 연구결과에 대한 지식, 최상의 혁신적인 실천 사례를 숙지하는 것은 실질을 추구하는 조직 내 교육과정에서는 좀처럼 찾기 어렵다. 이러한 요소의 부재는 즉각적인 현장 외에 다른 방법들을 통해 얻을 수 있는 학습의 이점을 감소시킨다. 이와 같은 학습의 특징은 광범위한 학생 중심의 학습 경험을 보장하는 데 필수적이다. 불충분한 훈련의 결과로 지역사회복지사의 지식기반은 종종 자조적인 것이다. 이로인해 지역사회복지사가 문제를 해결하고 캠페인을 조직하거나 기타 계획을 착수할 때 새로운 방향의 리더십을 제공할 능력이 제한되고 혁신가로서의 역할이 위협받을 수 있다.

대처 행정부가 발표한 청소년훈련 계획안에서 자조성의 원칙은 신노동당의 '뉴딜' 정책과 지역사회 재건 프로그램하에 변형된 방식으로 오늘날까지지도 계속되고 있다(Blair, 1999). 지역사회 기반의 자조 계획안은 사람들을 빈곤에서 구제하기 위해 블레어 정부가 선호하는 정책대안이 되었다(Craig, 2001). 블레어의 계획안은 사회통합과 현대화 의제와 연계된다. 그리고 불리한 처지를 극복하기 위해 사람들이 각자의 역량을 발휘할 수 있도록 돕는 자조 개념에 의존한다. 이 계획안은 복지 프로그램인 '슈어스타트' 같은 프로그램을 통해 불우한 지역사회의 젊은 세대에게 보유한 제한된 자원을 집속시킨다. 블레어의 노력은 지역사회복지를 비정치화하였고, 지역사회복지를 기술관료주의 및 능력기반의 평가계획안의 영역 속으로 끌어들였다. 그러나 결정적인 취약점은 필요한 구조적 변화, 특히 부의 양극화에 관여하지 않고 해당 주민을 소외된 사람으로 다룬다는 점이다. 소득 불평등에 맞서는 일은 지역사회복지에서 계속되는 주제다. 물론 대부분이 주류 사회복지에 의해 무시되고 있지만 말이다(Jones, 1998). 우리는 빈민과 같이 사회복지사가 상호작용하는 주요한 '클라이언트' 집단의 위치를 고찰함으로써 내부자–외부자 형식의 배제를 통해 전문직으로서의 지역사회복지사를 분명히 하고, 구조적 변화에 초점을 맞추는 분석을 촉진할 수 있다.

사회복지사와 지역사회복지사는 복잡하고 유동적인 지역사회 역학의 다차원성을 거의 다루지 않는다. 실제로 지역사회복지사는 고정된 경계를 가진 지역을 기반으로 지리학적인 지역사회 내에서 일하는 경향이 있다. 지역사회는 지역주민들이 해결하고자 원하는 분명한 이해관계나 문제를 안고 있다. 신흥공업국가에서 많은 지역사회의 노력은 식량과 깨끗한 식수의 제공과 같은 일상적인 문제에 초점을 맞춘다. 즉, 해당 지역에 사는 사람들이 경험하는 빈곤 및 박탈과 연계된다. 서구 국가에서 주요한 지역사회의 노력은 환경 파괴, 고용 부족, 열악한 주거환경, 불충분한 대중교통 시설, 사설 보육시설에 대한 지원 부족, 불충분한 보육시설 등을 포함한다. 지역사회의 관심사는 '하드'와 '소프트' 이슈로 나뉜다. '하드' 이슈는 공공영역에 대한 남성의 이해관계와 연관되고, '소프트' 이슈는 가정에 대한 여성의 관심과 연관된다(Dominelli, 1990).

지역사회복지는 성별화된다. 즉, 남성 지역사회복지사에게 알맞은 특정 영역을 지정하고 나머지 영역은 여성 지역사회복지사에게 지정하는 실천 협약이 존재한다(Mayo, 1977). 이러한 노동분업에서 남성은 지도자적인 역할을 담당하고, 여성은 보조 역할을 담당한다. 지역사회가 여성이 우위를 장악하는 장소일지라도 여성은 지역사회복지의 일상적인 조직과 돌봄을 수행하면서 주변에 머물게 된다(Mayo, 1977; Dominelli, 1990). 지역사회복지는 남성이 공공의 문제에 초점을 맞추고 여성이 가족 또는 인간관계 및 욕구와 같은 개인적 문제에 초점을 맞춤에 따라 (재)개념화되었다. 결과적으로 지역사회에서 일한다는 것은 여성이 가정에서 '자연스럽게' 하는 작업의 연장이 되었다. 지역사회에서 돌봄은 공적 영역과 사적 영역을 연결하는 완충지대로서의 역할을 한다. 지역사회의 유동적이고 변화무쌍한 경계에서 여성의 일은 관계가 잘 돌아가도록 바퀴에 기름을 치는 것과 같다.

필자의 저서(Dominelli, 2002a, 2002b)에서는 사람들이 지역사회 연합의 세 가지 서로 다른 기반, 즉 정체성, 지리적 위치 그리고 이해관계에 초점을 맞추었다. 필자는 이들 각각이 다차원적이고 서로 상호작용하며 유동적이라고 주장하는 바다. 여기서 정체성이란 바로 '개인이 누구인가' 라고 정의한다. 또는 정체성이란 개인이 타인과 상호작용할 때 그 또는 그녀가 누구인지에 대한 타인의 인식과 접하게 될 때 자아감을 제공하면서 각자가 인지하는 특성이다. 이러한 정체성의 측면은 정체성을 형성하고 협상하며 상호작용하는 하나의 과정으로 만들며, 이 과정에서 개인은 자신을 규정하고 또 규정된다. 자아와 타인에 대한 정의는 완전하거나 전체적이지 않다. 각 개인은 자신의 정체성을 구성하는 많은 역할과 특성을 보유한다. 이 역할과 특성 중에 어떤 것이 특정한 청중에게 특정한 시점에서 드러나느냐에 따라 개인은 어떠한 특성을 사적 영역에서 공적 영역으로 언제 가져올 것인가에 대한 선택을 협상하고 맥락화한다. 어떤 특성은 상호작용에 적합한 것으로 선택되며, 개인이 해당 특성을 적절한 것으로 판단할 때 상호작용 속으로 들어옴으로써 활성화된다. 그리고 다른 특성은 무시된다.

자아는 사람의 육체에 의해 제한된다. 육체는 자아와 타자 모두에 의해 무언가 새길 수 있는 영역을 제공한다. 육체에 무언가를 새기는 일은 정체성에 대한 행동표현이며, 개인이 자신의 독특한 유일성을 부각시키기 위해 이용하는 서로 다른 많은 정체성 집단의 영향을 보여 준다. 기타 독특한 문화로부터 차용함으로써 이러한 새김은 지구촌을 매우 개인적인 수준의 지역으로 변화시킨다. 더욱이 차용자는 서로 다른 상황을 수용하기 위해 이러한 새김을 적응시키거나 변화시킨다. 오늘날의 사회에서 보디 피어싱과 문신은 새김의 육체적 구현이다. 이는 개인적인 수준에서 실행되는 중요한 문화적 표현으로 가시화되기 위해 타인과의 상호작용이 필요하다. 집단적인 측면에서 전통적인 복장 규정으로의 회귀, 예를 들어 이슬람 여성이 몸을 감추는 행위나 인디언, 마오리족, 호주 아보리진이나 아프리카 후손이 조상 전래의 의복, 이름 및 의식을 사용하는 행위는 강력한 집단표현을 나타낸다. 즉, 그들의 고유한 과거와 유산을 주장하고 다시 요구하며 새로운 현재의 상징성을 불어넣는다. 이 과정에서 각각은 현재에서 과거로 그리고 다시 미래로 이어지는 문화의 구현이 되며, 그리하여 오늘날의 세대를 과거와 미래 세대와 함께 묶어 준다.

정체성이란 지역과 지구촌의 독특한 혼합을 통해 세계화될 수 있다. 정체성은 세대에 따라 다르며, 성별화되고 인종화되고 계급, 장애 및 성적 지향과 같은 기타 사회분화에 따라 구조화된다. 지리적 위치는 서로 다른 국가의 이미지와 전통이 이들의 원천에서 멀리 떨어진 다른 지역에 수용됨에 따라 유동적이 된다. 이 과정은 비행기 여행, 새로운 컴퓨터 기술 및 인터넷 기반 통신에 의해 강화되며, 시공간의 전통적인 구분을 점점 침식하고 있다.

정체성 창조와 재창조에서의 이러한 유동성은 과거에 전문적인 담론에서 활용하였던 정체성의 고정된 개념과 함께 지리적인 공동체 의식을 재고해 보아야 함을 암시한다. 지역 내 그리고 국경을 가로지른 이동성은 경계의 특징과 의미를 구분하는 경계선에 대한 지속적인 (재)협상을 포함한다 (Brah, 1996). 이러한 움직임은 또한 경계선의 불변성뿐만 아니라 투과성 또한 제시한다. 지역사회의 경계선에 나타나는 유동성은 어떤 사람에게는 불안을, 다른 사람에게는 기쁨을 불러일으킨다. 이 경계선을 고정되고 타인의 침입에서 방어해야 할 것으로 생각할 경우, 지역사회 간의 갈등을 증가시키고 타인과의 만남이 풍요로움의 원천이 될 수 있다는 생각을 기쁘게 받아들일 수 없다. 타인에 대한 고정관념은 전문적인 개입에서 문제의 소지가 많다. 왜냐하면 이러한 고정관념에 사로잡힌 사람들이 타인에게 효과적으로 반응하지 못하도록 하거나, 타인과 함께 함으로써 지역사회의 경계를 좀 더 포괄적인 측면에서 재설정할 수 없도록 만들기 때문이다.

지역사회는 또한 이해관계에 기초하여 형성된다. 이는 일반적 이해관계를 포함하여 공통 관심을 가진 사람이 그들의 이익, 관심이나 호기심을 불러일으키는 문제를 둘러싸고 한곳에 모인 집단이나 집합체를 의미한다. 이것은 또 이슈, 취미 또는 스포츠가 될 수 있다. 사람들은 동시에 하나 이상의 지역사회에 속할 수 있다. 역사에 관심이 있는 개인은 테니스 또한 즐길 수 있기에 역사 탐구나 스포츠 활동 또는 둘 다를 즐기기 위한 장소를 형성하는 '지역사회' 에 속할 수 있다. 이 사람은 전혀 공통점이 없는 여러 관심에 기반하여 다른 지역사회에도 참여할 수도 있다. 관심이 변화함에 따라 특정한 지역사회에 대한 개인의 참여도 바뀌거나 끝날 수 있다.

어떤 사람이 하나의 지역사회에만 참여하기로 결정하고 그 하나에만 삶을 제한한다고 느낄 필요는 없다. 각각의 사람은 여러 지역사회의 회원이 될 수 있다. 어떤 지역사회는 그 경계가 서로 겹칠 수도 있다. 따라서 개인은 다양한 위치를 점할 수 있다. 물론 그 개인이 특정 시점에서 하나의 지역사회를 다른 지역사회보다 더 강조할 수 있지만 말이다. 이러한 지역사회는 지역에서 지구촌으로(혹은 그 반대로) 확장될 수 있다. 이는 극도로 사적이거나 혹은 매우 공적일 수 있으며 많은 다른 사람과 공유될 수 있다. 사람들은 상호작용을 통해 서로 협상하면서 지역사회를 생성한다. 이러한 상호작용을 통해 해당 개인은 다른 사람의 위치를 정하는 과정에 개입하면서 자신의 위치 또한 정하게 된다.

사람은 한 지역사회에서 내부자 및 외부자 모두가 될 수 있다. 이는 사람이 이론적으로 한 지역사회의 구성원이지만 그 안에서 배제될 때, 혹은 사회의 외부에 존재하는 사람이 사회 안에 있을 때 발생한다. 미국의 인종차별주의적인 '흑인차별' 법 하에 사는 미국 흑인은 이러한 측면을 보여 준다. 주류사회의 '외부' 에 있으면서 인종차별적인 대우에 저항하는 미국 흑인들은 저항의 일부로서 추가적인 배제 형식을 야기하였다. 이러한 배제는 백인의 간섭이 없는 구역을 창설하고 '흑인' 이 자신들의 것이라고 부를 수 있는 공간을 보호하는 행위에 일부 기초한다. 동시에 백인지상주의자 집단은 흑인 자유수호자의 활동을 저지하고 주류사회에서 그들을 배제함으로써 자신의 특권을 보호하고자 한다(Kinsella, 1998).

5. 배타적인 지역사회 관계

지역사회에 대한 담론은 포용적인 만큼 배타적이기도 하다. 지역사회는 구성원 사이에 통일성을 제공하는 특징을 기반으로 한다. 이 통일성은 통일성에 대한 특정한 신화가 개발되어 사람들이 특정한 목적을 위해 힘을 합하도록 하는 한에서는 '허구' 일 수 있다. 주어진 기준에 부합하지 않는 사람은 소외된다. 담론을 통합하면서 구체화되는 지역사회의 정의는 지역사회를 개인이 속하거나 그렇지 않은 고정된 정적인 실체로 취급한다. 이러한 담론에서 지역사회는 지리적으로 한정되고 역사와 무관하거나 시간을 초월한 성질을 가지며 시간 안이 아닌 시간 밖에 존재한다. 탈근대주의자는 지역사회 본질주의자에게 이 접근법을 이용할 것이다. 정체성에 대한 본질주의적 개념화는 지역사회의 무한한 범위를 허용하지만, 지역사회는 서로 적대적인 입지를 취하며 통합과 배제라는 양자관계에서 서로 경쟁한다. 개인은 지역사회 내부 또는 외부에 존재하며 '그들' 에 속하거나 '우리' 에 속한다. 본질주의에 대한 탈근대적 비평은 부적절하다. 그것이 사람들이 서로 다른 집단을 하나의 지역사회로 통합하려고 창조한 통합의 요소를 간과하기 때문이다. 여기서 사람들이 한데 모으려고 하는 하나의 지역사회란 그 속에 속한 사람들이 스스로 규정할 뿐만 아니라 자신들을 위해 규정한 것이다. 더욱이 본질주의에 대한 포스트모던 공식은 그들이 반대했던 양자관계를 받아들이다. 따라서 그들은 사람들에게 의미를 부여하는 정체성에서 '중심'을 인식하지 못한다.

지역사회가 스스로를 양자관계로 생각하는 한 지역사회는 해당 집단과 다른 사람은 자동적으로 배제하며, 스스로를 규정함으로써 다른 사람을 규정할 수 있는 권력을 주장한다. 지역사회 관계에 대한 양자 공식은 그중 한 쪽이 다른 한쪽의 복지를 책임지도록 장려하지 않는다. 또한 연대감을 형성하고 서로의 차이에도 불구하고 서로를 단결시킬 수 있는 기반을 발전시키도록 촉구하지도 않는다.

그들이 아니면 우리라는 적대적인 양자관계 속에서 특정한 지역사회 공간에 대한 소유권을 주장하는 사람 간의 관계를 개념화하는 일은 '타자화' 과정에서 매우 중요하다. '타자화'는 우리와 다르기 때문에 배제되는 사람을 대상으로 한다. '타자'에 대한 적대감은 우리와 다른 사람을 통제하는 억압적인 관계를 정교화하도록 비옥한 터전을 제공한다. 또한 '타자'의 악마화를 촉구한다. 왜냐하면 타자는 우리와 다르며 그러한 차이와는 상관없이 지역사회에 사는 사람을 한데 묶을 수 있는 유대감을 파괴하는 중심에 서 있기 때문이다. 이는 곧 '우위'에 속한 사람이나 집단이 '타자'를 열등한 결점을 가진 불완전한 사람으로 간주하도록 만든다. 악마화는 '타자'를 인간 이하로 간주하며, 이들의 열망과 활동을 통제하기 위한 폭력을 정당화한다. 이렇듯 타자에게 가해지는 우월 관계는 통제의 역학을 확신하게 한다.

지배관계 속에 가려진 지역사회에 대한 양자 개념화는 문화다원주의적 사회의 맥락에서는 부적절하다. 문화다원주의 사회 속에서 사람들은 차이를 인정하고 싶어 한다. 또한 서로 겹치는 여러 가치들에 의존하고 지리적으로 공유된 공간을 중심으로 한 통일성을 바탕으로 자신들의 독특한 유일성을 고수하고자 한다. '그들'이 아니면 '우리'라는 사고방식에서 벗어나 사람들은 지역사회에 대해 다르게 생각하고 지역사회 안팎으로 연속성과 불연속성을 탐험해야 한다. 연속성은 정체성의 특정한 측면이 시공간을 초월하여 계속 유지될 수 있도록 허용한다. 불연속성은 지역사회 안팎의 상호작용을 통해 발생하는 변화, 채택 및 수용을 나타내고, 이들의 마주침은 해당 지역사회 내에서 변화를 야기한다.

이러한 측면을 이해함으로써 우리는 지역사회를 역동적이고 유동적인 실체로 간주할 수 있다. 즉, 각각의 성원이 해당 지역사회 안팎에 있는 타인과 상호작용함에 따라 지속적으로 유동의 상태를 유지하는 것이다. 문제는 형성과 재형성의 과정에서 지속되는 지역사회를 개념화하고, 또 사람이 특정한 목적을 위해 스스로를 행위자로 위치시키는 장소로서 지역사회를 개념화하는 것이다. 우리는 지역사회의 단일성을 깨며 지역사회가 특정 지역사회 그리고 그 안에서 상호작용하는 구성원에게 변화를 일으키는 투과 가능한 경계선을 가진다고 간주할 수 있다. 이는 사회적 결속을 증진시키는 데 매우 중요하다.

지역사회의 구성원은 서로를 한데 묶어 주는 다양한 유대와 네트워크를 통해 서로 연계된다. 이러한 유대는 다양한 특징을 기반으로 하거나 낭만, 혈족, 우정 또는 국가적 제휴와 같은 범위를 포함할 수 있다. 사람들을 서로 묶어 주는 유대는 사람들이 어떤 공통점을 가지느냐에 중점을 둘 수 있다. 이는 대부분 당연시되고 눈에 보이지 않는다. 사람들은 어떻게 그들 간의 공통점이 스스로를 표현하고 다른 사람들과의 관계를 엮는 실타래를 제공하는지 이해할 수 있다.

우리가 인식해야 할 또 다른 유대가 있다. 상호 의존, 상호관계나 상호호혜 그리고 연대감이라는 유대다. 이러한 유대는 사람들의 시민으로서의 자격과 책임을 뒷받침한다. 그것은 일상적인 삶과 관례에 영향을 미치지만, 서로 모르는 다른 사람을 함께 연결시키고 현대적 실존의 분열된 본질에 반대하며 인류의 성장을 촉진한다. 이는 차이를 인정하고 그 가치를 평가함으로써 가능하고, 사람들이 서로의 복지에 대한 책임을 받아들이도록 격려한다. 이러한 유대를 사람들의 삶 속으로 통합시키려면 사람들이 차이와 다양성을 다르게 인식해야 한다. 즉, 이해할 수 없는 것을 두려워하고 차이와 연관된 어려움에 초점을 맞추기보다는 차이를 환영하고 소중히 생각하며 좀 더 쉽게 받아들이고 인정해야 한다. 차이와 상호작용하고 그 차이를 넘어 대화를 함으로써 사람들의 두려움은 사라질 것이고, 스스로의 유일한 존재를 유지하는 데 좀 더 안심하게 될 것이다.

차이를 인정함으로써 사람들은 부의 불균형, 문화의 동질화, 사회의 군국화, 국경 안팎의 폭력, 비참한 이주의 움직임, 생태계 파괴 등으로 얼룩진 세계에서 21세기로 다가갈 수 있다. 이러한 부정적인 흐름은 긍정적인 흐름의 반대에 부딪혀 중화된다. 즉, 시민사회 수준에서 차이를 인정하고, 사람과 사회 간의 상호 의존성을 인정하며, 지속 가능한 경제개발 내에서 양질의 삶을 원하는 사람들의 욕구를 주장하고, 의미 있게 스스로 규정한 지역사회에 속하고자 하는 바람 등이다. 불평등으로 얼룩진 세계에서 우리는 이러한 긍정적인 측면을 어떻게 강화할 것인가?

개인이 스스로 복지를 누리기 위해서는 모두의 복지를 위해 노력하고 두려움 없는 세계에서 사는 것이 중요하다. 결핍, 고립 및 소외를 해결하고 가난과 같이 피할 수 있는 불평등을 퇴치하기 위해 사람들은 전쟁에 의지하기보다는 논쟁과 갈등의 평화로운 해결책을 활용해야 한다. 이와 같은 목표를 달성하기 위해 사람들은 서로 간에 존재할 수 있는 그 어떤 차이도 간과하지 않으면서 형식에 상관없이 지역사회 안팎으로 그들을 묶어 줄 수 있는 유대를 찾아야 한다. 다양성 내에서 통일성을 추구하는 일은 쉽지 않다. 이에는 지역, 국가 및 국제적으로 더 나은 관계에 대한 신념이 필요하고, 기존의 사회적 관계 및 부와 자원의 분배방식을 평등주의 양식으로 변화시킬 사회적 변화가 필요하다. 쉬운 일은 아니지만 사회복지사는 이와 같은 방향으로 변화과정을 촉진할 수 있다.

6. 통제인가, 해방인가

사회복지사는 지역사회복지사가 주도적으로 사용하는 것과는 다른 특정한 세팅과 방법에 중점을 둔다. 물론 그들 간에 중복되는 것이 있기는 하다. 지역사회복지사는 사회복지사를 의심의 눈초리로 바라보곤 한다. 그 주요한 이유는 사회복지사가 사람들을 통제하고 사람들에게 불평등한 권력관계의 현상에 적응하도록 강요한다는 인식 때문이다. 반면 지역사회복지사는 기존의 사회제도에 도전하고 그들의 삶을 통제할 수 있도록 도움으로써 사람들에게 권한을 부여한다. 이러한 지역사회복지의 담론구성은 순진하고 단순하다. 지역사회복지를 해방의 차원으로만 묘사함으로써 지역사회복지 안에서 사용되는 통제의 기술을 간과한다.

사회복지와 지역사회 활동 모두에서 수행된 개입의 역사를 비판적으로 검토해 봄으로써, 우리는 통제 및 역량강화 활동이 두 사업 모두에서 실행됨을 알 수 있다. 사회복지와 지역사회 활동에서 성차별주의 및 인종차별주의적 관계가 드러남을 볼 때, 우리는 적어도 사회적 성(Dominelli and McLeod, 1989) 및 '인종'(Ohri, Manning and Curno, 1982; Dominelli, 1988, 1990)과 관련하여 사회복지와 지역사회 활동 모두에서 억압적인 관계가 실존함을 알 수 있다. 비판적 분석은 다양한 실천환경에서 발생하는 억압적인 사회관계의 서로 다른 차원을 부각시킨다(Fook, 1993). 억압의 역학 또는 억압이 자행되는 과정에는 공통점 못지않게 실천의 특수성으로 인한 억압적인 차원에서의 차이점이 존재한다. 억압적인 사회관계는 자신이 내린 선택과 대안이 아닌 것에 한정시키는 방식인 통제의 이유에 초점을 맞춘다.

통제는 또한 누가 특정한 지역사회에 속하는지를 규정하고 누가 지역사회로부터 배제되는지를 분명히 함으로써 실행된다. 지역사회는 외부인의 접근을 엄격히 차단하기 위해 경계선을 순찰하고 경계선의 투과성을 통제함으로써 극도로 억압적일 수 있다. 지역사회에 속한 구성원은 특정한 경계선, 특성 및 상태를 의미하는 관계를 재생산해야 한다. 특정 지역사회의 추종자들은 통합을 모색하면서 새로운 신입에게 엄격한 요구 조건과 의식을 치르도록 강요할 수 있다. 새로운 신입은 그러한 요구 조건과 의식에 부합함으로써 기존의 구성원들과 다르게 보일 만한 특성을 말살해야 한다. 특정 국가에 속하기 위해 시민권의 지위를 획득하는 일은 그와 같은 관행의 예가 된다. 몇몇 국가에서는 시민권을 획득하기 위해 부합할 조건에 대해 좀 더 제한적이다. 시민권 공동체 역시 배타적이다. 한 예로 시민이 자신들의 집단에서 배제된 사람들을 이민자로 부르는 것이 있다. 이민자에 관한 담론은 적대적이며, 그들을 국가의 사회경제적 삶에 기여하기보다는 복지자원을 남용하는 낯선 사람으로 묘사한다. 이러한 이미지는 우리 사회에 속하지 않는 사람으로서의 이민자의 입지를 강화한다. 그러나 이민자는 국가가 현재의 모습을 띠도록 하는 데 기여한다.

전체주의의 통합적인 담론은 특정한 집단을 한데 묶는 데 유용하며, 과거의 영광에 뿌리를 둔 신화를 창조하여 사람들의 힘을 확신케 하거나 과거에 대한 동경을 해결해 준다. 통합의 담론은 구성원 간의 차이점을 제쳐놓거나 특정한 목적을 위해 일시적으로 보류하고자 할 경우 그 차이점을 덮어 버리고 초월할 만큼 강력할 수 있다. 전통적인 통합의 담론은 구성원 간의 차이와 다양성을 통제하거나 덮어 버리는 경향이 있다. 그렇지 않은 경우 존재하지 않을 수도 있는 단일체를 촉진하기 위해서다.

1703년 가입협정(Act of Accession)에서 잉글랜드, 웨일스, 스코틀랜드 및 아일랜드의 혈통을 지닌 신교도를 포함하기 위해 영국다움이라는 전체주의적 개념이 구현된다. 통합을 위한 담론의 산출물로서 가입협정은 사람들을 한데 모으기 위해 특정한 네 집단의 정체성에서 분명한 차이를 무시하였고, 천주교도와 같이 네 집단에 적합하지 않는 인구집단의 욕구를 억압하였다. 그러나 지역사회의 인구집단 내에서 동질성이나 통일성에 대한 담론이 반드시 부정적인 경험을 초래하는 것은 아니다. 사람들이 더 이상 차이를 무시하는 행위를 수용하지 않기 때문에 영국다움에 대한 통합적인 개념화는 (재)비평되고 (재)수정되고 있다. 새로운 양식의 지역사회 상호작용이 개발되어 다양성이 내포할 만한 차이를 인정하고 어려움을 해결하고 있다.

영국다움이라는 개념이 변화하면서 우리는 특색 있는 국가적 문화에 자긍심을 부여하는 통치구조에 따라 네 개의 창립국가에 대하여 '블랙 브리티시' '앵글로 아시안' '브리티시 이슬람' 과 같은 문구로 된 공식적인 표현을 발견하였다. 물론 이 문구는 (재)창조되는 과정에 있다. 각 문구는 사람들이 복수의 유산과 정체성을 인정하기 시작함에 따라 좀 더 개량되어 종교적 제휴, '인종' 민족성, 계급, 성별, 장애, 연령 및 성적 지향과 같은 차이점을 강조할 수 있다. 이는 긍정적인 발전으로 영국다움을 재정의하여 지금까지의 경우보다 덜 전체주의적이고 거만하게 표현할 수 있게 되었다.

7. 사회복지와 지역사회

우리가 어떻게 지역사회 내에서 다양성을 인정하고 억압적인 관계에서 사람을 해방하고 평등을 촉진해야 하는지에 대해 사회복지사가 관심을 가져야 하는 이유는 무엇인가? 논쟁의 여지가 있을지는 몰라도 필자의 답은 단순하다. 사회복지는 사람의 복지를 보장하고 외부인을 사회로 통합할 책임이 있는 직업이다. 이는 차이를 포함하거나 차이를 배제하기 위함이다. 사회복지사에게 사회는 실천이 자리할 수 있는 좀 더 광범위한 국가 공동체(때로는 국제공동체)를 의미한다. 사회복지사의 개입은 지역사회에 대한 우세한 담론을 창조하거나 또는 이러한 담론에 의해 창조될 수 있다. 사회복지사는 그들이 사는 사회가 규정한 지역사회의 경계 내에서 작용한다.

사회복지사로서의 책임을 이행하기 위해서 그들은 연대감이나 집단화에 대한 믿음에 의존한다. 즉, 가난하고 사회적으로 취약한 사람은 도움을 받아야 한다는 믿음이다. 연대는 내부자와 외부자 간의 차이를 메우는 하나의 연결고리다. 사회복지의 개입을 통해 외부자들을 통합할 때, 사회복지사는 법률 제정을 통해 복지혜택을 받을 자격을 규정하고자 한다. 이러한 행위는 연대의 가치에 입각하고 그것을 구현하여 사회복지사의 개입을 정당화한다. 영국에서 입법은 잔여주의의 틀 안에서 구성되고 개인에게 자신의 어려운 처지에 대한 책임을 지도록 한다. 필자는 한 사회복지사의 사례연구를 통해 가벼운 학습장애가 있는 아동을 돌보는 장애인 어머니를 대상으로 하여 이 접근법을 고찰하고자 한다.

사례연구

도나(Donna)는 학습장애와 밤에 소변조절 문제가 있는 8세 된 트리샤(Tricia)를 둔 29세의 어머니다. 그들은 도시의 낡은 고층 아파트 6층에 살고 있다. 공격적인 트리샤는 친구가 거의 없고 결석을 자주 한다. 트리샤의 아버지인 앨런(Alan)은 그녀가 태어나고 집을 나간 이후로 연락이 없으며 도나가 혼자 트리샤를 돌보아 왔다. 도나는 만성적인 통증과 운동 부족으로 척추가 휘고 우울증을 겪고 있다. 그녀의 부모인 제시카(Jessica)와 찰스(Charles)가 근처에 살고 있으나 둘 다 60대 후반으로 건강이 좋지 않다. 그들은 주로 '도나와 트리샤를 위해 있는 존재' 로서 그들이 할 수 있는 한의 도움을 준다.

이웃들이 트리샤의 팔과 엉덩이에 있는 붉은 점에 대해 이야기했을 때인 4년 전, 가족은 사회복지 서비스에 관심을 가지기 시작했다. 도나는 그녀의 상황이 극도로 스트레스가 심하다면서 트리샤의 행동을 감당할 수 없다고 불평한다. 도나가 잠들어 있을 때인 이른 아침에 트리샤는 파자마 차림으로

길에 돌아다니거나 아파트 발코니 끝에서 기어다니는 위험한 행동을 하기도 한다. 이런 급작스러운 행동 중 하나는 초인종을 계속 눌러 이웃을 화나게 하는 것이었다. 최근 도나는 약물 과다복용으로 아동을 돌볼 수 있는지 여부에 대한 염려를 더욱 증가시켰다.

도나와 트리샤 모두 낮은 자존감을 가지고 있는 것으로 나타났다. 도나는 '의기소침하고' '정신적으로 장애가 있고' '동기가 부족하여' '의사결정과 가사 돌보기' 를 할 수 없고, '신체적인 건강을 악화시키고' '부실한 식단' 으로 더욱 악화되는 것으로 보인다.

도나는 그녀의 담당 사회복지사가 지원하는 사례회의에 참석했다. 그 회의에서 그녀는 트리샤를 일반학교에서 특수학교로 옮기도록 하는 데 동의했으며 심리학자에게 데려가고 양육을 유예하고 가족지원 사회복지사를 배치하도록 요청서를 제출하였다. 가족은 요청서를 낸 후 대기자 명단에 올라 있으나 대기기간이 얼마나 될지는 불확실하다. 한편으로 사회복지사는 도나의 부모에게 더 많은 지원을 하라고 요청하고 있다.

이 가족은 상황에 대처할 수는 없지만 도움을 받을 자격이 있다고 분류된다. 이 가족에게 제공된 원조는 빈곤 및 차별과 같은 구조적 결함을 해결하지는 않은 채 개인적 자원을 토대로 한다. 트리샤와 도나의 어려움은 그들의 사회적 · 물리적 환경과 연관되지 않는다. 또한 트리샤의 '공격적인 행동' 의 원인은 조사되지 않았다. 그녀의 공격적 행동이 학습장애를 가진 아동으로서 보일 수 있는 따돌림에 대한 반응이라면 억압적이고 차별적인 관계가 원인이다. 심리학적 측면에서 트리샤의 노력을 '낮은 자존감' 으로 설명하는 것은 오히려 증상을 부각시킬 뿐이다. 자기 확신을 세워 주고 사회적 네트워크 내 사람들 사이에 차별적인 태도를 다루는 전체적인 접근이 좀 더 긍정적인 방법일 것이다(Priestley, 1999). 도나 스스로 돌봄이 필요한 때에도 '타인을 돌봐야' 하는 상황 속에 갇힌 여성으로서 그녀 자신의 욕구에 대에서는 그 어떤 지원도 제공되지 않는다. 이는 장애 여성이 되어 의기소침해지는 상황에서 충분히 대응하지 못할 경우에도 분명히 드러난다(Barnes and Oliver, 1998). 우울증은 종종 자원 부족으로 인해 악화되고 극도로 억압된 상황에서 다수의 욕구를 지닌 아이를 돌보는 어머니에게서 찾아볼 수 있다(Barnes and Maple, 1992). 도나와 트리샤가 장기적인 성장을 위한 지원을 받고자 한다면 개인적이고 구조적인 문제를 모두 다루어야 한다. 아버지가 딸의 양육에 충분히 개입하지 못하는 상황은 구조적이고 개인적인 문제로 간주될 수 있다(Dominelli, 2002b). 도나에 대한 책임을 내던져 버림으로써 아버지는 남성이 자녀와의 관계 맺음에서 사회적으로 용납된 방식을 수행하고 있다. 지배적인 남성성에 의해 아버지의 내면에 부성의 결여가 심어지고 정당화된다(Connell, 1995).

이 사례에 따르면 사회복지 혜택의 자격은 규정된 기준에 부합하지 않는 사람들은 제외하고 엄격하게 규정된 조건 안에 든 사람만을 포함한다. 대기자 명단은 사람들의 요구를 통제하는 도구가 된다. 취약한 사람을 보호하는 사회복지사의 행동은 아동을 돌보는 것과 같이 상당한 고통을 유발할 수 있다. 빈곤, 성별, 장애 및 정신질환과 같이 서로 관련 있는 다층의 억압을 감안할 때, 이러한 요인 때문에 도나와 트리샤에게 더욱 어려웠을 수도 있다. 이러한 '주의' 그리고 도나와 트리샤를 지원할 자원의 부족은 그들이 살고 있는 지역사회가 공동으로 해결해야 할 사회문제다. 그러나 이러한 지역사회의 노력이 이루어지지 않는 것은 사회문제를 개별화하기 때문이다. 지역사회의 노력에서 아동이나 위협을 제외하는 행위는 강압적인 통치성의 기술이 된다. 즉, 부모에게 필요한 자원을 제공하기보다는 전문적인 사회복지의 개입을 통해 어머니와 아버지가 좀 더 나은 부모가 되도록 도우려는 의도다.

성별, 장애, 학습장애 및 정신질환의 특정한 중요성을 무시함으로써 사회복지사는 '지역사회' 의 양자구조를 받아들이고, 지역사회를 동조와 순웅이 우세하는 정적이고 고정된 실체로 묘사하는 전문직업적인 담론을 인정하고 있다. 사회복지사는 지역사회를 정체성이 발휘되는 장소가 아니라 한결같은 통일체라고 추정한다. 지역사회를 단일한 틀에 맞춤으로써 사회복지 실천가는 지역사회에 존재하는 차이를 덮어 버린다. 정체성은 단일하고 불변하며 전체주의적인 것으로 취급된다.

사회복지 실천가는 종종 사회정책으로 인해 정체성을 전체주의화하는 방향으로 내몰리게 된다. 이때 사회정책은 잔여주의에 따라 '유자격' 자와 '무자격' 자의 양자구조에 초점을 맞추면서 정반대로 지역사회를 규정한다. 이 경우 저편의 '나쁘거나' '무자격인' 집단은 이편의 '선량하거나' '유자격인' 집단에게 위협이 된다. 전문직업인은 사람들을 이러한 두 집단으로 분리한 후, 원조의 분배를 통해 그들을 관리하고 통제한다. 자원할당은 사고와 (재)행동의 불평등한 구조 내에서 각 집단을 서로 다르게 취급함으로써 발생하는 분열을 강화한다.

'무자격인' 집단은 다시 구제 가능한 사람과 그렇지 않은 사람으로 나누어진다. 외부 개입을 통해 도움을 받을 수 있는 사람은 잠재적으로 '유자격인' 자로 간주되면서 도움을 받을 가치가 없는 사람과 구분된다. 즉, 원조관계에서 제외되어 완전히 '무자격' 자와 분리된다. '유자격' 자는 백인 중산층의 이성애 규범을 습득함으로써 혜택을 받을 수 있고, 이 규범을 따르는 방향으로 자원을 이용할 수 있다. 이러한 구분은 '무자격' 자를 사회적으로 취약하게 하고 '유자격' 자와 분리시키면서 사회적으로 인정된 인종차별 정책을 승인한다. '유자격' 자는 동정의 대상이 되고, 따라서 도움을 받을 자격이 주어진다. 이러한 양자구조는 복지 수혜자 자신의 담론에서도 명백하다. '유자격' 자는 스스로를 '무자격' 자와 차별화함으로써(Dominelli et al., 출간 예정) 양자구조라는 패러다임을 지지한다.

어려움에 처한 사람을 구분하는 양자구조는 푸코(Foucault, 1979)가 말한 '통제기술' 의 필수 부분이다. '통제기술' 은 사회복지 실천가가 자신의 본분을 다하고 특정한 방식으로 자신을 정당화할 수 있도록 한다. 사례연구에서 제시된 바와 같이, 통제기술은 클라이언트를 자기 규제의 전략으로 이끈다. 양자구조는 자원과 권력을 보유한 사람에게 특권을 준다. 사회복지사-클라이언트의 관계에서 외집단(어려움에 처한 클라이언트)에 대한 내집단(전문가)의 특권은 사회복지의 핵심에 존재하는 일종의 배제 양식이다. 이렇듯 내면에 깊게 자리 잡은 세계관을 초월하는 데에서 사회복지사가 처한 도전은 '유자격인' 클라이언트와 '무자격인' 클라이언트에 관한 담론에서 적극적인 시민권에 대한 담론으로 옮겨 가는 것이다. 이러한 담론의 변화는 모든 개인에게 다음과 같은 경험을 허용한다. 즉, 자신의 욕구를 충족하면서 인간으로서 존중받는 경험을 하고, 사람들 사이에 상호 의존성을 인정하며, 상호 호혜적이고 유익한 관계를 통해 연대감을 보여 준다. 사회복지의 양자분할을 초월하기 위해 사회복지 실천가는 지역사회를 역동적인 상호작용의 실체로서 재고해야 한다.

사회복지 실천에서의 차이를 경험할 때 지역사회의 동질적이고 전체주의적인 개념을 가정하는 경우가 많다. 이때 개인의 공동체의식은 무시되는 대신에 동화정책주의자의 견해가 선호된다. 동화정책주의자는 현상을 지지하는 지역사회의 패권주의적 관점으로 차이를 통합하고자 한다. 이러한 동화정책주의자의 노력은 최선의 의도를 가지고 수행될 수도 있다. 즉, 개인을 '그들'이 아닌 '우리' 중 하나로 만듦으로써 개인의 삶의 기회를 개선하려는 의도다. 그러나 제4장에 예시된 바와 같이 온정주의적 경멸과 당연한 우월성은 삶을 개선하기 위해 '관심을 받아 마땅한' 사람들이 오히려 실천을 통해 억압적인 관계를 촉진하는 방식으로 취급당할 수도 있다.

사회복지 전문직은 광범위한 영역을 두루 포함하지만 그 다양성은 분열의 원천이 된다. 사회복지사는 여러 지역사회를 더 큰 하나의 지역사회 속에 포함하여 다룸으로써 이 분열을 가중시킨다. 즉, 지역사회는 더 큰 전체와 연결되지 않고 분리되었기 때문에 상호 연결의 복잡성과 역동성을 잃어

버린 실체처럼 다루는 것이다. 이러한 분열은 지역사회를 다루는 사회복지 실천가의 업무에서 분명하게 드러난다. 지역사회에서 사회복지 실천가는 다른 사람에게서 고립된 개인을 다룬다. 그리고 서로 다른 분할을 넘어 공유하는 공통점에 초점을 맞추는 것이 어렵다고 느낀다. 사회복지 실천가의 행동은 지역사회의 서로 다른 부분 사이에 경쟁을 부추기고 모두를 위한 공동의 협력을 회피한다. 작은 지역사회 조직이 제한된 기금과 유사한 관심사에 대한 통제력을 놓고 서로 경쟁하면서 자원을 낭비한다면 도움이 되지 않는 경쟁이 발생하게 된다. 협동은 더 큰 인구집단을 위한 혜택을 산출하는 네트워크를 형성하는 데 상상의 접근법을 요구한다. 사회복지 실천가는 서로 협동하고 서로의 공통점을 다루면서 서로 간의 차이를 무시하지 않도록 해야 한다. 차이를 무시할 경우 지역사회 구성원 간에 긴장을 악화시킬 수 있다(Naples, 1997).

8. 취약성: 다양한 지역사회의 억압요인

정체성 측면에서 호혜주의 또는 상호관계의 유대감에 관한 사회복지사의 이해는 미흡한 편이다. 이런 유대감을 이용해 빈곤한 지역사회의 자립심을 길러 주고자 노력하고 있으면서도 말이다. 이것은 사회복지사가 클라이언트를 '좋은 시민' 으로서 살아가기 위한 전문성이나 기술이 부족한 사람으로 여기기 때문인 경우가 많다. '좋은 시민' 이라는 정체성은 사회복지사가 스스로에게 부여한 백인 중산층의 개념이다. 사회복지사는 스스로를 우세하고 자립적인 존재로 자리매김함으로써 클라이언트가 자신에게 뭔가를 제공할 수 있는 동등한 존재라고는 미처 생각하지 못한다. 또 클라이언트가 없다면 사회복지사의 역할 역시 필요 없을 텐데도 자신이 직업적으로 클라이언트에게 '의존해' 월급을 받고 있다는 사실을 깨닫지 못한다.

1970년대에 사회복지사는 클라이언트의 의존적 특성으로부터 관심을 거두어 그들과의 관계에서 전환을 시도했다. 또한 클라이언트가 스스로 자립할 수 있는 기술을 습득하도록 도와줌으로써 자신의 역할이 불필요한 상태를 만드는 것이 사회복지사가 할 일이라고 주장했다. 의존성/독립성이라는 개념의 이중적 관점으로 관계를 단정할 때 생겨나는 부적합성은 사회복지사와 클라이언트를 상호 의존적인 존재로 (재)배치함으로써 극복될 수 있다. 이들의 상호작용을 상호 의존적인 틀 안에 집어넣으면 서로에 대한 관계설정에서 상호성이 강조된다. 그리고 이 상호 의존성으로 인해 사회복지 실천가는 클라이언트가 지닌 전문성을 가치 있게 여길 가능성이 더욱 높아진다. 이렇게 상황을 상호적인 관점으로 재구성함으로써 사회복지 실천가와 클라이언트는 관계에 기여할 수도 있고 그에서 도움을 받을 수도 있다. 사회복지사가 클라이언트와 도움을 주고받으면서 양쪽의 주체성이 다시금 확인되기 때문에 호혜주의가 성립된다.

의존성과 마찬가지로 취약성은 사람을 무능력한 존재로 취급하는 태도를 정당화시키고 사람들의 힘을 부정한다. 클라이언트를 취약한 존재로 간주하는 것은 사회복지사의 전문성이나 호의에 따라 아무렇게나 대우받도록 그들을 방치하는 셈이다. 이는 클라이언트의 시민권적 지위를 부정하고 존엄성이 상실된 학대 또는 억압적 관계를 인정하는 기반이 된다. 의존성이라는 기본 틀은 개인의 취약성을 이용하려 드는 비도덕적인 사람들에 의해 악용되거나 남용될 수 있다. 주체적인 존재로서 행동하는 것만이 취약성에 대한 해결방법이 될 수 있다. 상대방의 존엄성을 인정하고 그 사람을 존중해 주는 것은 비억압적인 관계 형성을 위해 필수적이다. 이것 없이는 사람들 사이에서 네트워크를 맺어 주고 관계를 이어 주는 유대감이 사회복지사나 유급 전문직 종사자 또는 다른 보호자에 의해 남용될 우려가 있다. 문제아동에 대한 장기간의 독방격리 사건(Pindown scandal)(Levy and Kahan, 1996)이나 클루이드 아동학대 사건(Clwyd child abuse scandal)

(Waterhouse, 2000)을 비롯한 여러 끔찍한 사건(Berridge and Brodie, 1996 참고)은 전문가가 약자에게 가할 수 있는 학대와 억압이 어느 지경까지 이를 수 있는지를 잘 입증해 준다.

부모, 친척, 지인에 의한 아동학대나 아동살해 사건은 가족이나 얼굴을 아는 보호자에 의한 미성년자 학대를 방치해 둘 경우 얼마나 비참한 결과가 초래될 수 있는지를 여실히 보여 준다. 외부의 관여 없이 양육을 부모의 사적인 활동으로 맡겨 두는 행위도 아동학대에 한몫을 한다. 양육이 지역사회 기반의 공적인 활동이라면 아동 하나하나를 보살피는 일에 지역사회 전체가 개입할 것이고 개별 보호자가 연약한 아동을 상대로 취하는 행동에 대해 책임을 묻기가 더 쉬워질 것이다. 지역사회가 아동양육에 참여할 경우, 다양한 연령대의 지역사회 구성원들 사이에 세대 간의 연결고리가 보다 순조롭게 형성될 것이다.

곤란한 처지에 놓여 있거나 도움이 필요한 약자를 보살필 의무가 간접적인 학대에 의해 위배되기도 한다. 자신이 사는 사회 속으로 약자를 통합시켜야 한다는 사회복지사의 배려가 이 패턴에 해당된다. 가장 명확한 예는 도움이 필요한 사람을 희생자로 취급하면서 그들이 무조건 전문가적 조언에 응하고 전문가가 말하는 대로 행동해야 한다고 생각하는 경우다. 이런 태도는 다른 경우에도 많이 나타나지만 장애를 가진 성인과 아동의 경우에 가장 압도적으로 드러난다. 장애 전문가가 내세우는 실증주의적 논리와 사고를 독단적으로 적용시킨 나머지(Morris, 1991), 클라이언트의 인식방법, 특히 경험적인 방법은 그 가치를 인정받지 못하고 무시되고는 한다(Wendell, 1996).

학습장애인 및 그들의 공동체에 대한 직·간접적 차별도 계속되고 있다(Philpot and Ward, 1995; Booth, 2000). 성적 표현, 합의에 의한 적극적인 성생활, 자녀양육에 대한 욕구 등을 인정하지 않는 것(Booth and Booth, 1998)은 그런 차별이 여전히 존재함을 의미한다. 그들을 위해 기존의 전문가가 내놓은 묘책은 후속적인 경험과 연구에 의해 도전을 받고 있다. 경험적인 증거를 완전히 무시하고 그들이 무능력하다는 고정관념을 재확인시켜 주는 근거 중심의 실천을 통해 그 고정관념을 영속화시키는 행위에는 위험이 따름을 명심해야 한다(Sheldon, 2000 참고).

클라이언트의 지식에 대한 과소평가는 다른 문화의 사람을 지배적인 (백인) 영국문화의 표준과 생활 양식에 동화시키려는 시도에서도 찾아볼 수 있는 전문가적 권력의 남용행태다(Wiebe and Johnson, 1998). 영국의 사회복지 역사에서 동화는 여러 가지 형식을 취해 왔다. 그 가운데 하나는 고유의 상황에 대한 고려 없이 신체장애 또는 학습장애를 가진 사람은 무작정 주류사회에 통합시키고자 하는 '정상화' 방침이었다. 또한 동화정책주의자는 '다름' 을 '결핍(문제)' 으로 취급하는 행위를 인정해 주기도 했다. 이와 같은 경우 전문가는 백인(앵글로색슨), 프로테스탄트, 중산계급, 이성애자, 신체가 온전한 사람들의 생활양식을 강요함으로써 '차이' 를 지워 버리고 영국의 주류적인 사고와 행동방식으로 대체하고자 시도한다. 이런 사례 몇 가지를 제4장에서 논의한 바 있다.

다음 내용에서 필자는 위탁아동을 중점적으로 다루었지만, 그들이 겪은 학대나 구체적인 욕구를 무시당한 경험은 다른 억압집단에도 똑같이 적용된다. 다른 사람의 아동에 대한 지역사회의 책임 부족과 그들에 대한 경시 태도가 어느 정도인가는 영연방 국가의 가정으로 보내진 영국 노동자계급의 아동에게 어떤 일이 일어났는지를 살펴보면 알 수 있다. 국가공동체는 이런 아동을 해외로 보낸 다음, 그들의 복지에 대해서는 더 이상 어떠한 관심도 쏟지 않았다. 아동의 해외 이주는 일찍부터 시작되었지만, 가장 한창이었던 시기는 토마스 바너도(Thomas Barnardo) 박사가 '고아' 에게 더 나은 삶을 찾아주기 위해 그들을 해외로 보내는 사업을 후원했을 때였다. 1869년부터 1920년대까지 캐나다로 이주해 간 이 아이들은 고향에 있는 친척이나 친구와 연락을 계속할 수 없었고 적절한 보살핌도 받지 못했다

(Bagnell, 2001).

'위탁아동' 으로 불리던(Bagnell, 2001) 그들은 캐나다 농촌의 위탁가정에 맡겨졌다. 이곳에서 아이들이 맞은 새로운 생활은 고립과 학대로 점철되어 있었다. 후원자나 보호자가 그들을 가혹하게 다루곤 했기 때문이었다. 조사팀의 방문을 통해 그들의 딱한 처지가 세간의 이목을 받게 되었을 때조차 사회복지사는 그들을 보호해 주지 못했다(Bagnell, 2001). 전문가나 후원 지역사회 모두 이들의 일상생활이 이루어지는 가정의 사적인 영역에 개입할 수 없었기 때문이었다. 그 결과 아이들은 묵묵히 고통을 견뎌야 했다. '위탁아동' , 즉 이주 아동에게 던져진 최근의 관심으로 캐나다와 호주 두 곳 모두 그들의 보호를 맡고 있는 위탁가정에 대한 전문가의 감독이 부적격한 수준이라는 사실이 드러나게 되었다(Humphries, 1997).

그들이 얼마나 비참한 생활을 하고 있었는가는 프레드 트리처(Fred Treacher)의 슬픈 사연을 통해 잘 드러난다. 이 아동은 무자비한 학대에 불만을 토로했지만 바너도 박사는 물론 아동이 적절한 보살핌을 받고 있는지 점검하는 임무를 맡고 있던 조사관도 그의 말을 믿지 않았다. 위탁가정이나 관할기관 그 어느 곳에서도 사랑과 존중으로 대우받을 수 있을 거라는 희망을 잃게 된 프레드는 자신을 학대하는 사람에게서 탈출하기로 마음먹었다.

> …… 계속해서 학대와 구타를 받던 프레드는 어느 날 아침 이른 시각에 일어나 옷만 입은 채로 그 시대에 그와 같은 처지의 많은 소년이 그랬듯이 …… 벨빌 근처의 농가로 달아났으나 거기서의 생활 역시 고통뿐이었다. 그를 절망에서 건져 주고 어린 시절 누리지 못한 존엄성을 되찾아 준 것은 오로지 제1차 세계대전뿐이었다(Bagnell, 2001).

윌슨(Wilson, 1997)은 호주의 '강제입양' 아동에 대해서도 이와 비슷한 잔혹행위가 이루어졌음을 기록한 바 있다. 프레드가 보호자에게 받은 학대는 그동안 근절하기 힘들었던 양식화된 관행이 표출된 것이다. 조사해 보면 오늘날까지도 아동에 대한 신체적, 정서적, 성적 학대가 전문 및 일반 보호자에 의해 변형된 형태로 이어지고 있음을 알 수 있다(Berridge and Brodie, 1996; Laming, 2003).

상황은 다르지만 지역사회 기반의 학대는 호주, 뉴질랜드, 캐나다의 원주민에게도 피해를 주었다(Armitage, 1996). 아동은 부모에게서 강제로 떨어져 기숙학교에서 생활했으며, 보호자는 영국의 문화와 전통을 그들의 일상생활에 주입시키기 위해 고유의 문화, 언어, 가정생활을 금지시켰다. 궁극적인 목표는 좀 더 수준 높은 문명사회의 전형이었던 동질사회를 구성하자는 것이었다. 국가는 바로 이런 목적을 위해 별도의 시설을 운영하던 종교단체에게 그 구체적인 실천을 위임하곤 했다. 비록 그 의도는 좋았다 하더라도 보호자의 명령을 따르게 하기 위해 자행된 폭력이나 기타 형태의 학대는 연약한 아동을 보살핀다는 사회복지사의 주장을 조롱거리로 만들었다. 이런 억지스러운 개입으로 나타난 최종 결과물은 아동의 권리가 일상적으로 무시되는 학대의 현장이었다. 그리고 고유의 정체성을 바탕으로 한 공동체와 원주민 사이를 끈끈히 이어 주던 유대감은 다른 공동체(더 우수한 것으로 간주되던 패권적 공동체)와의 연결고리를 강요당하는 과정에서 완전히 사라지고 말았다.

평등, 타인에 대한 존중, 사람을 고유의 개성과 자기 결정력을 지닌 존재로 평가하는 것이 가치 있음을 인정하면서도 사회복지사는 대규모의 억압을 재현하는 경우를 포함하여 시대 이데올로기에 발목이 잡힌 모습을 보인다. 충격적으로 느껴질지 모르겠지만, 로렌즈(Lorenz, 1994)는 우수한 민족을 창조하겠다는 나치의 시도에 사회복지사가 공모했던 사실을 예로 들고 있다. 이와 같은 위기를 피하려면 전문가의 입장에서 지속적인 감시가 필요하다.

영국의 보호 및 감독 환경에서 흑인 아동이 지나치게 많은 현상은 오늘날 '다름'이 학대의 빌미로 이용되고 있음을 보여 준다. 사회복지사는 부유하고 힘 있는 사람들에 의한 약자 억압을 비난하지 못하고, 계급주의, 장애차별, 동성애 혐오, 인종주의, 성차별, 심리주의, 고령자 차별, 가난, 핍박 등 지구상의 많은 사람이 받고 있는 여러 가지 부당한 조치에 대해 '안 돼!' 라고 말할 용기를 갖지 못하고 있다. 이러한 사실은 클라이언트가 일상적으로 감수하는 고통에 대해 사회복지사가 자신과는 거리가 먼 남의 일처럼 느끼고 있음을 뜻한다. 사회복지사는 더 나은 세상에 대한 비전을 이미 잃어버린 듯하고, 그들 스스로 생활하고 일하는 지역사회의 외부인이 아니라 그 지역사회의 일부라는 사실을 미처 깨닫지 못하고 있다. 그러나 그들은 개별 및 집단적인 노력을 통해 개인과 지역사회의 행복을 적극적으로 옹호해야 할 사람이다.

서구의 사회복지사가 지역사회라는 문제에서 늘 이 정도의 거리감을 유지했던 것은 아니다. 그들은 제2차 세계대전의 폐허 속에서 마셜 플랜(Marshall Plan)을 바탕으로 한 유럽 전역의 사회 재건활동에서 핵심적인 역할을 담당했다. 영국에서는 앞서 언급한 바와 같이 사회복지사였던 클레멘트 애틀리(Clement Attlee, 1920)가 수상으로 당선되기까지 했다. 전후 그의 노동당 내각이 복지 분야에서 했던 활동을 사회복지사 출신으로서 현재 하원에서 의석을 지키고 있는 21명의 하원 의원의 침묵과 비교해 보라. 또 그들의 침묵을 남아프리카나 인도와 같은 나라에서 활동하고 있는 사회복지사의 행동력과 비교해 보라. 아프리카 남부나 아시아의 공동체 및 사회 개발 노력은 서구의 사회복지사가 참고할 수 있는 실천적 모델을 제시해 준다. 이를 참고한다면 세계화 일로에 놓인 지역사회와 구조적인 변화 환경 속에서 어떻게 하면 좀 더 클라이언트 중심적인 기술을 활용할 수 있는가에 관한 지식과 자신감을 높일 수 있을 것이다(Sewpaul, 2003).

서구의 사회복지사는 지역사회를 파괴하는 구조적 문제점이 무엇인지 파악하는 데 어려움을 느낀다. 그것은 그들이 신관리주의 아래에서 대두된 능력기반의 사회복지 접근법이라는 그물에서 벗어나지 못했기 때문이다. 능력기반 접근법은 사회복지사의 관료기술주의적 측면을 강화시킨 반면에 관계 지향적 측면을 약화시켰다. 관리주의 체제는 클라이언트가 환경 속에서 자율적으로 능력을 발휘할 수 있도록 도와주는 직접적인 사회복지보다는 계량적인 성과 기준과 결과물을 중시한다. 관료기술주의자는 현대 생활의 복잡다단한 측면 모두를 해결해 줄 수 없다. 더구나 상호 신뢰와 존중을 바탕으로 한 관계를 구축하지 않기 때문에 사람들의 인성을 잊어버리고 그들을 기술에 의해 즉각 관리 가능한 관료적 도구로 취급하기 쉽다. 우리의 연구에서 한 젊은 어머니는 다음과 같이 말했다.

> 그냥 번호만 받을 뿐 절반 정도는 같은 사회복지사를 못 만나요. 그래서 똑같은 내용을 반복해서 여러 번 설명해야만 하죠(Dominelli et al., 출간 예정).

사람들을 물화시키면 관료주의적 합리성을 영속화시키기가 용이해지고, 이는 다시 클라이언트에 대한 관료주의적 폭력을 낳는다. 이런 대우는 몰이해와 좌절로 이어져 사회복지사가 클라이언트에게 필요한 서비스를 제공하지 않아도 정당화되고, 클라이언트는 사회복지사에 대해 신체적 혹은 언어적 폭력을 가하게 된다. 그리하여 두 그룹 사이의 결속력과 시민적 유대감은 상실된다. 국가가 짊어져야 할 무거운 짐이 클라이언트에게 그대로 전달되면서 클라이언트는 기댈 곳을 잃어버린다. 물화와 관료주의적 합리성의 역학관계는 억압적 체제를 옹호하는 방향으로 사회복지사를 유도한다.

다행스럽게도 영국을 포함한 다른 지역에서 공동체의 삶을 영위하며 여전히 중요한 역할을 담당하고 있는 사회복지사도 있다. 이들은 사티에 페리만 페리만(Satieh Fariman Fariman, 1996) 사건에서처럼 때때로 투옥의 위협을 받기도 하고, 피노체트(Pinochet) 통치하의 칠레에서 무수한 사회복지사가 겪었던 것처럼 믿음에 따라 행동했다는 이유로 사형에 처해지기도 하면서 사회정의를 위한 투쟁을 계속하고 있다. 칠레 사회복지사협회는 칠레 사회복지사의 '실종'을 방대한 분량의 관련 서류에 기록으로 남겨 두었을 뿐만 아니라 국내 및 국제적으로 이 사건에 대한 항의 시위를 전개해 왔다. 떳떳이 할 말을 하고 인권을 수호해야 할 사회복지사의 임무는 국제사회복지대학교육협의회(IASSW) 및 국제사회복지사연맹(IFSW)을 망라한 공동인권위원회(Joint Commission on Human Rights)의 발족을 통해 국제적으로도 규정되었다. 이 단체는 주목을 받는 구체적인 사례를 위해 옹호 활동을 펼친다.

사회복지 교육자와 사회복지 실천가는 세계화로 야기된 지역사회의 불평등과 분열이 심화되고 있다는 사실을 비난하고 있다. 세계화는 업무관계, 개인생활, 개인과 국가 사이의 관계에 영향을 주었을 뿐만 아니라 경제적으로도 광범위한 변화를 가져왔다. 세계화의 가장 큰 실패는 세계 빈곤문제를 해결해 주리라 기대했던 '하방침투의 혜택'이 현실화되지 못하고 나라 안은 물론 국가 간의 빈부 격차를 확대시켜 놓았다는 점이다(Wichterich, 2000). 오늘날 13억 명의 사람이 하루에 1달러도 채 안 되는 돈으로 살아가고 있으며, 또 다른 10억 명은 화려한 글로벌 세계의 변두리에서 하루 2달러로 근근이 목숨을 이어가고 있다. 그런가 하면 닷컴 백만장자가 출현하기 이전에도 387명(대부분이 남성)이 전 세계 부의 45%를 소유하고 있었다(UNDP, 1996).

전 세계적으로 빈곤층의 대부분은 개발도상국에 살고 있지만 그 밖의 지역에도 빈곤층은 존재한다(Osberg, 2002). 영국도 국내적으로 빈곤층을 보유하고 있으며 그 분포는 균일하지 않다. 셰필드 지역에서는 40% 정도의 아동이 빈곤선 이하로 살아가고 있다. 이것은 3명 중 1명이라는 국가 평균보다 높은 수준으로 이 아이들의 대부분이 복지수당을 받는 부모 한두 명과 함께 살고 있다. 정부는 세액공제를 제공하고 아동 혜택을 늘려서

2020년까지 아동 빈곤을 절반으로 줄인다는 목표를 세워서 이 문제에 대한 조치를 약속했다. 칭찬할 만한 일이기는 하지만, 한편으로 생각해 보면 이는 영국이 앞서 국제사회에서 아동을 위해 했던 약속을 지키지 못했다는 의미이기도 하다. 유엔아동인권협약(1989)에 서명했던 1991년 당시, 영국은 다른 서명국과 마찬가지로 2000년까지 자국의 국경선 내에서 아동 빈곤을 철폐하기로 합의했다. 영국 정부는 잇달아 이 목표를 달성하지 못하고 실패를 거듭해 왔다. 이런 전과를 감안할 때 2020년이라는 기한을 지킬 수 있을 것인가는 실행에 필요한 자원이 제대로 방출될 것인가의 여부에 달려 있다. 또 다른 문제점은 이 전략이 그 기간에 성장하는 아동 세대에게는 개선에 대한 희망을 남겨 주지 않는다는 점이다. 이런 아동에 대한 대책은 무엇이고 2020년 이후 나머지 50%의 아동에 대해서는 어떻게 할 것인가? 이 접근법이 간과하고 있는 아동 세대를 위해서는 누가 발 벗고 나설 것인가?

세계 4위 규모의 경제 강국 영국은 아동에게 좀 더 많은 자원을 할애할 여력을 충분히 가지고 있다. 영국 국민이 자신과 혈육관계에 있는 아동뿐만 아니라 모든 아동을 보살펴야 한다는 의무를 받아들인다면 필수적인 자원할당을 위한 정치적 의사결정을 내리기가 훨씬 쉬워질 것이다. 이런 도전과제를 수용하려면 결속력 있는 지역사회적 대응이 필요한데, 사실 이는 이루기 어려운 일이다. 전문가가 큰 성공을 거두었다고 평가하는 '슈어스타트' 에도 문제점이 있다. 기금이 충분하지 않은데다가 빈곤 아동 중에서도 극빈층만을 수혜 대상으로 하고 있기 때문이다. '부유한' 남부 영국의 지역공동체에서 필자가 최근 실시한 인터뷰에서 주민은 그런 목표설정 방법이 부적합하다는 의견을 제시했다. 두 아기를 키우며 복지수당을 받고 있는 젊은 엄마가 이 주제에 대해 한 말을 인용해 본다. 이 여성의 남편은 장애수당을 받고 있었다.

> 슈어스타트는 좋은 제도예요. 저도 그 혜택을 받았으면 좋겠어요. 저희 형편이 한계선 바로 위에 해당하기 때문에 대상에서 제외되었거든요. 하지만 어린 아들을 유치원에 보내고 싶어요. 수혜 대상은 아니지만 저는 그래도 운이 좋은 편이죠. 어떻게 해서든 꾸려 나갈 테니까요. 아이를 유치원에 보내려면 한 세션에 7.50파운드가 드는데 그 돈을 마련할 수 있을 거예요. 두 세션을 보내고 싶으니까 일주일에 15파운드가 필요하죠. 적지 않은 돈이에요. 그래도 마련해 볼래요. 남편이 받고 있는 장애수당으로 충당할 수 있을 거예요. 그런데 다른 사람은 어떻게 되는 건지 모르겠네요. 특히 아이를 혼자서 키우는 한부모는 어떻게 하나요? 저는 그게 궁금해요.

이 여성이 한 말을 살펴보면 흥미로운 사실을 발견할 수 있다. 그녀는 지역사회에 살고 있는 다른 빈곤 여성과의 연대감을 보인다. 자신의 아이를 위해 바라는 것만큼이나 다른 사람에게도 생활 개선에 결정적인 기회가 될 수 있는 혜택이 지원되었으면 하는 희망을 표시하고 있는 것이다. 그녀에게는 '유자격', '무자격' 이라는 가혹한 구분이 없다.

사회복지 실천가는 형편이 어려운 사람을 돕기 위한 정책을 따르는 부정적인 영향이 무엇인지 정보를 쉽게 얻을 수 있는 입장에 있다. 사회복지사는 가난한 지역사회에서 활동하면서 수집한 자료를 이용하여 그 지역 사람들이 겪고 있는 상황에 대한 지식을 바탕으로 변화를 촉구할 수 있다. 신노동당 정부의 현대화 계획과 사회적 통합을 도모할 의무를 어깨에 짊어지고 있는 개인 상담원도 지역적으로 수집한 데이터를 이용해 빈곤한 지역사회를 위한 지지활동을 시작할 수 있다. 사회복지 실천가는 이 여성의 생각에 명확히 드러나는 자립의지에 주목해야 한다. 그녀는 자신의 상황과 다른 사람들의 상황을 분석할 능력이 있는 적극적인 사람이다. 상황이 어떻게 돌아가는지 남의 입을 통해 들어야 하는 불쌍한 사람이 아니다. 사회복지사는 그녀와 같은 여성에게 좀 더 귀를 기울이고 그들이 가진 식견에 따라 행동해야 한다.

사회복지사는 클라이언트가 자신의 생활에 관해 하는 이야기를 소중히 받아들이고 그 풍부한 능력을 인정하며 그들과 호혜주의적 관계를 맺을 필요가 있다. 그들의 입장에 공감하고 상대의 입장에 서 보며, 역으로 '클라이언트'도 이런 경험을 맛보게 할 수 있어야 한다. 함께 일하는 사람과 그들이 가진 직업의 위상을 높이기 위해 사회복지사가 쏟는 노력은 둘의 관계에 호혜주의를 불어넣어 줄 것이다. 사회복지사가 지역사회 변화의 주도자 역할을 맡는다는 아이디어가 다시금 각광을 받아야 한다. 이것은 빈곤한 사람들과 그 공동체의 타락에 대해 용기 있게 '안 돼!'라고 부정하는 것을 의미한다. 그런 접근법을 취하지 않는다면 빈곤층에게 피해를 주는 데 은연중에 동조하는 것이나 다름없다. 사회가 어렵게 사는 사람의 인성을 부인한다면 소외된 사람이 타인의 인간성을 무시하고 그들을 상대로 범죄행위를 저지른다고 하여 놀라워해서는 안 된다. 더욱이 타인을 타락시키는 사회는 그 사회의 인성도 부인하는 셈이니 말이다.

클라이언트가 수입을 보충하기 위해 밀매품을 파는 등의 불법적인 소득 창출 활동에 관여하는 경우, 클라이언트의 풍부한 능력은 지역사회 활동가에게 복잡한 윤리적 의문을 제기한다. 지역 실태를 조사해 보면 그런 불법행위가 자행되고 있음이 사실로 드러난다(Pattison, 2002). 그러한 일을 하는 사람이 본인의 복지 증진을 위해 건설적인 방향으로 그 재능을 사용할 수 있도록 유도한다면 그 기술을 좀 더 합법적인 사업에 활용할 수도 있을 것이다. 지역사회를 부흥시키고 희망찬 미래를 만들어 가려면 더 이상 어떠한 역할도 하지 못하거나 직업이 없는 사람들을 포함해서 소외된 사람의 욕구를 충족시켜 주는 것이 중요하다.

가난은 빈곤한 지역사회의 핵심적인 문제다. 사회복지사가 사람들과의 상호작용에서 직접 모범을 보이지 않으면 자신의 행동에 대한 책임을 져야 한다는 사실을 사람들에게 깨우쳐 줄 수 없다. 사회복지사가 클라이언트의 삶을 피폐화시킨 구조적 불평등을 희생자의 탓으로 돌릴 때 이러한 현상이 발생한다. 클라이언트는 백인 중산계층에 속하는 사람들이 하루에 1달러, 아니 자신이 받는 일주일치 복지수당을 가지고도 모든 욕구를 충족시킬 수 없으리라는 사실을 잘 알고 있다. 그리고 사업가는 한 끼 점심식사에 그들의 일주일치 수당을 다 쓰고도 대수롭지 않게 생각할 것이라는 것을 알고 있다. 더구나 '고객' 접대비였다면 이를 비용으로 청구해서 회사 수익으로 처리할 수도 있을 것이다. 이것은 납세자만이 누릴 수 있는 혜택이다. 시중에서 5만 파운드에 구입할 수 있는 집을 마이클 황태자(Michael of Kent)와 황태자비가 사용하면 고작 주당 70파운드의 임대료만을 내는 것도 비슷한 맥락이다. 이러한 사례는 다양한 형태의 소외를 보여 준다. 첫 사례는 빈곤에서 비롯된 것이었고, 나머지 두 사례는 가난한 사람과는 거리가 먼 납세자의 혜택이다. 오직 첫 번째 범주에 속하는 사람만이 사회가 가난을 뿌리뽑지 못해 자신의 개인적 성장이 저해되고 있음을 절감한다.

사회복지사는 다양한 사회계층에 걸친 불평등을 드러내고 개인의 욕구나 고통에 대응하는 쪽으로 사회복지 실천의 초점을 전환시킬 수 있다. 그들은 극빈층의 사람에게만 서비스를 제공한다는 목표설정에 반대 의견을 제시하고 도움이 필요한 모든 사람에게 하나의 권리로서 보편적인 서비스를 제공해 줄 것을 요구할 수 있다. 이것은 사회복지의 개입으로 남겨진 오점을 없애는 한편, 사회복지실천의 핵심인 시민권, 인권, 사회정의를 구체화시켜 줄 것이다. 또한 사회복지사의 역할에서 지역사회 중심적 요소를 강화시켜 줄 것이다.

대인사회복지서비스의 보편주의는 새로운 개념이 아니다. 이 개념은 재무부가 복지 예산을 삭감하기 전에 이미 베버리지에 의해 제기되었다(Kincaid, 1973). 클라이언트를 정치과정에 개입시킴으로써 보편적으로 접근 가능한 사회복지 서비스를 창출하려는 움직임을 활성화할 수 있다. 그러나 소외계층이 투표에 참여할 가능성은 낮다. 사회복지사가 미국의 시민권운동을 모방하여 사회복지 클라이언트가 투표를 통해 정치적 세력을 발휘해 보도록 장려한다면, 정치가에게 양심의 가책을 안겨 주거나 적어도 미들 잉글랜드(middle England)가 가지고 있는 최악의 편견에 영합하지 못하게 만들 수 있을 것이다. 그리고 어쩌면 궁핍한 지역사회에서 살아가는 사람들이 제기한 사회적 문제에 대한 해결책을 좀 더 진지하게 고려해 보도록 유도할 수 있을지도 모른다. 사회복지사는 선의에 호소함으로써 사람들의 행동에 변화를 도모하고 형편이 어려운 사람과의 연대감을 보여 줄 것을 요구할 수 있다. 연대감은 재분배 정책으로 소득 불균형이 지금에 비해 대폭적으로 줄어들었던 1970년대 영국에서 더욱 분명하게 드러났다. 사회복지사는 박애주의, 온정주의적인 자만심, 경제성장 위주의 정책에서 복지투자에 대한 우선순위를 매우 낮게 두는 잔여주의에 뿌리를 두지 않은 재분배 개혁의 실행을 도모할 수 있을 것이다.

9. 나가며

지역사회는 사회생활에서 중요한 영역이다. 개인은 지역사회 안에서 관계와 네트워크를 (재)형성함으로써 자신의 정체성을 (재)수립하고 사회적 존재로 성장한다. 사회복지사가 지역사회를 이해하고 그 안에서 효율적으로 활동하기 위해 필요한 기술을 습득하는 것은 그만큼 중요하다. 이는 혼합 및 배제적 역학관계에 대해 이해하고, 지역사회 환경과 그 안의 관계 속에서 이루어지는 일상을 통해 특정 집단이 다른 집단의 희생으로 특권을 누리게 된다는 점을 이해한다는 의미다.

지역사회 내에서의 효율적인 활동을 위해 사회복지사는 개인주의적 성향을 떨쳐 버리고 지역사회의 동향과 집단행동에 대해 진지한 시각을 가져야 한다. 이를 위해서 현재까지의 관행을 재고해 보고 동반자로서의 '클라이언트' 를 빈곤 지역사회의 부흥에 참여시켜야 한다. 또한 자신의 전문가적 관행('클라이언트' 의 인식방법을 배제한 채 전문가의 의견과 전문가적 인식방법만을 가치 있게 받아들이는 태도)에도 이의를 제기할 필요가 있다. 더불어, 지역사회를 파괴하고 사람들을 주류사회에서 몰아내는 구조적 불평등을 없애기 위해 사용자 주도적 실천사항을 널리 홍보해야 한다.

사회복지 실천가는 '대인 간의 상호작용을 통해 지속적으로 재구성되는 유동적이고 다면적인 동적 개체' 로서 지역사회의 개념을 재정립하여 이에 기여할 수 있다. 통일성 내의 다양성을 가치 있게 여김으로써 다름을 포용할 수 있는 방법을 찾는 것도 여기서 중요한 요소다. 마지막으로 사회복지 실천가는 거시적 수준의 세력과 중범위적 수준의 정책이 일상생활에 어떠한 영향을 미치는지 이해하고 사회복지를 전개하면서 이 부분에 관심을 기울여야 한다.

사회복지사가 이 모든 영역에 관여하기 위해서는 다른 사람과 손을 잡는 한편, 개인과 지역사회의 복지를 개선하여 모두를 위한 사회정의를 도모할 수 있다는 포괄적인 목표를 공유하는 다른 전문가와 제휴관계를 구축해야 한다.

제8장 사회복지실천을 위한 새로운 방향: 상호 의존, 상호 호혜, 시민권과 사회정의

1. 들어가며

영국의 사회복지는 오늘날 사람들의 복지를 증진시키는 데 공헌한 영향력 있는 전문직으로서 입지를 굳히기 위해 투쟁을 벌이고 있다. 이는 명백히 근대적인 프로젝트로 보인다. 포스트모던적 사고에 의하여 지지되는 학문적 세계에서 그러한 시도를 지지하고 근대적 경향을 방어하는 것은 용감한 태도로 여겨진다.

전통적으로 개인을 주대상으로 해 온 사회복지실천은 사회정의와 개인적 발전의 실현을 지지하는 보편적 권리에 바탕을 두는 근대주의자와 개인의 정체성과 역량강화를 강조하는 탈근대주의자 사이에서 균형을 맞추고 있다. 개인적으로는 사회복지실천에 전문직으로서의 가치를 제공하고 클라이언트가 더 나은 삶에 대한 기대감을 향상시킬 수 있도록 하는 데는 두 관점이 모두 필요하다고 생각한다.

사회복지 실천가는 복지서비스 활동을 수행하는 협력자(서비스 이용자, 지역사회 활동가, 실천가, 정책 결정자, 사업가, 학자 등)와 파트너십을 형성하기 위해 실천을 위한 새로운 패러다임을 발전시켜야 한다. 실천가는 클라이언트가 최저생활을 유지하는 데 한계 상황에 처해 있는가의 여부와는 별개로, 클라이언트는 보호받고 지지받아야 할 사회적, 정치적, 경제적 권리를 가진 시민이라는 가정에서 시작해야 한다. 사회복지사는 인간의 권리와 시민권의 실현에 근거를 두고 있는 인본주의적 접근을 채택함으로써 사회의 각기 다른 집단 간에 존재하는 상호 의존성을 인식하고 집단 간 상호작용을 촉진시킬 수 있어야 한다. 또한 사회복지사는 다양한 개인의 정체성이 분화되어 나타나는 집단 내 그리고 집단 간 차이점을 인식해야 한다. 이러한 문제는 평등한 준거 틀 내에서 민감하게 다루어져야 한다.

미시적 수준에서 사회복지사는 클라이언트를 적극적인 시민이자 자원 획득 및 실천에 공헌하는 매개체로 간주하라는 요구를 받고 있다. 이를 위해 클라이언트와 사회복지사의 관계는 클라이언트가 의사결정 과정에서 평등한 역할을 수행하기 위해 필요한 자원을 획득하고 사회의 중요한 구성원이 되도록 사회복지사가 지지해 주는 상호 협력적 관계로 재정의되어야 한다. 이러한 맥락에서 상호 의존성에는 각 상황에 대한 '차이점'을 인식함으로써 사회정의를 추구하고자 하는 목적이 반영되어야 하고, 지원과 권력의 분화를 단순히 최종적 결과물로서 기대하는 것이 아니라 자각을 통해 개입관계의 초기부터 다루어야만 한다. 이러한 과정은 합의된 목적을 달성하는 과정 전반에 걸쳐 수행되어야만 한다.

사회는 복지에 대한 기여를 기꺼이 받아들인 사회복지사를 통하여 충족되지 않은 욕구에 반응하고, 클라이언트는 사회에 대한 기여라는 의무감을 받아들인다. 사회복지사와 클라이언트 양측에서 상호 호혜성과 사회정의 추구가 존재하지 않는다면 원조관계는 무의미해질 것이다. 상호 호혜성과 사회정의를 수반하는 상호 의존성의 결합을 통해 개인과 구조적 이슈를 모두 다루는 사회복지실천의 총체적 접근을 위한 기반을 제공할 수 있다. 더 나아가 이는 개인적 수준과 사회적 수준 모두에서 사회통합에 전념하는 변화 매개자로서의 사회복지사 역할에 정통성을 부여해 준다.

이 장에서는 사회복지사가 상호 호혜성과 상호 의존성 그리고 실천을 통해 시민권과 사회정의를 뒷받침할 수 있는 방법에 초점을 두고자 한다. 이는 인간에 대한 존중과 전제 조건 없는 복지자원에 대한 권리에 의해 지지되는 인간의 권리와 가치에 대한 사회복지사의 헌신에 근거한다. 이러한 작업은 사회복지사가 편견이나 낙인 없이 언제나 활용 가능한 보편적인 서비스로서 개인적 사회서비스를 추구함으로써 구조적 변화에 관심을 가질 수 있도록 도전하게 한다.

사회복지사는 클라이언트 스스로가 자신의 삶을 관리하도록 하는 강점에 초점을 둠으로써 클라이언트의 잠재력을 인정하고 클라이언트가 자신의 행동에 책임을 가지고 스스로를 원조하도록 돕는 촉진자로서 활동할 수 있다. 또한 실천가는 개인 및 지역사회의 욕구를 충족시키는 데 그 사회가 책임을 다할 수 있도록 하기 위해 노력해야 한다. 단, 개인적 변화와 구조적 변화 모두를 성취하기 위해서는 필요로 하는 자원이 충족되어야만 한다. 사회복지사가 달성해야 할 과업의 목표는 인간의 권리를 지지하고 사회자원에 접근하는 방식으로 지역사회와 개인을 통합시키는 것이다. 이때 문화적 다양성을 보존하고 최약자 집단의 권리를 존중하는 것이 필수적이다. 갈등은 가장 합당한 해결책에 도달하고자 노력하는 과정을 통해 해소될 수 있을 것이다. 이렇듯 쉽지 않은 과정을 거치면서 실천가는 사람들이 서로에게 이야기할 수 있는 기회를 보장해 주는 중요한 역할을 수행할 수 있다. 사회복지사는 사회의 양심으로서 행동해야 할 것이고, 불공정한 사회적 계약에 도전해야 할 것이며, 클라이언트 집단과의 토론을 통해 제시된 복지의 정의를 증진시켜 나가야 할 것이다.

2. 사회정의와 시민권

소외집단에 대한 시민권의 실현이야말로 복지를 위해 필요한 사회적 자원에 대한 요구를 정당화해 주는 기반이 되기 때문에, 사회적으로 소외된 사람들에 대한 적극적 시민권의 실현(Lister, 1997)은 사회정의의 준거 틀 안에서 인간의 권리를 중요시하는 사회의 핵심적인 요소다. 개인 및 집단의 복지에 관심을 가지는 전문가로서 사회복지사는 시민권에 대한 이론과 실천방법을 인지하고 있어야 한다. 또한 일상생활에 대한 기본적 보장이 사회적으로 실패했을 경우 이에 대해 비판할 수 있어야 한다. 즉, 사회복지사는 이론적인 시민권과 실제적인 시민권 간의 차이를 구분할 수 있어야 한다. 사회정의에 헌신함으로써 사회복지사는 집단의 자격과 의무사항 안에 개인을 위치시킬 수 있고 이 범위 내에서 개입의 근거를 마련할 수 있다.

시민권은 사회에서의 개인의 위치—소속감 그리고 사회 일부로서의 존재감—와 관련된다. 또한 시민권은 사회적 통합과 안정에 기여한다. 시민권은 전통적으로 특정한 지역과 연계되는 국적 및 민족성과 관련되어 왔으나, 요즘처럼 인적 기관과 소유물의 이동이 빠른 사회공간 안에서 특정 지역의 경계 내부로만 시민권을 제한하는 것은 부적절하다. 집단 이주를 통해 사람들은 자신의 고유한 민족성, 국적, 문화를 유지하면서 다른 지역으로 거주지만을 이동하여 시민권의 정적 개념을 손상시켜 왔다. 그들은 역사적으로 모험, 식민지화, 불법 강탈 그리고 그들 본연의 정체성의 핵심을 유지하고자 하는 바람으로 안전함이나 더 나은 삶을 위한 탐색 등의 결과로서 세계 전역에 흩어져 살고 있는 사람의 집단이다(Brah, 1996).

단지 그들이 이 나라에서 저 나라로 경계를 가로질러 살아가기 때문에 개인의 시민권을 부정하는 세태는 또한 대량 이주를 통해 도전을 받게 되었다. 경계를 넘나드는 사람들의 실질적인 이동으로 인하여 국적으로서 부여된 시민권의 근원이 손상되어 왔고, 이를 대신하여 '세계화된 시민권' 이라는 개념이 생겨났다. 이러한 변화는 시민권의 배제적인 잠재력을 역설하고, 좀 더 포괄적인 개념으로서 시민권을 재고할 것을 강조한다. 세계화된 시민권의 관점은 특히 자격부여 조건이나 행정체계의 문제와 관련된 부수적인 어려움을 수반한다.

시민권은 논쟁적 개념이다. 현재 시민으로서 인식된다는 것은 개인에게 특수한 권리의 수여가 허용되는 것을 의미하는데, 마셜(T. H. Marshall, 1970)의 주장에 따르면 현대의 시민권은 복지국가를 통해 대리되는 정치권, 시민권, 사회권의 세 가지를 포함한다. 마셜은 시민권을 개인이 더욱 많은 권리를 획득하게 되는 진보적인 발전과정으로 파악하였다. 현대 영국에서의 시민권은 더욱더 많은 권리에 집중하거나 요구 조건을 충족시키고 경계 내부에 거주하는 사람에 대한 자격부여와 관련되어 왔다. 그러나 1981년 국적이민법(Nationality and Immigration Act)의 시행 이래 시민권은 이민의 상황과 통제로 더욱 폐쇄적이 되었다. 그리하여 영국에서 출생했다 하더라도 적어도 한 명의 부모가 영국 시민이 아닌 경우에는 더 이상 자동적으로 시민권을 부여받지 못하게 되었다.

시민권에 대한 마셜의 관점은 지나치게 단순하고 낙관적이라는 비판을 받아 왔다(Bulmer and Rees, 1996). 많은 사람이 시민권의 자격 조건에서 제외되었는데, 이는 특히 전후 사회권과 관련이 있었다. 시민권은 여성의 권리에 대한 혜택을 거부하는 성차별적인 요소도 존재하고(Williams, 1989; Dominelli, 1991b; Lister, 1997), 백인 영국인에 대한 고유한 특혜라는 인종차별적인 요소도 존재하며(Gilroy, 1987; Williams, 1989; Dominelli, 1991b), 제국주의적 시각과도 관련되어 있다(Gilroy, 1995). 차별과 억압은 국가적으로 분류되는 다수 성원 사이에서 시민권의 표현을 제한하고 배제적인 잠재성을 확대시킬 뿐이다. 시민권은 개인주의에 물들고 연대감을 깨뜨리는 서구적 개념이라는 비판을 받아 왔다(Jordan, 1996). 그 결과 자격을 부여받아 사회적 명령을 수행하는 독립적인 개인적 시민은 상호 의존적인 시민과 대치된다. 상호 호혜성은 개인이 집단에게 수혜받는 것만큼 집단적 선에 기여할 때 보장된다.

시민의 현실에 대한 다양한 해석은 시민과 국가 그리고 시민과 시민사회 간의 관계를 둘러싼 논쟁에 의해 복잡해진다. 최근 정치적 논쟁은 복지권을 실현하는 데 필요한 원조에 대해 국가에 부담을 지우지 않는다는 책임성을 포함하는 타인에 대한 시민의 의무와 관련되어 있다. 신우파 이데올로기는 이러한 논쟁과 일치하였고, 개인의 자기 충족을 강조하는 사회정책을 증진시키는 대안적 결정을 내리는 것으로 방향을 전환시켰다. 이로 인하여 '최하층' 이라는 용어로 대변되는 빈곤층의 사회적 소외가 증가되었다. 권력을 가진 엘리트층은 그들을 악마와 같은 존재로 여기고, 그들은 사회복지 전문가와 형사사법제도 관리자들의 활동을 통해 철저한 통제체계의 지배를 받는 사람들이다(Zucchino, 1997). 불평등과 범죄의 증가를 나타내는 통계치는 이러한 세계관이 실패하였음을 보여 준다.

복지권은 현재 시민권과 관련된 논쟁에서 주요한 사회권으로 자연스럽게 인식되고 있다(Bulmer and Rees, 1996). 그러나 저소득이나 빈곤과 관련된 구조적 불평등을 제거하기 위한 이러한 권리의 힘은 결코 가시화되지 않는데, 이러한 현상은 일정 정도 마셜(Marshall, 1970)이 경제적 불평등에는 관심을 기울이지 않았기 때문인 것으로 보인다. 시민에 대한 소득의 평등적 (재)분배는 영국의 사회정책에서 지지받지 못하였다. 노동당이 시민의 소득을 위한 요구사항에 반대 입장을 표명하였을 당시, 사회정의위원회(Social Justice Commission)가 존 스미스(John Smith)에 의하여 설립되었다(Bulmer and Rees, 1996). 소득보장을 저소득과 연관 짓는 것은 정책 결정자들이 보장체계에 관심을 기울이기를 기피하는 것과 관련되어 있으며(Kaim-Caudle, 1973), 여성주의자가 주장하는 바와 같이 보호욕구 보장과 관련하여 여성의 소외와 관련되어 왔다(Pascall, 1986; Dominelli; 1991b; Bulmer and Rees, 1996).

이러한 논쟁적 영역에서 시장을 선호하는 신자유주의 이데올로기는 실패한 것으로 간주되는 복지국가의 간접주의적 이데올로기를 대신해 오고 있다. 시민의 삶에 국가가 의무를 최소화하는 상황을 지지하면서 자기 충족에 강조점을 둔 신우파 이데올로기는 사회구성원과 사회 사이의 연결고리를 느슨하게 하였다. 개개인을 하나로 묶어 주던 연대감의 붕괴는 이러한 과정의 필연적이고 실질적인 결과라고 할 수 있다. 분열된 개인은 "사회는 없다. 단지 개인이 존재할 뿐이다."라고 주장한 마거릿 대처(Margaret Thatcher)의 주장을 통해 미화되었고, 이는 사회조직에서 삶은 "비열하고 야만적이고 짧다."라는 홉스주의적 해석에 정당성을 부여한다(Hobbes,

1968). 신자유주의 준거 틀 안에서 시민권과 관련된 시대적 토론은 시민을 소비자로서 개념화하였다. 시민의 헌장에서의 논리적 결론으로 도출된 이 개념은 존 메이저(John Major)에 의해 장려되었다(Taylor, 1992).

삶에 대한 이러한 접근은 시민 개인에게 복지영역에 대한 권리를 주지 않는다. 신자유주의는 시민권리의 거부를 정당하게 요구할 수 있는 많은 피해자를 방치해 두기도 하지만, 시민으로서 누려야 할 권리를 강요하는 입장에 서지도 않는다. 신자유주의에 의하여 방치된 사람에는 실업, 노령, 장애, 질병, 양육 책임 등으로 인하여 노동시장에서 방치된 사람과 저임금 노동자 같은 사람이 포함된다. 이러한 시민은 복지시장 안에서 자신의 복지 욕구를 획득할 위치에 있지 않기 때문에 적극적인 시민권이나 적극적인 소비자의 권리를 행사할 수 없다. 그들은 상품화되지 않은 복지를 위하여 그들이 동원될 수 있도록 사회복지에 의하여 원조를 받음으로써 사회의 완전한 참여자로서의 위치를 획득할 수 있도록 지지받아야 한다.

서비스 제공자로서 시장을 강조하는 관점은 복지국가의 대체물로서 근로복지국가를 창조해 내었고, 시민자격 부여에 대하여 노동과 권리 사이의 연결을 재확인하는 결과를 가져왔다. 이러한 경향은 미국에서 더 두드러지게 나타났지만 영국에서도 상당히 명백하게 나타났다(Perlmutter, 1997). 또한 이러한 경향은 신노동당의 현대화된 정책의제에 의하여 더욱 강조되었고, 시민권을 자격부여라는 권리로 인식시키기보다는 개인에게 강제적으로 의무를 부과하는 것으로 인식하게 하는 결과를 가져왔다. 소비자주의와 개인의 선호 및 선택을 강조하는 경향은 복지에 대한 권리 지향적 접근을 약화시킨다.

신자유주의 사상과 관련된 시대적 논쟁은 더욱 적극적이고 총체적인 시민권에 초점이 맞추어지면서 새로운 영역으로 확장되었다. 이는 '삶의 질'을 무엇이라 명명할 수 있을 것인가, 어떤 것이 안전하고 건강한 신체적·사회적 환경에 대한 권리를 포함하는가와 관련되는 것이다. 여기에는 깨끗한 음식, 공기, 땅과 물, 단정한 생활양식; 개인의 경제적 지불능력; 상업적 기업의 집합적인 책임감; 여가시간, 보호서비스 등이 포함된다. 반세계화 움직임은 물질주의에 반대하면서 수행되어 왔고(Jubilee, 2000, 2003), 지구상의 박애나 보상을 공평하게 공유해야 한다고 주장하였다. 이러한 움직임은 국가 내, 국가 간에 존재하는 인간의 상호 의존적인 속성을 인식해 온 NGO가 사회적으로 책임감이 부여된 시민권을 요구하면서 국가적 · 국제적 수준에서 전개되어 왔다. 사회복지사는 국제사회사업대학협의회(IASSW), 국제사회복지사협회(IFSW), 국제사회복지위원회(ICSW)와 같은 조직을 통해 활동가와 조언가로서 이러한 이슈와 관련된 활동에 참여해 왔다. 실천가는 배제된 사람들이 그들의 권리를 되찾을 수 있도록 옹호하는 역할을 수행할 수 있다.

기관은 권력관계의 파워게임에 의해 조정될 수도 있기 때문에 우리 개인 스스로가 자신의 인생을 조정할 수 있는 활동에 관심을 가지게 된다. 통제력을 활용할 수 있는 위치를 획득한다는 것은 타인과 협력을 이루어 내고 어려운 문제를 협상할 수 있게 된다는 것을 의미한다. 가난한 사람은 자신들의 삶에 대한 자율권이 방해받지 않도록 협상해야만 한다. 그들은 이러한 구속 내에서 그들 자신의 선택에 대한 동인이 되어야 하고 그들 자신의 행동에 대한 책임을 져야만 한다. 적극적인 시민이 된다는 것은 자신의 선택에 책임감을 가지는 것을 의미하기 때문이다.

시민권에 대한 현대의 정치 · 경제적 담론에서는 몇몇 예외를 제외하고는 '도덕적' 측면이 무시되어 왔다. 신자유주의적 이데올로기는 빈곤과 사회적 소외에 의하여 극단적으로 도덕관념의 파괴와 부도덕성을 수반하여 왔다. 롤스(Rawls, 1973)는 사회의 모든 구성원에게 도덕적 구속력이 있는 정의에 대한 보편적인 원칙을 발전시켰다. 그러나 그는 개인 및 집단의 복지에 대한 집합적인 책임감은 거의 관련이 없다고 하였다. 현재의 담론은 또한 반대되는 논거를 허용하지 않는 도덕적 교화의 위험성을 떨쳐 버리는 것을 불가능하게 하고 있다(Webb, 1990). 전통적으로 인간에 대한 비심판적 접근을 실행해 왔던 사회복지사는 타인의 행동에 대하여 도덕적으로 교화하지 않으면서 도덕적 행동이 증진되도록 해 왔다.

평등한 시민권의 중요성은 개인의 독특성에 대한 '차이점'을 인정하게 하고 '잘못된 평등의 덫'을 피할 수 있게 한다(Barker, 1986; Dominelli, 2002a). 인류평등주의적 결과를 성취하는 것은 매일의 삶에서 자원과 권력으로부터 소외되는 사람이 없도록 하기 위해 권력과 자원의 재분배에 헌신할 것을 요구한다. 이는 구조적인 변화를 수반하기 때문에 이를 위해서는 사회복지사뿐만 아니라 사회구성원 전체가 관심을 가져야 하고 정치적 의지와 전략이 필요하다. 이때 사회복지사는 이를 위한 옹호자가 되어야 한다. 또한 사회복지사는 이러한 변화를 위해 정치적 수준의 활동을 통해 대중의 양심을 자극할 수 있고, 사회에 포함되거나 소외된 이들 모두와 함께 일하는 정보 제공자로서 행동할 수도 있으며, 변화의 과정에 대한 촉매제로 작용할 수도 있다.

3. 사회복지실천을 위한 또 다른 전망

사회적 약자를 포함하는 모두를 위한 적극적 시민권은 공명정대한 사회를 위한 사회복지사의 중심계획이 된다. 그 안에서 한 사람을 위한 시민권이 보강되고, 그것은 또한 모든 이의 시민권에 의해 지지된다. 이를 실현하기 위해서는 사회와 국가의 모든 부분, 시민사회, 기업, 다양한 억압에 대항하는 사회운동, 무역연합과 같은 좀 더 전통적인 조직 간의 파트너십이 필요하다. 이러한 각각의 요소는 시민의 욕구를 위해 제공될 수 있는 부를 창조하는 역할을 하고, 모두의 일상적 욕구 충족을 위해 부의 재분배가 이루어져야 한다는 의견을 가질 수 있게 하며, 그 부단한 재생을 위해 노력할 수 있는 원동력을 제공한다. 자원의 재생은 물리적, 사회적 환경의 유지를 필요로 한다. 이것의 궁극적 성과뿐 아니라 그러한 결과를 창출하는 방법에 대해 주의를 기울임으로써 평등과 평등함의 원칙에 기반한 과정을 촉진시킬 수 있다. 중재자로서 행동함으로써 사회복지사는 어떠한 방법에 의해 특정 목표가 성취되었는가가 추구해 온 결과와 일치하는지를 보증할 수 있게 된다.

법규는 시민이 타인과 관계되는 방법을 조절하는 역할을 수행한다. 이는 법이 시민이 수용 가능한 방법으로 상호작용하는 것을 보장할 수 있도록 하는 데 대한 동의와 적법성을 부여한다. 적법한 과정에 대한 소유권은 바라는 목적을 소유하는 것만큼 중요하다. 법에 선행하는 평등은 법의 원칙적 측면으로서 중요하다. 그러나 관념적 평등은 사회정의를 충분히 보장하지 못한다. 심사숙고의 과정과 함께 평등은 성취해야만 하는 목적이 되어야 한다. 이를 위해서는 사람들이 각기 다른 출발선에 서 있고, 실재의 영역에서 대등하게 경쟁하게 위해 동일한 시작점을 가져야 한다는 것을 깨달아야 한다.

각 영역에서의 수준 차이를 인정하지 않는 한 기회의 평등은 무의미해질 수밖에 없다. 평등은 가정되고 추정되는 것이라기보다는 확실한 노력으로 실현되는 것이다.

법에 선행하여 평등을 형식적으로만 준수하는 것은 사람들에게 공정함과 공평함에 의하여 무시되고 경시되는 느낌을 받게 할 수 있다. 제한되지 않은 자원이 주어지고 활용할 수 있는 선택권이 주어졌을 때, 존재하는 불평등을 다루기 위한 주요한 방법은 모든 사람이 공평하게 자원을 공유하는 것이다. 평등한 결과를 위해 자원을 평등하게 공유한다는 것은 모든 사람을 단시간 내에 동일한 출발점에 설 수 있게 하는 여러 가지 논법을 필요로 한다. 사회정의가 실현되었을 때, 사람들이 조건이 불평등하고 정의롭지 못하다고 느낀다면 어떤 점이 그러한지 공개적으로 구체화되고 직면할 수 있어야 한다. 인종차별적인 경쟁과 같은 상황은 불필요하게 에너지를 낭비하는 것과 다름없고, 이러한 갈등으로 인해 자원이 낭비되는 것은 자원 부족에 대한 문제해결 과정을 악화시키는 결과만 가져올 뿐이다. 집단 간 상호 호혜성의 관점은 개인이 경쟁하는 과정에서 '양측 모두에게 유리한' 전략을 촉진시킴으로써 이러한 난국을 헤쳐 나갈 수 있는 방법을 제시해 준다.

상호 호혜성으로 결핍 상황을 다루어 나가려면 불공평한 특권과 특혜를 인식하고 올바른 상태로 되돌려 놓아야만 한다. 상호 호혜성은 한 사람의 위치와 다른 사람의 위치 간의 간극을 메워 줄 수 있도록 한다. 결핍의 문제가 다루어지지 않는다면, 특혜를 받는 집단에 속한 개인은 이전의 다른 집단성원들에 의하여 획득된 혜택이 불공정하다는 것을 인정할 수밖에 없는데도 개인적으로 특혜를 받았다는 것에 대하여 이의를 제기하지 않을 것이다.

사회복지사는 상호성과 평등에서 개인 간 사회적 관계의 재통합을 촉진하기 위해 이러한 역동을 드러낼 수 있어야 한다. 사회복지사로서 불공평함에 대해 의문을 제기하고 적극적으로 관여하는 것에 논쟁의 여지가 있지만, 실천가는 스스로 그들의 윤리에 대한 진실과 사회정의에 대한 헌신을 유지하기 위해 불평등한 사회적 관계를 변화시키는 방법을 모색해 나가야만 한다.

4. 상호 의존성과 유대

상호성은 상호 의존성 및 타인과 연결되는 유대감의 가치와 관련이 있다. 이는 시민권의 토대가 되고, 광범위한 집단 내에서 공동 위기관리를 함으로써 한 구성원의 헌신과 타인의 복지가 유기적인 관련을 가지게 된다. 상호 의존성과 유대감은 특정한 목적을 추구하는 데 대한 집단적 수행을 위해 필수적이다. 유대감은 타인과 함께 가지는 관심사를 지역사회에서 이루어 간다는 가정과 관련된다. 상호 의존성은 타인에 대한 의존성, 관심의 상호성을 의미한다. 상호성의 붕괴로 인하여 양분되고 대립되는 두 집단의 문제를 상호 의존성을 통해 해결할 수 있고 집단 간 독립성과 의존성을 증진시킬 수 있다.

독립적인 사람은 충분히 자기 충족적이기 때문에 의존적인 사람은 필요하지 않으며 의존적인 사람은 자비에 의존하려 하기 때문에 불필요한 존재라는 선입견은 상호 의존성의 가치를 통해 도전받을 수 있다. 총체적인 의미에서 적극적인 시민권은 모든 사람의 욕구를 충족시킨다는 측면에서 상호 의존성 및 유대감과 관련된다. 이러한 성장을 촉진시키는 것이 사회복지사의 새로운 시각의 일부다.

5. 상호 호혜성과 자격부여

상호 호혜성은 개인과 집단 간의 사회적 상호작용에서의 주고받음 모두와 관련이 있다. 대부분의 사람은 즉각적이지 않더라도 자신의 노력에 대하여 사회적으로 보답을 받는다. 받음에 대한 기대감은 시간이 흘러도 사라지지 않는다. 상호 호혜성은 상호작용적 관계에 대한 모든 사람과 관련된 의무감과 제약이 적용되기 때문에 포괄적이라고 할 수 있다(Jordan, 1996). 또한 상호 호혜성은 자신의 소유와 관련된 타인의 상태를 향상시켜야 한다는 책임감도 포함한다.

자격부여란 어떠한 기준을 충족시키는 것에 동의한 결과로서 누가 무엇을 받을 것인가에 대해 기대하는 것과 관련이 있다. 자격부여는 집단적 동의에 귀속되어 법적으로 강제될 수 있는 요소인 권리와 같지는 않지만 그와 교환될 수 있는 의미로 활용된다. 또한 이는 관계집단 간의 단순한 동의에 의해 용인된다. 한 예로 영국 내의 낙인찍힌 지역에 거주하는 빈곤한 백인은 알맞은 환경에 거주할 자격이 있다.

이는 집단적 합의의 결과로서 강제될 수 없기 때문에 사람들이 욕구를 충족시키기 위해 요구하고 기대할 수 있는 권리로 볼 수 없다. 그들은 이를 강제하기에 앞서 권리로서 확립해야만 한다. 자격부여와 권리 사이의 경계는 종종 모호하고 쉽게 호환될 수 있다. 영국에서 낙인찍힌 지역의 거주자를 위해, 이 같은 지역에 거주하기 때문에 은행에서 대부를 받지 못하고 이로 인해 충분한 개발 및 계발을 할 수 있는 권리를 가지지 못하게 되는 것을 논의하는 유럽인권재판소(European Court of Human Rights)의 사례에 관심을 기울여야 한다. 현금 등과 같은 물질적 투입을 요구하는 조항은 그들의 힘이 닿지 못하는 삶의 기회를 향상시킬 수 있을 것이다. 이러한 물질적 투입에는 사업의 개시, 주택 구입, 대학교육 등이 포함된다.

개인의 권리 또는 자격부여를 행사하는 데에서의 핵심은 그것이 무엇인가를 아는 것으로, 이와 관련된 지식과 정보의 획득을 통해 능력을 계발할 수 있을 것이다. 이러한 권리를 보장하기 위한 능력계발 과정은 잘 알려진 지역사회 활동과 관련이 있다(Putnam, Leonardi and Nanetti, 1994; Putnam, 2002). 사회복지사는 능력개발 프로젝트의 성취를 위해 주요한 역할을 담당할 수 있다. 그들은 적절한 생활양식과 환경에 대한 사람들의 권리를 강화하기 위해 변호사 등과 협력관계를 구축할 수 있다.

6. 사회복지실천을 위한 새로운 방향성의 모델링

사회복지와 관련된 현대의 논쟁에서는 사회복지실천이 클라이언트에 대해 거의 도움이 되지 않는 획일화된 총체일 뿐 아니라(Brewer and Lait, 1980; Brindle, 2003), 현실에 대해 제한적으로만 관계되는 이상주의적 시도로서의 위험성을 수반한다는 문제가 제기되고 있다. 전문직에 종사하는 사람은 개입실천이 복합적이고 양측 요소 모두를 가진다는 사실을 알고 있다. 비록 복합적이고 다양한 문제에 대해 좀 더 획일적인 실체에 대항해 나가는 것이 더 수월하기는 하겠지만, 진부하고 평범한 실천양식에 대한 대안을 구상해 본다면 희망을 이야기할 수 있을 것이다. 다행스럽게도 실천가와 학자들은 여러 가지 과정상의 장애에도 불구하고 더욱 유용하고 효과적인 실천 양식을 수립하는 데 이상주의와 현실주의 모두를 아우를 수 있다.

다음의 예는 실천의 경계를 확장하고 이원론적 사고를 극복하며 상호 의존성, 상호 호혜성, 유대감 그리고 더 나은 지역사회를 창조하려는 행위를 인정하는 시민권을 위해 총체적인 방법으로 사람들이 함께 노력한 프로젝트에 대해 기술하고 있다(Dominelli, 2002a). 이 이야기는 바바라 휘팅턴(Barbara Whittington)과의 인터뷰를 기반으로 작성된 것이다.

바바라는 숙련된 실천가로서 임파워링 접근방법을 오랫동안 적용해 왔다. 그녀가 가진 이러한 가치는 CCJ(Crossroads Community Justice)라는 조직에서의 실천에 투입되었다. CCJ라는 명칭은 참여자가 만들어 낸 명칭이며, 다음의 사례연구에서는 사회정의에 대한 시민의식 지향적인 사회복지 접근의 강점과 약점을 강조하고 있다. CCJ는 지역사회에 기반한 정의회복을 위한 프로젝트며, 전문가만이 사회문제를 논할 수 있다는 경계에 도전한다. CCJ에서는 지역사회 내에서 예의와 안전수준을 감소시키는 반사회적 문제행동을 보이는 집단을 일차적 '클라이언트'로 규정한다. 세계적으로 수많은 지역사회에서 이런 문제를 다루고 있다.

CCJ는 현재의 정의 회복을 위한 조직이 가지는 전문가에 대한 과도한 신뢰, '피해자'와 '가해자' 간의 유용하지 않은 분류, 사회문제의 개인화, 문제해결 과정에서의 언어적 기민함에 대한 지나친 강조 등에 대해 비판한다. CCJ는 가해자가 자신의 행동을 수정하고 다른 방향으로 나아가는 것을 목표로 한다. 부적절한 행동에 대해 개입하는 과정에서 사람들의 강점을 발견해 나가고, 지역사회의 관심을 창출해 가기 위하여 가족집단의 원칙을 적용한다. CCJ는 건축노동자에서부터 변호사에 이르기까지 광범위하게 사람들의 기술을 이용하고 어린 가해자를 위해 윤리강령, 사례관리자, 섭외 전문가, 멘토십 조직 등을 활용한다. 또한 CCJ는 그들을 위해 단기훈련을 실시하고 지역사회 교육을 수행한다. 그들의 사회복지실천은 일반적 기술이 전수될 수 있고 지역적 특성을 만들어 낼 수 있다는 것을 보여 준다.

사례연구

CCJ는 4명의 여성—바버라, 은퇴한 보호관찰관, 저널리스트, 학교 상담가—에 의하여 주도적으로 시작되었다. 그들은 CCJ 지역사회에 살았고, 개인과 지역사회를 위한 정의를 보장하기 위해 수용되지 못하는 행동을 감소시키는 것이 필수적이라고 생각했다. 그들의 철학은 지역사회에 살고 있는 사람들이 지역사회의 복지에 책임을 져야 한다는 것이다.

CCJ의 최고의 원칙은 개인적인 노력이 아니라 집합적인 노력으로 문제를 해결하는 것이다. 지역사회 문제 해결은 본래의 집단 이외에도 경찰,학교, 기타 참여군을 찾아내는 작업이 우선되어야 한다. 다양한 견해를 수렴하게 하며, 각 그룹이 대변하는 관심사를 듣고 긴장이 완화되게 조정하는 것이 지역사회 참여를 효율적으로 이행하는 데 필수적이다.

관료적이고 적대적으로 되는 것을 피하기 위하여 CCJ는 최소한의 구조—단기적 구조, 회계를 수행하는 비서관—를 가지고 있다. 지위가 순환하게 되면 CCJ가 활동을 하는 데에서 참여를 증진시키고 소유권을 촉진시키기 위하여 지역사회의 다양한 영역에 의해 획득된 기술이 보장될 수 있다. 이러한 구조는 기금모금 및 자발적인 조직의 원조를 이끌어 낸다. 집단은 명목적인 요금을 지불하고 있는 '구성원'의 자금 제공을 제한해 왔다. 이것은 자산조사가 아니라 사람이 원하는 것에 대하여 단지 지불을 하도록 하는 것이다. 대부분이 지역사회 복리나 CCJ를 위하여 기여하는 방식으로 제공되기 때문이다.

'잘못 행동한' 사람은 지지받고, 위협당하지 않고 낙인찍히지 않은 환경에서 다른 사람과 이야기할 수 있는 기회를 보장받는다. 수정을 하고 변화를 보장하는 것에 강조점을 둔다. 사람들은 타인을 '비난하고 수치스럽게 하는 것' 에 초점을 두지 않고, 가해자를 재통합하는 데 도움이 되게 한다.

사람들에게 여러 관점을 가지도록 격려하고 대화를 촉진하며, 경쟁적이고 반대편에 서는 관점을 탐색하는 데 관심을 기울이도록 촉진한다. 사람들은 적의 편에 서는 것이 아니라 팀의 일원으로서 함께 일한다. 희생자의 가족구성원이 중재할 수도 있고, 가해자에 대한 '모욕적인' 치료를 거부할 수도 있다. 사람들은 협력관계에서 일하고 논쟁하며 관여된다.

'희생자' 는 강력한 힘의 권력에 의해서가 아니라 스스로를 돕도록 지원받는다. 희생자가 스스로의 선택에 책임을 지도록 한다. 가해자는 더욱 조심스럽게 처신해야 한다. 모든 사람이 같은 것을 알도록 하여 정보를 공유함으로써 권력을 재분배한다. 경찰의 범위를 넘어 일을 수행하는 것으로부터 '지역사회 권력' 이 존재한다. 이러한 폭로를 통하여 사람들은 제도적 권력의 한계를 인식할 수 있다.

논쟁의 중점은 의뢰와 관련된다. 집단을 설립할 때에는 젊은 사람과 성인 모두 가해와 관련 없이 의뢰되는 것을 원한다. 경찰은 이러한 접근을 거부한다. 살인으로 교도소에 장기간 복역한 사람이 집단에 참여하거나 멘토링을 원할 때 갈등이 발생한다. 뒤이은 갈등을 알게 되었을 때 기회를 버리고 일시적으로 CCJ를 떠날 수 있다. 영혼을 찾고 논쟁을 하는 오랜 시간이 지난 후에 CCJ는 경찰의 관점을 받아들였다. 사람들이 돌아왔을 때 문제는 재인식될 것이다.

집단을 설립하는 데 참여한 서로 다른 전문직 사이의 불신은 초기부터 강렬하였다. 예를 들어 어떤 전문직의 경우 상습적 범행 비율과 같이 측정할 수 있는 결과에 초점을 두기를 원하였다. 다른 전문직의 경우 지역사회 참여 수준이나 과정에 더욱 관심을 가졌다. 결국 기반이 공유되고 공통의 의견이 도출되어야 자원과 노력의 이중적 낭비를 피할 수 있다는 것을 깨달았다.

참여자는 익숙하지 않은 역할을 수행하게 되었다. 예를 들면 기업의 경영관리자의 경우 자신의 가게에서 지속적으로 좀도둑질을 하는 사람을 이후에 다른 도둑을 잡기 위하여 고용하는 상황이 있다. CCJ의 혁신적인 반응은 제도적 우선순위는 지역사회에서 변화될 수 있다는 것을 인식하게 해 준다.

경찰은 CCJ에 계속 참여하게 되었고, 그들의 교육적인 활동은 결실을 맺게 되었다. 학교는 의뢰에서의 주요한 원천이 되었다. 그러나 의뢰되는 사람들은 주로 중산층이었고, 노동자계급은 CCJ의 혜택을 받지 못하였다. 계층의 문제는 모니터링되었고, 지역사회 교육 프로그램과 멘토링을 통하여 다루어졌다.

성역할 문제도 두각되었다. 경찰관은 여성 자원봉사자를 경시하는 태도를 취하였다. 경찰관은 그들의 태도를 전환하고 제도적인 성차별주의에 맞서도록 훈련받았다.

참여자는 다른 사람의 의견을 주의 깊게 경청하고 모두에게 도움이 되는 협상안을 찾도록 요구되었다. 이러한 과정은 전문가의 선호에 따른 것이 아니어야 한다. 새로운 지식과 실천방식이 수집되었다. 지역사회 포럼 참여자는 의사소통을 촉진하기 위하여 소규모 집단을 형성하였고, 의사결정 과정에 기여하는 개인을 최대화하고 불일치를 처리해 나갔다.

참여자가 결론과 해결책을 찾는 데 노력을 기울이지 않으면 절차는 장기화될 수밖에 없기 때문에 대화를 위해 필요한 시간을 충당해야만 한다. 이는 관계를 형성하고 이해를 증진시키며 문제에 대한 창의적인 해결안을 발전시키는 것을 용이하게 한다. 전문가는 자원자가 그들의 기여를 경멸하는 것과 같은 시간을 가질 것이라 추측하지 않는다.

근본적인 관심사에 대하여 협상안을 마련하는 데에도 시간이 필요하다. CCJ의 회복을 위한 정당한 수단은 무엇인가, 누구에 의하여/어떻게/왜 효과성이 측정되어야 하는가, 공적 서비스가 심각하게 삭감되는 동안 국가의 지역사회와의 관계는 어떠한가, 계층이나 민족성의 분열을 어떻게 풀 것인가, 그들을 위해 수행되는 구조적인 차이점은 무엇인가, 그들에 대한 배제적인 잠재성을 축소하는 방법은 무엇인가, 지역사회 의제를 횡령하고 침탈하는 기관 없이 참여의 수준을 어떻게 증진시킬 것인가.

비공식적인 지역사회 참여자들은 CCJ의 활동에 기여한다. 즉, 다양한 활동의 영향력을 모니터링하며, 비공식적인 멘토링을 수행하며, 공식적으로 의뢰된 사람을 지원하고, 일상의 정상적인 과정의 일부로서 CCJ 활동에 연계한다. 각 개인은 가치 있고 그들의 지역사회 복지를 위해 가치 있는 기여를 한다. 시민권의 핵심적인 원칙은 개인적인 권력이 확인되고 집단과 연결될 때 발휘되는 것이다. 지역사회 활동에 대한 조정이 다시 얻어지고, 가해자-비가해자라는 이분화된 공식은 감소된다.

마지막으로 CCJ는 개인이 불완전하다고 인식되는 지역사회의 일원이라고 느끼는 감정에 초점을 둔다. 바버라는 "우리는 유토피아에 대하여 말하지 않는다. 단지 서로 관여되는 것을 말할 뿐이다. CCJ는 고립과 배척을 종결함으로써 지역사회를 다시 재건해 가는 데 기여한다."라고 말하였다.

이 사례연구는 다양한 경계가 그 한계를 넘어서고 문제를 재정의하는 방법을 보여 준다. 여기에는 공과 사의 양분, 포함과 배척, 비밀보장, 지역사회와 제도적 권력, 자원봉사자와 전문가 등이 포함된다. 비록 당면한 현실이 산만하지만, 정중하고 좀 더 포괄적인 방법으로 두드러진 문제를 해결해 나가는 것은 가능한 일이다. 이 사례연구는 전문가가 보다 의미 있는 개입을 제시하고 혁신을 이루기 위해 지역사회 참여자와 함께 일할 수 있다는 사실을 보여 주고 있다. CCJ의 유익은 개인과 지역사회뿐 아니라 더 넓은 지역사회 영역까지도 포괄한다.

그러나 바버라가 고백한 것처럼 지역사회 접근은 남용될 수 있다. 한 예로 정신장애인은 무슨 일이 일어났는지에 대한 이해가 불가능한 상태에서 행한 심각한 위법행위에 대해 비난을 받게 될 수 있다. 다행스럽게도 피해자는 상황에 대한 상반되는 인식을 조정할 수 있도록 중재를 받게 된다. CCJ는 지역사회가 이러한 문제를 독자적으로 다루는 것이 '정의를 한정'시키고 역점을 두어 다루어야 할 현실적 문제, 특히 서비스의 자원화와 같은 문제를 다루는 것에 대해 정치가가 회피하는 것을 가능하게 한다는 사실을 염려하였다. CCJ는 직접적으로 빈곤문제 및 여타의 구조적 문제에 역점을 두어 다루지 못해 왔다. 이에 다른 집단 간의 연합을 창조해 내기 위하여 다른 주도적 장치를 관여시켜야 하고, 권력과 자원을 가진 정치가와 관계를 맺어야 하며, 책임성 있는 권력과 자원의 획득을 위해 지역사회의 강점을 활용하여야 한다.

7. 교육과 훈련

사회복지는 명백한 전문직이다. 이제 사회복지 실천가와 교육자가 직업에 대한 충분한 인정, 합당한 급여, 높은 지위의 전문직, 클라이언트를 위한 치료의 존경과 존엄성, 잘 훈련된 전문인력, 건강 · 교육 · 주택 등 관련 영역 내에 포함되지 않는 고유한 정부 부서의 존재 등을 요구할 시기다. 실천가는 희망을 포기하려는 사람에게 개입하는 업무를 하기 때문에 그들이 받는 급여에는 그들이 행하는 업무가 가지는 고도의 복잡성이 반영되어야만 한다.

사회복지 교육과 훈련은 세계화의 흐름 안에서 일하는 실천가의 욕구를 충족시키기 위하여 변화해야만 한다. 그들은 실천가로서 대우받아야 하고 다른 나라의 사회복지와 사회정책에 대하여 학습해야만 한다(Dominelli and Khan, 2000). 그러나 영국의 사회복지 교육은 사회문제의 세계화에 의한 현재의 도전에 대응하기 위하여, 그리고 시민권 지향적이고 인권 지향적인 성격을 가지기 위하여 철저한 정밀진단이 필요하다. 개인적이고 구조적인 수준 모두에서의 변화를 위한 촉진자가 되어야 한다는 사회복지의 가치기반과 책임에 대해 확언할 수 있어야 한다. 이것은 사회복지실천에서의 진보와 더불어 평생의 직업상 경력을 위한 기반을 제공해 준다. 사회복지 교육과 실천에서 사다리 역할을 수행하고 함께 활동하기 위해서는 정책 결정자, 실천가, 교육자가 필요하다. 사회복지 교육과 실천은 학사 · 석사 · 박사 학위, 사전 자격제도 등도 포함한다.

이러한 교육은 사회복지에서 일반사회복지사와 전문사회복지사로 나누어 실시한다. 학사수준에서의 전문적 자질을 가지는 모델은 장래성 있는 시작이다. 이후에는 석사 수준의 전문주의 훈련이 따를 것이며, 다음으로는 사회복지 실천현장이나 학교, 사회복지 행정부서에서 가르치는 역할을 하는 박사학위가 요구될 것이다.

오늘날 요구되는 욕구를 충족시킬 수 있는 가장 최적의 교육 및 실천 방식을 고안해 내기 위하여 클라이언트, 실천가, 교육자, 정책 결정자는 평등주의적 협력관계 안에서 일해야 한다. 미국에서 로체와 그의 동료(Roche et al., 1999), 반 소에스트와 가르시아(Van Soest and Garcia, 2003)는 교사가 학생의 역량을 더욱 효과적으로 강화할 수 있는 방법과 함께 다양성과 사회정의를 증진시키는 실천기술을 발전시키기 위해 그러한 활동을 활용하는 방법에 대한 모색을 통해서 그와 관련된 몇몇 문제를 중점적으로 다루었다. 그들은 사회정의의 문제는 실천에 대한 학습과 교육적 과정으로 실천되고 지지될 수 있다고 주장하였다. 이러한 접근은 학계와 현장이라는 두 영역에서 이론과 실천의 통합을 확인시켜 주고, 여타 관련 영역에 대한 통찰을 제공해 주며, 지역사회의 특징적 요구를 반영할 수 있게 해 준다. 즉, 사회복지는 신식민지주의적 위험에 편승하지 않고, 지방제도에 영향을 주어야 한다. 사회정의와 인권의 토대가 되는 시민권에 대해 보편적으로 인정되는 형태로서가 아니라 지역의 적용 가능성에 근간을 두는 것은 향후 효과적인 방법이 될 것이다. 이로 인해 개인은 국가의 중요한 구성원으로 인식될 수 있다.

시민권을 증진시키기 위하여 영국의 사회복지 교육과 실천은 직접적인 정부의 통제에서 분리되었다. 이는 사회복지에 대한 영국정부의 근본적인 변화를 의미한다. 국가의 부수적인 부서로서 사회복지만의 독자적인 부서를 설립하는 것은 훌륭한 출발점이 되었다. 이 부서의 첫 번째 과업은 전국 각지에 걸쳐 사회복지와 관련된 사람들의 시각을 알아보기 위해 클라이언트, 실천가, 학자, 정책 결정자로 구성된 자율적인 이동식 포럼을 조직화하는 것이었다.

이동식 포럼은 영국 인구의 다양성을 반영해야만 한다. 또한 이 포럼의 구성원은 혁신적이고 진보적이어야만 하며, 사회복지 영역에서 클라이언트, 사회복지 실천가, 교육자 또는 정책 입안자로서의 경험이 있어야만 한다. 또한 그들은 사람들이 원하는 서비스가 무엇인지 등에 대해 이야기하는 일반적인 사람들의 의견을 경청하는 데 열린 마음과 비심판적 태도를 가져야만 한다. 이러한 논의의 결과를 통하여 교육과 실천 모두를 위한 포괄적인 인권 및 시민권 기반의 준거 틀 안에서 사회복지를 중요시하는 새로운 법률제정이 지지될 수 있을 것이다.

8. 나가며

적극적이고 포괄적이며 총체적인 시민권은 사회적으로 올바른 세상 안에서 사회적 관계에 대한 토대가 되어야 한다. 정의란 시민이 타인과의 관계에서 평등적인 관계에 책임감을 가져야 한다는 공동의 이해를 함축하고 있다. 시민은 자신의 현실을 창조해 낼 수 있는 매개자이지만, 이는 사회적 관계 내에서 일어날 때에만 인정될 수 있는 것이다. 개인이 답례를 주고받는 곳 어디에나 존재하는 상호 호혜성과 상호성의 특징은 구성원 간의 상호작용에 중요한 요소다. 모든 시민 사이에 자원이 공평하고 책임 있게 분배되지 못하기 때문에, 그리고 사람들이 그들의 분배 내에 포함되는지 아닌지에 따라 경계를 구분하기 때문에 여러 어려움이 발생한다.

사회복지사는 실천을 통하여 개인과 집단이 자신의 잠재력을 완전하게 발전시킬 수 없을 때 많은 비용이 소요된다는 것과 그러한 비복지 상태의 무거운 부담감을 잘 알고 있기 때문에 사회적 계약 안에서 자원의 불평등한 분배에 도전하는 논의를 촉진할 수 있다. 그러나 실천가가 이러한 문제를 스스로 해결할 수는 없다. 그렇기 때문에 그들은 다른 이들과 관계를 맺고, 그들의 해결책에 관심을 갖는 모든 이들과 협력관계를 맺고 연합을 이루어 나가야 한다. 결국 사회를 변화시키는 것은 공동의 목적이 되어야만 한다.

제9장 결론: 사회복지, 개인적 · 구조적 수준에서의 변화를 위한 힘

1. 들어가며
2. 실천은 사고하고 행동하는 것이다
3. 나가며

1. 들어가며

사회복지는 사회를 생산하고 반영한다. 사회복지는 그 자체를 통해서 만들어지며 불공평이 강화된 분열된 사회 속에서 나타난 전문직이다. 사회복지사는 복지의 실패를 주장하는 사람들의 비평적이며 반성적인 실천에 관심을 기울여야 한다. 사회에서 소외되고, 박탈당한 개인과 집단의 편에 서는 사회복지의 기본적인 가치와 헌신은 가능한 방법을 사용하여 서비스를 제공하는 것이다. 사회복지 실천가는 빈민의 편에서 지배적인 사회적 질서와 실천을 비판하며, 불공평한 사회적 관계의 합법성에 도전하고 개인적, 구조적 변화를 요구해야 한다. 또한 고난, 고통을 감소시키고 지속적인 진보를 유지하여야 한다. 사회복지사가 사람들의 복지를 증진시키는 전문직으로 재인식된다면, 사회복지사의 업무와 수행방법에 반하는 부적절한 정책과 실천을 해체함으로써 사회복지사에게 큰 변화를 가져오게 할 것이다.

이 장에서 필자는 사회복지사가 사회적으로 소외된 사람이 온전한 시민권을 행사할 수 있도록 보장할 책임이 있다고 주장한다. 실천에서 이러한 목표를 수행하는 것은 권리로서의 사회복지 서비스를 의미하며, 자신의 잠재력을 인식하지 못하는 사람에 대한 보장을 목표로 하는 포괄적인 사회적 서비스를 말한다. 존엄하게 대우받는 것과 필요한 도움을 받는 것은 누구도 부인할 수 없는 시민권의 필수적인 부분이다. 21세기에 사회복지사가 새로운 사명을 가지고 스스로를 개혁하지 않는다면 사회복지는 관련된 전문직 간의 경쟁적 도전 속에서 좌초될 것이다.

2. 실천은 사고하고 행동하는 것이다

실천은 사고와 행동의 끝없는 순환구조로 구성된다. 사회복지사는 그들이 했던 것에 대한 반성과 그들이 행한 것의 결과를 끊임없이 반영한다. 이러한 반영과정 속에서 그들은 반성적이 되며 비평적인 행동을 하게 된다. 또한 사회복지사는 클라이언트와 형성된 관계에서 수집한 자료를 자세히 조사하고, 원조 여부를 결정하기 위해 함께 나눈 이야기 속에서 연관성을 인식한다. 실천가와 클라이언트는 개인에 대해, 그 개인을 위해 협력하는 과정을 통해 지식을 창조한다. 그들은 반성적으로 행동하고 위기상태를 조정하는 과정에 개입한다. 공식적인 조사연구는 이러한 과정을 증가시킬 수 있고 구조적인 변화를 위해 필요한 자료를 제공할 수 있다. 사회복지사를 다른 전문직과 구별되게 하는 특징인 실천가와 클라이언트 모두에 의한 반성과 위기상태에 대한 과정 개입의 상호관계는 숀(Schon, 1983)의 저서를 포함한 많은 사회복지의 주요 문헌에서 배제되어 왔다.

지식은 강제로 적용되는 우선적인 범주가 아니다(White, 1997). 사회복지사가 클라이언트와 합법적으로 다른 방법의 지식으로 관계를 맺게 된다면 다른 방법의 행동으로 나타날 수 있다. 이러한 창의적인 지식은 끊임없이 개방-폐쇄되어 있고, 항상 변화의 가능성을 남겨 놓는 종결되지 않은 것이다. 이러한 역동성은 개인적 행동과 제도적인 실천 모두를 재교육하는 기본이 되며, 요구자 사이에서 가치 있는 것과 가치 없는 것의 구분을 재확인시키는 통제기술을 위태롭게 하는 구조적 변화의 형태를 가져오게 한다.

사회복지사는 사회적 변화를 증진시키는 도덕적 · 윤리적 책임을 갖는다. 비평적 · 반성적 사고와 사회 부조리와 불평등 속에서 행동을 한다는 것은 사회복지사에게 개인적 · 구조적 단계 모두에서 변화를 일으키도록 요구한다. 그들의 행동은 사회정의와 공평성을 보장하기 위한 헌신이며,

그것을 실현시키기 위한 혁신적인 도구이고, 사회복지의 새로운 비전을 발달시키는 기본을 제공하게 된다. 이러한 대안적인 접근은 클라이언트와 실천가가 함께 일하는 것이고, 필요에 따라 다른 사람과 동맹을 형성하는 것이다.

그들의 행동은 다른 단계에서 규정되어야 한다. 개인적 영역에서 변화는 자신과의 상호관계를 통해서 그 안에서 영향을 받을 수 있다. 구조적 단계에서 변화는 사회의 모든 측면에 즐거움을 줄 수 있다. 특히 중요한 것은 종교, 경제, 정치와 같은 제도에 의해, 그러한 제도 안에서 정당화되는 사회적 관습과 가치, 문화를 구성하는 사회적 관계다. 이들은 상호 의존적인 관계를 통해서 인간존엄, 평등, 복지를 증진시키기 위한 변화를 요구한다. 이러한 변화를 성취하기 위해 사회복지사는 같은 목표를 추구하는 다른 사람과 동맹해야 할 것이다(Bishop, 1994). 동맹은 전체 사회에 축적될 수 있지만 공통된 목표를 갖게 해 준다. 그들은 정부의 관료적인 기술을 해체해야 하고 평등을 강조해야 한다.

사회복지사는 창의적인 새로운 지식의 유형 속에서 종사할 수 있다. 그것은 다른 의견을 인정해 주고, 힘을 나누는 것을 지지하는 평등에 기초한 시민권과 인권이 침투되어 있는 동반자 관계 속에서 클라이언트의 기대와 포부에 반응하는 것이다. 여기에서 사회복지사는 낙인을 찍는 잔여적인 서비스보다는 욕구 중심의 포괄적인 서비스를 주장함으로써 클라이언트를 지지한다. 이를 보장하려면 공공교육 캠페인이 필요하다. 그것은 지배적인 과정에 도전하는 것이며 모든 사람을 위한 시민권에 기초한 복지를 정부와 정당에 납득시키는 것이다. 사회문제의 개인적 · 구조적 원인 모두를 공격하는 중요한 이유는 바로 여기에 있다. 필요한 증거를 모으는 과정은 사회복지사가 조사연구에서 상황을 검토하고 가능성을 발달시키기 위해 동반자관계로서 클라이언트, 실천가, 정책 입안가, 교육자, 연구자와 함께 일하며 그들을 포함시키는 것이 중요하다. 사회복지사는 이러한 과정을 촉진할 수 있다. 그것은 그들이 박탈당한 사람들의 고통과 약함에 대한 정보를 가지고 있기 때문이다.

사회복지사의 능력은 박탈당한 사람들이나 집단의 편에서 행동하거나 옹호하는 것이지만, 정부에 대한 의존 때문에 지금까지 정부의 입장과 타협해 왔다. 실천가는 민주적인 과정을 통해 공공에 대한 책무성을 잃어버리지 않는다면 지역사회에 기반을 둔 자율성을 확립해야 한다. 이는 사회복지 고유의 조직적 구조와 실천 안에서 강조되어야 한다. 실천의 미시적 단계에서 혁신적인 방향으로 발전하기 위해서는 전문가에 의해 강요되지 않은 클라이언트에게 실제로 필요한 서비스를 위해 동반자관계로서 책임을 갖는 것이 필요하다. 클라이언트는 자신의 요구를 해결할 수 있는 서비스를 사용하고 디자인할 수 있는 권리를 갖는다. 따라서 '사회적' 중재 속에서, 실천가는 클라이언트가 소유하고 느끼고 결정하는 데 필요한 지식과 자원을 제공함으로써 그들에게 권한을 부여할 수 있다. 사회복지사는 동시에 이러한 접근을 통제하는 정부와 대화해야 하며, 잔여적 서비스를 변화시키기 위해 필요한 일반적인 지지와 합법적인 변화를 보장해야 한다.

신자유 자본주의 관계의 현재 위기에서 사회복지실천의 변화에 대한 비평은 더욱 유동적이며 세계적 관심과 지역 관심과의 상호작용적인 실천이다. 사전에 결정된 대답이 없기 때문에 불확실하고 복잡한 것을 다루는 능력은 주요 구성요소다. 더욱이 그것은 개인적, 사회적, 정치적, 경제적, 문화적, 신체적 환경 사이의 관계의 핵심으로서 자리 잡을 것이다.

실천가를 도울 수 있는 몇 가지 핵심 원리는 다음과 같다.

- 개입의 미시적, 중범위적, 거시적 단계를 포함한 환경 안에서의 관계 수립 및 실천
- 불확실성과 모호함에 대한 조정
- 기관 속에서의 클라이언트-사회복지사의 상호작용적, 협상적 본질에

대한 인정

- 인권과 시민권에 기초한 인류평등주의에 기초하여 능력을 고취하는 업무구성
- 인간의 정체성과 사회적 구조의 유동성과 다양성에 대한 이해
- 억압의 역동성을 해체하기 위한 작업과 이해
- 힘의 복잡성, 교묘함, 다차원적이고 대화적인 측면을 다룰 수 있는 능력 배양
- 클라이언트의 약점에 대한 개입 및 강점에 대한 초점화
- 인권과 시민권에 기초한 인류평등주의 구성요소 내의 다양성 인정, 자신에 대한 적용 및 차이점에 대한 승인
- 지식의 창조자로서 클라이언트를 포함한 타인에 대한 접근
- 말한 것과 행동한 것의 정서적 영향 및 지적 영향에 대한 이해

이러한 원리는 실천가가 특정한 환경과 현장에 반응할 때 적용되어야 한다. 이는 유사한 상황에서 무차별적이거나 동일하게 적용되는 도구가 아니다. 따라서 실천가는 원리를 사용하면서 실천의 전후 문맥 상황을 해제하고, 클라이언트와 함께 일하는 데 따른 비용에서의 의미와 복잡성을 간과하게 될 것이다. 그러한 접근 위기를 인식한 핀과 제이콥슨(Finn & Jacobson, 2003)은 그 같은 접근에서 위험을 인식하고 실천의 새로운 패러다임의 개발에서 비평적인 요소를 만들었다. 사회복지 실천가는 클라이언트의 능력을 고취하는 목표를 갖는다.

마지막으로 실천가는 클라이언트를 위해 수행하는 (재)해결에 이르기 위해 거시적, 중범위적, 미시적 수준 간에 긴장감을 가지게 함으로써 매일의 일상 속에서 그들의 경험을 뿌리 내리게 할 필요가 있다. 덧붙이자면 그러한 일상은 실행 가능한 영역과 토론이 필요한 영역으로 구성된다(Finn & Jacobson, 2003). 이러한 토론은 또한 '가능한 것' (Cowger, 1994)으로 정의

할 수 있고 실천을 위한 매개변수로 설정할 수 있다. 사회복지사가 클라이언트와 매일의 경험을 함께하지 않는다면, 그들은 상호작용을 통제하고 권한을 부여하지 않는 그들의 능력을 증진시킬 것이다. 실천가는 중간계급의 힘을 견고하게 하기 위해 사용할 수 있는 침묵을 생산할 것이고(Margolin, 1997), 그들이 바라는 클라이언트를 생산하는 사회복지실천의 형태를 재확인하는 '정부 관료적 기술' 을 사용하게 될 것이다(Pease & Fook, 1996). 폭넓은 사회질서 속에서 클라이언트를 시민으로서 인정할 뿐만 아니라 더욱 인류평등주의와 삶의 확신(life-affirming)을 향해 가는 전문적 클라이언트-사회복지사의 관계 속에서 힘의 관계를 재교육해야 할 때다.

3. 나가며

사회복지는 힘든 시기를 통과해 왔고 여전히 그러한 시기에 처해 있다. 이는 빈민을 위한 유효한 시민권—현존하는 사회질서 속에서 개인적 · 구조적 변화를 필요로 하는 평등의 시민권—을 추진하는 새로운 비전을 필요로 한다. 현재 정부 관료적인 기술은 인간의 재능을 거대한 소비로 생산하고 있으며 말할 수 없는 고통을 야기했기 때문에 빈민을 위해 시민권 활동을 진보시키는 새로운 비전이 필요하다. 이러한 구상은 자원을 공유하고, 존엄성을 가지고 사람을 치료하며, 지구 위의 모든 개인과 지역사회 각각의 유산으로서 지구의 신체적, 사회적 자원을 고려하는 사람 사이에서 평등에 기반을 둔 것으로 재배치되어야 한다. 이것이 바로 사회복지의 새로운 역량강화 비전의 기초다.

사회복지사는 정부의 구속(강제성)에서 자유로워야 한다. 그들은 특정한 지역에 살고 있는 사람의 욕구를 충족시키고, 특정한 단일민족국가의 경계 속에 살고 있는 클라이언트뿐만 아니라 세계의 모든 사람의 자유를 위해 그들의 편에서 옹호해야 한다. 이것은 세계화의 세상 속에 살고 있는 교육자, 실천가, 정책 입안가가 책임져야 하는 도전이다. 클라이언트는 이러한 발달로 이끄는 변화의 현장 속에서 평등한 역할을 갖게 될 것이다.

참고문헌

Abercrombie, N., Hill, S. and Turner, B. (1994). *The Penguin Dictionary of Sociology*. Harmondsworth: Penguin.

Adams, R. (1998). *Quality Social Work*. London: Macmillan.

Ahmad, B. (1990). *Black Perspectives in Social Work*. Birmingham: Venture Press.

Ahmed, K. and Hinsliff, G. (2002). 'Race Row as Blunkett Backs "Snoopers Charter"', in *The Observer*, 20 June.

Ahmed, S. (1978). 'Asian Girls and Cultural Conflict', in *Social Work Today*, 8, August, pp. 14-15.

Ahmed, S., Cheetham, F. and Small, J. (1986). *Social Work with Black Children and their Families*. London: Batsford.

Aldgate, J. and Tunstill, J. (2000). *Services for Children in Need: From Policy to Practice*. London: Routledge.

Aldridge, J. and Becker, S. (1993). *Children Who Care: Inside the World of Young Carers*. Lough-brough: Young Carers Research Group.

Alinsky, S. (1968). *Reveille for Radicals*. New York: Vintage Books.

Anderson, B. (1999). 'Youth Crime and the Politics of Prevention', in B. Goldson (ed.) *Youth Justice: Contemporary Policy and Practice*. Aldershot: Ashgate.

Appleyard, B. (1993). 'Why Paint so Black a Picture?' in *The Independent*, 4 August.

Ariès, P. (1962). *Centuries of Childhood.* Harmondsworth: Penguin.

Armitage, A. (1996). *Aboriginal People in Australia, Canada and New Zealand.* Toronto: McClelland and Stewart.

Arnup, K. (ed.) (1995). *Lesbian Parents: Living with Pride and Prejudice.* Charlottetown: Gynergy Books.

Asante, M. (1987). *The Africentric Idea.* Philadelphia: Temple University Press.

Attlee, C. R. (1920). *The Social Worker.* London: Library of Social Service.

Audit Commission. (1994). *Seen But Not Heard: Co-ordinating Community Child Health and Social Services for Children in Need.* London: HMSO.

Badgley, R. (1986). *Sexual Offences Against Children: Report of the Committee on Sexual Offences Against Children and Youths,* Vol 1 and 2. Ottawa: Minister of Supply and Services Canada.

Bagley, C. and Young, L. (1982). 'Policy Dilemmas and the Adoption of Black Children' , in J. Cheetham (ed.) *Social Work Education and Ethnicity.* London: Allen and Unwin.

Bagnell, K. (2001). *The Little Immigrants: The Orphans Who Came to Canada.* Toronto: Dundurn Press.

Banks, S. (2001). *Social Work Values and Ethics.* London: Palgrave.

Barclay, L. (1982). *The Barclay Report: Social Workers, Their Roles and Tasks.* London: NISW/MacDonald and Evans.

Barker, H. (1986). 'Recapturing Sisterhood: A Critical Look at "Process" in Feminist Organisa-tions and Community Action' , in *Critical Social Policy,* 16, Summer, pp. 80-90.

Barker, R. W. (1996). 'Child Protection, Public Services and the Chimera of Market Force Efficiency' , in *Children and Society,* 10, pp. 28-39.

Barlett, D. L. and Steele, J. B. (1998). 'Corporate Welfare: Special Report' , in *Time,* 9 November.

Barn, R. (1993). *Blank Children in the Public Care System.* London: Batsford.

Barnes, C. and Oliver, M. (1998). 'Discrimination, Disability and Welfare:

From Needs to Rights', in J. Swain, V. Finkelstein, S. French and M. Oliver (eds) *Disabling Barriers- Enabling Environments.* London: Sage and Open University Press.

Barnes, M. and Maple, N. (1992). *Women and Mental Health: Challenging the Stereotypes.* Birmingham: Venture Press.

Barnett, R. (1994). *The Limits of Competence: Knowledge, Higher Education and Society.* Buckingham: SRHE/Open University Press.

Barrett, M. and McIntosh, M. (1981). *The Anti-Social Family.* London: Verso.

Barrett, M. and McIntosh, M. (1985). 'Ethnocentrism and Socialist Feminist Theory', in *Feminist Review,* 20, pp. 23-47.

Barry, M. and McIvor, G. (2000). *Diversion form Prosecution to Social Work and Other Service Agencies: Evaluation of the 100 per cent Funding Pilot Programmes.* Edinburgh: Scottish Executive Council General Research Unit.

Batty, D. (2002). 'Funding Halves Places', in *The Guardian,* 23 October.

Bauman, Z. (2000). 'Issues of Law and Order', in *British Journal of Criminology*, 40, pp. 205-21.

Beck, U. (1992). *Risk Society: Towards a New Modernity.* London: Sage.

Becker, S., Aldridge, J. and Dearden, C. (1998). *Young Cares and Their Families.* London: Cares National Association.

Begum, N. (1992). 'Disabled Women and the Feminist Agenda', in *Feminist Review*, 40, Spring, pp. 71-84.

Begum, N., Hill, M. and Stevens, A. (1993). *Reflections: The Views of Black Disabled People on Their Lives and on Community Care.* London: CCETSW.

Belenky, M. F., Clinchy, M. B., Goldberger, N. R. and Tarule, M. J. (1997). *Women's Ways of Knowing: The Development of Self, Voice and Mind.* New York: Basic Books.

Bell, C. and Newby, H. (1971). *Community Studies.* London: Allen and Unwin.

Belotti, E. (1975). *Little Girls.* London: Writers and Readers Publishing Cooperative.

Bergeron, L. R. (1999). 'Decision-Making and Adult Protective Service Workers: Identifying Critical Factors' , in *Journal of Elder Abuse and Neglect*, 10, pp. 87-130.

Berridge, D. and Brodie, I. (1996). 'Residential Child Care in England and Wales: The Inquiries and After' , in M. Hill and J. Aldgate (eds) *Child Welfare Services: Development in Law, Policy and Practice*. London: Jessica Kingsley.

Bhatti-Sinclair, K. (1994). 'Asian Women and Domestic Violence form Male Partners' , in C. Lupton and T. Gillespie (eds) *Working with Violence*. London: BASW/Macmillan.

Bhargava, A. (1986). 'The Bhopal Incident and Union Carbide' , in *Bulletin of Concerned Asian Scholars*, 18(4), pp. 1-18.

Bhavani, K. K. (1993). 'Talking Racism and the Editing of Women' s Studies' , in D. Richardson and V. Robinson (eds) *Introduction to Women' s Studies*. London: Macmillan.

Biesteck, F. P. (1961). *The Casework Relationship*. London: Allen and Unwin.

Biggs, S. (1993). *Understanding Ageing: Images, Attitudes and Professional Practice*. Buckingham: Open University Press.

Biggs, S. with Phillipson, C. and Kingston, P. (1995). *Elder Abuse in Perspective*. Buckingham: Open University Press.

Bignall, T. and Butt, J. (2000). 'Young, Black and Disabled' . Black Information Link. *http://www.blink,org.uk/disab/young.htm*

Bishop, A. (1994). *Becoming an Ally: Breaking the Cycle of Oppression*. Halifax: Fernwood Publishing.

Black Assessors. (1994). 'DipSW Consultations a Sham' , in *Community Care*, 20-6 October.

Blair, T. (1999). 'PM' s 20-Year Target to End Poverty' , in *The Guardian*, 19 March.

Blakemore, K. and Bonecham, M. (1994). *Age, Race and Ethnicity*.

Buckingham: Open University Press.

Blom-Cooper, L. (1986). *A Child in Trust: The Report of the Panel of Inquiry into the Circum-stances Surrounding the Death of Jasmine Beckford.* London Borough of Kent: Kingwood Press.

Bolen, R. (2002). *Child Sexual Abuse.* New York: Kluwer Academic/Plenum Publishers.

Bonnemaison, H. (1983). *Face à la délinquance: Prévention, répression, solidarité. Rapport au Premier Ministre de la Commission des Maines des la Sécurité.* Paris: La Documentation Francaise.

Bonney, J. (2002). 'Child Poverty'. *http://www.barnardos.org.uk/whatwedo/comminity/ poverty.jsp*

Bonny, S. (1984). *Who Cares in Southwark?* London: National Association of Carers and their Elderly Dependants.

Booth, T. (2000). 'Parents with Learning Difficulties, Child Protection and the Courts', in *Representing Children,* 13(3), pp. 175-88.

Booth, T. and Booth, W. (1998). *Growing Up with Parents Who Have Learning Difficulties.* London: Routledge.

Bornat, J., Johnson, J., Pereira, C., Pilgrim, D. and Williams, F. (eds) (1997). *Community Care: A Reader.* London: Macmillan and Open University Press.

Box, S. (1987). *Recession, Crime and Punishment.* London: Macmillan.

Boyle, J. (1977). *A Sense of Freedom.* London: Pan Books.

Bradshaw, J. (ed.) (2001). *Poverty: The Outcomes for Children.* London: Occasional Paper 26. London: Family Policy Studies Centre.

Brah, A. (1996). *Cartographies of Diaspora.* London: Routledge.

Braithwaite, J. (1995). 'Reintegrative Shaming, Republicanism and Policy', in H. D. Barlow (ed.) *Crime and Public Policy.* Oxford: Westview Press.

Brandon, M., Schofield, G. and Trinder, L., with Stone, N. (1998). *Social Work with Children.* London: Palgrave.

Brandwien, R. (1986). 'A Feminist Approach to Social Policy', in N. Van Den Bergh and L. Cooper (eds) *Feminist Visions for Work.* Silver Spring, MD:

NASW.

Breswer, C. and Lait, J. (1980). *Can Social Work Survive?* London: Temple Smith.

Brindle, D. (2001). 'Counting the Losses', in *The Guardian,* 18 April.

Brindle, D. (2003). 'Social Workers Trail Behind in Survey on Role Importance', in *The Guardian,* 19 March.

British Association of Social Workers (BASW) (1996). *A Code of Ethics for Social Work.* Birmingham: BASW.

British Medical Association (BMA) (1986). *All Our Tomorrows: Growing Old in Britain.* London: BMA.

Broadbent, J. and Laughlin, R. (1990). *Recent Financial and Administrative Changes in the NHS: A Critical Theory.* Sheffield: Sheffield University Management School Series.

Brooks, D. (ed.) (1996). *Backward and Upward: The New Conservative Writing.* New York: Random House.

Bruyere, G. (2001). 'First Nations Approaches to Social Work', in L. Dominelli, W. Lorenz and H. Soydan (eds) *Beyond Racial Divides: Ethnicities in Social Work.* Aldershot: Ashgate.

Bryant, B., Dadzie, S. and Scafe, S. (1985). *The Heart of the Race: Black Women's Lives in Britain.* London: Virago.

Bulmer, M. and Rees, M. A. (eds) (1996). *Citizenship Today: The Contemporary Relevance of T. H. Marshall.* London: University College London Press.

Burchard, J. D., Burchard, S. N. and Farrington, D. P. (1989). 'Prevention of Delinquent Behaviour', in *Contemporary Psychology,* 34(7), pp. 674-94.

Burkett, I. (2002). 'Globalized Microfinance: Economic Empowerment or Just Debt?' Paper given at the Rethinking Social Work Seminar, Southamptom University, 28 November-2 December.

Butler-Schloss, E. (1988). *Report of the Inquiry into Child Abuse in Cleveland.* London: HMSO.

Butrym, Z. (1976). *The Nature of Social Work.* London: Macmillan.

Callahan, M., Sterga, S., Ruttman, D. and Dominelli, L. (2000). *Looking Promising.*

Campbell, B. (1998a). *Stolen Voices.* London: Women's Press.

Campbell, B. (1998b). *Unofficial Secrets: The Child Abuse Scandal in Cleveland Revisited.* London: Virago. First published in 1988.

Campbell, M. (1983). *Half-Breed.* Halifax: Formac Publishing Company Limited. (First published in 1973.)

Canadian Business (1997). 'Corporate Welfare: High Tech, Low Returns', 70(7), June, pp. 150-5.

Cannan, C. (1992). *Changing Families, Changing Welfare: Family Centres and the Welfare State.* Hemel Hampstead: Harvester Wheatsheaf.

Cannan, C. and Warren, C. (1997). *Social Action with Children and Families: A Community Development Approach to Children and Families.* London: Routledge.

Carers National Association (1997). *Still Battling? The Carers Act One Year On.* London: Careres National Association.

Carlebach, J. (1970). *Caring for Children in Trouble.* London: Routledge and Kegan Paul.

Carlen, P. and Worrall, A. (eds) (1987). *Gender, Crime and Justice.* Milton Keynes: Open University Press.

Carlile, L. (1994). *Carlile Review: Child Protection in the NHS.* London: HMSO.

Carvel, J. (2001). 'UNISON Calls Social Workers Strike', in *The Guardian*, 27 October.

Carver, B. (2002). *Anatomy of Greed: The Unshredded Truth from an Enron Insider.* New York: Carroll and Graf Publishers.

Cassidy, F. (ed.) (1992). *Aboriginal Title in British Columbia: Delgamuukw v. The Queen.* Montreal: Ooolichan Books.

Castel, R. (1991). 'From Dangerousness to Risk', in G. Burchell, C. Gordon and P. Miller (eds) *The Foucault Effect: Studies in Governmentality.* Hemel Hempstead: Harvester Wheatsheaf.

Cedersund, E. (1999). 'Using Narratives in Social Work Interaction' , in A. Jokinen, K. Juhila and T. Poso (eds) *Constructing Social Work Practices.* Aldershot: Ashgate.

Central Council for Education and Training in Social Work (CCETSW) (1976). *Values in Social Work.* London: CCETSW.

Central Counsil for Education and Training in Social Work (CCETSW) (1989). *Requirements and Regulations for the Diploma in Social Work. Paper 30.* London: CCETSW. (Revised in 1991 and 1995.)

Cahmbon, A., Irving, A. and Epstein, C. (eds) (1999). *Reading Foucault for Social Work.* New York: Columbia University Press.

Chaplin, J. (1988). *Feminist Counselling in Action.* London: Sage.

Cheetham, J., Fuller, R., McIvor, G. and Petch, A. (1992). *Evaluating Social Work Effectiveness.* Buckingham: Open University Press.

Christie, A. (2001). *Men and Social Work: Theories and Practices.* London: Macmillan.

Churchill, W. (1998). *A Little Matter of Genocide.* Winnipeg: Arbeiter Ring Publishing.

Clarke, J. and Newman, J. (1997). *The Managerialist State.* London: Sage.

Cleaver, E. (1971). *Soul on Ice.* New York: Pan Books.

Clegg, S. R. (1989). *Frameworks of Power.* London: Sage.

Clifford, D. (1998). *Social Assessment Theory and Practice.* Aldershot: Ashgate.

Clinton, H. R. (1996). *It Takes a Village: And Other Lessons Children Teach Us.* New York: Touchstone Books.

Cohen, S. (1980). *Folk Devils and Moral Panics* (2nd edn). Oxford: Martin Robinson.

Colley, H. and Hodkinson, P. (2001). 'Problems with Bridging the Gap: The Reversal of Structure and Agency in Addressing Social Exclusion' , in *Critical Social Policy,* 21(3), pp. 335-59.

Collins, P. H. (1991). *Black Feminist Thought: Knowledge, Consciousness and the Politics of Empowerment.* London: Routledge.

Comer, J. P. and Poussaint, A. P. (1975). *Black Child Care.* New York: Pocket Books.

Compton, B. and Galaway, B. (1975). *Social Work Processes.* Homewood, IL: The Dorsey Press.

Connell, R. W. (1995). *Masculinities.* Cambridge: Polity.

Cook, D. and Hudson, B. (1993). *Racism and Criminology.* London: Sage.

Cork, D. (1998). *The Pig and the Python: How to Prosper form the Aging Baby Boomers.* New York: Prima Publishing.

Corrigan, P. and Leonard, P. (1978). *Social Work under Capitalism.* London: Macmillan.

Cowburn, M. and Dominelli, L. (2001). 'Masking Hegemonic Masculinity: Deconstructing the Paedophile as the Dangerous Stronger' , in *British Journal of Social Work,* 31(3), pp. 399-415.

Cowger, C. (1994). 'Assessing Client Strengths: Clinical Assessment for Clinical Empowerment' , in *Social Work*, 39, pp. 262-68.

Cowgill, D. O. and Holmes, L. (1972). *Aging and Modernization.* New York: Appleton-Century-Crofts.

Cox, R. W. (1981). 'Social Forces, States and World Orders: Beyond International Relations Theory', in *Millennium,* 10(2), pp. 146-57.

Craig, G. (2001). 'Social Exclusion: Is Labour Working?' in *Community Care,* 27 September-3 October.

Craig, G. and Mayo, M. (1995). *Community Empowerment: A Reader in Participation and De-velopment.* London: Zed Books.

Cross, W. E. (1978). 'The Thomas and Cross Models of Psychological Nigrescence' , in *The Journal of Black Psychology,* 5(1), pp. 13-27.

Culpitt, I. (1992). *Welfare and Citizenship: Beyond the Crisis of the Welfare State.* London: Sage.

Currey, L., Wequin, J. and Associates (1993). *Educating Professionals: Responding to the New Expectations for Competence and Accountability.* San Francisco: Jossey Bass.

Currie, E. (1988). 'Two Visions of Community Crime Prevention', in T. Hope and M. Shaw (eds) *Communities and Crime Reduction*. London: HMSO.

Dale, J. and Foster, P. (1986). *Feminists and State Welfare*. London: Routledge and Kegan Paul.

Davies, M. (1974). *Social Work in the Environment*. London: HMSO.

Davies, M. (1985). *The Essential Social Worker*. Aldershot: Gower.

De Haan, A. (1998). 'Social Exclusion: An Alternative Concept for the Study of Deprivation?' in A. De Haan and S. Maxwell (eds) *Poverty and Social Exclusion in North and South, IDS Bulletin*, 29(1), January, pp. 10-19.

Dearden, C. and Becker, S. (1998). *Young Carers in the United Kingdom*. London: Carers National Association.

Department for Education and Employment (DfEE) (2002). *Working Together: Connexions and Social Services. http://www.dfee.gov.uk/careerpubs/uploads/cpworkingtogether.pdf*

Department for Education and Skills (DfES) (2003). *Every Child Matters*. Norwich: The Stationery Office.

Department of Health (DoH) (2001). *Crossing Bridges: A Training Resource for Working with Mentally Ill Parents and Their Children*. London: Stationery Office.

Department of Health (DoH) (2003). *Guidance on Child Protection*. London: DoH.

Department of Health (DoH), Department for Education and Employment (DfEE) and the Home Office (2000). *Framework for the Assessment of Children in Need and their Families*. London: Stationery Office.

Department of Health and Social Security (DHSS) (DoH) (1995). *Child Protection: Messages from Research*. London: HMSO.

Department of Trade and Industry (DTI) (2001). *The Maxwell Inquiry*. London: DTI.

Devlin, A. (1995). *Criminal Classes*. Winchester: Waterside Press.

Dews, V. and Watts, J. (1994). *Review of Probation Officer Recruitment and*

Qualifying Training. London: Home Office.

Dominelli, L. (1983). *Women in Focus: Community Service Orders and Female Offenders*. Coventry: University of Warwick.

Dominelli, L. (1986). 'The Power of the Powerless: Prostitution and the Reinforcement of Submissive Femininity', *Sociological Review*, Spring, pp. 65-92.

Dominelli, L. (1988). *Anti-Racist Social Work*. London: Macmillan. (2nd edn published in 1997.)

Dominelli, L. (1989). 'Betrayal of Trust: A Feminist Analysis of Power Relationships in Incest Abuse and Its Relevance for Social Work Practice', *British Journal of Social Work*, 19, pp. 291-307.

Dominelli, L. (1990). *Women and Community Action*. Birmingham: Venture Press.

Dominelli, L. (1991a). *Gender, Sex Offenders and Probation Practice*. Norwich: Novata Press.

Dominelli, L. (1991b). *Women across Continents: Feminist Comparative Social Policy*. Hemel Hempstead: Harvester Wheatsheaf.

Dominelli, L. (1991c). '"Race", Gender and Social Work', in M. Davies (ed.) *The Sociology of Social Work*. London: Routledge.

Dominelli, L. (1996). 'Deprofessionalising Social Work: Equal Opportunities, Competence and Postmodernism', in *British Journal of Social Work*, 26, pp. 153-75.

Dominelli, L. (1997). *Sociology for Social Work*. London: Macmillan.

Dominelli, L. (1998a). 'Anti-Oppressive Practice in Context', in R. Adams, L. Dominelli and M. Payne (eds) *Social Work: Themes, Issues, and Critical Debates*. London: Macmillan.

Dominelli, L. (1998b). 'Globalisation and Gender Relations in Social Work', in B. Lesnick (ed.) *Countering Discrimination in Social Work*. Aldershot: Ashgate.

Dominelli, L. (ed.) (1999). *Community Approaches to Child Welfare:*

International Perspectives. Aldershot: Avebury.

Dominelli, L. (2000). 'Empowerment: Help or Hindrance in Professional Relationships?' in D. Ford and P. Stepney (eds) *Social Work Models, Methods and Theories: A Framework for Practice.* Lyme Regis: Russell House Publishing.

Dominelli, L. (2001). 'Globalization: A Myth or Reality for Social Workers?' translated as 'Globalizacija: mit ili stvarnost za socijalne radnike?' in *Revija za Socijalnu Politiku,* 3-4, pp. 259-66.

Dominelli, L. (2002a). *Anti-Oppressive Social Work Theory and Practice.* London: Palgrave.

Dominelli, L. (2002b). *Feminist Social Work Theory and Practice.* London: Palgrave.

Dominelli, L. (2002c). '"Glassed-in": Women' s Reproductive Right' , in R. Adams, L. Dominelli and M. Payne (eds) *Critical Practice in Social Work.* London: Palgrave.

Dominelli, L. (2002d). *Sure Start Rowner: Baseline Report.* Southampton: Southampton University.

Dominelli, L. and Gollins, T. (1997). 'Men Power and Caring Relationships' , in *Sociological Review,* 45(3), August, pp. 396-415.

Dominelli, L. and Hoogvelt, A. (1996a). 'Globalisation, Contrast Government and the Taylo-risation of Intellectual Labour' , in *Studies in Political Economy,* 49, pp. 71-100.

Dominelli, L. and Hoogvelt, A. (1996b). 'Globalisation and the Techno-cratisation of Social Work' , in *Critical Social Policy,* 16(2), pp. 45-62.

Dominelli, L. and Khan, P. (2000). 'Globalisation, Privatisation and Social Work Practice' . Paper presented at the Rethinking Social Work Seminar: Focusing on Globlization, 30 November-2 December, Southampton University.

Dominelli, L. and McLeod, E. (1989). *Feminist Social Work.* London: Macmillan.

Dominelli, L. and Thomas Bernard, W. (eds) (2003). *Broadening Horizons:*

International Exchanges in Social Work. Aldershot: Ashgate.

Dominelli, L., Jeffers, L., Jones, G., Sibanada, S. and Williams, B. (1995). *Anti-Racist Probation Practice.* Aldershot: Avebury.

Dominelli, L., Callahan, M., Rutman, D. and Strega, S. (forthcoming) 'Endangered Children: The State as Parent and Grandparent', in *British Journal of Social Work.*

Donzelto, J. (1980). *The Policing of Families: Welfare versus the State.* London: Hutchinson.

Doress, P. B. and Siegal, D. L. (1987). *Ourselves Growing Older.* New York: Simon and Schuster.

Downes, D. and Morgan, R. (1994). 'Hostages to Fortune: The Politics of Law and Order in Post-War Britain', in M. Maguire, R. Morgan and R. Reiner (eds) *The Oxford Handbook of Criminology.* Oxford: Clarendon Press.

Duffy, K. (1995). *Social Exclusion and Human Dignity in Europe.* Report for the Council of Europe. Brussels: CDPS.

Duncan, S. and Edwards, R. (1996). 'Rational Economic Man or Lone Mothers in Context? The Uptake of Paid Work', in S. Burtolara (ed.) *Good Enough Mothering: Feminist Perspectives on Lone Motherhood.* London: Routledge.

Duncan, S. and Edwards, R. (1997). 'Single Mothers in Britain: Unsupported Workers or Mothers?' in S. Duncan (ed.) *Single Mothers in an International Context: Mothers or Workers?* London: University College London Press.

Durkheim, É. (1957). *Anomie: A Study in Sociology.* Glencoe, IL: Free Press. (Originally published in 1897.)

Egan, G. (1998). *The Skilled Helper: A Problem Management Approach to Helping.* Pacific Grove, CA: Brooks/Cole Publishing Company.

Eicher, M. (1983). *Families in Canada.* Toronto: Gage.

Erickson, E. H. (1959). 'Identity and the Life Cycle', in *Psychological Issues,* 1(1), PP. 151-71.

Estes, C. L. (1989). 'Ageing, Health and Social Policy: Crisis and Crossroads', in *Journal of Aging and Social Policy,* 1(1/2), pp. 17-32.

European Foundation for the Improvement of Living and Working Conditions (1995). *Public Welfare Services and Social Exclusion: The Development of Consumer-Oriented Initiatives in the European Union*. Dublin: EFILWC.

Eysenck, H. (1997). 'Obituary of H. J. Eysenck' , in *The Guardian*, 13 September.

Fariman Fariman, S. (1996). *Social Work as Social Development: A Case History*. Manchester: Manchester Metropolitan University/IASSW.

Farrington, D. (1990). 'Implications of Criminal Career Research for the Prevention of Offending' , in *Journal of Adolescence,* 13(2), pp. 93-113.

Farrington, D., Gallagher, B., Morley, L., St Ledger, R. and West, D. (1986). 'Unemployment, School Leaving and Crime' , in *British Journal of Criminology*, 26, pp. 335-56.

Field, S. (1990). *Trends in Crime and their Interpretation*. Home Office Research Study, 119. London: HMSO.

Findlay, J., Bright, J. and Gill, K. (1990). *Youth Crime Prevention: A Handbook of Good Practice*. Swindon: Crime Concern.

Finn, D. (1985). *The Community Programme*. London: Centre for the Unemployed.

Finn, J. and Jacobson, M. (2003). *Just Practice: A Social Justice Approach to Social Work*. Peosta, IA: Eddie Bowers.

Fisher, M. (1997). 'Man-Made Care: Community Care and Older Male Carers' , in *British Journal of Social Work,* 24, pp. 659-80.

Flexner, A. (1915). 'Is Social Work a Profession?' *in Studies in Social Work,* No. 4. New York: New York School of Philanthropy.

Fook, J. (1993). *Radical Casework: A Theory of Practice*. London: Allen and Unwin.

Foucault, M. (1977). *Discipline and Punish*. London: Allen Lane.

Foucault, M. (1979a). *The History of Sexuality: An Introduction,* Vol. 1. London: Allen Lane/ Penguin.

Foucault, M. (1979b). 'Truth and Power' , in M. Morris and P. Patton (eds)

Michel Foucault: Power, Truth, Strategy. Sydney: Feral Publications.

Foucault, M. (1980). *Power/Knowledge: Selected Interviews and Other Writings, 1972-77.* New York: Pantheon Books.

Foucault, M. (1983). 'The Subject and Power' , Afterword to H. Dreyfus and P. Rabinow (eds) *Michel Foucault: Beyond Structuralism and Hermeneutics.* Chicago: University of Chicago Press.

Foucault, M. (1991). 'Governmentality' , in G. Burchell, C. Gordon and P. Miller (eds) *The Foucault Effect: Studies in Governmentality.* Hemel Hempstead: Harvester Wheatsheaf.

Fox-Harding, L. (1991). 'The Children' s Act in Context: Four Perspectives in Child Care Law and Policy' , in *Journal of Social Welfare and Family Law,* 3, pp. 179-93.

Frank, R. (1995). *Hegemonic Masculinity.* London: Sage.

Frankenburg, R. (1997). *Displacing Whiteness: Essays in Social and Cultural Criticism.* London: Duke University Press.

Franklin, A. and Franklin, B. (1996). 'Growing Pains: The Developing Children' s Rights Movement in the UK' , in J. Pilcher and S. Wagg (eds) *Thatcher' s Children? Politics, Childhood and Society in the 1980s and 1990s.* London: Falmer Press.

Franklin, B. (ed.) (1995). *The Handbook of Children's Rights: Comparative Policy and Practice.* London: Routledge.

Fraser, N. (1989). *Unruly Practices: Power, Discourse and Gender in Contemporary Theory.* Minneapolis: University of Minneapolis Press.

Freire, P. (1972). *The Pedagogy of the Oppressed.* Harmondsworth: Penguin.

French, M. (1985). *The Power of Women.* Harmondsworth: Penguin.

Friedan, B. (1993). *The Fountain of Age.* New York: Simon and Schuster.

Furniss, E. (1995). *Victims of Benevolence: The Dark Legacy of the Williams Lake Residential School.* Vancouver: Arsenal Pulp Press.

Gaffney, D. (2002). 'Capital of Child Poverty' , in *The Guardian,* 22 November.

Garber, R. (2000). 'World Census of Social Work and Social Development

Education: Interim Report', in *Social Work and Globalization, Special Issue,* July, pp. 198-214.

Garrett, L. (1992). *Leaving Care and After.* London: National Children's Bureau.

Geraghty, J. (1991). *Probation Practice in Crime Prevention.* Crime Prevention Unit, Paper 24. London: Home Office.

Gibbson, J., Gallagher, B. Bell, C. and Gordon, D. (1995). 'Development after Physical Abuse in Early Childhood: A Follow-Up Study of Children on Protection Registers', in Development of Health, *Child Protection: Messages from Research.* London: HMSO.

Giddens, A. (1990). *The Consequences of Modernity.* Cambridge: Polity.

Giddens, A. (1993). *Modernity and Self-Identity: Self and Society in the Late Modern Age.* Cambridge: Polity.

Giddens, A. (1998a). 'Risk Society: The Context of British Politics', in J. Franklin (ed.) *The Politics of Risk Society.* Cambridge: Polity.

Giddens, A. (1998b). *The Third Way: The Renewal of Social Democracy.* Cambridge: Polity.

Gilbert, M. and Russell, S. (2002). 'Social Control of Transnational Corporations: The Age of Marketocracy', in *International Journal of the Sociology of Law,* 30(1), pp. 33-50.

Gilbert, S. (2001). 'Social Work with Indigenous Australians', in M. Alston and J. McKinnon (eds) *Social Work: Fields of Practice.* Victoria, Australia: Oxford University Press.

Gilder, G. (1981). *Wealth and Poverty.* New York: Bell Books.

Gillan, A. (2002). 'Prison Worked, Says Truants' Mother', in *The Guardian,* 27 May.

Gillen, S. (2001a). 'Report into Lauren Wright's Death Puts Spotlight on Role of Health Staff', in *Community Care,* 4-10 April.

Gillen, S. (2001b). 'Shock at Foster Care Abuse Survey', in *Community Care,* 24-30 April.

Gillen, S. (2002). 'Charities Accuse Statutory Agencies of Failing Child Prostitutes', in *Community Care,* 10-16 December.

Gilligan, C. (1982). *In A Different Voice.* Cambridge, MA: Harvard University Press.

Gilroy, J. (1999). 'Lessons form the Field', in L. Dominelli (ed.) *Community Approaches to Child Welfare: International Perspectives.* Aldershot: Ashgate.

Gilroy, P. (1987). *There Ain't No Black in the Union Jack.* London: Hutchinson.

Gilroy, P. (1995). *The Black Atlantic: Modernity and Double Consciousness.* Cambridge, MA: Harvard University Press.

Gingerbread (2000). 'Lone Parent Families: Routes to Social Inclusion', *http://gingerbread.org.uk/prtsi.html*

Graef, R. (1992). *Living Dangerously: Young Offenders in Their Own Words.* London: Harper-Collins.

Graham, H. (1983). 'Caring: Labour of Love', in J. Finch and D. Groves (eds) *Labour of Love: Women, Work and Caring.* London: Routledge and Kegan Paul.

Graham, M. (2002). *Social Work and African-Centred Worldviews.* Birmingham: Venture Press.

Greenhorn, M. (1996). *Cautions, Court Proceedings and Sentencing, England and Wales, 1995. Home Office Statistical Bulletin,* 16. London: Home Office.

Greer, P. (1994). *Transforming Central Government: The Next Steps Initiatives.* London: Open University Press.

Griffiths, R. (1988). *Community Care: Agenda for Action, The Griffiths Report.* London: HMSO.

Grimwood, C. and Popplestone, R. (1993). *Women in Management.* London: BASW/Macmillan.

Gutierrez, L. and Lewis, E. (1999). *Empowering Women of Color.* New York: Columbia University Press.

Haig-Brown, C. (1988). *Resistance and Renewal: Surviving the Indian Residential School.* Vancouver: Tillicum Library/Arsenal Pulp Press.

Haines, K. and Drakeford, M. (1998). *Young People and Youth Justice.* London: Macmillan.

Haines, K., Jones, R. and Isles, E. (1999). *Promoting Positive Behaviour in Schools.* Report submitted to the Wales Office of Research and Development.

Hall, C. (1997). *Social Work as Narratives: Storytelling and Persuasion in Professional Texts.* Aldershot: Ashgate.

Hall, S. (1992). 'The Question of Cultural Identity', in S. Hall, D. Held and T. McGrew (eds) *Modernity and Its Futures.* Cambridge: Policy.

Hall, S., Critchen, C., Jefferson, T., Clarke, J. and Roberts, B. (1978). *Policing the Crisis: Mugging, the State and Law and Order.* London: Macmillan.

Hanmer, J. and Statham, D. (1988). *Women and Social Work: Towards a Woman-Centred Practice.* London: Macmillan.

Hanscombe, G. and Foster, J. (1982). *Rocking the Cradle: Lesbian Mothers.* London: Sheba Feminist Publishing.

Haraway, D. (1991). *Simians, Cyborgs, and Women: The Reinvention of Nature.* London: Routledge.

Harvey, L. (2002). 'Is Dryden Road the Worst Street in Sheffield?' in *The Star,* 14 June.

Harvey, L., Burnham, R., Kendall, K. and Pease, K. (1992). 'Gender Differences in Criminal Justice: An International Comparison', in *British Journal of Criminology,* 32, pp. 209-17.

Healy, L. (2001). *International Social Work: Professional Action in an Interdependent World.* Oxford: Oxford University Press.

Hencke, D. (2001). 'Private Jail Makes Huge Profit', in *The Guardian,* 4 July.

Hester, M., Pearson, C. and Harwin, N. (2000). *Making an Impact: Children and Domestic Violence-A Reader.* London: Department of Health.

Hill, A. (2000). 'First Nations Child Welfare', in M. Callahan, S. Hessle and S.

Strega (eds) *Valuing the Field: Child Welfare in International Perspectives*. Aldershot: Ashgate.

Hills, J. (1995). *Joseph Rowntree Foundation Inquiry into Income and Wealth: A Summary of the Evidence*. York: JRF.

Hirst, P. (1981). 'The Genesis of the Social' , in *Politics and Power*, 3, pp. 67-82. Routledge and Kegan Paul.

Hobbes, T. (1968). *Leviathan*. Harmondsworth: Penguin.

Hollway, W. (1989). *Subjectivity and Method in Psychology: Gender, Meaning and Science*. London: Sage.

Holman, R. (1988). *Putting Families First*. London: Macmillan.

Home Office (1990). *Partnership in Dealing with Offenders in the Community*. London: Home Office.

Home Office (1992). *National Standards for the Supervision of Offenders in the Community*. London: Home Office. (Revised in 1995 and 2000.)

Home Office (1994). *The Ethnic Origins of Prisoners. Home Office Statistical Bulletin*, 21(94). London: HMSO.

Home Office (1997). *Race and the Criminal Justice System: A Home Office Publication Under Section 95 of the Criminal Justice Act, 1991*. December. London: HMSO.

Home Office (1998). *Probation and Community Sentences*. London: Home Office.

Home Office (2002). *Statistics on Women and the Criminal Justice System, 2002: A Home Office Publication Under Section 95 of the Criminal Justice Act, 1991*. London: Home Office.

hooks, b. (1984). *Feminist Theory: From Margins to Centre*. Boston: South End Press.

hooks, b. (1990). *Yearning: Race, Gender and Cultural Politics*. Boston: South End Press.

hooks, b. (2000). *Where We Stand: Class Matters*. London: Routledge.

Hope, M. and Chapman, T. (1998). *Evidence-Based Practice: A Guide to*

Effective Practice. London: Home Office.

Hopkins, N. (2002). 'Petty Offences, Borough' s Big Problem' , in *The Guardian,* 27 May.

Hough, M. (2002). *The British Crime Survey 2001*. London: Home Office.

Howarth, C., Kenway, P., Palmer, G. and Miorelli, R. (1999). *Monitoring Poverty and Social Exclusion*. York: Joseph Rowntree Foundation.

Howe, D. (1986). 'The Segregation of Women and Their Work in the Personal Social Services', in *Critical Social Policy,* 15, pp. 21-35.

Hudson, A. (1990). 'Elusive Subjects: Researching Young Women in Trouble' , in L. Gelsthorpe and A. Morris (eds) *Feminist Perspectives in Criminology*. Buckingham: Open University Press.

Hughes, B. (1995). *Older People and Community Care: Critical Theory and Practice*. Buckingham: Open University Press.

Humphries, S. (1997). *The Lost Children*. Sydney: Hale and Iremonger.

Hunter, D. (1994). 'To Market! To Market! A New Dawn for Community Care?' in *Health and Social Care,* 1, pp. 3-10.

Ife, J. (2001). *Human Rights and Social Work*. Oxford: Oxford University Press.

Ingleby, D. (1985). 'Professions as Socializers: The "Psy" Complex' , in A. Scull and S. Spitzer (eds) *Research in Law, Deviance and Social Control 7*. New York: JAI Press.

International Association of Schools of Social Work (IASSW) and International Federation of Social Workers (2001). International Definition of Social Work. *http://www.iassw,soton. ac.uk*

Jack, G. (2000). 'Ecological Influences on Parenting and Child Development' , in *British Journal of Social Work,* 30(3), pp. 703-20.

Jackson, D. (1995). *Destroying the Baby in Themselves*. Nottingham: Mushroom Publishing.

Jackson, S. and Nixon, P. (1999). 'Family Group Conferences: A Challenge to the Old Order?' in L. Dominelli (ed.) *Community Approaches to Child*

Welfare: International Perspectives. Aldershot: Ashgate.

Jaikumar, R. and Upton, M. D. (1993). 'The Co-ordination of Global Manufacturing', in S. P. Bradley, J. A. Hausman and R. I. Nolan (eds) *Globalization, Technology, Competition: The Fusion of Computer and Telecommunications in the 1990s.* Cambridge, MA: Harvard Business School Press.

Jaques, E. (1975). 'Social Analysis and the Glacier Project', in W. Brown abd J. E. Brown (eds) *The Glacier Project Papers.* London: Heinemann.

Jaques, E. (1977). *A General Theory of Bureaucracy.* London: Heinemann.

John-Baptiste, A. (2001), 'Africentric Social Work', in L. Dominelli, W. Lorenz and H. Soydan (eds) *Beyond Racial Divides: Ethnicities in Social Work.* Aldershot: Ashgate.

Jones, C. (1996). 'Anti-Intellectualism and the Peculiarities of British Social Work', in N. Parton (ed.) *Social Theory, Social Change and Social Work.* London: Routledge.

Jones, C. (1998). 'Social Work and Society', in R. Adams, L. Dominelli and M. Payne (eds) *Social Work: Themes, Issues and Critical Debates.* London: Palgrave. (2nd edn published in 2002.)

Jordan, B. (1996). *A Theory of Poverty and Social Exclusion.* Cambridge: Polity.

Jordan, B. (2000). *Social Work and the Third Way: Tough Love as Social Policy.* London: Sage.

Jubilee 2000 (2003). From the website: *http://www.jubilee2000uk.org*

Kaim-Caudle, P. R. (1973). *Comparative Social Policy and Social Security: A Ten-Country Study.* London: Martin Robinson.

Kaseke, E. (1994). 'Social Work and Social Development in Zimbabwe'. Paper presented at IASSW Seminar, Sheffield University, 28 February.

Kaseke, E. (2001). 'Social Development in Africa'. Paper Given at the IASSW Board Seminar in Durban, South Africa, 20-3 January.

Kaufman, A., Zacherias, L. and Karson, M. (1995). *Managers vs Owners: The*

Struggle for Control in American Democracy. Oxford: Oxford University Press.

Keida, R. P. (1994). *Black on Black Crime: Facing Facts, Challenging Fiction.* New York: Wyndham Hall Press.

Kelly, L. (1988). *Surviving Sexual Violence.* Cambridge: Polity.

Kemshall, H. and Pritchard, J. (eds) (1996). *Good Practice in Risk Assessment and Risk Manage-ment.* London: Jessica Kingsley.

Kendall, K. (1991). *IASSW - The First Fifty Years, 1928-1978.* Washington, DC: IASSW/CSWE.

Kendall, K. A. (2000). *Social Work Education: Its Origins in Europe.* Alexandria, VA: Council for Social Work Education.

Kendall, K. A. (2002). Council on *Social Work Education: Its Antecedents and First Twenty Years.* Alexandria, VA: Council for Social Work Education.

Khan, P. (2001). 'The Feminisation of Care: The Impact of Globalisation on Women in their Roles as Providers, Service Users and Social Work Professionals', in C. Brina, C. Britton and A. Assiter (eds) *Millennial Visions: Feminisms into the 21st Century.* Cardiff: Cardiff Acadimic Press.

Khan, [. and Dominelli, L. (2000). 'The Impact of Globalisation on Social Work Practice in the UK', in *European Journal of Social Work,* 3(2), pp. 95-108.

Kilkey, M. (2000). *Lone Mothers between Paid Work and Care: The Policy Regime in Twenty Countries.* Aldershot: Ashgate.

Kincaid, J. (1973). *Poverty and Inequality in Britain.* Harmondsworth: Penguin.

King's Fund (2001). *Future Imperfect?* London: King's Fund.

Kinsella, W. (1998). *The Web of Hate: The Far Right Network in Canada.* Toronto: HarperCollins.

Knijn, T. and Ungerson, C. (1997). 'Introduction: Care Work and Gender in Welfare Regimes', in *Social Politics,* Fall, pp. 323-7.

Konstantin, P. (2002). *The Day in North American Indian History.* New York:

Da Capo Press.

Kuhn, M. (1991). *No Stone Unturned: The Life and Times of Maggie Kuhn.* New York: Ballantine Books.

Kwo, E. M. (1984). 'Community Education and Community Development in Cameroon: The British Colonial Experience, 1922-1961', in *The Community Development Journal,* 19(4), pp. 204-13.

La Rossa, R. (1995). 'Fatherhood and Social Change', in E. Nelson and B. Robinson (eds) *Gender in the 1990s: Images, Realities and Issues.* Toronto: Nelson Canada.

Laclau, E. and Mouffe, C. (1985). *Hegemony and Socialist Strategy.* London: Verso.

Laming, H. (2003). *The Inquiry into Victoria Climbié.* London: Stationery Office.

Lappin, B. (1965). *Stages in the Development of Community Organization Work as a Social Work Method.* PhD thesis, University of Toronto.

Lawrence, H. (2002). 'Legalize Sale of Cannabis', in *The Star,* 14 June.

Leason, K. (2001). 'Health Visitor Struck Off Register for Ignoring Warnings of Child Abuse', in *Community Care,* 4-10 April.

Le Grand, J. and Bartlett, W. (eds) (1993). *Quasi-Markets and Social Policy.* London: Macmillan.

Lee, S. with Wiley, R. (1993). *By Any Means Necessary: The Trials and Tribulations of the Making of Malcolm X.* London: Vintage.

Leonard, D. and Speakman, M. A. (1986). 'Women in the Family: Companions or Caretakers?' in V. Beechey and E. Whitelegg (eds) *Women in Britain Today.* Buckingham: Open University Press.

Levitas, R. (ed.) (1986). *The Ideology of the New Right.* Cambridge: Polity.

Levitas, R. (1997). 'The Concept of Social Exclusion and the New Durkheimian Hegemony', in *Critical Social Policy,* 16(1), pp. 5-20.

Levy, A. and Kahan, B. (1996). *Who Do We Trust? The Abuse of Children Living Away from Home.* London: HMSO.

Limandri, B. J. and Sheridan, D. J. (1995). 'Prediction of Interpersonal Violence: An Introduction' , in J. C. Cambell (ed.) *Assessing Dangerousness: Violence by Sexual Offenders, Batterers, and Child Abusers.* London: Sage.

Lindsay, M. (1992). *An Introduction to Children' s Rights.* Highlight No. 113. London: National Children' s Bureau.

Lister, R. (1997). *Citizenship: Feminist Perspectives.* London: Macmillan.

Loney, M. (1983). *Community against Government: The British Community Development Project 1968-1978: A Study of Government Incompetence.* London: Heinemann.

Loney, M. (1986). *The Politics of Greed: The New Right and the Welfare State.* London: Pluto Press.

Lorenz, W. (1994). *Social Work in a Changing Europe.* London: Routledge.

Lukes, S. (1974). *Power: A Radical View.* London: Macmillan.

Lum, D. (2000). *Culturally Competent Practice: A Framework for Growth and Action.* San Francisco: Washington Publishing Co.

Lundquist, A. and Jackson, S. (2000). 'Case Study: An Aboriginal Nation's Efforts to Address Substance Abuse during Pregnancy' , in D. Rutman, M. Callahan, A. Lundquist, S. Jackson and B. Field (eds) *Substance Use and Pregnancy: Conceiving Women in the Policy-Making Process.* Ottawa: Status of Women Canada.

Lupton, D. (ed.) (1999). *Risk and Sociocultural Theory: New Directions and Perspectives.* Cambridge: Cambridge University Press.

McDowall, A. (2002). 'Mistreatment of Disabled Children is Routinely Ignored' , speech to National Deaf Children' s Society, 2 December.

McGuire, J. (1995). *What Works: Reducing Reoffending - Guidelines form Research and Practice.* Chichester: Wiley.

McGuire, J. (2000). *Cognitive Behavioral Approaches: An Introduction to Theory and Research.* London: Home Office.

McIvor, G. (1990). *Sanctions for Serious or Persistent Offenders: A Review of the Literature.* Stirling: University of Stirling Social Work Research Centre.

McIvor, G. (2000). *Evaluation of the Airborne Initiative.* Edinburgh: Scottish Executive Central Research Unit.

McKinnon, J. (2001). 'Community Development and Micro-enterprises'. Paper given at 'Revitalising Communities through Partnerships Amongst Business, Government, Universities, Practitioners and Local Communities' at Southampton University, 20-3 September.

MacPherson, C. B. (1962). *The Political Theory of Possessive Individualism: Hobbes to Locke.* Oxford: Oxford University Press.

Macpherson, W. (1998). *Report of the Inquiry into the Murder of Stephen Lawrence: The Macpherson Report.* London: HMSO.

Maguire, K. (2002). 'Unison Rejects Privatization Plan', in *The Guardian,* 19 June.

Malcolm, X. (1989). *The Autobiography of Malcolm X.* New York: Random House.

Mama, A. (1989). *Hidden Struggle: Statutory and Voluntary Responses to Violence Against Black Women in the Home.* London: Race and Housing Unit.

Mandelson, P. (1997). 'Labour's Next Steps: Tackling Social Inclusion'. Lecture given to the Fabian Society, 14 August.

Mandelstam, M. and Schewr, B. (1995). *Community Care Practice and the Law.* London: Jessica Kingsley.

Maracle, L. (1993). *Ravensong.* Vancouver: Press Gang Publishers.

Maracle, L. (2002). *Daughters are Forever.* Vancouver: Press Gang Publishers.

Margolin, L. (1997). *Under the Cover of Kindness: The Invention of Social Work.* Charlottesville, VA: University of Virginia Press.

Marsden, D. and Oakley, P. (1982). 'Radical Community Development in the Third World', in G. Craig, N. Derricourt and M. Loney (eds) *Community Work and the State: Towards a Radical Practice.* London: Routledge and Kegan Paul.

Marshall, T. H. (1970). *Social Policy in the Twentieth Century.* London:

Hutchinson.

Martinson, R. (1974). '"What Works?" Questions and Answers about Prison Reform', in *The Public Interest*, 35, pp. 22-54.

Mathiesen, T. (1990). *Prison on Trial: A Critical Assessment.* London: Sage.

Maxime, J. (1986). 'Some Psychological Models of Black Self-Concept', in S. Ahmed, J. Cheetham and J. Small (eds) *Social Work with Black Children and Their Families.* London: Batsford.

Mayo, M. (1977). *Women in the Community.* London: Routledge and Kegan Paul.

Mayo, M. and Jones, D. (1974). *Community Work One.* London: Routledge and Kegan Paul.

Menderlsohn, A. (1980). *The Work of Social Work.* London: New Viewpoints.

Miller, J. and Ridge, T. (2001). *Families, Poverty, Work and Care: A Review of the Literature on Lone Parents and Low-Income Couple Families with Children.* Leeds: Department of Work and Pensions/HMSO.

Miller, J. B. (1978). *Towards a New Psychology of Women.* Harmondsworth: Penguin.

Miller, P. (1987). *Domination and Power.* London: Routledge and Kegan Paul.

Miller, P. and Rose, N. (1988). 'The Tavistock Programme: The Government of Subjectivity and Social Life', in *Sociology*, 22(2), pp. 171-92.

Mills, C. W. (1970). *The Sociological Imagination.* London: Pelican Books.

Mirrlees-Black, C., Mauhew, P. and Percy, A. (1996). *The 1996 British Crime Survey: England and Wales.* Home Office Statistical Bulletin, 19. London: Home Office.

Mishna, F. and Muskat, B. (2001). 'Social Group Work for Young Offenders', in *Social Work with Groups*, 24(3/4), pp. 11-32.

Moosa-Mitha, M. (2002). *Rights Discourses and Child Sex Trade Workers.* PhD paper, Southampton University.

Morgan, D. H. J. (1983). *Social Theory and the Family.* London: Routledge.

Morris, J. (1991). *Pride against Prejudice: Transforming Attitudes to Disability.* London: Women' s Press.

Morris, L. (1995). *Dangerous Classes: The Underclass and Social Citizenship.* London: Routledge.

Mullaly, R. (1993). *Structural Social Work.* Toronto: McClelland and Stewart.

Mullender, A. and Morley, R. (eds) (1994). *Children Living with Domestic Violence: Putting Men' s Abuse of Women on the Child Care Agenda.* London: Whiting and Birch.

Murray, C. (1984). *Losing Ground: American Social Policy.* New York: Basic Books.

Murray, C. (1990). *The Emerging British Underclass.* London: Institute of Economic Affairs.

Murray, C. (1994). *Underclass: The Crisis Deepens.* London: Institute of Economic Affairs.

Naples, N. A. (ed.) (1997). *Community Activism and Feminist Politics: Organizing Across Race, Class and Gender.* London: Routledge.

National Association for the Care and Rehabilitation of Offenders (NACRO) (1994). *Statistics on Black People within the Criminal Justice System.* London: NACRO.

Neary, M. (1992). 'Some Academic Freedom' , in *Probation Journal,* 39, pp. 200-2.

Nolan, M., Grant. G. and Keady, J. (1996). *Understanding Family Care: A Multidimensional Model of Caring and Coping.* Buckingham: Open University Press.

O'Connell, W. (1983). 'Where Next: Family Dilemmas?' , in *Community Care,* 4-10 April.

Ohri, A., Manning, B. and Curno, P. (1982). *Community Work and Racism.* London: Routledge.

Oliver, M. (1990). *The Politics of Disablement.* London: Macmillan.

Osberg, L. (2002). *Redistribution of Income between Rich and Poor.* London:

Institute for Social and Economic Research.

Packman, J. (1994). '"Who Needs to Care?" Social Work Decisions about Children', in *Child Abuse and Neglect,* 18, pp. 913-21.

Pahl, J. (1980). 'Patterns of Money Management within Marriage', in *Journal of Social Policy,* 9, pp. 326-39.

Pahl, J. (1985). *Private Violence and Public Policy.* London: Routledge and Kegan Paul.

Panet-Raymond, J. (1991). *Partnership or Paternalism?* Montreal: University of Montreal Publi-cation.

Parker, G. and Lawton, D. (1994). *Different Types of Care, Different Types of Carer: Evidence from the General Household Survey.* York: Social Policy Research Unit.

Parry, N., Rustin, M. and Satymurti, C. (1979). *Social Work, Welfare, and the State.* London: Edward Arnold.

Parsons, T. (1957). *Essays in Sociological Theory.* New York: Free Press.

Parton, N. (1985). 'The Politics of Child Abuse', in K. Browne and S. Saqi (eds) *Early Prediction and Prevention of Child Abuse.* Chichester: John Wiley and Sons.

Parton, N. (1996). 'The New Politics of Child Protection', in J. Pilcher and S. Wagg (eds) *Thatcher's Children: Politics, Childhood and Society in the 1980s and 1990s.* London: Falmer Press.

Parton, N. (1998). 'Risk, Advanced Liberalism and Child Welfare: The Need to Rediscover Uncertainty and Ambiguity', in *British Journal of Social Work,* 28(1), pp. 5-27.

Pascall, G. (1986). *Social Policy: A Feminist Analysis.* London: Tavistock.

Patel, N. (1990). *Race against Time: Ethnic Elders.* London: Runnymede Trust.

Pattison, G. (2002). *Connecting Communities: The Single Regeneration Budget and Community Participation.* Southampton: Southampton University.

Pease, B. and Fook, J. (eds) (1999). *Transforming Social Work Practice: Postmodern Critical Perspectives.* London: Routledge.

Perlmutter, F. (1997). *From Welfare to Work: Corporate Initiatives and Welfare Reform.* Oxford: Oxford University Press.

Peters, M. (1997). '"Social Exclusion" in Contemporary European Social Policy: Some Critical Comments', in G. Lavery, J. Pender and M. Peters (eds) *Exclusion and Inclusion: Minorities in Europe.* ISPRU Occasional Papers in Social Studies. Leeds: Leeds Metropolitan University.

Phillips, M. (1993). 'An Oppressive Urge to End Oppression', in *The Observer,* 1 August.

Phillips, M. (1994). 'Illiberal Liberalism', in S. Dunant (ed.) *The War of the Word: The Political Correctness Debate.* London: Virago.

Phillipson, C. (1982). *Capitalism and the Construction of Old Age.* London: Macmillan.

Phillipson, C. (1998). *Reconstructing Old Age: New Agendas in Social Theory and Practice.* London: Sage.

Philp, M. (1979). 'Notes on the Form of Knowledge in Social Work', in *Sociological Review,* 27(1), pp. 83-111.

Philp, M. (1985). 'Michel Foucault', in Q. Skinner (ed.) *The Return of Grand Theory in Human Sciences.* Cambridge: Cambridge University Press.

Philpot, T. and Ward, L. (eds) (1995). *Values and Visions: Changing Ideas in Services for People with Learning Difficulties.* Oxford: Butterworth-Heinemann.

Pinker, R. (1993). 'A Lethal Kind of Looniness', in *Times Higher Educational Supplement,* 10 September.

Pitcairn, T. and Waterhouse, L. (1996). 'Evaluating Parenting in Child Abuse', in L. Waterhouse (ed.) *Child Abuse and Child Abusers: Protection and Prevention* (2nd edn). London: Jessica Kingsley.

Pittaway, E. (1995). *Services for Older Canadians.* Victoria, BC: Ministry of Health/Ministry Responsible for Seniors.

Pitts, J. (2000). 'The New Youth Justice and the Politics of Electoral Anxiety', in B. Goldson (ed.) *The New Youth Justice.* Lyme Regis: Russell House

Publishing.

Pitts, J. and Hope, T. (1998). 'The Local Politics of Inclusion: The State and Community Safety', in C. Finer and M. Nellis (eds) *Crime and Social Exclusion*. Oxford: Blackwell.

Piven, F. and Cloward, R. (1977). *Regulating the Poor*. London: Tavistock.

Piven, F. and Cloward, R. (1982). *The New Class War*. New York: Pantheon Books.

Power, M. (1994). 'The Audit Society', in A. G. Hopwood and P. Miller (eds) *Accounting as Social and Institutional Practice*. Cambridge: Cambridge University Press.

Pratley, N. and Treanor, J. (2002). 'Xerox in $2 bn Scandal' in *The Guardian*, 29 June.

Pratt, H. J. (1993). *Gray Agendas: Interest Groups and Public Pensions in Canada, Britain and the United States*. Ann Arbor: University of Michigan Press.

Preston, P. (2001). 'The Scandal of Feltham', in *The Guardian*, 6 August.

Priestley, M. (1999). *Disability Politics and Community Care*. London: Jessica Kingsley.

Prigoff, A. (2000). *Economics for Social Workers: Social Outcomes of Economic Globalization with Strategies for Community Action*. Stamford, CT: Wadsworth Publishing.

Pringle, K. (1994). 'The Problem of Men Revisited', in *Working with Men*, 2, pp. 5-8.

Pringle, K. (1995). *Men, Masculinities and Social Welfare*. London: University College London.

Pringle, K. and Harder, M. (1997). *Protecting Children in Europe: Towards a New Millennium*. Aalburg: Aalburg University Press.

Prior, P. (1999). *Gender and Mental Health*. London: Macmillan.

Pritchard, C. (2001a). *Sex Offenders: Profiles and Containment Strategies*. London: Home Office.

Pritchard, C. (2001b). *Teenage Suicides: Reducing Rates in Detention Centres.* London: Home Office.

Pritchard, J. (1992). *The Abuse of Elderly People: A Handbook for Professionals.* London: Jessica Kingsley.

Pugh, G. and De' Ath, E. (1984). *Working towards Partnership in the Early Years.* London: National Children' s Bureau.

Putman, R. (2002). *Democracies in Flux: The Evolution of Social Capital in Contemporary Society.* Oxford: Oxford University Press.

Putman, R., Leonardi, R. and Nanetti, R. Y. (1994). *Making Democracy Work.* Princeton: Princeton University Press.

Quinsey, V. L. (19950. 'Predicting Sexual Offences: Assessing Dangerousness' , in J. C. Campbell (ed.) *Violence by Sexual Offenders, Batterers and Child Abusers.* London: Sage.

Ralph, D., Regimbald, A. and St-Amond, N. (1997). *Open for Business: Closed to People.* Halifax: Fernwood Publishing.

Rawls, J. (1973). *A Theory of Justice.* Oxford: Oxford University Press.

Raynor, P., Smith, D. and Vanstone, M. (1994). *Effective Probation Practice.* London: Macmillan.

Raynor, P. and Vanstone, M. (1996). 'Reasoning and Rehabilitation in Britain: The Results of the Straight Thinking on Probation (STOP) Programme' , in *International Journal of Offender Therapy and Comparative Criminology,* 40(4), pp. 272-84.

Reitzer, J. (2000). *The McDonaldisation of Society.* London: Allen and Unwin.

Rhone, S. (2001). 'NHS Accused of Racism' , in Precious Magazine and available from *http://www.preciousline.co.uk.*

Richard, A. (2001). *Second Time Around: A Survey of Grandparents Raising their Grand-children.* London: Family Rights Group.

Roberts, Y. (2002). 'We Are All Deserving, Including the Lazy' , in *Community Care,* 2-8 May.

Robinson, L. (1995). *Psychology for Social Workers: Black Perspectives.*

London: Routledge.

Robinson, L. (1998). *'Race' : Communication and the Caring Professions.* Buckingham: Open University Press.

Roche, S. E., Dewees, M., Trailweaver, R., Alecander, S., Cuddy, C. and Handy, M. (1999). *Contesting Boundaries in Social Work Education: A Liberatory Approach to Cooperative Learning and Teaching.* Alexandria, VA: Council for Social Work Education.

Rock, P. (1990). *Help for Victims of Crime.* London: Clarendon Press.

Rose, D. (2002). 'Criminals Go Free in Legal Crisis' , in *The Observer,* 23 June 2002.

Rose, N. (1985). *The Psychological Complex: Psychology, Politics, and Society in England, 1869-1939.* London: Routledge and Kegan Paul.

Rose, N. (1996). 'The Death of the Social? Refiguring the Territory of Government' , in *Economy and Society,* 25(3), pp. 327-50.

Rose, N. and Miller, P. (1992). 'political Power beyond the State: Problematics of Government' , in *British Journal of Sociology,* 43(2), pp. 172-205.

Rose, S. (2000). 'Reflections on Empowerment-Based Practice' , in *Social Work,* 45(5), pp. 403-12.

Rosenbaum, D. (1988). 'A Critical Eye on Neighbourhood Watch: Does it Reduce Crime and Fear?' in T. Hope and M. Shaw (eds) *Communities and Crime Reduction.* London: HMSO.

Rosenburg, H. (1995). 'Motherwork, Stress and Depression: The Costs of Privatized Social Reproduction' , in E. Nelson and B. Robinson (eds) *Gender in the 1990s: Images, Realities and Issues.* Toronto: Nelson Canada.

Ross, R., Fabiano, E. and Ewles, C. (19880. 'Reasoning and Rehabilitation' , in *International Journal in Offender Therapy and Comparative Criminology,* 32, pp. 29-35.

Rothman, J. (1970). 'Three Models of Community Organization Practice' , in F. Cox, J. Erlich, J. Rothman and J. Tropman (eds) *Strategies of Community Organization.* Itasks, IL: Peacock Publishing.

Russell, D. E. (1984). *Sexual Exploitation.* London: Sage.

Russell, G. and Radojevic, M. (1992). 'The Changing Role of Fathers? Current Understandings and Future Directions for Research and Practice', in *Infant Mental Health Journal,* 13(4), Winter, PP. 296-311.

Russell, K. C. and Phillips-Miller, D. (2002). 'Perspectives on the Wilderness Therapy Process and its Relation to Outcomes', in *Community Forum,* 31(6), pp. 415-37.

Rutman, D., Callahan, M., Lundquist, A., Jackson, S. and Field, B. (eds) (2000). *Substance Use and Pregnancy: Conceiving Women in the Policy-Making Process.* Ottawa: Status of Women Canada.

Ruwhiu, L. (19980. *Te Puawaitango o te ihi me te wehi. The Politics of Maori Social Policy Development.* PhD submission, Massey University.

Saraceno, B. and Barbui, C. (1977). 'Poverty and Mental Illness', in *Canadian Journal of Psychiatry, 42,* pp. 288-90.

Saunders, L. and Broad, B. (1997). *The Health Needs of Young People Leaving Care.* Leicester: De Montford University.

Schmidt, G., Westhuies, A., Lafrance, J. and Knowles, A. (2001). 'Social Work in Canada: Results from the National Sector Study', in *Canadian Social Work,* 3(2), Winter, pp. 83-92.

Schofield, J. (1998). *Men, Sexuality and Gender.* London: Sage.

Schon, D. (1983). *The Reflective Practitioner: How Practitioners Think in Practice.* New York: Basic Books.

Schorr, A. (1992). *The Personal Social Services: An Outsider's View.* York: Joseph Rowntree Foundation.

Scourfield, J. (2001). *Gender and Child Protection.* London: Palgrave.

Scrutton, S. (1989). *Counselling Older People: A Creative Response to Ageing.* London: Edward Arnold.

Segal, L. (1983). *What is to be Done about the Family?* Harmondsworth: Penguin Books.

Sevenhuijsen, S. (1998). *Citizenship and the Ethics of Care: Feminist*

Considerations on Justice, Morality and Politics. London: Routledge.

Sewpaul, V. (2002). *Global Qualifying Standards.* Paper presented at the IASSW Conference in Montpellier, France, 15-18 July.

Sewpaul, V. (2003). 'Reframing Epistemologies and Practice through International Exchanges: Global and Local Discourses in the Development of Critical Consciousness' , in L. Dominelli and W. Thomas Bernard (eds) *Broadening Horizons: International Exchanges in Social Work.* Aldershot: Ashgate.

Shah R. and Hatton, C. (1999). *Caring Alone: Young Carers in South Asian Communities.* London: Barnado' s.

Shapland, J., Willmore, J. and Duff, P. (1985). *Victims in the Criminal Justice System.* Aldershot: Ashgate.

Sheldon, B. (2000). *Evidence-Based Practice.* Lyme Regis: Russell House Publishing.

Shragge, E. and Fontane, J. (eds) (2000). *Social Economy: International Debates and Perspectives.* Montreal: Black Rose Books.

Siegal, R. (1995). 'Massachusetts Dispute over Aversion Therapy for Autism' in *E-Library.* Article available from *http://ask.elibrary.com*

Simpkin, M. (1979). *Trapped within Welfare: Surviving Social Work.* London: Macmillan.

Simpkin, M. (2001). *Practice in the New Millennium.* London: Sage.

Simpson, B. (2002). *Social Work in Informal Settlements in the Durban Metro Region.* PhD submission, University of Natal.

Skogan, K. (2001). *The Child Within.* London: Sage.

Skogan, W. G. (1990). *The Police and the Public in England and Wales: A British Crime Survey Report. Home Office Research Study No. 117.* London: HMSO.

Small, J. (1984). 'The Crisis in Adoption' , in *International Journal of Psychiatry*, 30, Spring, pp. 129-41.

Smart, C. (1976). *Women, Crime and Criminology: A Feminist Critique.*

London: Routledge.

Smith, D. (1995). *Criminology for Social Work.* London: BASW/Macmillan.

Smith, D. (1998). 'Social Work with Offenders', in R. Adams, L. Dominelli and M. Payne (eds) *Social Work: Themes, Issues and Critical Debates.* London: Macmillan.

Smith, D., Blagg, H. and Derricourt, N. (1988). 'Mediation in South Yorkshire', in *British Journal of Criminology,* 28(3), pp. 378-95.

Smithers, R. (2002). 'Truancy Sweep Catches 12,000', in *The Guardian*, 19 June.

Sone, K. (1995). 'Get Tough', in *Community Care,* 16 March.

Stack, C. (1975). *All Our Kin: Strategies for Survival in a Black Community.* New York: Harper and Row.

Staples, R. (1988). *Black Masculinity: The Black Male's Role in American Society.* San Francisco: Black Scholar Press.

Status of Women (2001). *Women's Economic Independence and Security: A Federal/Provincial/Territorial Strategic Framework from the Ministers Responsible for the Status of Women.* Ottawa: Status of Women.

Steele, M. (2002). 'Tide of Anger in a Sleepy Seaside Town', in *The Guardian*, 23 March 2002.

Stogdon, J. (2000). *An Account of My Journey to the United States of America to Explore the Role of Grandparents and Kinship Care.* Report prepared for the Winston Churchill Memorial Trust. London: WCMT.

Strega, S. (2001). 'The Case of the Missing Perpetrator'. Paper given at the SWS Research Seminar, Southampton University, 20 May.

Strega, S., Callahan, M., Dominelli, L. and Rutman, D. (2002). 'Undeserving Mothers: Social Policy and Disadvantaged Mothers', in *Canadian Review of Social Policy/Revue Canadienne de Politique Sociale,* 49-50, Spring/Fall, pp. 175-98.

Sullivan, P. and Kuntson, J. (2000). *Maltreatment and Disabilities: A Population-Based Epidemiological Study.* London: National Working Group on Child

Abuse and Disability.

Summerskill, B. (2002). 'Pensioners Worse Off' , in *The Observer*, 20 June.

Sure Start (2002). 'About Sure Start' . *http://www.surestart.gov.uk/aboutFaq.cfm.section*

Tait-Rolleston, W. and Pehi-Barlow, S. (2001). 'A Maori Social Work Construct' , in L. Dominelli, W. Lorenz and H. Soydan (eds) *Beyond Radical Divides: Ethnicities in Social Work Practice.* Aldershot: Ashgate.

Tapley, J. (2002). *Victims' Right: A Critical Examination of the British Criminal Justice System from Victims' Perspectives.* PhD, Southampton University.

Tatchell, P. (1996). 'Aversion Therapy Exposed' , in *THUD*, 2 August.

Taypor, D. (1992). 'A Big Idea for the Nineties? The Rise of Citizens Charters' , *Critical Social Policy*, 33, pp. 87-94.

Taylor, M. (1999). 'Co-ordinators in FGC' , in L. Dominelli (ed.) *Community Approaches to Child Welfare: International Perspectives.* Aldershot: Ashgate.

Teeple, G. (1995). *Globalization and the Decline of Social Reform.* Toronto: Garamond Press.

Thompson, E. (1994). *Fair Enough: Egalitarianism in Australia.* Sydney: University of New South Wales Press.

Toennies, F. (1957). *Community and Association.* Michigan: Michigan State University Press.

Towle, C. (1965). *Common Human Need.* Washington, DC: NASW.

Townsend, P., Davidson, N. and Whitehead, M. (1992). *Inequalities in Health: The Black Report and the Health Divide.* Harmondsworth: Penguin.

Toynbee, P. (2002). 'The Myth of Women' s Lib' , in *The Guardian*, G2, 6 June.

Toynbee, P. (2003). *Hard Work.* London: Bloomsbury.

Travis, A. (2001). 'Number of Boys Held on Remand Doubles' , in *The Guardian*, 2 January.

Travis, A. (2002). 'Blunkett Hits at Police Handling of Crime Figures', in *The Guardian*, 14 May.

Travis, A. and Hopkins, N. (2002). 'Criminal Justice System Ineffectual, Says Blair', in *The Guardian*, 19 June.

Travis, A. White, M. (2002). 'Former Prisoners Blamed for Almost a Fifth of Rising Crime', in *The Guardian*, 18 June.

Trinder, L. (2000). *Evidence-Based Practice: A Critical Appraisal.* Oxford: Blackwell.

Twigg, J. and Atkin, K. (1994). *Carers Perceived: Policy and Practice in Informal Care.* Buckingham: Open University Press.

Undergown, A. (2002). '"I'm Growing Up Too Fast": Messages from Young Carers', in *Children and Society*, 16, pp. 57-60.

United Nations Development Programme (UNDP) (1996). *The 1996 Report on Human Social Development.* New York: UNDP.

United Nations Development Programme (UNDP) (2000). *Overcoming Human Poverty.* New York: UNDP.

United Nations Human Rights Commission (UNHRC) (2002). *Report of the Committee on the Rights of the Child, Review of the United Kingdom.* Geneva: UNHRC.

Van Soest, D. and Garcia, B. (2003). *Diversity Education for Social Justice: Mastering Teaching Skills.* Alexandria, VA: Council for Social Work Education.

Vass, A. and Weston, A. (1990). 'Probation Centres as an Alternative to Custody: A "Trojan Horse" Examined', in *British Journal of Criminology*, 30(2), pp. 190-206.

Walby, S. (ed.) (1997). *New Agendas for Women.* London: Palgrave.

Walker, A. (1990). 'The "Economic" Burden of Ageing and the Prospect of Intergenerational Conflict', in *Ageing and Society*, 10, pp. 37-96.

Walker, D. (2002). 'Can they Deliver on . . . Crime?' in *The Guardian*, 27 May.

Walton, R. (1975). *Women in Social Work.* London: Routledge and Kegan

Paul.

Ward, D. (1998). 'Groupwork', in R. Adams, L. Dominelli and M. Payne (eds) *Social Work: Issues, Themes and Dilemmas*. London: Palgrave.

Ward, L. (2002). 'High Risk of Baby Death Among Teen Mothers' in *Guardian Unlimited*. *http://www.guardian.co.uk/society/exclusion/story* (14 May)

Waterhouse, R. (2000). *Lost in Care: The Report of the Tribunal of Inquiry into the Abuse of Children in Care in the Former Country Council Area of Gwynedd and Clwyd since 1974*. London: Stationery Office.

Webb, D. (1990). 'Puritans and Paradigms: A Speculation of the New Moralities in Social Work', in *Social Work and Social Sciences Review*, 2(2), pp. 236-41.

Weber, M. (1978). *Selections from Max Weber*. Berkeley: University of California Press.

Wendell, S. (1996). *The Rejected Body: Feminist Philosophical Reflections on Disability*. London: Routledge.

White, S. (1997). 'Beyond Retroduction? Hermeneutics, Reflexivity and Social Work Practice', in *British Journal of Social Work*, 27(3), pp. 739-753.

Whitehouse, P. (1986). 'Race and the Criminal Justice System', in V. Coombe and A. Little (eds) *Race and Social Work*. London: Tavistock.

Whitton, C. (1931). *Report on the Operation of Mothers' Pensions in British Columbia, 1920-1 to 1930-1*. Victoria, BC: Province of British Columbia.

Wichterich, C. (2000). *The Globalized Woman: Reports from a Future of Inequality*. London: Zed Books.

Wiebe, R. and Johnson, Y. (1998). *Stolen Life: The Journal of a Cree Woman*. Toronto: First Vintage Canada.

Williams, F. (1989). *Social Policy: A Critical Introduction - Race, Gender and Class*. Cambridge: Polity.

Willis, A. (1985). 'Alternatives to Imprisonment: An Elusive Paradises', in J. Pointing (ed.) *Alternatives to Custody*. Oxford: Basil Blackwell.

Wilmot, P. and Young, M. (1968). *Family and Kinship in East London*. London: Pelican. (First published in 1957.)

Wilson, E. (1977). *Women and the Welfare State*. London: Tavistock.

Wilson, M. (1993). *Crossing the Boundary: Black Women Survive Incest*. London: Virago.

Wilson, R. (1997). *Bringing Them Home: The Stolen Children Report*. Canberra: Australian Government Publishing Service.

Wintour, P. (2002). 'Get Tough and Tender on Youth Crime, Says Tory' , in *The Guardian*, 20 June.

Woolf Report (2001). 'The Woolf Report: A Decade of Change?' Address given by Lord Woolf to the Prison Reform Trust, London, 31 January.

Worall, A. (1990). *Women Offending: Female Lawbreakers and the Criminal Justice System*. London: Routledge.

Wyre, R. (1986). 'A Treatment Programme and a Study of the Serious Sex Offender' . Paper presented for HMP Albany, Isle of Wight.

Young, J. (1999). *The Exclusive Society*. London: Sage.

Younghusband, E. (1978). *Social Work in Britain, 1950-1975*. London: Allen and Unwin.

Zucchino, D. (1997). *Myth of the Welfare Queen*. New York: Touchstone Books.

용어해설

계약 정부(Contract government) 국가에 의해서 지불되어야 하는 서비스의 사설 공급자를 규제하기 위한 계약의 사용

구매자-공급자의 구분(Purchaser-provider split) 사회복지 서비스 전달에 있어서 보통 서비스를 제공하는 영리/비영리 기관(공급자)과 이를 구매하는 정부로 구분

권위주의적 대중주의(Authoritarian populism) 범죄자는 재활보다는 처벌되고 수용시설에 수용되어야 한다는 견해로서 '법과 질서' 논쟁의 모든 면으로 확장되고 있음

근로복지제도(Workfare) 복지혜택을 근로로 연계시켜 사람들을 복지 명부에서 멀어지게 하는 철학

민영화(Privatization) 주택공급, 운송, 물, 거주시설, 감옥, 철도 등을 포함한 국가소유 자산의 매각

박애주의적 시각(Philanthropic gaze) 클라이언트에 대한 전문가적 주장의 특권을 합법화하는 자선의 조건에서 가장 도움이 필요한 사람을 대상으로 하는 서비스 조항의 선정

법과 질서 논쟁('Law and order' debate) 범죄의 원인과 범죄자를 어떻게 다룰 것인가에 관한 논쟁

베버리지 보고서(Beveridge Report, 1948) 영국의 사회복지를 확립시킨 주요 보고서

보편적 복지(Universal welfare) 욕구 시 권리로서 모두에게 제공되는 공적인 재원의 복지제공

복지 수혜(Welfare provisions) 보호와 다른 형태의 지지를 제공하는 사회복지 서비스

복지 입법(Welfare legislation) 복지 수혜 권리를 구체화한 법률 체제

복지 합의(Welfare consensus) 국민은 복지 수혜의 자격이 있다는 것에 대한 동의. 전후 두 가지 모델이 주도하였다. 세금으로 지불되고 복지 정부에 의해 제공되는 보편적인 수혜, 그리고 사용자가 구매하는 시장 중심의 수혜

복지에 대한 신자유주의적 접근(Neo-liberal approaches to welfare) 시장 중심의 복지 제공을 증진하기 위한 정책. 일반적으로 복지 정부보다 영리 및 비영리 기구에 의해 제공되며, 서비스에 대해 사용자가 지불하는 방식. 정부는 서비스의 구매자로서 관여하고 규제의 틀을 정함

빈곤 감소 정책(Poverty reduction strategies) 국가적, 세계적으로 빈곤을 감소시키기 위한 목적의 정책. 빈곤 아동이 없는 세상을 만드는 것이 유엔의 주요 목표

사회적 배제(Social exclusion) 사회적 자원에 대한 접근 부족으로 주류사회에서 소외되는 것

사회적 통합(Social cohesion) 국가가 영향을 미쳐 국민이 주류사회로 통합되는 것

사회적 포함(Social inclusion) 개인이 자신을 향상시킬 수 있는 기회를 통해 주류사회에 유입되는 것

슈어스타트(Sure Start) 빈곤 가족에서 생활하는 0~4세 아동의 더 나은 출발을 목표로 학교생활을 준비하는 정부 계획

신관리주의(new managerialism) 공공부문의 서비스 윤리를 사회복지사와 사용자의 모니터링과 감독을 선호하는 더욱 시장 중심의 것으로 변화시키는 데 사용된 시장중심의 사상과 철학에 뿌리를 둔 관리기법

유니슨(UNISON) 영국의 가장 큰 공공 부문 노동조합. 사회복지실천을 포함

잔여적 복지(Residual welfare) 요보호 대상자만을 대상으로 하며, 자산조사 및 자산을 기반으로 제공되는 복지 수혜

적하효과(trickle-down) 레이건 행정부 경제정책의 이론적 토대가 된 것으로 파급효과가 큰 대기업의 성장을 촉진하게 되면 중소기업과 일반소비자에게 그 혜택이 돌아가고 전반적인 경제 활성화를 꾀할 수 있다는 것. 즉, 정부가 투자

확대를 통해 대기업과 부유층의 부를 키우고, 그 효과가 경제전반으로 흘러가도록 함으로써 총량성장과 복지향상의 두 마리 토끼를 동시에 잡을 수 있다는 생각을 반영하는 것

지역사회 발전 프로젝트(Community Development Projects) 1969년대 시작된 것으로서 빈민의 사회복지에 대한 의존을 줄이기 위해 만들어진 프로그램. 빈곤을 사회병리학적인 관점에서 접근. 그러나 이 프로젝트에서 일하는 실천가는 정부의 공식적인 빈곤관을 거부하고 문제의 원인이 사회구조에 있음을 지적하면서 조직적 반발로 정부와 갈등을 겪음

처벌적 복지주의(Punitive welfarism) 유급노동과 관련시켜 복지수혜혜택을 약화시키는 정책과 실천. 근로복지제도가 고전적인 예

통제 체제(Regimes of control) 일반적으로 정부에 의해 승인된 특별한 삶의 양식을 향상시키는 데 사용된 일관된 정책과 구조

통치성의 도구(Instruments of governmentality) 국가 또는 통치 엘리트에 의해 동의된 방향으로 행위를 안내하기 위해 사용된 조치. 전문가는 실천과정에 있어서 자신의 특별한 방식을 적법화하기 위해 사용. 개인은 그들 자신의 행동을 규제하기 위해 사용

트위니(Tweenies) 영국 공영방송 BBC의 아동 방송 인기 캐릭터

현대화 의제(Modernizing agenda) 공공 서비스를 좀 더 시장 지향적인 방향으로 이동하기 위한 신노동당 프로그램. 주요항목 장애인, 독거노인, 50세 이상의 사람, 실업자, 젊은이 각각을 위한 세부적인 뉴딜(New Deal), 지역사회 재건 프로그램, 빈곤아동 경감 계획, 사회적 유대를 위한 조치가 주요항목

찾아보기

인명

◐ 내용 ◑

저자 소개

Lena Dominelli

Durham University 사회복지학과 교수며 세계사회복지교육협의회(IASSW) 회장을 역임하는 등 국제적으로 저명한 학자다. 저서로는 *Women and Community Action*(2006), *Social Work Futures: Transforming Theory and Practice in Social Work*(2005) 등이 있다.

역자 소개

한인영

이화여자대학교 사회복지전문대학원 교수
Case Western Reserve University 사회복지학 박사

저서: 학교와 사회복지실천(나남출판, 2004)
　　　의료사회복지 실천론(학지사, 2006)
역서: 위기개입(나눔의 집, 2007)

김성천

중앙대학교 아동복지학과 교수
중앙대학교 사회복지학 박사
University of Nottingham 방문 교수

저서: 사회복지실천의 이해(학지사, 2005)
　　　한국가족복지의 이해(인간과 복지, 2003)
역서: 급진사회복지실천(학지사, 2007)

세계화와 사회복지실천

Social Work: Theory and Practice for a Changing Profession

2007년 9월 10일 1판 1쇄 인쇄
2007년 9월 15일 1판 1쇄 발행

지은이 • Lena Dominelli
옮긴이 • 한인영 · 김성천
펴낸이 • 김진환
펴낸곳 • 학지사
121-837 서울시 마포구 서교동 352-29 마인드월드빌딩 5층
대표전화 • 02-326-1500 팩스 • 02-324-2345
등록 • 1992년 2월 19일 제2-1329호
홈페이지 www.hakjisa.co.kr

ISBN 978-89-5891-532-4 93330

가격 17,000원